W0367898

Shaheylah

Mein glücklicher Ort

Sanna Seven Deers

SHAHEYLAH

Mein glücklicher Ort

Roman

*HANNAH

Widmung

In Erinnerung an Rosaleen George,
die ich sehr bewundert habe und die ich nie vergessen werde.
Ihr widme ich dieses Buch aus Dankbarkeit
für ihre Gebete und ihre Segnungen.

Und meinem Ehemann, David,
für seine Liebe, die keine Grenzen kennt.

Und meinen Kindern,
Haley Rose, Samuel, Isaac und Mara Lucia,
auf dass sie immer von Liebe umgeben sein mögen.

Anmerkung des Autors

„Shaheylah" ist ein Roman. Die frei erfundenen Charaktere sind nicht identisch mit ähnlichen lebenden Personen.

Die Schauplätze dieses Romans sind so geschildert, wie ich sie in Erinnerung habe. Gleichzeitig sollte der Leser wissen, dass die Ereignisse frei erfunden sind, sich aber an selbst Erlebtes anlehnen.

1. Kapitel

Alexandra hielt einen Moment inne und schaute sich um. Beinahe drehte sich ihr der Kopf. Von allen Seiten prasselten Geräusche und Wortfetzen auf sie ein und sie kam sich ein wenig verloren vor. Um sie herum tobte ein Meer aus Menschen, Koffern, Rollwagen und Farben, das sie zu verschlucken drohte. Ein lautes Meer, ein lebendiges Meer: Vancouver International Airport.

Mit einem Mal war sich Alexandra nicht mehr sicher, ob ihre Entscheidung, hierher zu kommen, richtig gewesen war. Vielleicht hätte sie auf die Mahnungen der Eltern hören sollen. Entschlossen hob sie ihren Kopf und atmete tief durch. Sie ergriff ihre beiden großen Reisetaschen und bahnte sich einen Weg zum Informationsschalter. Bloß jetzt nicht überschnappen! Alexandra dankte dem Himmel, wenigstens im Englischunterricht aufgepasst zu haben. Schon eine halbe Stunde später saß sie im Flughafenbus, der sie zum Greyhoundbus Terminal bringen sollte. Die Busfahrt gab ihr eine Verschnaufpause und die Möglichkeit, sich mit der neuen Situation auseinander zu setzen.

Aus dem Fenster des Busses konnte Alexandra in aller Ruhe einen ersten Blick auf Kanada werfen. Fast war sie ein wenig enttäuscht: Vancouver sah sehr ähnlich aus wie jede andere Großstadt, die sie kannte. Bei genauerer Beobachtung stellte sie jedoch einige Unterschiede fest: Die Stromleitungen waren allesamt Oberlandleitungen und wenn sie vom Fenster des Busses gen Himmel blickte, dann sah sie ein enormes Netz aus Stromleitungen, das Kreuz und quer über den Straßen hing. Es war kein schöner Anblick. Statt der weißen Taxis gab es hier gelbe und alles schien größer zu sein als in Deutschland. Die

Autos waren größer und sahen nicht so aus, als seien sie sehr sparsam im Benzinverbrauch; die Lastwagen waren erheblich größer, beinahe furchterregend groß! Alexandra stellte sich vor, wie unangenehm es sein müsste, in einem Kleinwagen von so einem Laster auf der Autobahn gejagt zu werden. Und die Berge! Eine freudige Erregung stieg in ihr auf, als sie hinter der Silhouette der Stadt die Umrisse der Berge in der Abenddämmerung erblickte. Die runden, bewaldeten Bergspitzen zeichneten sich klar gegen den Abendhimmel ab und es schien als sei Vancouver eine Insel der Zivilisation in der Wildnis. Die Berge, die Natur reichte bis an die Grenze der Stadt und es war beeindruckend und neu für Alexandra den Kontrast von wilder Natur und moderner Großstadt so klar nebeneinander zu sehen.

Plötzlich wurde ihr bewusst, dass sie sich wirklich nicht mehr in Deutschland befand. Sie hatte es geschafft! Sie war tatsächlich in Kanada. Sie war hier, auf sich allein gestellt und erst mal gab es keinen Weg zurück. Das war Alexandras Absicht gewesen. Irgendwo in diesem wilden Land – das fühlte sie in ihrem Herzen – lag der Schlüssel zu ihrer Seele, der Schlüssel zu ihrem Glück. Und nur sie allein konnte ihn finden.

Alexandra verbrachte die Nacht in einem Motel nahe dem Greyhoundbus Terminal. Es war nicht sonderlich ansprechend, aber es gab ihr die Sicherheit, den Bus am frühen Morgen bestimmt zu erreichen. Die Einrichtung des Motels war modern, die Räume ordentlich und sauber, aber jeder Gegenstand im Raum schien aus Plastik, so dass es funkte, wann immer sie etwas anfasste. Außerdem war die Lage des Motels nichts für ruheliebende Menschen. Doch trotz des Straßenlärms hatte es nur wenige Minuten gedauert bis Alexandra eingeschlafen war.

Sie hatte vergeblich versucht den Fernseher und die Mikrowelle zum Laufen zu bringen und musste an der Rezeption nachfragen um eine Telefonverbindung zu den Eltern in Hamburg herzustellen. Anschließend war sie ganz einfach resigniert ins Bett gefallen.

Am nächsten Morgen kaufte Alexandra sich eine Fahrkarte, mit der sie bis weit in den Norden fahren konnte. Ihr Plan war es, einfach auszusteigen, wo es ihr gefiel. Die Busfahrkarten waren nicht sehr teuer, daher machte sie sich über ihr Ziel nicht allzu viele Sorgen. Sie wollte nur verhindern, dass sie nahe am Flugplatz blieb. Sie durfte nicht zurück. Sie musste einfach hier bleiben – bis die Zeit um war.

Alexandra saß an einem Fensterplatz und blickte fasziniert auf die Landschaft, die draußen am Bus vorbeiflog. Sie hatte sich noch immer ein wenig müde gefühlt, als sie eingestiegen war, aber die Fahrweise des Busfahrers hatte sie schnell aufwachen lassen. Das Motto der Greyhoundbusse ist *Take it easy, take the Greyhound*, was so viel heißt wie *Nimm's gelassen, fahr mit dem Greyhoundbus*, aber Alexandra war augenscheinlich im verkehrten Bus gelandet. Von Entspannung konnte nicht die Rede sein! Der Fahrer trat tüchtig aufs Gaspedal und der Bus fuhr schneller, als alle anderen Fahrzeuge auf dem Highway. Wann immer sie eine Kurve durchfuhren, sah Alexandra den Bus in den Graben fliegen. Die anderen Fahrgäste schienen sich an der Geschwindigkeit nicht zu stören und unterhielten sich gelassen. Es brauchte eine Weile, bis auch Alexandra sich etwas entspannen konnte. Doch dann zog die Landschaft sie in ihren Bann.

Das Fraser Valley, das der Bus durchfuhr, war ein weites, flaches Tal mit üppiger Landwirtschaft und fruchtbarem Boden. Der Fraser River durchzog das Tal mit seinen tiefen Wassern auf dem Weg zum Pazifik. Auf beiden Seiten umrahmten hohe, dicht bewaldeten Bergketten die grünen Felder und glänzenden Wasser. Die Besiedelung wurde zunehmend lichter und mit jedem Kilometer rückte die Zivilisation immer weiter zurück. Die Natur mit ihrer wilden, ungezähmten Schönheit gewann die Oberhand.

Für einen Moment sah Alexandra ihr Spiegelbild im Fenster und musste leise lachen. Sie fühlte sich wie ein Fremdkörper in diesem großen Land und dachte mit etwas Wehmut an Hamburg, wo bisher ihre Heimat gewesen war – ihr gesamtes Leben. Bis gestern. Und sie dachte zurück an den Tag, als sie den Entschluss gefasst hatte, ihrem Leben eine andere Richtung zu geben.

Es war ein kalter, nasser Tag im vergangenen Februar gewesen. Der Nieselregen hatte alles nur noch grauer erscheinen lassen, als es im Zwielicht der Morgendämmerung ohnehin schon gewesen war. Warm verpackt hatte Alexandra an der Bushaltestelle gestanden und sich über die Kälte, den Regen und die frühe Stunde geärgert, und darüber, dass das Frühjahr immer noch in weiter Ferne lag. Ihre Gedanken waren zu ihrem Arbeitsplatz gewandert. Sie hatte missbilligend die Stirn gerunzelt und leicht den Kopf geschüttelt. Nein, es war keine Aufheiterung gewesen, an den Schreibtisch zu denken, an dem sie schon in weniger als einer halben Stunde sitzen und wieder ihrer Arbeit nachgehen würde. Und erst die Kollegen ...

Mit einem Mal hatte sich grenzenlose Leere und Traurigkeit in Alexandras Gemüt ausgebreitet und sie umhüllt wie ein Spinnennetz und sich kalt und langsam, aber sehr stetig, enger um sie zusammengezogen. Sie hatte gefröstelt, als sie wie in einem Buch geschrieben vor sich sah: Du bist nicht glücklich und das wird sich hier nicht ändern. Alexandra hatte Angst bekommen. Aber gleichzeitig hatte sie mit absoluter Gewissheit gespürt, dass diese Worte der Wahrheit entsprachen. Sie war nicht glücklich, sie war nur angepasst!

Den ganzen Tag über hatten sie diese Gedanken nicht zur Ruhe kommen lassen. Sie war gereizt gewesen, hatte sich nicht konzentrieren können. Warum nur war sie mit ihrem Leben nicht zufrieden? Warum ließ sich das hier nicht ändern? Konnte sie nicht lernen, zu lieben, was sie hatte? Andere Leute schienen ihr Leben ganz normal zu finden und sich keine Gedanken darüber zu machen. Man musste arbeiten – aber darum ging es nicht einmal. Alexandra war nie arbeitsscheu gewesen. Sie war zu diesem Zeitpunkt dreiundzwanzig, fast vierundzwanzig Jahre alt, hatte Abitur, eine eigene Mietwohnung, einen gut bezahlten Job, nette Freunde und liebe Eltern. Sie hätte zufrieden sein sollen. Besonders in dieser Zeit, wo *jeder froh sein sollte überhaupt einen Arbeitsplatz zu haben* – wie Alexandras Eltern das für gewöhnlich auszudrücken pflegten. Manchmal hatte sie sich so unverstanden gefühlt und so unnormal, als wäre sie von Außerirdischen umgeben. Keinem hatte sie ihre Gefühle wirklich erläutern können, denn sie hatte sie für sich selbst nicht definieren können, so sehr sie es auch versucht hatte. Es hatte etwas mit der Freiheit ihrer Seele zu tun. Weiter war sie nicht gekommen.

Am Abend jenes Februartages hatte Alexandra sich dann mit einer Tasse Tee auf das Sofa zurückgezogen und in die Flamme einer Kerze vor sich auf dem Tisch gestarrt. Dabei war plötzlich eine Art Erleuchtung über sie gekommen. Sie hatte es fertiggebracht, ihre Angst beiseite zu schieben und der Stimme in ihrem Herzen zugehört. Nur für eine Sekunde. Aber in dieser Sekunde hatte sie Antworten erhalten, die, und das wusste sie mit Gewissheit, schon immer da gewesen waren, denen sie jedoch nicht erlaubt hatte, an die Oberfläche zu gelangen. Sie war so erstaunt, dass sie sich nicht rühren konnte. Die Antworten waren klar und einfach gewesen, aber sie wirkten bedrohlich. Zum ersten Mal war Alexandra die Angst bewusst, die sie fortwährend begleitet hatte. Angst vor dem Alleinsein. Angst, den Job zu verlieren. Angst, in den Augen der Gesellschaft zu versagen, außen zu stehen. Angst, es den Eltern nicht recht zu machen. Angst hatte unbewusst ihr Leben beherrscht und all ihre Entscheidungen beeinflusst. Deshalb war sie nicht glücklich. Wer konnte mit Angst glücklich sein?

Alexandra hatte erkannt, dass sie die Angst, den Druck

schon lange gespürt hatte, aber die Erkenntnis darüber nicht zugelassen hatte. Plötzlich war ihr, als könne sie die Angst sehen, die auch andere Menschen, denen sie begegnet war, wie eine Nebelwolke umhüllte.

In diesem lichten Moment hatte sich ein Plan in Alexandras Kopf geformt. Und sie schwor sich, diesen Plan einzuhalten, egal, was ihre Angst ihr später zuflüstern mochte! Sie musste die Dinge in ihrem Leben ändern, die ihr nicht gefielen und sie durch solche ersetzen, die sie glücklich machten. So einfach war das!

Leider – das hatte Alexandra sich eingestehen müssen – war es viel schwieriger als gedacht, genau zu sagen, was sie wirklich glücklich machen würde. Was sie ändern wollte, war ihr sofort eingefallen. Aber glücklich? Zu lange war sie dem Druck und der Angst ausgesetzt gewesen. So schnell und einfach konnte sie das nicht abstellen und ihr Leben umkrempeln! Wie sollte sie das den Freunden erklären und den Eltern? Sie würde zuerst mit sich selbst ins Reine kommen müssen. Allein!

Alexandra hatte überlegt, was sie tun könnte. Sie musste weg, weit weg. Fort von den gewohnten Einflüssen. Irgendwohin, wo niemand sie kannte. Sie hatte systematisch überlegt. Planung und Logik waren schon immer ihre Stärke gewesen. Aber sie war nicht weit gekommen. Was sie brauchte, war vor allem Ruhe.

In jener Nacht war Alexandra aufgewacht. Sie wusste zunächst nicht warum, irgendetwas hatte sie aufschrecken lassen. Ein Traum ... ein großer, glänzendschwarzer Vogel, der direkt auf sie zugeflogen kam. Alexandra hatte sich nicht an Einzelheiten des Traumes erinnern können, aber sie wusste nun, wo sie die Antworten zu ihren Fragen finden konnte. Sie war aus dem Bett gestiegen und ins Wohnzimmer gegangen. Dort hatte sie den Globus vom Regal heruntergeholt. Alexandra hatte ihn auf dem Tisch vor sich aufgestellt und in ihren Händen gedreht.

Ihre Augen waren weiter und weiter über den Globus geglitten und an einer Stelle fast automatisch hängen geblieben: West-Kanada. Das Land der Ahornbäume, der Wälder, Seen und Elche, das Land der Berge und der Wildnis. Wenig besiedelt, viel Platz für das Individuum. Einfach perfekt!

Der Rest hatte sich, dank Alexandras organisatorischen Fähigkeiten, fast von allein ergeben. Sie hatte eine Liste aufgestellt und diese dann von oben nach unten abgearbeitet. Die letzte Liste für eine lange Zeit, wie sie vergnügt festgestellt hatte! Sie hatte sich Bücher über Kanada besorgt, Wörterbücher, Reisepass, Aufenthalts- und Arbeitsgenehmigung und Flugticket. Sie hatte ihre Arbeitsstelle gekündigt und den Hausstand aufgelöst. Denn nach ihrer Rückkehr wollte sie neu beginnen, an einem neuen Ort, in einer neuen Wohnung und mit neuen Möbeln. Das war sicher.

Wesentlich schwieriger war es, mit den Reaktionen ihres Umfeldes umzugehen. Einige Leute hatten sie für verrückt erklärt und den Kopf geschüttelt. Andere hatten Predigten gehalten über jugendlichen Leichtsinn und Unerfahrenheit, und wieder andere hatten sie einfach ausgelacht. Alexandra hatte sich in dieser Zeit von vielen Freunden verabschiedet, die gar keine gewesen waren, und war dann traurig, die wenigen wahren Freunde, die sie hatte, bald zurücklassen zu müssen. Auch unter eine kurzweilige, müde Partnerschaft hatte sie zu diesem Zeitpunkt einen Schlussstrich gezogen.

Das schwierigste Unterfangen, das sie bei weitem unterschätzt hatte, waren die Eltern gewesen. Alexandra war zwar das einzige Kind, aber sie hatte nicht geglaubt, dass die Eltern ihren Wunsch missbilligen würden, zumal sie nur ein halbes, maximal ein Jahr lang fortbleiben wollte. Die Eltern hatten Alexandra in der Vergangenheit immer unterstützt, ihr immer den Rücken gestärkt. Dieses Mal aber war Alexandra auf Unverständnis, ja sogar auf Empörung gestoßen. Was sie sich einbilde, all ihre Chancen über Bord zu werfen, nur um auf einen Ego-Trip zu gehen. Sie sollte es besser wissen, in ihrem

Alter, sie sei doch kein Teenager mehr! Die Eltern würden das Unternehmen nicht befürworten. Auf gar keinen Fall!

Alexandra war am Boden zerstört gewesen. Sie hatte sich mit den Eltern nicht überwerfen wollen, aber sie hatte einfach keinen Rückzieher machen können! Alles war in die Wege geleitet und Alexandra hatte sich optimistisch, froh und leicht wie lange nicht mehr gefühlt. Sie kannte dieses wohlige, entspannte Gefühl, hatte es aber irgendwo auf dem Weg ins Erwachsenwerden verloren. Und sie war glücklich, als es sich wieder einzustellen schien. Sie hatte sich vollkommener gefühlt, obwohl ihr nie wirklich bewusst gewesen war, dass ihr die ganze Zeit über etwas gefehlt hatte.

Alexandra hatte alle negativen Stimmen und sogar den Krach mit den Eltern zu ignorieren versucht, und war ihren Vorbereitungen bis zum Ende nachgegangen, ohne sich von ihrem Entschluss abbringen zu lassen.

Als sie aber am Abreisetag allein zum Flughafen hatte aufbrechen wollen, war sie froh, festzustellen, dass ihre Eltern sich trotz allem entschlossen hatten, sie zu verabschieden. Ohne sie wäre es einfach nicht das Gleiche gewesen.

Nun also saß Alexandra im Greyhoundbus, der sie zu ihrem unbestimmten Ziel bringen sollte. Sie sah hübsch aus, wie sie da saß. Die langen blonden Haare fielen ihr in Wellen über den Rücken. Sie war gekleidet in Jeans und dunkelblauer Bluse. Das Blau ihrer Kleidung ließ ihre feinen Gesichtszüge besonders klar wirken. Alexandras graue Augen waren in die Ferne gerichtet und auf ihrem Gesicht lag der Ausdruck freudiger – wenn auch ein wenig zurückhaltender – Erwartung. Auf ihrem Schoß hielt sie die kleine Handtasche, die all ihre persönlichen Unterlagen und die Ersparnisse enthielt, die sie durch die erste Zeit in Kanada bringen sollten, bis sie einen Job gefunden hatte.

Aber ganz entgegen Alexandras Gefühl, fiel sie in dem Bus

überhaupt nicht auf. Sie sah sich um und begutachtete ihre Mitreisenden. Leute jeder Altersklasse waren vertreten. Eine Familie mit zwei Kindern war eindeutig indianischer Abstammung.

Indianer interessierten Alexandra, aber sie wollte nicht unhöflich sein und die Leute anstarren. Zwei ältere Damen spielten Karten und kicherten dabei. Die männlichen Fahrgäste hatten allesamt Baseballkappen auf dem Kopf. Ein Mann hatte die Kappe bis tief in die Stirn hinunter gezogen und sah sehr unfreundlich aus. Zum Glück saß er am anderen Ende des Busses. Alexandra stellte fest, dass sich die Kleidung in Kanada, zumindest bei der jungen Bevölkerung, nicht von der in Deutschland unterschied. Sie fiel nicht auf, und die Mitreisenden konnten nicht ahnen, was diese Fahrt für Alexandra bedeutete.

Am frühen Nachmittag erreichten sie Hope. Hope war eine verhältnismäßig kleine Stadt, direkt am Fraser River gelegen. Hier endete das üppige Fraser Valley und ging in einen gewaltigen Canyon über, der sich immer enger und steiler zusammenzog und sich gen Norden schlängelte. Alexandra bemerkte, als sie während der Pause aus dem Bus ausstieg um sich kurz umzusehen, dass alles hier etwas rauer erschien. Die Berge waren höher und felsiger, die Straße schlechter, die Menschen irgendwie ungepflegter. Nein, nicht ungepflegter, nur anders. Rauer eben. Bei genauerem Hinsehen fiel ihr auch auf, dass viele Leute schlecht gekleidet waren. Einigen fehlten Zähne. Ein Anblick, den sie aus Deutschland nicht kannte. Alexandra hatte gelesen, dass die sozialen Leistungen hier in Kanada weitaus geringer waren als in Deutschland. In Vancouver war ihr das nicht so sehr aufgefallen, aber hier in Hope. Es schien Alexandra, dass da etwas am System nicht stimmte.

Gleichzeitig fiel ihr wieder einmal die große Anzahl von übergewichtigen Menschen auf. Man brauchte sich nur umzuschauen, und schon war einer im Blickfeld. Viele schienen sich an ihrem Gewicht überhaupt nicht zu stören, sie zwängten sich wegen der warmen Sommertemperaturen in die engsten, knappsten Kleidungsstücke, die schon für viele normalgewichtige Menschen eine echte Herausforderung dargestellt hätten. Alexandra musste schmunzeln. Aber sie wusste auch, dass nur eine Gesellschaft, die viele Dinge in großem Überfluss hat und nicht damit umgehen kann, die Menschen in solches Ungleichgewicht bringen konnte.

Insgesamt herrschte in Kanada ein andere Atmosphäre. Das war Alexandra schon im Motel aufgefallen, im Restaurant und am Verkehr auf den Straßen. Die Menschen gaben sich meist mehr Mühe höflich zu sein, man fühlte sich willkommener als Gast und die Atmosphäre in den Geschäften, Motels und Restaurants war irgendwie entspannter. Das gleiche galt für den Verkehr. Die Straßen in den Städten waren voll, aber nicht hetzig. Kein Hupen, keine Schweißausbrüche. Je mehr der Bus in die ländlichen Gegenden vordrang, umso deutlicher wurde dies. Man war hier „relaxed".

Der Trans-Canada Highway, auf dem der Bus nach Norden fuhr, war, nachdem Hope hinter der Biegung der Straße verschwunden war, nur noch einspurig und wenig befahren. Verglichen mit Deutschland war die kanadische „Autobahn" leergefegt. Alexandra wusste nun, wo all diese Automobil-Werbespots gedreht wurden, in denen man nur Auto und Natur (welch ein Widerspruch) erblicken konnte. Hingegen hörte sie ihre Mitreisenden anmerken, dass heute aber viel Verkehr sei und wusste, dass sie sich sehr würde umgewöhnen müssen. Sie hatte jedoch den Eindruck, als werde ihr dies nicht allzu schwer fallen ...

Alexandra blickte staunend aus dem Fenster: sie durchfuhren den atemberaubend schönen Fraser Canyon. Auf beiden Seiten des Flusses stiegen die Berge steil an, dicht bewaldet mit Zedern und Fichten. Einige Bäume schienen hoch über dem Fluss direkt aus den Felsen zu wachsen und nur mit ein paar Wurzeln am Gestein verankert zu sein. Alexandra fragte sich, wie diese Bäume überleben konnten. Woher nahmen sie das Wasser? Die Zedern sahen aus wie tanzende Feen mit ihren geschwungenen Ästen, die sich sachte im Wind wiegten. Die Fichten wuchsen hoch und kerzengerade zwischen den Zedern und erschienen edel und elegant. Der Fraser River war wilder hier. Tief in der Schlucht sah Alexandra weiße Schaumkronen auf dem Wasser tanzen. Hin und wieder entdeckte sie einen Strudel, dann eine kleine Ausbuchtung in den Felsen, in der das Wasser ruhig zu sein schien, wie in einer Badewanne. Große Felsbrocken ragten aus dem Wasser und hier und da war ein Baum umgestürzt und bildete eine natürliche Brücke zwischen Land und Fels. Aber auch viel Treibholz schoss mit großer Geschwindigkeit in Richtung Meer vorbei. Welche Wassermassen! Dreizehnhundert Kilometer ungebändigte Naturgewalt. Kein Staudamm, nichts! Über den Bergwipfeln leuchtete der Himmel im schönsten Azurblau. Alexandra glaubte nie etwas Schöneres gesehen zu haben als das Bild, das sich ihr jetzt bot. Ihr war, als könnte sie den Herzschlag der Wildnis hier im Bus spüren. So gewaltig, so dominant, fast beängstigend – und doch gleichzeitig so verlockend und vollkommen.

Alexandra rieb sich die Augen. Für einen Moment … Sie war sich nicht sicher. Aber einen Augenblick lang glaubte sie, dieses Schauspiel der Natur schon einmal gesehen zu haben. Nicht nur ungefähr, sondern genau so, genau hier. Sie war schon einmal hier gewesen … in einem Traum. Sie verdrängte den Gedanken und versuchte sich vorzustellen, wie die ersten Europäer sich vor hundertfünfzig Jahren gefühlt haben mussten, als sie diesen Canyon zum ersten Male sahen. Damals noch majestätischer mit großen, Jahrhunderte alten Zedern.

*

Am nächsten Morgen setzte Alexandra ihre Reise gut ausgeschlafen fort. Der Bus überquerte den Fraser River und die

Straße führte durch einige Tunnel, die in die massiven Felsen gesprengt worden waren. Der Highway war hier entlang der Canyonwand gebaut und Alexandra war froh, dass sie nicht auf der linken Seite des Busses saß. Gleich neben der Straße fiel die Felswand mindestens hundert Meter in die Tiefe!

Ein paar Mal war das wehmütige Schreien eines Zuges zu vernehmen, das in den Wänden des Canyons widerhallte und langsam verebbte.

Alexandra war begeistert und sprachlos. Die Schönheit und Atmosphäre der Landschaft berührte tief in ihrem Herzen etwas, das bisher verborgen gewesen war. Ganz natürlich reihte sie dieses Etwas in ihr Lebenspuzzle ein. Wie hatte sie ohne dieses Gefühl leben können? Etwas war in ihr geweckt worden, das sie in Hamburg nicht zu spüren vermocht hatte. Ein noch vages Gefühl, das jedoch stärker zu werden schien, und dessen Definition näher und näher rückte, um bald gefunden zu werden.

Der Bus fuhr nun Richtung Norden, vorbei an jeder nur erdenklichen Art von Haus, ordentlich bis verkommen, klein bis Palastgröße, Blockhütte bis südländische Villa. Die Landschaft veränderte sich allmählich, wurde karger und trockener. Die Bäume standen lichter und waren nun meist Kiefer. Die Canyonwände zeigten viel nackten Felsen und Alexandra sah den ersten wilden Salbei am Straßenrand wachsen. Dies war „Range Land", „Cowboy Country". Und folglich hatte auch fast jedes noch so kleine und enge Grundstück eine Pferdekoppel. Es wurde auch wesentlich wärmer.

Der Bus hielt schließlich an einem Ort, der sich rühmte *heißester Ort in Britisch Kolumbien*, zu sein. Und es war wirklich sehr heiß, als Alexandra endlich ausstieg und die Beine streckte. Es wehte ein leichter Sommerwind und die Luft trug den aromatischen Duft des wilden Salbeis.

Der Thompson River floss hier mit seinem blauen, klaren Wasser in den nun langsam fließenden, braunen Fraser River.

Alexandra war fasziniert von dem Farbenspiel, das sich ihr darbot. Nur widerwillig stieg sie zurück in den Bus.

Sie begann müde zu werden. Die Zeit, seit sie Hamburg verlassen hatte, war sehr aufregend gewesen und die ständige Sitzerei machte ihr nun doch zu schaffen. Sie schaute auf die Uhr: Sie würde ein kleines Nickerchen machen, bevor sie den nächsten Stop erreichten, obwohl sie ungern etwas von der Fahrt verpasste. Nur ein paar Minuten, beschloss sie. Im nächsten Ort würde sie übernachten, sich eine gute Portion Schlaf holen und am nächsten oder übernächsten Tag ausgeruht weiterreisen.

Als Alexandra durch das Halten des Busses aus ihrem Schlaf aufschreckte und die Hauptstraße der kleinen Ortschaft erblickte, musste sie tief Luft holen: Vor wenigen Minuten war sie bereits im Traum auf dieser Straße entlang gegangen!

2. Kapitel

Lange und erholsam hatte Alexandra geschlafen. Nachdem sie gestern nach dem Aufwachen im Bus die Hauptstraße des Ortes erblickt und aus ihrem Traum wiedererkannt hatte, war sie sicher gewesen, dass sie zumindest eine Weile hier bleiben und sich umsehen musste. Die Ortschaft hieß Shaheylah. Der Name gefiel Alexandra sehr. Auch das Wenige, was sie hatte erspähen können, hatte ihr zugesagt. Sie hatte sich die Erkundung des Städtchens jedoch für den heutigen Tag aufgehoben. Gestern war sie einfach zu müde gewesen um noch mehr neue Eindrücke aufzunehmen – und sie wollte kein Detail versäumen!

So saß sie nun entspannt und gutgelaunt in dem kleinen Hotelcafé und blickte versonnen durch das Fenster auf die schmale Hauptstraße, die, auf beiden Seiten von Geschäften gesäumt, schon in warmes Sonnenlicht getaucht war. Trotz der frühen Stunde waren schon viele Leute auf der Straße. Sie schienen einander zu kennen und grüßten im Vorübergehen. Alexandra lächelte. Die Atmosphäre gefiel ihr.

Gerade hatte sie mit einigen Schwierigkeiten Spiegeleier mit Speck bestellt (das war die einzige Auswahl auf der Frühstückskarte, anscheinend in allen möglichen Variationen, aber die Zutaten blieben gleich) und nun schlürfte sie zufrieden an ihrer Tasse Tee. Ein paar mal rutschte sie auf ihrem Stuhl hin und her, denn der Bezug war aus Plastik und schien gerne am Stoff ihrer Hose festzukleben. Alexandra war entsetzt gewesen, als sie das Restaurant betreten hatte. Sie hatte alle Mühe gehabt, es sich nicht anmerken zu lassen. Der Raum hatte an allen Wänden sehr rustikal ausschauende Bretter auf denen noch die Spuren des Sägeblattes zu erkennen waren. Die Theke sah aus, als sei sie seit ihrem Einbau um ca. 1960 nicht renoviert worden, genau wie die Tische, Bänke und Stühle. Tische und Theke waren aus braunem … Alexandra wusste nicht genau, was es war, aber es schaute aus wie Kunststoff, der sehr abgenutzt war. Die Stühle und Bänke waren mit abwaschbarem Plastik bezogen und hatten Schaumstoff unter den Bezügen. Abgesehen davon, dass man andauernd einen elektrischen Schlag bekam, waren in den meisten Bezügen Löcher aus denen das Polstermaterial herausquoll. Niemand schien sich an solchen Kleinigkeiten zu stören, und die übrigen Gäste sahen sehr zufrieden aus. Die restliche Dekoration des Restaurants bestand aus unechten Grünpflanzen und weihnachtlichen Minilichtern. Der Bodenbelag war Linoleum dessen Alter nicht bestimmbar war. Von der allgemeinen farblichen Zusammenstellung konnte Alexandra sich überhaupt nicht erholen und insgesamt musste sie zugeben, dass sie ein Restaurant wie dieses noch nie gesehen hatte. Es dauerte eine Weile, bis sie sich an den Anblick gewöhnt hatte. Nun hoffte sie inständig, dass das Essen besser war als die Ausstattung. An die Küche wollte Alexandra lieber gar nicht denken.

Plötzlich hörte sie eine Stimme neben sich: „Haben Sie etwas dagegen, wenn ich mich zu Ihnen setze?“ Alexandras Englisch reichte aus, um zu verstehen, was ihr bevorstand.

„Danke“, sagte sie und stellte ihre Tasse Tee auf den Tisch. „Ich ziehe es vor, allein zu frühstücken!“ Ihr Ton ließ keine Widerrede zu und sie schaute dem jungen Mann, der schon im Begriff war sich zu setzen, direkt ins Gesicht. Das hatte ihr gerade gefehlt! Alles, was sie wollte, war hier in Ruhe sitzen und frühstücken. Sie hatte nicht damit gerechnet gestört zu werden. Und sie wollte es auch nicht!

Zu ihrer Erleichterung stieß der junge Mann jedoch nur einen kurzen, missbilligenden Laut aus und ließ sich ein paar Tische weiter links nieder. Alexandra atmete erleichtert auf und würdigte ihn keines Blickes mehr. Entschlossen schob sie das Kinn vor. Was für ein Platz war dies, wo eine junge Frau nicht einmal eine Mahlzeit zu sich nehmen konnte ohne belästigt zu werden?

Zu ihrer Überraschung vernahm sie als nächstes ein leises Lachen schräg hinter sich. Empört drehte sie sich um. Alexandra erblickte einen anderen jungen Mann, vielleicht Anfang dreißig. Er war leger gekleidet in T-Shirt, kariertem Hemd und Jeans. In der einen Hand hielt er einen Kaffeebecher, in der anderen eine Zeitung. Er hatte kurze, dunkelbraune Haare, feine, klare Gesichtszüge, eine gerade, markante Nase und einen bronzenen Teint. In genau diesem Moment verzogen sich seine schmalen, aber schön geschwungenen Lippen zu einem breiten Grinsen – einem sehr symphatischen Grinsen, wie Alexandra zugeben musste – das seine ebenmäßigen weißen Zähne aufblitzen ließ. Er machte eine Bewegung mit seiner Kaffeetasse in Alexandras Richtung und meinte: „Gut gemacht!"

Alexandra zögerte für einen Augenblick und wollte gerade zurück lächeln, als sie in die Augen des Fremden schaute. Sie waren von einer Farbe, die Alexandra noch nie bei einem Menschen gesehen hatte: sie leuchteten in der Farbe von hellem Bernstein – und funkelten voll Lebenslust und Spott! Alexandra blinzelte und schaute erneut. Tatsächlich, dieser Mensch saß da und machte sich über sie lustig! Sie zog eine Augenbraue hoch und ihr Gesicht verfinsterte sich. Sie hob das Kinn noch ein wenig weiter in die Höhe und sagte dann spitz: „Danke." Dann wandte sie sich wieder um.

*

Samuel Reed war unausgeschlafen und schlecht gelaunt. Gestern hatte er Überstunden gemacht und seine Planung für diesen – seinen freien Tag – sah schlecht aus. Die Sonne schien, es war keine Wolke am Himmel und eigentlich hätte er diesen Tag mit seinem Cousin beim Angeln und Kanufahren verbringen sollen. Aber Gary hatte eine neue Freundin, die ihn schwer unter Kontrolle hatte. Kein Angeln mehr an Samstagen! Sams Gesicht bekam einen grimmigen Ausdruck, während er das letzte Stückchen seines Muffins in den Mund schob. Gleichzeitig wurde er auf die junge Frau aufmerksam, die am Tisch schräg vor ihm saß. Sie sprach mit irgendeinem europäischen Akzent, den er nicht zuordnen konnte, der ihm aber gefiel, und bestellte furchtbar umständlich ihr Frühstück. Er musste grinsen. Er sah ihr Profil während sie mit der Kellnerin sprach. Er sah ihre langen Wimpern, die kleine Nase, die vollen, wohlgeformten Lippen und das energische Kinn. Eine Flut aus blondem Haar fiel ihr in Wellen über Schulter und Rücken. Sie war eine interessante Erscheinung, das war sicher.

Gerade begann seine Laune sich zu bessern, da erschien Grant Ryder auf der Bildfläche und sprach die junge Frau an. Sam und Grant konnten sich nicht ausstehen. Daher war Sam umso zufriedener, als er Zeuge einer galanten Abfuhr wurde. Außerdem mochte er Frauen mit Rückgrat. Und erst die Funken, die aus ihren Augen sprühten, als sie „Danke“ zu ihm gesagt hatte. Sam lächelte in Erinnerung daran, trank seinen restlichen Kaffee in einem Zug aus, nahm seine Zeitung und ging bezahlen. Er hatte das Gefühl, als sollte dieser Tag doch noch gut werden.

Alexandra verbrachte einen ruhiges Wochenende. Sie erkundete das Städtchen und die nähere Umgebung. Sie fand eine Informationstafel an der Hauptstrasse mit der Geschichte des Ortes. So wusste sie nun, dass Shaheylah ein Wort aus der Sprache der Ureinwohner war und soviel wie „schöner Ort“, bedeutete. Auf der Tafel fand sich auch die Einwohnerzahl. Sie wurde mit 1200 angegeben, während knappe 2000 Menschen im gesamten Einzugsbereich leben sollten. Überlaufen war die Gegend, wie Alexandra belustigt feststellte, also nicht gerade.

Shaheylah war auf einem Hochplateau gelegen. Die östliche Bergkette lag satt und grün vor ihr und Alexandra sah einen kleinen Wasserfall. Die westlichen Berge waren spärlicher bewaldet, trockener und karger.

Nahe am Ort lag Coldwater Lake, ein See, dessen smaragdgrünes Wasser selbst jetzt, im August, noch eiskalt war. Alexandra verzichtete auf ein Bad und begnügte sich damit auf dem Gras am Ufer unter einem der großen Akazienbäume der Sommerhitze zu entfliehen. Für einen Moment schloss sie die Augen und versuchte, sich das Bild, das sich ihr bot, einzuprägen: Vor ihr lag der See mit seinem kristallklaren Gebirgswasser, begrenzt von steilen, rauen, spärlich bewaldeten Felswänden. Es duftete nach Baum, Wald und Salbei – und nach Wasser. Die Luft war warm und ein sachter Wind spielte in den Bäumen. Eine Bewegung in den Felsen weckte Alexandras Aufmerksamkeit. Mit dem Fernglas erspähte sie zwei weiße, zottelige Bergziegen, die behände über die Felsen sprangen. Fasziniert beobachtete Alexandra sie eine Weile. Es war schön zu sehen, dass hier noch unberührte Natur zu finden war.

Anschließend beobachtete Alexandra die Menschen, die an ihr vorbeigingen, um sich etwas weiter entfernt ebenfalls im Schatten niederzulassen. Meist waren es Familien mit Kindern, denen das kalte Wasser nichts auszumachen schien. Sie standen bis zu den Knien im eisigen Nass und planschten vergnügt. Ihr Gelächter drang bis zu ihr herüber.

Alexandra fiel auf, dass viele Familien gemischt waren. Die Anzahl von Ureinwohnern und Weißen im Ort schien ungefähr gleichgewichtig zu sein. Alexandra rief sich ihre Erinnerungen aus dem Ort ins Gedächtnis zurück und sie konnte sich nicht daran erinnern, irgendwelche Spannungen bemerkt zu haben. Überall mischten sich beide Bevölkerungsgruppen und verkehrten ungezwungen miteinander. Keine Gruppe schien über die andere zu dominieren. Es herrschte eine angenehme Atmosphäre. Alexandra wusste, dass dies bei weitem nicht immer und überall der Fall war. Sie wollte diesen Punkt weiter recherchieren, denn er interessierte sie.

Alexandra war der Auffassung, dass alle Menschen gut miteinander auskommen sollten – ohne Vorurteile über Rasse oder Religion.

Am Sonntag ging Alexandra zufällig am Redaktionsgebäude der Lokalzeitung vorbei und blieb an dem Aushängebrett mit den Nachrichten stehen. Jemand verkaufte einen gebrauchten Kinderwagen, ein anderer versuchte Hundebabies abzugeben. Eine Annonce aber, fiel ihr besonders ins Auge. Es hieß darin: „Hilfe für Haushalt und Kinderbetreuung gesucht. Vier halbe Tage pro Woche, gegen Kost und Logis. Bitte melden bei Maggie Preston, Pine Tree Ranch". Außerdem enthielt die Anzeige die Telefonnummer.

Alexandra starrte auf die Zahlen. Dann zuckte sie mit den Schultern: „Wenn ich mir schon einen Platz zum Bleiben suchen muss, warum dann nicht hier, wo es mir gefällt?" dachte sie.

Normalerweise war sie sehr vorsichtig mit voreiligen Entschlüssen und sie war bei bestem Willen niemand, der sofort zum Erstbesten griff. Aber etwas zog sie zu dieser Anzeige … entschlossen schrieb sie die Telefonnummer ab und nahm sich vor am nächsten Tag anzurufen und nach den Einzelheiten zu fragen. Bei vier halben Tagen in der Woche hätte sie sogar noch Zeit für einen weiteren Job, sollte es notwendig sein. Und drei freie Tage, an denen sie die Gegend erkunden konnte …

3. Kapitel

Während sie Tee zubereitete drehte Maggie sich zu Alexandra um, die am Küchentisch Platz genommen hatte. „Ich brauche dringend jemanden, der mir im Haushalt und mit den Kindern hilft", meinte sie. „Dick ist Holzfäller und die Arbeit wird immer knapper. So muss er meist sehr weit fahren, oft zwei Stunden pro Strecke. Da hat er für die Ranch und die Tiere nicht mehr so viel Zeit. Und die Kinder brauchen ihn ja auch. Ich kenne mich aus, kann mit dem Traktor umgehen und sogar Heu machen, aber dann brauche ich etwas Entlastung im Haus."

Maggie stellte den Tee auf dem Tisch und setzte sich selbst, nachdem sie zwei Becher gefüllt hatte.

„Die Kinder", fuhr sie fort, „können ganz schön anstrengend sein, wenn sie in Fahrt sind." Maggie blickte aus dem Fenster. „Wir haben da drüben ein kleines Gästehaus, das ich leicht herrichten könnte. Es ist nicht groß, aber ordentlich und sauber. Und gegessen wird natürlich hier im Haus." Sie machte eine Pause und fügte hinzu, da Alexandra nichts erwiderte: „Ich weiß, dass mein Angebot nicht gerade luxuriös ist, aber mehr können wir uns nicht leisten. Ich weiß selbst nicht, warum ich die Anzeige aufgegeben habe. Ich hatte eigentlich nicht einmal damit gerechnet, dass sich jemand meldet."

Alexandra schaute durchs Fenster auf die vier Kinder, die vor dem Haus tobten. Es waren drei Jungen, die sie auf zwölf, zehn und acht Jahre schätzte und ein kleines Mädchen von vielleicht vier Jahren. Es schienen nette Kinder zu sein. Maggie war ihr gleich auf Anhieb sympathisch gewesen. Sie hatte halblange, braune Haare, warme haselnussfarbene Augen und ein rundliches, hübsches Gesicht. Alexandra konnte die Wärme und

Herzlichkeit fühlen, die von dieser jungen Frau ausgingen. Auch das Anwesen gefiel ihr. *Pine Tree* lag einige Kilometer außerhalb der Stadt und war von Natur umgeben. Es gab nur wenige Nachbarn, dafür aber Koppeln mit Pferden, Rindern und Schafen, Wiesen und Stallungen. Alles wirkte ordentlich, obwohl man sah, dass das Geld knapp war. Alexandra hatte bemerkt, dass einige Stellen am Scheunendach reparaturbedürftig waren, und auch das Haus brauchte mehr als nur einen neuen Anstrich. Auf den Stufen der Veranda musste man aufpassen, dass man nicht auf eine falsche Stelle trat und die Türschwelle war so abgenutzt, dass eine große Delle im Holz zu sehen war.

Bevor Alexandra an diesem Morgen nach *Pine Tree* aufgebrochen war, hatte sie versucht sich vorzustellen, wie es dort wohl sein würde. Ihre vorsichtigen Vorstellungen, die sie im Hinblick auf ihre bisherigen Erfahrungen mit kanadischen Gebäuden und Landschaften gesammelt hatte, wurden nicht übertroffen, aber erfüllt: Da die Ranch etwas außerhalb der Stadt lag, war Alexandra mit dem Taxi gekommen. *Pine Tree* lag an einer Sackgasse umringt von Pinienbäumen. Entlang dieser Sackgasse waren nur wenige, weit auseinander liegende Höfe von denen man von der Straße aus nicht viel sehen konnte. Der Wald öffnete sich an der Einfahrt zu *Pine Tree* und gab den Blick frei auf ein Haupthaus mit einer großen Veranda, das aussah, als gehöre es in eine Episode von „Unsere kleine Farm“. Neben dem Wohnhaus gab es noch einige Außengebäude aus soliden Brettern und zahlreiche Koppeln und Felder, die durch Holzzäune voneinander getrennt waren. Der Wald schloss sich in allen Richtungen an die Felder an und es floss ein kleiner, gurgelnder Bach durch die Koppeln. In Hamburg hätte Alexandra von so einem Grundstück nur träumen können. Jetzt bot sich ihr die Gelegenheit hier zu leben – wenn natürlich auch nur für eine begrenzte Zeit.

Alexandra versuchte die Situation einzuschätzen. Maggie

würde immer in der Nähe sein. Sie selbst wäre nicht allein mit Haus, Hof und Kindern. Sie glaubte – nein, sie wollte diesem Angebot gewachsen sein!

Alexandra sah Maggie an und lächelte: „Es gefällt mir gut hier und wenn Sie denken, dass ich eine Hilfe wäre, dann würde ich ihr Angebot gerne annehmen Mrs. Preston – äh, ich meine Maggie“, fügte sie leise hinzu. Denn Maggie hatte gleich zu Anfang erwähnt, dass sie es vorzog mit Vornamen angesprochen zu werden. Alexandra selbst war gleich ohne große Umstände zu „Alex“ geworden, denn Maggie entschied, „Alexandra“, sei zu lang. Alexandra gefiel das irgendwie. Es fühlte sich gut an.

„Also abgemacht“, hörte sie Maggie sagen, „ich richte das Gästehaus her und morgen kannst du übersiedeln – wenn es dir recht ist.“

Es war Alexandra recht. Und so machte sie sich am nächsten Tag wieder auf den Weg nach *Pine Tree* Ranch – dieses Mal mit ihrem Gepäck.

Ihre Eltern würden jetzt wahrscheinlich den Kopf schütteln, dachte sie. Immerhin verfügte sie nicht gerade über hervorragende hausfrauliche Kenntnisse und über gar kein Wissen bezüglich Kinder. Außerdem kannte sie die Leute gar nicht genug, um dort einfach einzuziehen. Aber irgendetwas sagte ihr, dass dies der richtige Ort für sie war. Etwas zog sie magisch zu dieser Ranch, zu der lieben Maggie und den Kindern. Dieses eine Mal würde sie, Alexandra Habicht, einfach ihrem Herzen folgen und sehen, wohin es sie führen würde.

Die schlanke, hochgewachsene Maggie erwartete Alexandra auf der Veranda in Begleitung ihrer kleinen Tochter. Alexandra musste schmunzeln, als sie aus dem Taxi stieg. Die beiden erinnerten sie erneut an ein Bild aus einem Wildwest Film. Die Pionierfrau mit ihrer Tochter auf der Ranch. Und Maggie gehörte eindeutig zu diesem Land. Etwas in ihrem Gesicht verriet Alexandra, dass Maggie ein Teil ihrer Ranch war und die Ranch ein Teil von ihr.

„Schön, dass du da bist, Alex", begrüßte sie Maggie und streckte ihr die Hand entgegen. „Dies ist meine Jüngste – Miranda." Sie schob eine schüchterne Miranda etwas auf Alex zu und fuhr dann fort: „Komm, wir zeigen dir deine neue Bleibe."

Miranda schielte Alex von unten her an und hielt sich dicht an die Mutter. Man sah ihr aber an der Nasenspitze an, dass sie unheimlich neugierig auf den Familienzuwachs war. Alexandra war sicher, dass Miranda nicht sehr lange schüchtern bleiben würde.

Maggie führte Alexandra vom Wohnhaus über den Hof, vorbei an der Scheune und einigen landwirtschaftlichen Maschinen zu einem großen, alten, wunderschönen Akazienbaum. Hinter dem Baum entdeckte Alexandra ein kleines, uriges Holzhaus mit spitzem Dach und roten Fensterläden. Das Häuschen war alt und die Bretter verwittert von Wind und Wetter. Maggie erzählte ihr, dass dies das ursprüngliche Farmhaus der Ranch gewesen sei, bis das jetzige Haus fertiggestellt worden war. Gespannte Erwartung stieg in Alexandra auf, als Maggie die Vordertür öffnete und sie eintreten ließ. Alexandra liebte Dinge mit Geschichte.

Das Gästehaus war innen noch kleiner, als sie es von außen eingeschätzt hatte, aber es hatte ein Wohnzimmer mit Kochnische, ein separates Duschbad und ein kleines Extrazimmer, dass Maggie als Schlafzimmer für Alexandra hergerichtet hatte.

Während Maggie, die offensichtlich viel Arbeit in dieses kleine Reich gesteckt hatte, Alexandra gespannt beobachtete, sah diese sich sorgsam um und war angenehm überrascht. Die Wände des Hauses waren aus Holz und somit roch es in allen Räumen angenehm nach Wald. Die Bodendielen waren an vielen Stellen durch dauernde Benutzung über lange Jahre abgenutzt und quietschten mit jedem Schritt den Alexandra tat.

Die spärliche Einrichtung war einfach, aber sie war, wie die Wände, aus solidem, hellen Holz gearbeitet und mit liebevollen Details versehen. Maggie hatte versucht es so gemütlich wie möglich für den Gast zu machen und neben den Möbeln und dem Hausrat auch Vasen, Bilder und Grünpflanzen aufgestellt und ein paar Bücher bereit gelegt. Hübsche, hellgeblümte Vorhänge zierten die Fenster, im Wohnzimmer stand ein kleiner Holzofen mit Glasfenster, so dass man den Flammen zusehen konnte. Beim Anblick des Feuers kamen Alex Zweifel. Maggie bemerkte ihr Zögern sofort und sagte schnell: „Mach dir darüber keine Gedanken. Feuer machen ist kinderleicht und der alte Ofen heizt dieses kleine Haus im Nu auf T-Shirt Temperaturen. Darum kümmern wir uns später!“ Danach ließen Maggie und Miranda Alexandra allein, damit sie sich einrichten konnte.

Alexandra ließ sich auf einen Stuhl fallen und schloss die Augen. Ihr neues Heim war vielleicht klein und nicht mehr neu, aber es hatte Charakter und Geschichte. Und in diesem Augenblick verkörperte es alles, was Alexandra sich je von einem Zuhause gewünscht hatte. Sie war mehr als zufrieden mit den Entwicklungen, die ihr Kanada Aufenthalt bis hierher gemacht hatte.

Später am Tag lernte Alex auch die anderen Familienmitglieder kennen. Neben Miranda, die ihrer Mutter sehr glich, waren da noch Tim, Eric und Lee.

Tim und Eric kamen vom Aussehen nach ihrem Vater, wie Alex am Abend feststellte, während Lee mehr seiner Mutter ähnelte. Alle drei waren sehr aufgeweckt und schienen sich gut miteinander zu verstehen. Die Jungs waren keineswegs schüchtern und bombardierten Alex sofort mit allen möglichen, zum Teil sehr persönlichen Fragen und taten dabei so, als übersähen sie die warnenden Augen ihrer Mutter. Alex schloss alle drei Jungs gleich ins Herz und beantwortete lachend alle ihre Fragen.

Spät am Abend lernte Alexandra schließlich auch Maggies

Ehemann, Richard, kurz Dick genannt, kennen. Er war eine imposante Erscheinung. Dick hatte den muskulöse Bau eines wahren Holzfällers und eine Körpergröße, die den Muskeln entsprach. Er war freundlich, aber nicht sehr gesprächig. Nachdem er Alexandra herzlich begrüßt und ihr ausgiebig für ihre Hilfe gedankt hatte (wobei er so tat, als tue nur Alexandra der Familie Preston einen Gefallen und nicht umgekehrt) wandte er sich den Kindern zu. Die Kleinen schienen vernarrt in ihren Vater zu sein, und er ging mit ihnen eher wie mit Kumpeln um. Dick erinnerte Alexandra an etwas. Sie überlegte kurz. Dann fiel es ihr ein: Dick glich mit seinem dunkelblonden, struwweligem Haar, der kräftigen Statur, dem wilden Vollbart und der zurückhaltenden Art einem großen, liebenswerten Brummbär. Alexandra konnte ahnen, was Maggie in ihm sah. Sie selbst mochte ihn sofort. Die gesamte Familie Preston war ihr ausgesprochen sympathisch und sie fühlte sich äußerst willkommen.

Der Schreck kam am nächsten Morgen: Die Jungen mussten früh aus dem Haus, darum war Alexandra schon um viertel vor sieben zum Haupthaus hinüber gegangen um Frühstück vorzubereiten. Als sie dort ankam, musste sie feststellen, dass Dick schon seit eineinhalb Stunden aus dem Haus war und Maggie fertig angezogen und bereit für den neuen Tag war. Alexandra selbst war also nicht so früh dran, wie sie gedacht hatte.

Kurz darauf wurde Alexandra klar, dass die Milch noch in der Kuh war, und dass das Gemüse für das Mittagessen noch im Gemüsebeet steckte. Das war neu und traf sie unerwartet. Beinahe hätte sie Panik erfasst. Aber Maggie beruhigte sie ,indem sie erklärte, dass sie sich selbst um die Kuh kümmern würde. Alexandra war also lediglich für das Gemüse zuständig. Das beseitigte nicht alle von Alexandras Befürchtungen, aber wenigstens konnte das Gemüse nicht beißen oder austreten …

Im Allgemeinen sollte Alexandra sich am Vormittag um den Haushalt und das Mittagessen kümmern (woraufhin Alexandra betete, dass Maggie keine Superputzfrau war und enorme Ansprüche stellte und auch kein Gourmet Koch ohne ein einziges Kochbuch im Haus), während Maggie die Ranch versorgte. Den Nachmittag sollte Alexandra dann frei haben.

Sie verbrachte jedoch den größten Teil ihrer Freizeit mit den Kindern. Beide Seiten genossen dies sehr, und Maggie hatte so etwas Luft am Nachmittag. Alexandra sah, wie hart Maggie jeden Tag arbeitete um den Haushalt, die Familie und die Ranch am Laufen zu halten. Sie arbeitete viel mehr, als Alexandra jemals in ihrem Leben gearbeitet hatte. Und sie bewunderte sie sehr dafür. Zumal Maggie sich nie über etwas beschwerte. Und so machte es Alexandra doppelt Spaß die Kinder zu beschäftigen und Maggie ein paar ruhige Minuten zu verschaffen.

Es war schon seltsam, wie sehr sich Alexandra mit Maggie Preston verbunden fühlte. Und es hatte den Anschein, als ob Maggie genauso empfand. So spielte Alexandra am Nachmittag mit den Kindern oder sah ihnen beim Reiten zu. Manchmal nahm sie auch das Auto und fuhr mit ihnen zur Bücherei in Shaheylah oder zum Schwimmen an den See. Besonders Miranda war ihr ans Herz gewachsen, da die Kleine noch nicht zur Schule ging und somit fast den gesamten Tag mit Alexandra verbrachte. Die Tage waren geschäftig und vergingen wie im Flug. Und jeden Abend fiel Alexandra erschöpft in das schöne Holzbett in dem kleinen Gästehaus unter dem großen Akazienbaum.

*

Alex war jetzt seit zwei Wochen bei den Prestons. Sie hatte sich gut eingelebt. Viele Dinge, die ihr noch vor kurzer Zeit fremd gewesen waren, gingen ihr nun leicht von der Hand, wie zum Beispiel große Portionen Kartoffeln schälen und Kühe füttern und sie begann eine gewisse Routine bei der Hausarbeit zu entwickeln.

Das Wetter hielt sich gut für Anfang September. Die Tage waren noch immer heiß und die Nächte waren noch nicht so kalt, dass Alexandra den Ofen im Gästehaus anfeuern musste. An diesem Vormittag war sie gut mit der Arbeit vorangekommen und nutzte die freie Zeit, um ein wenig im Gemüsegarten zu arbeiten. Seit sie auf *Pine Tree* angekommen war, hatte Alexandra eine Vorliebe für die Gartenarbeit entwickelt. Sie hatte sich ihr Haar im Nacken zusammengebunden und trug Jeans, T-Shirt und Cowboystiefel, die Maggie ihr für die Arbeit geliehen hatte, bis Alexandra Zeit haben würde, in die nächste größere Stadt zu fahren und sich eigene Sachen zu besorgen.

Nun hockte sie vor einer Reihe mit Zwiebeln und war in eines von Maggies Gartenbüchern vertieft.

„Okay, wie weit seid ihr?“ fragte sie halblaut. „Woher soll ich wissen, was mit euch zu machen ist, wenn ich nicht weiß, wie weit ihr seid? Mulchen, häufeln, ernten?“ Ihre Stimme klang leicht vorwurfsvoll und ein wenig verärgert.

„Warum bittest du sie nicht ganz höflich um genaue Anweisungen?“ Alex fuhr aufgeschreckt herum. Sie hatte niemanden kommen hören und sich nur auf das Buch und das Zwiebelproblem konzentriert. Englischsprachige Gartenbücher waren so schwer zu verstehen ... Nun sah sie sich einem jungen Mann gegenüber, der lässig am Gartenzaun lehnte und in einen Apfel biss. Die Person kam ihr merkwürdig bekannt vor. Aber erst als sie auf dem Gesicht des Mannes ein breites Grinsen sah, fiel ihr ein, wo sie ihn schon gesehen hatte: Es war der Mann aus dem Hotelcafè, der sich über sie lustig gemacht hatte. Alex kam sich ein wenig dumm vor, als sie zögernd aufstand um etwas zu erwidern. Sie mochte es nicht, überrascht zu werden. Schon gar nicht von diesem ungehobelten Kerl.

Sie ärgerte sich leise. Da kam ihr Maggie unerwartet zu Hilfe. Noch bevor Alex die Sprache wiedergefunden hatte, ertönte Maggies Stimme von der Veranda: „Alex, wo bist du? Bist du im Garten?” und Sekunden später erschien ihr Kopf vor dem Zaun des Gemüsegartens. Sie blickte auf Alex und lächelte. Dann bemerkte sie den Besucher: „Hey, Sam! Wie geht's?" und mit schnellen Schritten stand sie neben ihm. „Schön, dass du mal wieder vorbeischaust! Hast du Alex schon kennen gelernt?" Sie umarmte Sam und übersah Alexandras verstörten Gesichtsausdruck.

Sam schenkte Maggie ein reizendes Lächeln. „Nein, eigentlich nicht!" Dabei nahm er sich die Frechheit heraus Alexandra zuzwinkern. Diese war noch immer verärgert – warum, das wusste sie selbst nicht genau. Doch sie nahm das empörende Verhalten dieses Eindringlings zum Anlass mit einer kurzen Entschuldigung im Haus zu verschwinden.

Alexandra beobachtete Maggie und Sam, die sich nun auf der Veranda unterhielten, durch das Küchenfenster. Nach einer Weile verabschiedete Sam sich und Maggie gesellte sich zu Alexandra in die Küche um zusammen mit ihr und Miranda zu Mittag zu essen. Als die Unterhaltung auf Sam kam, fragte Alex beiläufig: „Der schien sich hier ganz wie zu Hause zu fühlen. Wer ist er?"

Maggie lachte herzhaft auf. „Gut umschrieben, Alex, wirklich! Sam benimmt sich manchmal so … so typisch männlich eben! Aber ernsthaft, er ist wirklich in Ordnung. Er ist mein Cousin."

„Dein Cousin?" Alexandra schnappte nach Luft. Für einen Moment wusste sie nicht, was sie sagen sollte. Alles hatte sie erwartet, aber nicht, dass Maggie mit dieser Person verwandt sein könnte.

„Ist das so erschreckend?" fragte Maggie. Alexandra lächelte verwirrt und versuchte einen unbeeindruckten Gesichtsausdruck zu machen. Dann meinte sie: „Nein, eigentlich nicht", und ging weiter ihrer Arbeit nach, während Maggie sich schmunzelnd umwandte, um Miranda zu rufen.

*

Zweimal wöchentlich fuhr Alexandra mit Miranda in den

Ort um die Post zu holen und einzukaufen. Ab und zu sah sie auch in der Bücherei vorbei, denn sie wollte durch Lesen ihre Englischkenntnisse verbessern. Alexandra hatte schnell festgestellt, dass Schulenglisch hilfreich war, aber ihr trotzdem viele Worte aus dem täglichen Wortschatz fehlten.

Auch an diesem Tag parkte sie das Zweitauto der Prestons vor der Bücherei. Sie half Miranda aus dem Wagen und nahm die Kleine an die Hand. Alexandra dachte an die bevorstehende Bücherauswahl, als sich Miranda plötzlich enger an sie drückte und aufhörte zu plappern. Alexandra schaute das Kind an und folgte ihrem Blick. Sie waren jetzt fast bei der Eingangstür zu dem Freizeitkomplex angelangt und ihnen entgegen kam ein Mann von ungefähr sechzig Jahren. Alexandra hielt Mirandas Hand fester. Sie wusste, warum sich das Mädchen an sie drückte. Sie selbst hätte sich gerne an jemanden gedrückt. Der Mann sah angsteinflößend aus – jedenfalls in Alexandras Großstadt-gewohnten Augen. Sie versuchte ihn nicht anzustarren. Aber es war fast unmöglich es nicht zu tun. Eine solche Erscheinung hatte Alexandra noch nie zuvor in ihrem Leben gesehen. Ein paar Mal hatte sie Gestalten wie diesen Mann in einem Film gesehen. Dort wurden sie als *Hillbilly* bezeichnet. Alexandra blickte sich nervös um. Nein, hier wurde kein Film gedreht. Dies war echtes Leben! Sie hatte nicht gedacht, dass es solche Menschen tatsächlich gab. Sie inspizierte den Mann im Vorüberehen: Er trug eine dreckige Baseballkappe. Darunter konnte Alexandra ungepflegte, unfrisierte Haare sehen. Der Mann hatte einen mindestens fünf Tage alten Stoppelbart und stahlblaue, stechende Augen blickten finster unter dem Rand der Baseballkappe hervor. Offensichtlich kam diese Person gerade von der Arbeit, denn die Kleidung war sehr schmutzig. Aber vielleicht auch wieder nicht, denn im Vorbeigehen roch Alexandra, dass nicht nur die Kleidung, sondern der gesamte Kerl ungewaschen war! Obwohl der Blick des Mannes sehr finster und irgendwie bedrohlich gewesen war, und sie sich vorstellen konnte, dass es ihm sicher nicht gefallen würde, angestarrt zu werden, konnte Alexandra sich nicht helfen. Sie musste einfach die Aufmachung des Mannes genauer betrachten.

Er trug alte, schäbige Arbeitsstiefel, deren Schuhbänder offen waren. Dazu schmutzige Jeanshosen, die offensichtlich nur mit Hilfe von orangefarbenen Hosenträgern richtig saßen. Sein T- Shirt schien in der letzten Wäsche eingelaufen zu sein und gab den Blick frei auf ein Stück behaarten, dicken Bauch. Statt einer Jacke trug der Unbekannte ein offenes, rot-schwarz kariertes Holzfällerhemd aus dem zahlreiche Ecken fehlten. Alexandra drehte sich wieder zu Miranda um: „Wer ist das?" fragte sie sprachlos.

„Unser Nachbar. Sein Name ist Cookie James", meinte Miranda leise. „Papa sagt, er ist in Ordnung, aber mir macht er Angst!"

Cookie! Alexandra schnappte nach Luft. Nach etwas Essbarem war ihr bei diesem Anblick wirklich nicht zu Mute! Dann schüttelte sie den Kopf. Wie konnte jemand in einer solchen Aufmachung auf der Straße herumlaufen? Und mit einem solchen Gesicht! Eine Gänsehaut lief Alexandra über den Rücken. Dieser Mann machte selbst ihr Angst. Schnell schob sie Miranda durch die Eingangstür des Freizeitkomplexes. Cookie James war einer der wenigen Leute, die Alexandra nicht noch einmal treffen wollte.

Miranda machte sich auf, um durch die Glasscheibe die Leute im Schwimmbad nebenan zu beobachten. Alexandra brauchte nur ein paar Minuten, sah aber einige Bücher durch, bis sie die richtigen gefunden hatte. Als sie aufblickte, meinte sie, das Gesicht von Samuel Reed durch die Fensterscheibe gesehen zu haben. Das hatte ihr gerade noch gefehlt! Doch als sie genauer hinschaute, konnte sie niemanden entdecken. Alexandra schüttelte leicht den Kopf und zwang sich, wieder normal zu atmen. Sie nahm ihre zwei Bücher unter den Arm und machte sich auf den Weg, um Miranda abzuholen.

Um so erschrockener war sie, als sie draußen tatsächlich Sam neben Miranda stehen sah. Die beiden unterhielten sich.

„Hey, Alex", rief er ihr freundlich zu, „wie geht's?"

„Danke, gut", erwiderte sie kühl, „Miranda und ich waren beim Einkaufen und ich habe schnell ein paar Bücher in der Bücherei ausgeliehen."

„Was Interessantes?" fragte Sam.

„Interessiert dich bestimmt nicht", meinte Alexandra schnell. Auf keinen Fall wollte sie die zwei Billigromane offenbaren, die sie in der Hand hielt. Würde er ihr glauben, wenn sie ihm erklärte, dass diese Bücher zwar nicht anspruchsvoll waren, aber sich sehr gut zum Englisch lernen eigneten? Und überhaupt. Sie wollte nicht mit Samuel Reed sprechen!

„Woher willst du wissen, dass sie mich nicht interessieren? Ich habe ein breitgefächertes Interessengebiet. Teste mich!" erwiderte Sam und griff schon nach einem der Bücher. Alexandra seufzte resigniert und blickte zu Boden. Sam sah auf den Umschlag des Buches, das er Alexandra aus der Hand genommen hatte und hielt einen Moment inne. Dann grinste er breit: „*Träume unter fernen Sternen* und *Geflüster um Mitternacht* – wirklich, ich hätte nicht gedacht, dass du so etwas liest!"

„Ich habe dich nicht um deine Meinung gebeten", entgegnete Alex spitz. Damit schnappte sie sich die Bücher aus seiner Hand und zog Miranda hinter sich her in Richtung Auto. Sie rief ein schnelles „Auf Wiedersehen" in Sams Richtung und war auch schon um die Ecke verschwunden, eine widerwillige Miranda im Schlepptau. Sam lachte nur, und machte sich auf den Weg zu seinem Wagen.

4. Kapitel

Nach und nach hatte Alexandra jeden Winkel und jeden Bewohner der *Pine Tree* Ranch kennen gelernt. Es gab diverse Ponys und Pferde, die vor allem von den Kindern geritten wurden. Die Rinder wurden wegen des Fleisches gezüchtet. Ein Teil des Fleisches wurde im Herbst verkauft, der Rest von den Prestons selbst verwertet. Bis Alexandra zum ersten Mal von dem hausgezogenen Rindfleisch gekostet hatte, war ihr nicht bewusst gewesen, dass ein so großer Unterschied im Geschmack zwischen Supermarktwaren und dem Fleisch aus eigener Züchtung bestand. Das Heu von den Feldern reichte den Winter über für alle Tiere, so dass das Fleisch für die Familie so gut wie nichts kostete.

Die Schafe, es waren drei, hatten ein glückliches Leben. Maggie und Dick hatten sie für die Kinder angeschafft, und sie taten den lieben langen Tag nichts anderes, als fressen. Diese Tatsache brachte sie des öfteren in die Familiendiskussion, denn sie brachten keinen bemerkenswerten anderen Nutzen mit sich, als dass sie den kostbaren Heubestand verringerten und Arbeit machten.

Dann gab es noch zwei rosa Schweine, mit denen sich keiner viel beschäftigte, weil sie in kürzester Zeit geschlachtet werden sollten. Das wurde ein schwieriges Unterfangen, wenn man sie vorher als Haustiere betrachtet hatte. Diese Sichtweise war Alexandra neu, enthielt aber so viel Logik, dass sie sie ohne große Probleme annehmen konnte. Besonders, nachdem sie eines Tages Zeuge wurde, wie Lee seine Mutter harmlos fragte, ob sie „Pete" zum Abendessen haben würden und Maggie geantwortet hatte, dass sie „Pete" schon gegessen hätten und nun an „Repeat" speisten. Alexandra war sich sicher, dass sie nach diesem Vorfall nie wieder ein Stück Fleisch essen würde. Außerdem gab es noch Daisy, eine wunderschöne Jersey-Kuh, die den ganzen Tag saftiges grünes Gras fressen durfte, und die die Familie mit Bio-Milch versorgte. Wenn Zeit war, machte Maggie sogar eigene Butter, die einfach himmlisch schmeckte.

Der Hof war besiedelt mit Hühnern und zahlreichen Katzen, die ein geheimes Friedensabkommen zu haben schienen und problemlos miteinander auskamen. Bewacht wurde das Ganze von Bill, einem alten Schäferhund.

Alexandra genoss die Gesellschaft der zahlreichen Tiere sehr, da sie so etwas von zu Hause aus nicht gewohnt war. Je länger sie auf *Pine Tree* war, desto besser gefiel es ihr. Daran war nicht zuletzt auch Maggie schuld. Obwohl diese ungefähr zehn Jahre älter war als Alexandra, betrachtete sie Alex als jüngere Schwester. Alexandra hatte erfahren, dass Maggie keine Geschwister hatte. Ihre Eltern lebten am anderen Ende von Shaheylah in einen hübschen Haus mit großem Garten. Ebenso wie Dick war Maggies Vater Holzfäller und die beiden arbeiteten oft zusammen. Maggies Mutter führte ein kleines Handarbeitsgeschäft in der Stadt. Alexandra hatte sowohl Maggies Mutter als auch ihren Vater kennen gelernt, als sie auf der Ranch vorbeischauten. Beide waren sehr nett und Alexandra hatte viel von Europa, Deutschland und Hamburg erzählen müssen.

Maggie jedenfalls schien es zu gefallen, tagsüber neben der Hilfe auch eine Gesprächspartnerin zu haben und am Abend zog Alexandra sich dann immer dezent zurück, um der Familie Preston etwas Zeit alleine zu geben.

Auch am heutigen Abend schlenderte Alexandra bei Einsetzen der Dämmerung über den Hof, vorbei an dem großen Stallgebäude mit seinen massiven Pfosten aus Baumstämmen, hinüber zu dem kleinen Gästehaus. Sie genoss die Abendstimmung und bewunderte für einen Augenblick den orange- und rosafarbenen Horizont. Ihr Blick schweifte über die Koppeln und den Stall mit seinem großen Eingangstor hinüber zum Haupthaus, aus dessen Schornstein ein silbriger Rauchfaden emporstieg. Die Veranda lag im Schatten, aber in der Küche und im Obergeschoss, wo die Schlafzimmer lagen, brannte Licht. Das Haus sah schön aus in der Dämmerung. „Fast wie in einem Film", dachte Alexandra. Besonders gut gefiel ihr, dass alle Gebäude hier auf der Ranch aus Holz gebaut waren. Das Holz strahlte so viel Wärme und Harmonie aus, dass man sich sofort zu Hause fühlte.

Alexandra sog den Duft von Abend und Holzfeuer ein. Die Nächte waren jetzt schon kühl und man musste heizen. In ein paar Minuten würde auch sie ihr Feuer im Holzofen entzünden, und die Wärme und Gemütlichkeit genießen, die die Flammen verbreiteten.

Vor ein paar Tagen hatte Alexandra wieder mit den Eltern telefoniert. Das dritte Mal seit ihrer Ankunft in Vancouver. Die Eltern waren besorgt gewesen, weil Alexandra bei scheinbar fremden Leuten untergekommen war, hatten sich dann aber beruhigen lassen, als sie die Einzelheiten erfuhren und Maggies Telefonnummer auf der Ranch erhielten. Immerhin war es Alexandras Entscheidung gewesen, auf diese – wie die Eltern es nannten – unglaublich kindische Reise zu gehen und es schien, als ordneten sie ihre neue Arbeitsstelle unter der selben Kategorie ein.

Es war gut gewesen mit den Eltern zu sprechen, aber Alexandra hatte das Gefühl, als ob plötzlich etwas zwischen ihnen lag. Mehr als nur eine Meinungsverschiedenheit. Sie hatte sich in den letzten Wochen verändert. Kaum spürbar vielleicht für sich selbst, aber doch so viel, dass sie den Eltern ihre Gefühle nicht vermitteln konnte. Und wie gerne hätte sie sich mit ihnen ausgetauscht. Wie gerne hätte sie die Eltern an ihren neuen Eindrücken, ihrer neuen Lebensfreude und den neuen Freunden teilhaben lassen. Aber es schien ihr nicht gelingen zu wollen.

Alexandra lächelte, verabschiedete sich vom Sonnenuntergang und betrat das Gästehaus. Sie knipste das Licht an und baute das Feuerholz im Ofen auf, genau so wie Maggie es ihr gezeigt hatte. Der Holzofen hatte vorn ein Fenster und so saß Alex für eine lange Zeit auf dem Sofa und schaute den tanzenden Flammen zu. Die Wärme und das Licht, das der Ofen ihr schenkte, waren nicht mehr selbstverständlich für sie. Der Baum war lange Zeit gewachsen und hatte die Energie der Sonne in sich aufgenommen. Dann hatte er sich geopfert und jemand hatte viel Mühe aufgewendet, um den Baum in Feuerholz zu verwandeln. Der Baum war ein kostbares Stück Natur, das den Menschen erst Sauerstoff, Schatten und Schutz geschenkt hatte und nun in dem kleinen Holzofen die gespeicherte Energie der Sonne wieder abgab und Alexandra wärmte. Und zum ersten Mal empfand sie Wärme als wahren Luxus und war aus tiefem Herzen dankbar dafür.

Bevor sie am Abend ins Bett ging, entschied Alexandra sich gegen einen zweiten Job für ihre freien Tage in der Woche. Im Moment hatte sie alles, was sie brauchte, und Maggie hatte ihr angeboten, den kleinen Zweitwagen der Familie für ihre Ausflüge zu nutzen. Außerdem war das Wochenende die einzige Zeit, wo alle vier Kinder für eine längere Zeit zu Hause waren, denn unter der Woche endete die Schule erst gegen drei Uhr am Nachmittag. Und Alex verbrachte gern ein paar Stunden mit den Kindern. Dies wiederum gab Maggie und Dick die Gelegenheit für etwas Zweisamkeit, wenn die Arbeit es denn zuließ. Meist jedoch war auf der Ranch so viel zu erledigen, dass die Familie am Wochenende zu Hause blieb. Den Kindern schien dies nichts auszumachen, denn für sie war die Ranch der absolute Spielplatz. Aber natürlich waren sie für jede Abwechslung dankbar.

Daher entschied Alexandra sich an einem Wochenende im September, alle Kinder zu einem Ausflug an den Coldwater Lake mitzunehmen und anschließend mit ihnen in Shaheylah etwas zu essen.

Die Fahrt zum See dauerte nur etwa fünfzehn Minuten und bis auf ein Ehepaar, das seinen Hund ausführte, waren Alexandra und die Kinder allein am See. Das Wetter war herrlich. Die Sonne schien, und wenn man eine leichte Jacke anzog, war die Temperatur genau richtig. Eine leichte Brise wehte, aber sie brachte noch einmal warme Luft von Westen und noch keinen kalten Nordwind mit sich.

Die Jungen waren sofort in abenteuerliches Spielen vertieft und machten einen unglaublichen Lärm. Miranda blieb mit Alexandra auf einem der Picknicktische sitzen. Für einen Moment genossen sie die Sonne, dann drehte Alexandra sich zu dem Mädchen und fragte: „Soll ich dir die Haare flechten?"

„Oh, ja!" jauchzte die Kleine. „Bitte einen Bauernzopf!"

„Ich weiß nicht, ob ich das noch kann", erwiderte Alex schmunzelnd, „aber ich will es gern versuchen." Dann rief sie zu den Jungen hinüber: „Sei nicht so grob zu Lee, Tim. Er ist noch viel kleiner als du!" Aber die drei lachten nur und schrien: „Ist doch nur Spaß!" Sie lachte nun auch und wandte sich Mirandas Haarpracht zu. „Du musst dich hier vor mich setzen. Hast du ein Haarband mit?" Miranda reichte ihr ein schwarzes Haarband und Alexandra machte sich an die Arbeit. Es war ein schwierigeres Unterfangen, als sie zunächst angenommen hatte.

„Warum bist du zu uns gekommen?" fragte Miranda plötzlich ohne sich zu bewegen.

„Ich brauchte einen Job, und deine Mutti brauchte Hilfe", erwiderte Alex.

„Nein, so meine ich es nicht. Warum bist du nach Kanada gekommen?" Alexandra überlegte einen Moment. Wie sollte sie das der Kleinen am besten erklären? Sie sagte deshalb nur: „Ich bin gekommen, um meine Angst beiseite zu schieben und um herauszufinden, was ich mit meinem Leben machen möchte." Alex schüttelte den Kopf. Das hörte sich irgendwie blöd an. Was sollte eine Vierjährige mit einer solchen Antwort anfangen?

Daher war sie auch nicht überrascht, als Miranda sofort mit der nächsten Frage losschoss: „Warum kannst du deine Angst nicht in Deutschland beiseite schieben? Schließlich ist da dein zu Hause.“ Alexandra hielt mit dem Flechten inne. Ja, warum ging es nicht in Deutschland. Während sie über diese Frage nachdachte, beobachtete sie fasziniert einen großen Raben, der etwas entfernt von ihnen auf dem Rasen landete. Plötzlich ertönte in ihrem Rücken, erschreckend nahe, eine wohlklingende, dunkle und irgendwie bekannte Stimme: „Warum nicht, Alex?“ Alexandra zuckte zusammen. War etwas mit ihren Ohren nicht in Ordnung? Warum mussten sich die Leute hier so anschleichen? Sie drehte sich um und blickte geradewegs in Samuel Reeds Gesicht, das einen ungewöhnlich ernsten, fast besorgten Ausdruck hatte.

Noch bevor sie etwas erwidern konnte, kreischten schon alle Kinder durcheinander und hingen an Sams Armen und Beinen: „Du musst mit uns Spielen, Sam, bitte!“

Der wehrte jedoch lachend ab: „Ich habe Muskelkater, kann mich kaum bewegen. Geht ihr Spielen, ich unterhalte mich mit Alex.“ Auf seinem Gesicht erschien wieder das gewohnte Grinsen und zu Alexandras Überraschung zogen alle Kinder ohne Murren zum Spielen ab. Damit hatte sie nicht gerechnet. Sie wollte nicht mit diesem Menschen allein sein. Sie stand auf um zu den Kindern zu gehen. Doch dann drehte sie sich noch einmal zu Sam um und zischte: „Sag mal, verfolgst du mich? Hast du nichts besseres zu tun?“ Sam sprang auf und holte sie ein: „Wo denkst du hin? Hier in einer so kleinen Stadt, da läuft man sich eben öfter mal über den Weg.“

„Wo ich herkomme, da wird man wenigstens nicht belauscht!“ warf Alexandra ihm nun vor. Sam lachte. Es war ein herzliches, offenes Lachen, das ansteckend wirkte und Alexandra drehte ihr Gesicht zur Seite, weil sie nun ebenfalls grinsen musste.

„Sei doch nicht so eine Kratzbürste. Zu den Kindern bist du doch auch immer nett.“ Dann holte Sam Luft und meinte: „Schau, warum können wir nicht Freunde sein?“

„Freunde?“ echote Alex.

„Okay, falsches Wort", verbesserte Sam. „Dann lass uns uns wenigstens vertragen. Maggie würde sonst sicherlich sehr traurig sein." Der Gedanke an Maggie stimmte Alexandra um. Die Freundin hatte nun wirklich schon genug Sorgen. Da musste ihr die Hilfskraft nicht noch welche oben drauf packen.

„Na gut", stimmte sie daher zu, „was hast du nun vor?"

„Ich dachte mir, ich könnte dir und den Kindern Gesellschaft leisten. Heute ist mein freier Tag und ich habe nichts weiter vor. So könnten wir unsere guten Vorsätze gleich in die Tat umsetzen."

Alexandra seufzte und fügte sich in ihr Schicksal. Sie blickte zu den Kindern, die heute ausnahmsweise einmal ganz verträglich zusammen spielten. Von dieser Seite war also keine Hilfe zu erwarten. Zumindest nicht in diesem Moment.

„Was für einen Job hast du eigentlich?" fragte Alexandra um die entstandene Pause zu überbrücken. Verlegen fügte sie hinzu: „Wenn wir Freunde sein wollen, dann erzählst du mir besser gleich, was für dunkle Seiten du verborgen hältst." Sam konnte sich nicht helfen. Er kämpfte gegen das aufkommende Grinsen an, aber er verlor diesen Kampf. Frauen waren so unsagbar neugierig. Sie konnten es einfach nicht lassen!

„Ich bin eine Art Wildhüter. Ich arbeite hauptsächlich auf dem Reservat, obwohl die Provinzbehörde mein Gehalt zahlt. Das Reservat hier ist recht groß und ich passe sozusagen auf Wald- und Wildbestand auf."

Alexandra schaute ihn verdutzt an: „Wie, du passt auf Wald- und Wildbestand auf. Ist das ein richtiger Job?" Sam lachte auf: „Du bist wirklich ulkig! Klar ist das ein richtiger Job! Ich habe sogar einen Dienstausweis, Dienstwagen, Uniform und Waffe." „Mal im Ernst, was machst du denn den ganzen Tag über?" wollte Alexandra nun doch genauer wissen. So schnell ließ sie sich nicht abspeisen.

„Ich bin mit dem Auto oder dem Pferd unterwegs und kontrolliere die Waldgebiete. Du weißt schon: Waldfeuer, Wilderer, Baumbestand, Verunreinigungen, Wildbestand, und so weiter. Natürlich gehört auch eine Menge Papierkram dazu, aber ich kann oft draußen in der Natur sein oder mit den Leuten auf dem Reservat zusammenarbeiten. Das gefällt mir. Ich könnte nicht den ganzen Tag im Büro sitzen."

Das konnte Alexandra sich für Samuel Reed auch nicht vorstellen. Etwas unwahrscheinlich schien ihr das Berufbild trotzdem.

„Muss man eine bestimmte Berufsausbildung für deinen Job haben?" Alexandra war nun wirklich interessiert. Sie wollte dazu lernen.

„Du musst ein College Diplom auf diesem Gebiet vorweisen. Für die Stelle hier auf dem Reservat war außerdem ausschlaggebend, dass ich indianischer Abstammung bin. Die Behörde meint, dass die Leute auf dem Reservat besser mit ihresgleichen zusammenarbeiten würden. Und das ist nicht ganz verkehrt." Alex stoppte und sah aus, als hätte ihr jemand ein Brett vor dem Kopf entfernt: „Du bist … First Nations, glaube ich, nennt ihr das hier in Kanada?"

„Das ist korrekt", erwiderte Sam, überrascht durch ihr ehrliches Interesse. Dann sah er ihren nachdenklichen Gesichtsausdruck und fügte hinzu: „Okay, ich geb's zu. Ich bin nur ein 'Halbblut'. Meine Mutter ist, wie du weißt, Maggies Tante. Aber mein Vater ist Indianer. Das reicht. Wir sehen das nicht so eng wie ihr Europäer. Nun erzähl mir von dir. Was machst du in Hamburg?"

Alexandra brauchte einen Augenblick, bis sie bemerkte, dass Sam sie etwas gefragt hatte. Entgegen seiner Annahme, hatte Alexandra ihn nämlich nicht forschend angesehen, weil sie ihn nicht für einen Indianer hielt. Sondern, weil ein Sonnenstrahl genau auf Sams Haar gefallen war und sie bemerkt hatte, dass sein Haar viel dunkler war, als sie zunächst angenommen hatte. Etwas in seinem Gesicht, etwas in seinem fast schwarzen Haar erinnerte Alexandra an … sie starrte Sam unverhohlen an, konnte sich ihr Gefühl aber nicht erklären. Sie erinnerte sich an etwas … Sams fragender Blick ließ Alexandra schließlich wieder ins Geschehen zurückkommen und langsam erklärte sie: „Richtig wäre: was hast du in Hamburg gemacht" verbesserte sie nun. „Ich habe meine Arbeitsstelle aufgegeben um hierher zu kommen. Sehr zum Missfallen meiner Eltern. Aber ich habe keinen Gefallen an meiner Arbeit finden können. Ich sah mein Leben dahinfließen und ich war nicht glücklich. – Egal, jedenfalls war ich bei einer Behörde beschäftigt. Ich hatte also genau so einen Job, wie du ihn verabscheust. Und da haben wir mal etwas gemeinsam." Sam nickte nur. Bevor er etwas antworten konnte, waren die Kinder an ihrer Seite und nahmen beide Gesprächspartner in Beschlag.

Den Rest der Zeit verbrachten sie mit allen möglichen Spielen und brachen dann gegen siebzehn Uhr auf, um etwas zu essen. Sam begleitete sie und führte die Gruppe in ein Familienrestaurant, von dem er schwor, es sei das beste im Ort. Es hieß „Oscars". Die Kinder waren schon oft da gewesen, und wussten genau, was sie wollten. Sie hatten sogar einen Stammplatz im Restaurant. Alexandra musste zugeben, dass es in Kanada leichter war als in Deutschland, mit Kindern Essen zu gehen. Das Familienrestaurant machte seinem Namen alle Ehre, denn es war rustikal und kinderfest ausgestattet und hatte sowohl eine Bedienung mit einem großen Herz für Kinder und einer Engelsgeduld als auch eine kinderfreundliche Speisekarte und sehr humane Preise. Alexandra war angenehm überrascht. Das Restaurant war zu dieser Zeit gut besucht und der Geräuschpegel war erstaunlich. Da fielen die vier Preston-Kinder gar nicht weiter ins Gewicht.

Alexandra und Sam hatten mit der Tischordnung viel zu tun, und es wurden Unmengen von Pommes Frites verzehrt und viel gelacht. Am Ende bestand Sam darauf, für alle zu zahlen, obwohl Alexandra dagegen war.

Obendrein erklärte er, dass er, da es jetzt draußen schon fast dunkel war, mit seinem Wagen vorausfahren wollte, damit Alexandra und die Kinder heil auf *Pine Tree* ankämen. Alexandra versuchte ihn davon abzuhalten, war aber im

Nachhinein heil froh, dass sie keinen Erfolg mit ihren Einwänden gehabt hatte.

Alexandra hatte Lee und Miranda im Wagen, während die beiden älteren Jungen unbedingt mit Sam fahren wollten. Sie waren gerade auf die Nebenstraße eingebogen, die unter anderem, zur Preston Ranch führte, als ihnen im Halbdunkel ein Auto mit hoher Geschwindigkeit entgegenkam. Der Fahrer musste in großer Eile sein, er sah die beiden entgegenkommenden Fahrzeuge erst in letzter Minute. Auch Sam sah den anderen Wagen erst spät, da dieser ohne Scheinwerfer fuhr. Sam wich aus und hupte, aber der Blindfahrer zeigte keine Reaktion. Sam fluchte vor sich hin, während sich die Jungen wieder in ihren Sitzen zurecht rückten. Er sah in den Rückspiegel. Bei Alex schien alles in Ordnung. Sam fragte sich gerade, woher der Wagen wohl gekommen sein mochte, denn die einzige Ranch, die noch an der Straße lag, war *Pine Tree.* Da fiel das Licht seines Scheinwerfers auf ein dunkles Bündel, das zusammengekrümmt am Straßenrand lag. Sam bremste und befahl den Jungen im Auto zu warten. Mit einem Satz war er auf der Straße.

Alexandra hatte sich über das entgegenkommende Fahrzeug gewundert, hatte aber überhaupt nicht damit gerechnet, dass Sam bremsen würde. Beinahe wäre sie aufgefahren. Sie konnte nicht sehen, warum Sam angehalten war, spürte aber ein heftiges Herzklopfen, als sie von draußen Klagelaute vernahm. Sie mahnte die Kinder ihr ja nicht zu folgen und rannte zu der Stelle, an der sie Sam am Straßenrand knien sah. Ein Wimmern erfüllte die Abenddämmerung. Ein Wimmern, das Alexandras Blut in den Adern gefrieren ließ!

„Sam!“ rief sie.

„Es ist Bill! Er ist angefahren worden! Hol die Taschenlampe aus dem Auto, ich kann nichts Genaues sehen, aber es hört sich nicht gut an!“ Blitzschnell war Alexandra zurück am Wagen. Die Kinder jammerten, aber Alexandra hatte keine Zeit dafür. Ihr Herz war bei dem alten Hund, der schwer verletzt am

Straßenrand lag. Ach, der arme, alte Bill! So ein guter Hund! Alex spürte Tränen aufsteigen. Panik ergriff sie und sie begann zu zittern. Bill litt Qualen! Bill würde sterben!

Dennoch schaffte sie es, in wenigen Sekunden wieder an Sams Seite zu sein und ihm die Lampe zu halten.

„Halt die Lampe still, verdammt noch mal! So kann ich gar nichts sehen!“ Sam drehte sich ärgerlich zu Alex um und sah, dass diese kreidebleich im Gesicht war. Etwas sanfter fügte er hinzu: „Bemüh dich, Alex!“

Alexandra gelang es tatsächlich, den Strahl der Lampe still auf das verletzte Tier zu halten. Ihre Kehle schnürte sich zusammen. Überall war Blut. Das Fell des Tieres war verklebt, die Erde getränkt. Der Hund hatte die Augen geschlossen und winselte nur noch leise.

„Verdammt!“ rief Sam und sprang auf.

In diesem Moment hörten sie Rufe und wenige Augenblicke später standen Maggie und Dick neben ihnen – ebenfalls mit Taschenlampen ausgerüstet. Alexandra hörte nur, wie Sam etwas von ‘schlimm‘ und ‘Qualen‘ sagte, während Dick und Maggie neben dem Hund knieten.

Dann sagte Sam: „Ich habe meine Pistole im Wagen, Dick.“ Dieser nickte nur stumm und Maggie erhob sich. Auch sie war blass. Alexandra wusste, dass Bill Maggies Liebling war. Dick hatte ihn zu Tims Geburt als Geschenk mit nach Hause gebracht, damit sie eine richtige Familie wären. Maggie hatte ihr die Geschichte gerade erst vor ein paar Tagen erzählt.

„Maggie“, meinte Sam schnell, „du bringst besser mit Alex die Kinder nach Hause. Nimm meinen Wagen. Sie sollen das nicht sehen.“

Maggie nickte und zog Alexandra hinter sich her. Sam holte seine Pistole und Maggie und Alexandra fuhren mit den Kindern ab. Kurze Zeit später durchfuhr ein lauter Knall die Abendstille und die Kleinen weinten laut auf.

Maggie brachte die Kinder allein ins Haus. Alexandra fühlte sich unfähig zu helfen. Sie hätte nie gedacht, dass ihr der Tod eines Hundes so nahe gehen könnte. In Hamburg wurden auch Hunde überfahren. Aber man brachte sie zum Tierarzt und dort wurden sie operiert oder eingeschläfert. In vielerlei Hinsicht fühlte Alexandra sich dem Landleben nicht gewachsen. Sie ließ sich auf den Stufen der Veranda nieder. Tränen liefen über ihr Gesicht und ließen die Anspannung aus ihrem Körper weichen.

Plötzlich spürte sie eine Hand auf ihrer Schulter und Sam murmelte: „Armes Ding“. Dann ging er ins Haus.

Alex war sich nicht sicher, wen er mit armes Ding meinte, wollte aber auf keinen Fall in den Augen ihrer neuen Freunde als Zuckerpüppchen erscheinen. Sie gab sich einen Ruck, wischte mit der Hand die Tränen von den Augen und ging ebenfalls in Haus.

Maggie hatte die Kinder nach einem kurzen Gespräch über Leben und Tod irgendwie mit einem lustigen Videofilm vor den Fernseher im Wohnzimmer bugsiert, während sie mit Sam in der Küche war und Tee kochte. Als Alexandra hinein kam, fragte Maggie sanft: „Bist du in Ordnung, Alex?“

Sam warf ihr von der anderen Seite der Küche einen besorgten Blick zu, verhielt sich aber ruhig.

„Ja“, meinte Alexandra daher möglichst ruhig, „kein Problem“.

Beide, Maggie und Sam, mussten trotz der Umstände verstohlen lächeln, während Alexandra sich betont lässig an den Tisch setzte.

Als Dick einige Zeit später hereinkam, tranken die anderen schon Tee.

„Hab ihn hinter der Scheune begraben, und die Stelle mit einem Stein markiert, damit die Kinder wissen, wo sie ihn finden können.“ Alle nickten stumm. Maggie bot Dick Tee an und er setzte sich zu ihnen.

„Möchte wissen, wer das gewesen ist“, sagte Maggie plötzlich in die Stille hinein. „Das Schlimme ist, dass Bill einfach so liegengelassen wurde. Ihr könnt mir nicht erzählen, dass man es nicht merkt, wenn man einen Hund so über den Haufen fährt." Ihre Stimme klang jetzt verärgert.

„Ich glaube, ich habe eine Idee, wer es gewesen sein könnte", sagte Sam. „Aber ich muss mich vergewissern. – Alex und mir kam ein Wagen entgegen, kurz bevor ich Bill am Straßenrand bemerkt habe. Der Wagen fuhr sehr schnell und hatte kein Licht an. Hätte uns beinahe auch über den Haufen gefahren."

„Jetzt wissen wir, warum er es so eilig gehabt hat", sagte Dick finster. „Mit dem hätte ich ein Hühnchen zu rupfen!"

„Würde mich nicht wundern, wenn da wieder unser Stadtliebling dahintersteckt." Dieser Kommentar kam natürlich von Maggie.

5. Kapitel

Die Trauer um den Hund hielt noch eine ganze Weile an, vor allem bei den Erwachsenen. Immerhin war Bill für Maggie und Dick zwölf Jahre lang ein treuer und ständiger Begleiter gewesen. Er wurde vermisst.

Alexandra war erstaunt darüber, wie leicht dagegen im Vergleich die Kinder mit der Sache fertig wurden. Die drei Jüngeren redeten schon nach ein paar Tagen wieder von einem neuen Welpen. Nur Tim, der Älteste, hatte länger mit seiner Trauer zu kämpfen.

Der Alltag ließ nicht auf sich warten. Die späten Kartoffeln mussten geerntet und eingelagert werden und der Gemüsegarten auf den Winter vorbereitet werden. Das Wintergemüse bestand im wesentlichen aus Porree, Grünkohl, Rüben und Kürbissen und den Dingen, die als Vorräte während des Sommers beiseite gelegt worden waren. Zwiebeln, Karotten und Mais waren schon geerntet und eingelagert oder tiefgefroren worden. Außerdem hatte Maggie, noch bevor Alexandra angekommen war, Erbsen, Bohnen und Tomaten verarbeitet.

Die Kinder halfen, wann immer sie Zeit fanden, und sahen am Ende jedes mal aus wie kleine Erdmenschen: über und über bedeckt mit Dreck und Matsch, so dass man sie kaum wieder erkannte. Es blieb den Erwachsenen nichts übrig, als die Kinder komplett auszuziehen, bevor man sie überhaupt ins Haus lassen konnte und anschließend sofort in die Badewanne zu stecken. Alexandra lachte bei ihrem Anblick und versicherte Maggie, dass dieser Dreck jedenfalls besser war, als in der Stadt zu wohnen, wo die Kinder es schwer hatten überhaupt einen Klumpen Erde zum Spielen zu finden!

All das Obst, das nicht frisch gegessen werden konnte, weil

ein Überschuss vorhanden war, kochte Maggie jedes Jahr ein. Im Laufe des Sommers hatte sie schon Kirschen und alle möglichen Beeren entweder als Ganzes oder als Marmeladen und Soßen eingelagert.. Im Keller hatte Maggie große Holzregale an den Wänden, auf denen sie die fertigen Gläser übersichtlich und sorgfältig beschriftet aufreihte. Auch Kartoffeln und einige Apfelsorten, sowie Zwiebeln und Kürbisse wurden hier bis zum Verzehr gelagert.

Maggie hatte Alexandra den Vorratsraum gezeigt, bevor sie mit der Arbeit begonnen hatten, und ihr erklärt, worum es ging: „Das Obst und Gemüse kostet uns nichts. Genauso wie die Beeren und Nüsse. Das ist ausschlaggebend, denn wir haben sechs, mit dir sogar sieben, Personen durchzufüttern. Wir brauchen also nur für den Zucker oder Honig, den Strom und die Deckel für die Einmachgläser zu bezahlen. Die Arbeit darf man natürlich nicht mitrechnen. Aber uns fehlt es an Bargeld, nicht an Arbeitswillen. Also kochen wir ein."

Für Alexandra war das alles neu und sie fand es sehr aufregend. Irgendwie sprach es eine, bisher unbekannte, häusliche Seite in ihr an. Man nahm frisches Obst und konservierte es für den Winter. Man war weniger abhängig von den Supermärkten und das war hier im Winter, wie Maggie ihr erklärt hatte, besonders wichtig, da sie des öfteren einschneiten. Zwar bisher nie länger als für zwei Wochen, aber man konnte ja nie wissen.

Also machten sich Alexandra und Maggie über Berge von Pfirsichen, Äpfeln, Pflaumen und Birnen her. Sie schälten, entsteinten, kochten Sirup oder Marmelade und füllten Glas nach Glas. Es war anstrengende Arbeit in der heißen Küche, aber Maggie versicherte, dass es im Sommer sogar noch schlimmer sei. Die einzige Abhilfe für die sommerliche Plage könnte eine sogenannte Sommerküche darstellen. Aber bisher hatte ihnen dafür das Geld gefehlt. Eine Sommerküche, so erfuhr Alexandra, war eine Küche im Freien. Sie verfügte nur über ein Dach, nicht über Wände und so konnte man gemütlich im Schatten der Kocherei nachgehen und sich die Sommerbrise um die

Nase wehen lassen. Gegessen werden konnte dann ebenfalls draußen an der frischen Luft. Alexandra fand, dass eine Sommerküche eine tolle Erfindung war.

Doch auch im Haus hatte Alexandra große Freude am Einkochen. Wenn am Ende des Tages die gefüllten Gläser ordentlich aufgereiht auf dem Küchentisch abkühlten und nur darauf warteten beschriftet und in den Keller gebracht zu werden, dann erfüllte es sie mit Stolz. Sie hatte zur Versorgung der Familie aktiv beigetragen. Das war eine schöne Erfahrung, die über die müden Füße und den schmerzenden Rücken hinwegtröstete.

An einem Freitagmorgen weihte Maggie Alexandra in die Kunst des Brotbackens ein. Es war Anfang Oktober. Draußen regnete es, und zwar schon seit zwei Tagen. Bis dahin hatten sie mit dem Wetter Glück gehabt. Dick hatte Alexandra erzählt, dass der September in diesem Jahr außergewöhnlich mild gewesen sei. Normalerweise sei im September schon Herbst. Das hieß, die Blätter fielen von den Bäumen, es regnete und es musste rund um die Uhr zumindest leicht geheizt werden. Alexandra war froh in diesen außergewöhnlich milden September geraten zu sein, denn sie war kein großer Winter-Fan. Winter in Hamburg bedeutete Nieselregen und unangenehme, nasse Kälte und alles war irgendwie grau. Maggie hatte bei Alexandras Beschreibung vom Winter in Hamburg lachen müssen. Sie meinte, Alexandra würde sich wohl nur an die negativen Seiten der Großstadt erinnern und es könnte doch wohl nicht die ganze Zeit über so trostlos sein. Der Winter auf *Pine Tree* würde Alexandra bestimmt gefallen.

Der Oktober hatte verheißungsvoll angefangen mit Sonnenschein und blauem Himmel. Die Laubbäume hatten ein wunderschönes Kleid in warmen Rot- und Goldgelbtönen und gaben den Wäldern und Hängen ein prächtiges Aussehen. Die Sonne stand jetzt tiefer. Die sommerliche Hitze war vergangen. Statt dessen strahlte sie ein warmes, weiches Licht aus, das alles umhüllte wie ein seidener Umhang, und reife Schönheit über das Land breitete.

Schon nach wenigen Tagen aber war der Regen über *Pine Tree* hergefallen. Im Wetterbericht hieß es allerdings, dass sich an diesem Nachmittag das Wetter bessern sollte. Alexandra hoffte es inständig. Sie hatte sich daran gewöhnt viel draußen zu sein und vermisste die frische Luft und die Bewegung.

„Weißt du, ich finde es toll, dass du Brot selbst backst", meinte Alex. „Das gibt einem so ein befriedigendes Gefühl. Genau wie mit dem Einkochen. Und das ganze Haus riecht so gut!" Maggie verzog das Gesicht und erwiderte nur: „Wenn ich das Brot ansehe, dann denke ich nur an meine schmerzenden Arme beim Teig kneten."

„Das darfst du so nicht sehen!" warf Alexandra ein, während sie Maggie über die Schulter sah. „Schließlich müsst ihr Geld sparen. Außerdem ist Brotbacken so … ", sie suchte nach dem richtigen Wort, „so heimelig!" Maggie lachte. Sie hatte Alexandra ins Herz geschlossen. Sie hatte nie wirklich eine Freundin gehabt und war daher überrascht, dass sie sich mit Alexandra so tief verbunden fühlte. Sie kannten sich erst so kurze Zeit, aber Alexandra hatte ein so einnehmendes Wesen und interessierte sich für alle Dinge im Haushalt und auf der Ranch. Kurzum, sie war der Maggie so ähnlich, die vor mehr als zwölf Jahren jungverheiratet auf *Pine Tree* eingezogen war.

Maggie hatte in den letzten Wochen immer wieder bemerkt, wie alltäglich ihr all die kleinen Dinge geworden waren, die sie früher begeistert hatten. Zum Beispiel: Brotbacken und Einkochen. Aber auch das Haus, der Garten, die Tiere und die wunderschöne Landschaft, ihre Liebe zu diesen Dingen wurde durch Alexandra neu entfacht und ihr Leben wurde so um einiges schöner und leichter. Maggie fand ihren Humor wieder, der ihr zwischen Bergen von dreckiger Wäsche, schmutzigem Geschirr und Geldsorgen fast schon abhanden gekommen war. Maggie und Alexandra waren auf der selben Wellenlänge und sie war froh, dass Alex bei ihnen war. Und das sagte sie ihr. „Ich bin aber auch froh, dass ich hier bin", meinte Alexandra verlegen. „Ich habe so ein Glück gehabt, bei euch gelandet zu sein! Ich sollte Heimweh haben und meine Entscheidung aus Hamburg wegzugehen bereuen. Statt dessen habe ich Hamburg fast vergessen. Ich bin hier bei euch, fühle mich fast wie ein Familienmitglied und habe eine Freundin gefunden, wie es sie sonst nirgendwo auf der Welt gibt!" Damit umarmte sie Maggie herzlich und fügte hinzu: „Danke!"

„Ich muss dir danken, Alex. Du hast mich aus meinem Stimmungstief herausgeholt. Selbst Dick hat das bemerkt!" Maggie lächelte Alexandra zu und schob ihr aufmunternd die Schüssel mit den Zutaten hinüber: „Gut durchkneten!" Und Alexandra knetete. Nach einiger Zeit meinte Maggie schließlich, dass der Teig jetzt gut aussehe. „Siehst du, der Teig ist jetzt geschmeidig und nicht klebrig. Genau richtig. Jetzt stellen wir ihn in dieser Schüssel abgedeckt neben den warmen Ofen und lassen ihn eine Weile gehen – ungefähr eine Stunde. Danach können wir das Brot backen."

Alexandra hörte Maggies Erklärungen aufmerksam zu. Backen war noch nie ihre Stärke gewesen und so war sie nun froh, ein paar hilfreiche Tipps zu bekommen. Zufrieden stellte sie die Schale mit dem Teig neben dem Ofen ab und deckte sie mit einem sauberen Geschirrtuch ab.

„Was machst du eigentlich abends, wenn du so lange allein bist?" wollte Maggie wissen, während sie für sich beide Tee aufsetzte.

„Ich habe mir Bücher aus der Bücherei ausgeliehen. In denen lese ich abends manchmal. Aber das fällt mir noch schwer. Ich stricke auch gern. Oft sitze ich einfach nur so vor dem Ofen, schaue in die Flammen und stricke." „Du strickst ohne hinzuschauen?" fragte Maggie entgeistert. „Ich wünschte, ich könnte auch stricken, aber handarbeiten ist einfach nicht meine Stärke. Ich habe keine Geduld dafür. Und dabei wäre es so praktisch, gerade mit den Kindern." Maggie seufzte. „Was strickst du denn im Moment?"

„Ich arbeite an einem Islandpullover. Er ist fast fertig." „Was ist ein Islandpullover?" Alexandra lächelte. Nun endlich würde sie Maggie auch einmal etwas zeigen können. „Ich laufe schnell rüber und hole ihn. Dann kannst du ihn dir anschauen", meinte sie und war auch schon zur Tür hinaus. Maggie sah der Freundin lächelnd hinterher.

Alexandra lief zum Gästehaus hinüber, während Maggie allein in der Küche zurückblieb. Als sie den Hof überquerte, flog ein Rabe vom Dach des Gästehauses und verschwand in den Bäumen neben der Pferdekoppel. Alexandra bemerkte ihn flüchtig, war jedoch mit den Gedanken bei ihrem Pullover.

Kurz darauf kam ein Auto vorgefahren. Es war Sam in seinem Dienstwagen. Er parkte und ging trotz des Regens eher langsam auf das Haus zu. Maggie spähte aus dem Fenster und sah den Grund dafür. Gerade betrat Alexandra das Gästehaus, und Sam sah ihr nach. Nun klopfte er an und stand in der selben Sekunde schon in der Küche.

„Guten Morgen, Maggie! Was nicht in Ordnung?"

„Alles bestens, Sam. Alex holt nur eben etwas, das sie mir zeigen will. Grässliches Wetter, nicht wahr?" Sam nickte und schüttelte den Regen aus seinem Haar.

„Hat sich ganz gut eingelebt, die Kleine, was?" bemerkte er beiläufig.

„Nun tu nicht so, als seiest du schon steinalt!" gab Maggie zurück. Dann fügte sie hinzu: „Aber du hast recht. Sie hat sich gut eingelebt. Sie fühlt sich wohl hier und ist mir eine wahre Hilfe und eine gute Freundin. Ich bin froh, dass sie hier ist. Sie ist so fröhlich und an allem interessiert. Außerdem ist sie geschickt und lernt schnell. Jetzt kann sie sogar schon die Kuh melken!" „Das würde ich gern mal sehen", murmelte Sam.

Da flog auch schon die Tür auf und Alex sprang in die Küche.

„Ist die gute Alex aus Zucker?" fragte Sam.

Alexandra überhörte seine Bemerkung und keuchte: „Da ist ein Bär im Feld!"

„Aha", machte Sam. Und Maggie sagte scheinbar unberührt: „Gut, dass er so weit weg ist." „Aber er ist ja ganz nah! Praktisch nur ein paar Meter. Du musst etwas tun, Maggie!"

„Alex", meinte diese daraufhin, „wenn ein Bär auf der Veranda sitzt oder den Kindern gefährlich wird, dann wird er entfernt, mit welchen Mitteln auch immer. Ist er weiter weg und lässt uns, Haus, Hof und meine Apfelbäume in Ruhe, dann lassen wir ihn auch in Ruhe. Nun zeig mir den Pullover!"

Alexandra runzelte die Stirn. Sie hatte noch niemals zuvor einen Bären in freier Wildbahn gesehen. Diese Begegnung mit Mutter Natur ängstigte sie. Besonders, wenn sie daran dachte, dass sie abends allein im Dunkeln zum Gästehaus hinüber ging. Sie beruhigte sich jedoch, als sie Maggies lässige Haltung bemerkte und holte tief Luft. Dann fiel ihr Blick auf Sam.

„Hey, Sam!" sagte sie und reichte den fast fertigen Pullover aus wunderschöner, dicker Islandwolle an Maggie. Der Pullover hatte die Grundfarbe Beige mit Mustern in Grün, Braun, Hellblau und Rost. Maggie riss die Augen auf.

„Oh Alex, er ist wunderschön! Ich kann gar nicht glauben, dass du ihn selbst gestrickt hast! Sam, sieh dir das mal an!"

Sie hielt den Pullover vor Sams Gesicht. Aber dieser meinte nur: „Ich verstehe nicht viel von Stricken. Die Frauen auf dem Reservat stricken viel. Überhaupt handarbeiten sie sehr viel. Muss dich eines Tages mal dorthin mit nehmen, Alex."

Alexandra nickte nur. Sie nahm den Pullover wieder an sich und legte ihn vorsichtig zur Seite. Sie hatte vor Sam nicht als Hausmütterchen erscheinen wollen. Sam schaffte es immer wieder, dass sie verlegen wurde. Und das gefiel ihr gar nicht.

Sam räusperte sich: „Überhaupt bin ich gekommen, um euch zu erzählen, dass ich das Auto von Grant Ryder im Ort in der Werkstatt gesehen habe. Der linke Kotflügel war verbeult. Was immer das heißen mag. Leider konnte ich Grant selbst nirgendwo auftreiben." Er machte eine Pause. „Dachte nur, dass euch das interessieren würde."

Maggie nickte: „Danke, Sam. Ich hatte gleich den Verdacht,

das er etwas mit Bills Unfall zu tun hatte. Dieser Taugenichts! Wir haben nichts als Ärger mit ihm!" Alexandra hörte stumm zu. Sie wusste nicht, wer Grant Ryder war.

Plötzlich wendete Sam sich an sie: „Morgen soll das Wetter wieder besser sein, hab ich gehört. Wenn du nichts anderes vor hast, dann würde ich dir gern etwas zeigen."

Alex sah ihn misstrauisch an: „Was?" „Morgen ist mein freier Tag. Ich hole dich ab und wir machen einen Spaziergang. Dann wirst du sehen, was. Wird nicht lange dauern. Hast du Lust?"

„Geh ruhig", hörte sie Maggie sagen. „Du musst doch mal etwas mehr von der Gegend kennen lernen." Alex zögerte. Schließlich meinte sie: „Schön. Wann holst du mich ab?"

„Ist zehn Uhr recht?" fragte Sam. Alex nickte.

*

Sam hatte gerade seinen Schreibtisch verlassen wollen, als das Telefon klingelte.

„Sam? Hier spricht Robert Gray. Ich weiß, es ist schon spät, aber ich wollte fragen, ob du auf dem Heimweg kurz bei mir anhalten könntest. Ich glaube, wir haben wieder einen Fall von Wilderei – was? Ja, oben in der Senke. Chris hat etwas gesehen."

Sam nahm daraufhin seine Jacke vom Stuhl und schloss das Büro ab. Das Gebäude lag am Anfang des Reservats. Gleich an der Verlängerung der Hauptstraße. Eigentlich handelte es sich nur um einen viereckigen Kasten aus Metall der einen Büroraum und einen Waschraum beherbergte. Das Ganze sah aus, wie einer dieser transportablen Bürocontainer, die man auf Baustellen findet. Davor waren drei Stellplätze für Dienst- und Besucherfahrzeuge, die sich aber nicht wesentlich von der Straße abgrenzten. An einer Seite des Gebäudes wuchs eine Pinie, ansonsten machte das Ganze einen eher kargen Eindruck. Neben der Tür war ein kleines Schild angebracht, auf dem Sams Name und seine Berufsbezeichnung zu lesen waren. Schlicht war hier die treffende Bezeichnung – innen wie außen. Sam störte das wenig. Erstens, weil er ein Mann war, und Männer nun mal weniger auf diese kleinen Feinheiten geben, und zweitens, weil er das Büro sowieso nur stundenweise benutzte.

Nun jedenfalls stieg Sam in seinen Dienstwagen und machte sich auf, um Robert Gray und dessen Sohn aufzusuchen, die ebenfalls auf dem Reservat wohnten. Genaugenommen handelte es sich bei Robert Gray um einen Cousin von Sams Vater. Aber oftmals verlor selbst Sam den Faden bei all den verschlungenen Familienbeziehungen im Stamm. Als Sam vor dem Haus der Grays vorfuhr, wurde er schon an der Tür erwartet. Robert Gray war um die fünfzig. Er war eine hagere Erscheinung mit schulterlangem, grauen Haar, das im Nacken zu einen Zopf geflochten war. Er sah Sam erwartungsvoll an und begrüßte ihn freundschaftlich: „Esna Lau."

„Esna Lau", entgegnete Sam die Begrüßung.

„Tut mir leid, dich von deinem wohlverdienten Feierabend abzuhalten, Sam", meinte Robert jetzt. „Es wird nicht lange dauern." Dann wandte er sich an seinen Sohn: „Los, nun erzähl mal, Junge!" Der zwanzigjährige Chris zögerte verlegen, begann dann aber zu berichten: „Heute hatte ich einen Tag frei. Darum habe ich Evelyn abgeholt und wir sind in das Waldstück gefahren, das hinter *Pine Tree* gelegen ist. Wir sind ein Stück durch den Wald gegangen und an der Talsenke vorbeigekommen, dort, wo der kleine Bach um die drei großen Felsbrocken fließt. Wir sahen Etwas nahe am Bach liegen und sind näher herangegangen, weil wir neugierig waren. Es war ein toter Braunbär, Sam, eine Bärin. Sie lag einfach nur so tot da und ihr Bauch war aufgeschlitzt. Ich verstehe nicht viel vom Jagen, aber es sah so aus, als wären nur einige von den Innereien entfernt worden. Evelyn und ich haben uns dann kurz in der näheren Umgebung umgesehen, und wir haben noch zwei weitere Bären gefunden, die genauso zugerichtet waren. Der

Letzte schien noch nicht sehr lange tot zu sein, denn sein Körper war noch warm. Evelyn ist schlecht geworden und ich wollte sie zurück zum Wagen bringen. Wir sind aber nicht den gleichen Weg zurückgegangen, den wir gekommen sind, sondern statt dessen sind wir etwas oberhalb der Stelle, an der wir das Auto geparkt hatten, aus dem Wald gekommen." Chris hielt inne und sah Sam direkt an: „Was soll ich sagen. Wir haben gerade noch zwei Kerle in einen weißen Pickup steigen sehen. Die sind wie der Blitz abgefahren und ich konnte das Nummernschild nicht so schnell lesen. Ich kann aber mit Sicherheit sagen, dass die beiden nicht von unserem Reservat gewesen sind!"

Sam sah von einem zum anderen: „Seid ihr gesehen worden?" „Ich glaube nicht", meinte Chris, „die waren zu sehr in Eile." „Gut – mit diesen Leuten ist nicht zu spaßen. Die töten die Tiere nur, um schnell an viel Geld zu kommen. Wir alle wissen was für bestimmte Teile von Bären auf dem Schwarzmarkt bezahlt wird." „Ich frage mich, ob das die selben Kerle sind, mit denen wir schon im letzten Jahr Ärger gehabt haben", warf Robert jetzt ein.

„Wahrscheinlich", meinte Sam, „war fast die gleiche Stelle. Ein fast identischer Vorfall." Sein Gesicht verfinsterte sich. „Ich werde mich darum kümmern. Vielen Dank für den Anruf. Ich mache mich jetzt besser auf den Weg dorthin, bevor es zu dunkel ist, um etwas zu sehen." „Einen Moment noch", fiel Chris ein. „Ich wäre dir sehr dankbar, wenn du Evelyns Namen in diesem Zusammenhang nicht erwähnen würdest. Du weißt, wie ihre Familie über unsere Verbindung denkt." Sam lächelte Chris freundschaftlich zu. „Du kannst dich auf meine Verschwiegenheit verlassen. Es besteht kein Grund ihren Namen ins Gespräch zu bringen."

Sam hatte sich auf einen ruhigen Abend eingerichtet, verbunden mit der Vorfreude auf den kleinen Ausflug mit Alexandra am nächsten Tag. Die junge Frau hatte aber an diesem Abend keinen Platz in seinen Gedanken, denn Sam war zu sehr mit den Ereignissen in der kleinen Talsenke beschäftigt und damit, was er dort gesehen hatte.

*

Dick schaute aus dem Fenster und sah einen Wagen vorfahren. „Das ist Sam!" verkündete er überrascht. Maggie, die im Badezimmer beschäftigt war, steckte den Kopf zur Tür hinaus.

„Ich weiß. Er kommt, um Alex abzuholen." „Alex!?" wiederholte Dick ungläubig. „Seit wann können die sich denn riechen?"

Maggie lächelte geheimnisvoll: „Sam ist sehr bemüht seine Worte richtig zu wählen und Alex duldet ihn sozusagen, seit sie sich am See getroffen haben. Und ich – ich habe einen mächtig guten Plan!" Dick wusste, was das hieß und schickte ein Stoßgebet zum Himmel: „Wirklich, wir haben schon genug Sorgen. Du und deine mächtig guten Pläne!" Damit gab er sich geschlagen und ging hinaus um ungestört Holz zu hacken.

Alex sah an diesem Morgen sehr hübsch aus. Sie trug Jeans, eine graue Steppjacke und dazu feste Schnürstiefel. Die Luft war feucht und kühl und ihre Wangen waren leicht gerötet. Sam warf ihr einen bewundernden Blick zu, während sie über das Feld in Richtung Wald marschierten. Er selbst hatte lange geschlafen, gut gefrühstückt und war nun bester Laune. Er trug zur blauen Jeans eine braune Lederjacke und halb hohe, bequeme Stiefel, die er auch zur Arbeit trug.

Sie sprachen nicht viel, sondern genossen den schönen Morgen. Die Luft war nach dem Regen frisch und klar und die Sonne schaute hinter einer Wolke hervor. Aber es war kühl. Die kalte Luft ließ Alexandras Wangen kribbeln und ihr Atem stand als Dampffahne vor ihrem Gesicht.

Es dauerte nicht lange, bis Alexandra und Sam den Wald ereicht hatten. Als sie zwischen die Bäume traten, fragte Alexandra leise: „Hier gibt es doch sicher wilde Tiere. Bist du darauf vorbereitet?"

Sam lachte. Alex brachte ihn andauernd zum Lachen und das gefiel ihm irgendwie.

„Sprich normal. Fang bloß nicht an zu flüstern oder zu schleichen! Die Tiere merken sonst womöglich nicht, dass wir hier sind. Sprich eher lauter als normal und tritt auf die Äste, die am Boden liegen. Wir wollen keinen unerwünschten Zwischenfall provozieren!"

„Nein, wirklich nicht", meinte Alexandra unsicher und hielt sich für alle Fälle dicht an Sam.

Unweit voraus konnte Alexandra einen hellen Flecken im Wald erkennen. Es war eine Lichtung. Eine kribbliges Gefühl durchfuhr sie. Es war das erste Mal, dass sie so tief in den Wald gegangen war und irgendetwas machte ihr eine Gänsehaut. Alexandra schaute hinauf zu den mächtigen Baumwipfeln, die sich sachte im Wind hin und her bewegten und ein sanftes Rauschen verursachten. Die Stämme der Bäume waren riesig und streckten sich kerzengerade und schier endlos in den Himmel. Alexandra wusste, dass nur die ganz alten, die *First Growth* Bäume, Stämme von solchem Ausmaß besaßen. First Growth Bäume waren eine Seltenheit geworden, sogar hier in Kanada. An dieser Stelle im Wald hatten sie jedoch irgendwie überlebt und Alexandra konnte nicht anders als einen dieser Giganten zu umarmen. Welche eine Kraft in dem Baum zu stecken schien! Sie musste zurück treten und einen Moment still stehen, so schwindlig war ihr von der vielen, positiven Lebensenergie des Baumes geworden.

Als sie näher an die Lichtung kamen, sah Alex, dass in ihrer Mitte ein kleiner Tümpel lag. An seinem Ufer wuchsen Farne und niedrige Büsche. Ein paar große, verstreut liegende Felsbrocken machten das Bild komplett. Im Sommer musste es hier besonders schön sein, dachte Alex. Doch jetzt, da das sanfte Herbstlicht die Lichtung beleuchtete, erschien sie in einem ungewöhnlichen, geheimnisvollen Glanz. Es kam Alexandra vor, als läge eine Art Feenzauber über diesem Platz.

Plötzlich teilten sich die Wolken und ein Sonnenstrahl traf

die Lichtung und tauchte sie in goldenes Licht. Zu Alexandras Entzücken trat zum gleichen Zeitpunkt ein Reh aus dem Dickicht auf der gegenüberliegenden Seite und kam zum Wasser um zu trinken.

Weder Alexandra noch Sam bewegten sich. Beide waren gefangen von dem Schauspiel, das sich ihren Augen bot. Alle Spannung fiel für einen kurzen Moment von Alexandra ab. Dies hier war Zauberei! Vollkommen, zeitlos, raumlos. Ein Augenblick wie eine Ewigkeit.

Dann knackte irgendwo ein Ast, das Reh hob den Kopf, lauschte und sprang davon.

Alexandra war noch immer wie versteinert. „Das war unglaublich!“ stieß sie schließlich aus. „Hast du das gefühlt?“ Sam sah sie für einen Moment fragend an. Hatte sie das gleiche Gefühl gehabt wie er? Er hatte dieses Gefühl, das ihm gerade eine Gänsehaut verursacht hatte, schon oft gespürt. Aber er hatte immer gedacht, dass es sich um einen Teil seines indianischen Erbes handelte. Sam suchte in Alexandras Augen nach der Antwort und sagte dann lächelnd: „Ja!“

Ihre Blicke trafen sich schweigend und es entstand eine unangenehme Pause. „Es sind heute viele Geister im Wald. Lass uns zurückgehen“, meinte Sam schließlich.

Sie machten sich also auf den Rückweg, schlugen allerdings einen anderen Pfad ein, als den, auf dem sie gekommen waren. „Wie heißt du mit Nachnamen?“ wollte Sam nun wissen.

„Was?„“ entgegnete Alex verwundert.

„Namen“, erklärte Sam, „sind bei meinem Volk sehr wichtig. Sie sagen einem viel über die Person, die ihn trägt. Oder besser: Bei meinem Volk bekommt jeder den Namen, der zu ihm passt. Das kann man bei der Geburt oft nicht wissen – ich meine, man kann nicht wissen, wie die Person sich entwickeln wird. Daher sind Namenswechsel bei uns sehr häufig. Wenn Jemand wächst und sich verändert, dann verändert sich oftmals auch sein Name. Namen sind sehr mächtig. Hast du den falschen Namen, dann kann das große Nachteile mit sich bringen.“

Alexandra zögerte: „Nun habe ich fast Angst, dir meinen Namen zu nennen. Ich will dich nicht enttäuschen."

„Würde es dir etwas bedeuten, wenn ich enttäuscht wäre?" entgegnete Sam und sah sie forschend an.

„Mein Nachname ist Habicht", sagte Alex schnell.

„Was bedeutet Habicht?"

„Ein Habicht ist ein kleiner Greifvogel", erklärte Alex.

Sam lächelte zufrieden: „Das ist ein guter Name!"

„Mir hat er immer gefallen", erwiderte Alex. „Was bedeutet dein Nachname?"

„Reed ist das lange schlanke Gewächs, das im Marschland überall wächst. Es biegt sich im Wind, aber es bricht nicht", war Sams kurze, klare Antwort.

Alex grinste. Der Name passte zu ihm.

Alexandra und Sam gingen auf die Straße zu, um auf ihr nach *Pine Tree* zurückzuwandern und unterhielten sich jetzt ungezwungen. Es herrschte eine entspannte Atmosphäre und beide genossen die Zeit in der schönen Umgebung und miteinander.

Als sie die Straße erreichten, hörten sie Hufgeklapper näher kommen. Ihre Köpfe wandten sich in die Richtung aus der das Geräusch kam, und Sam fluchte leise.

„Sam, was ist los?" wollte Alexandra wissen. Sie spürte die Spannung, die sich in Sekundenschnelle über Sam gelegt hatte.

„Da kommt Elaine Carson", meinte dieser nur.

„Wer ist sie?" wollte Alexandra wissen.

„Sie ist die Tochter von Maggie und Dicks steinreichen Nachbarn. Ich dachte, sie wäre in Vancouver."

Aus Sams Stimme war nichts zu schließen. Alexandra blickte etwas verwirrt drein, aber da war die Reiterin auch schon an ihrer Seite.

Elaine Carson saß wie angegossen im Sattel ihres schönen, schwarzen Hengstes. Sie war eine erfahrene Reiterin und hatte die beste Ausstattung, die man für Geld kaufen konnte. Sie sah aus wie das perfekte Bild eines Cowgirls. Westernsattel und

Zaumzeug ihres Pferdes waren übersät mit Silberschnallen und Fransen, sie selbst trug eine schimmernde Bluse mit Fransen und eine hautenge Jeans, in die sie nur mit Hilfe der Reißverschlüsse an den Seiten hineinschlüpfen konnte. Elaine war groß, bestimmt einen Meter achtzig und sie war gertenschlank. Sie hatte einen enormen Busen und ein hübsches, aber nicht klassisch schönes Gesicht. Alles in allem war sie eine auffällige Erscheinung. Ihre wenigen Nachteile wusste sie gekonnt durch ihre gesellschaftliche und finanzielle Stellung – beziehungsweise die ihrer Eltern, zu überdecken.

Als Elaine Sam mit Alexandra die Straße hatte entlang schlendern sehen, hatte sie sich geärgert. Elaine war achtundzwanzig und unverheiratet und Sam Reed war immer einer ihrer Favoriten gewesen. Jahrelang hatte sie sich um ihn bemüht, bevor sie dann im vergangenen Jahr nach Vancouver gezogen war, um ihr Studium abzuschließen. Ihre Eltern hatten darauf gedrängt, dass sie ihre Ausbildung abschloss, bevor sie heiratete.

Jetzt blickte sie in ihrer gönnerhaften Art auf Alexandra hinunter und wurde neidisch. Nicht nur, dass Alexandra mit Sam Zeit allein verbrachte, sie sah auch noch blendend aus! Elaine musste etwas unternehmen. Mit zuckersüßer Stimme zwitscherte sie daher: „Mein lieber Sam! Was für ein Zufall! Wir haben uns ja lange nicht gesehen. Willst du uns nicht bekannt machen?“ Elaine verschwieg die Tatsache, dass sie Sams Wagen auf der Straße hatte vorbeifahren sehen, und daraus geschlossen hatte, dass er nun bei den Prestons war. Daraufhin hatte sie sich auf den Weg gemacht …

„Morgen, Elaine“, meinte Sam unbeeindruckt. „Darf ich dir Alexandra Habicht vorstellen. Alex ist aus Deutschland und hilft bei Maggie aus. Alex, dies ist Elaine Carson. Ihren Eltern gehört die *Triple C* Ranch hier zur Linken.“ Nach einer kurzen Begrüßung meinte Elaine dann unschuldig: „Das letzte Mal, als wir uns sahen, Sam, hast du mir versprochen, dass wir zusammen ausreiten. Das schuldest du mir noch! Wie wäre es gleich heute damit?"

„Elaine, du siehst, dass ich heute schon eine Verabredung habe", gab Sam mürrisch zurück.

„Na, sie kann ja mitkommen", winkte Elaine ab. „Keine Ausflüchte. Es ist vielleicht die letzte Chance, bevor der Winter kommt!" Sam sah Elaine zweifelnd an, dann wandte er sich an Alexandra.

„Ich reite nicht", sagte diese nur lachend. „Brauchst gar nicht zu fragen!"

„Aber das wäre nicht fair", entgegnete Sam hoffnungsvoll.

„Hör zu, Sam. Wir sind doch schon fast am Hof. Und wenn ihr euch so lange nicht gesehen habt ... Du brauchst auf mich keine Rücksicht zu nehmen."

„Also, abgemacht", frohlockte Elaine. „Ich treffe dich auf der Ranch." Und schon war sie in Richtung *Pine Tree* verschwunden.

„Warum bist du nur immer so freundlich?" meinte Sam beleidigt. „Lässt mich mit dem Drachen allein ausreiten!" Alex kicherte: „Sie macht dir doch nicht etwa Angst, oder? Und schieb die Schuld nicht auf mich, in diese Situation hast du dich vor langer Zeit selbst gebracht." Sam musste zugeben, dass Alexandra recht hatte und fügte sich stillschweigend in sein Schicksal.

*

Maggie hielt Ausschau nach Alexandra und Sam, als sie die beiden plötzlich mit Elaine Carson auf der Straße sah. Elaine Carson! Sie war nicht gerade beliebt – außer vielleicht bei einigen Männern mit einem Loch in den Finanzen.

Marybeth und Frank Carson, Elaines Eltern, waren reich. Sie besaßen eine riesige Ranch und ein fast feudales Haus. Beide hatten sich die Ranch und ihren jetzigen Lebensstil hart erarbeitet, aber auf Elaine hatte das viele Geld leider keine guten Auswirkungen gehabt. Sie war arrogant und besserwisserisch und glaubte, die gesamte Männerwelt müsste ihr zu Füßen liegen. Jede Frau trifft wahrscheinlich früher oder später in ihrem Leben auf ein Biest wie Elaine. Maggie wünschte sich jedoch, dass die Begegnung für Alex viel später stattgefunden hätte. So eine Nachbarin war wirklich kein Vergnügen, schon gar nicht hier auf dem Lande.

Nun jedenfalls sah sie Elaine auf *Pine Tree* lostraben und sie wusste, was das bedeutete: Elaine war dabei das empfindliche Gleichgewicht, auf dem Maggies schöner Plan basierte, ins Wanken zu bringen. Daher rief sie sofort Dick und die Kinder zu sich und verkündete freudig: „Änderung im Tagesablauf! Wir reiten aus. Alle!“ Die letzte Bemerkung war für Dick gedacht, die Kinder waren schon freudig losgestürmt.

„Was bedeutet das jetzt wieder?“ fragte Dick.

„Was schon“, gab Maggie fröhlich zurück. „Wir reiten aus!“ In diesem Augenblick erreichte Elaine den Hof. Dick runzelte die Stirn. Seine Miene verriet, dass er lieber bei seinem Feuerholz geblieben wäre, aber er wollte sich nicht mit Maggie überwerfen – nicht vor dieser Person!

*

„Ich reite nicht!“ sagte Alexandra mit fester Stimme.

„Aber wir reiten alle!“ entgegnete Maggie. „Warum willst du allein hier bleiben?” Alex warf einen Seitenblick auf die anderen und meinte leise: „Ich habe Angst vor Pferden. Sie sind so groß und man kann wirklich tief fallen!”

Maggie und Dick lachten auf. Elaine grinste spöttisch und versuchte noch nicht einmal, es zu verbergen. Und Sam blickte immer noch ernst drein.

Alle saßen schon auf den Pferden. Die Kinder ritten im Hof umher und das Gespräch drehte sich um den freundlichen Vierbeiner direkt vor Alexandra: Molly, eine hübsche braune Stute.

„Sei nicht albern, Alex. Sogar Miranda reitet. Man kann gar nichts verkehrt machen. Und wir reiten wegen der Kinder sowieso nur im Schritt“, drängte Maggie nun.

Alexandra kämpfte mit sich. Die Vorstellung mit den anderen über die weiten Felder und durch den Wald zu reiten war sehr verlockend. Wann immer sie einen Westernfilm gesehen hatte, hatte sie sich gewünscht, lässig auf einem Pferderücken zu sitzen und in die untergehende Sonne zu reiten. Realität aber war, dass sie noch nie Bekanntschaft mit einem Pferd gemacht hatte. Und jetzt, wo der Moment gekommen war, hatte sie einfach Angst! Der Rücken des Tieres überragte sie und die Stute sah unglaublich gesund und muskulös aus. Höhe und Schnelligkeit. Zwei von den Dingen, die Alexandra wirklich Angst machten.

„Zwing sie doch nicht, wenn sie nicht will! Wir sollten jetzt wirklich losreiten.“ Das kam natürlich von Elaine, die möglichst viele Teilnehmer an diesem, als romantischen Ausflug geplanten Ausritt loswerden wollte.

Alexandra blickte unentschlossen von einem zum anderen. Dick hatte ein Auge auf die Kinder und hörte nicht zu. Elaine war gereizt und ungeduldig und in Maggies Augen lag etwas Flehendes. Alexandra blickte zu Sam hinüber. Dieser stieg plötzlich von seinem Pferd ab und kam zu ihr herüber, die Zügel seines Tieres in der Hand.

„Hier, ich nehme Molly am Zügel damit nichts passiert. Du brauchst nur dazusitzen und dich festzuhalten. Alles andere mache ich. Ich bleibe die ganze Zeit neben dir.” Dann fügte er noch hinzu: „Es wäre schade, wenn du nicht mitkämst, Alex.”

Maggies Herz machte einen Sprung. Perfekt! Sie blickte triumphierend zu Elaine, die aussah, als hätte sie in eine Zitrone gebissen.

Alexandra lächelte und meinte: „Na gut, ich will's versuchen!“

Sam half ihr mit solchem Schwung auf das Pferd, dass sie beinahe auf der anderen Seite wieder heruntergefallen wäre.

Dann schwang er sich selbst in den Sattel und die kleine Karawane konnte sich endlich in Bewegung setzen.

„Du machst das ausgezeichnet.“ Maggie warf Alexandra einen ermutigenden Blick zu. Sie waren jetzt zwanzig Minuten unterwegs und Alexandras Körper begann sich zu entspannen. Sie saß nun locker im Sattel und ihr Gesicht strahlte wie das eines Kindes. Sie drehte sich zu Maggie um und meinte: „Es ist schön, dass ich doch mitgekommen bin.“ Dann wandte sie sich an Sam: „Bitte, lass mich das doch allein probieren. Sonst ziehen mich die Kinder den ganzen Winter damit auf, dass du mein Pferd führen musstest.“

Sam lachte: „Das werden sie sowieso tun. Aber wenn du willst, dann gebe ich dir die Zügel gerne frei.“ Damit lehnte er sich seitwärts und reichte Alexandra die Zügel.

„Musst sie genau richtig halten. Nicht zu fest und nicht zu locker. Ja, genau so. Wenn du dich unsicher fühlst, sag Bescheid, dann übernehme ich Molly wieder.” Alexandra streckte die Brust heraus und war sehr stolz auf sich. Hier war sie, Alexandra Habicht, an einem wunderschönen Herbsttag zusammen mit ihren Freunden, in einer atemberaubenden Landschaft – und sie saß tatsächlich auf dem Rücken eines Pferdes. Wie ging der Spruch noch gleich? *Das größte Glück auf Erden, liegt auf dem Rücken von Pferden*, oder so ähnlich. In diesem Augenblick konnte Alexandra, wenigstens im Ansatz, spüren, was dieser Satz ausdrücken wollte. Sie fühlte sich so leicht und glücklich. Sie war dankbar, ihre Angst so weit kontrollieren zu können, dass sie diesen Ausritt mit den anderen genießen konnte.

Sam ritt vor Alexandra an der Seite von Dick und Maggie war an Mirandas Seite, obwohl die Kleine mit ihren fast fünf Jahren schon eine ganz ausgezeichnete Reiterin war. Die Jungen, eben noch an Alexandras Seite, waren nun zurückgefallen und tuschelten. Elaine ritt hinter Alexandra, und obwohl sie sie nicht sehen konnte, spürte sie doch einen bohrenden Blick in ihrem Rücken. In diesem Moment fing Molly an auszuschlagen. Alex konnte nicht sagen, warum. Die Stute schien völlig verändert und sofort überfiel Alex wieder die alte Angst! Die Jungen schrieen ihr etwas zu, aber Alexandra verstand ihre Worte nicht. Panik stieg in ihr auf und schien ihren Verstand völlig auszuschalten. Dann hörte sie wie durch Watte Stimmen an ihr Ohr dringen und langsam verstand sie, was diese Stimmen sagten.

„Bist du in Ordnung, Alex? - Alex!“ Maggie klang besorgt.

„Molly hat ausgeschlagen! Wir haben es gesehen“, schrie Tim.

„Wäre beinahe durchgegangen! War toll!“ stimmte Eric nun ein.

„Alex sieht ganz weiß aus“, meinte Miranda.

„Was ist bloß in Molly gefahren?“ wollte Dick wissen. „Sie ist doch sonst lammfromm!“

„Wir hätten Alex besser nicht überreden sollen mitzukommen, die Arme. Jetzt wird sie nie mehr reiten wollen“, sagte Elaine in ihrer gekünstelten, süßen Art.

„Ist doch alles Quatsch!“ Sams tiefe Stimme riss Alexandra endgültig in die Gegenwart zurück. „Ihr ist doch nichts passiert. Hat sich nur ein bisschen erschrocken. Molly wird gestolpert sein, das ist alles. Bald macht Alex so etwas nichts mehr aus, denn dann wird sie die beste Reiterin weit und breit sein!“ Sam hatte sein Pferd Seite an Seite mit Molly gebracht und streckte seine Hand nach Alexandras Arm aus. Ihre Blicke trafen sich, während seine Hand auf ihrem Arm ruhte. Sam versuchte Alexandra mit seinem Blick verstehen zu geben, dass er verstand. Und leise sagte er: „Mach mich stolz und reite allein weiter, Alex. Ich weiß, du kannst das!“

Sein Blick war so intensiv und schien so tief in ihre Seele vorzudringen, dass Alexandra fast das Herz stehen blieb. Statt ihrer Angst nachzugeben, hob sie also entschlossen ihr Kinn. Dann sagte sie: „Verzeiht, ich wollte euch nicht erschrecken! Mollys Eskapade hat mich nur völlig unvorbereitet getroffen. Ist alles wieder in Ordnung." Damit erntete Alexandra anerkennende Blicke von Maggie, Dick und Sam, während Elaine etwas säuerlich lächelte.

Die Jungen waren schon weitergeritten und so machten sich die Erwachsenen mit Miranda im Schlepptau daran, sie einzuholen. Sam lächelte Alexandra zu und blieb für den Rest des Ausrittes vorsichtshalber dicht an ihrer Seite.

6.Kapitel

Zwei Wochen später saß Sam bei Maggie und Dick am Küchentisch und trank Tee. Er würde zum Abendessen bleiben. Alexandra war drüben im Gästehaus und brachte das Feuer im Ofen in Gang, damit sie es später nicht so kalt und ungemütlich hatte, wenn sie ins Bett gehen wollte.

Das Gespräch kam auf den Ausritt vor zwei Wochen und Maggie meinte: „Ist Alex nicht ein Schatz? Sie bemüht sich so, sich an unser Leben hier anzupassen und ich glaube, sie fühlt sich wohl dabei."

„Ja", entgegnete Dick. „Aber die Sache mit dem Pferd gefällt mir immer noch nicht. So hat Molly sich noch nie benommen. Überleg mal! Alle unsere Kinder haben auf ihr reiten gelernt. Sie ist absolut zuverlässig."

„Tim hat mir erzählt, dass er gesehen hat, wie Elaine mehrmals absichtlich zu dicht an Molly aufgeritten ist. Kein Wunder, dass sie ausgeschlagen hat. So ein Benehmen ist sie nicht gewöhnt", schloss Maggie ihren Bericht.

Sam sah sie verwundert an: „Warum sollte Elaine so etwas machen? Sie wusste doch, dass Alex zum ersten Mal im Sattel saß." „Männer", entgegnete Maggie spöttisch, „Ihr versteht manchmal die einfachsten Dinge nicht!"

Noch bevor Sam oder Dick etwas erwidern konnten, flog die Küchentür auf und Alexandra erschien mit freudigem Gesicht in der Tür. Sie strich sich mit der Hand eine lange, blonde Haarsträhne aus dem Gesicht, die der Wind dorthin geweht hatte: „Das müsst ihr euch mal ansehen! Es schneit!" Verwundert bemerkte sie, wie niemand in ihre Freude einstimmte. Statt dessen hörte sie einvernehmliches Stöhnen.

„Was ist los?" wollte sie wissen. „Ich dachte, ihr lebt im Land des Wintersports!" „Jetzt ist der Winter tatsächlich da", ärgerte sich Maggie. „Schnee, vereiste Straßen, eingefrorene Wasserhähne. Na ja, es war wohl zu erwarten."

„Bald ist es aus mit der Arbeit", meinte Dick. „Denn bei Schnee kommen wir nur langsam voran und dann rechnet sich das Ganze nicht mehr." „Wilderer", war Sams grimmiger Kommentar.

„Aber", begann Alexandra, „wenn es jetzt schon schneit, vielleicht gibt es dann weiße Weihnachten!"

„Hundertprozentig", meinte Dick.

„Wie jedes Jahr!" fügte Maggie hinzu.

„Ach so" meinte Alexandra gedehnt. Sie verstand. „Mein letztes weißes Weihnachten war vor mindestens zehn Jahren!"

Während des Essens bemerkte Maggie: „Für Alex ist vieles neu hier. Wie weiße Weihnachten oder übernächste Woche Halloween. Vielleicht sollten wir diesmal für Alex eine Halloween-Party geben." Beide Männer stöhnten sofort auf. Verkleiden! Tanzen!

„Oh, Halloween", meinte Alexandra. „Davon habe ich schon gehört! Aber ich habe kein Kostüm – ohne das geht es ja wohl nicht … vielleicht gibt es etwas, wofür man nicht extra etwas kaufen muss."

Der zwölfjährige Tim meldete sich zu Wort: „Geh doch als Bardame! Da brauchst du nur ganz kleine Verkleidungsstücke! Ich gehe als Skelett. Das ist schön gruselig!" Maggie fiel die Kinnlade herunter, als sie den Kommentar ihres Sohnes vernahm und sie konnte nur: „Ich hab mich wohl verhört, junger Mann!" sagen, während die anderen in schallendes Gelächter ausbrachen.

„Das könnte sehr anstrengend für deinen Vater und mich werden, Tim, wenn wir den ganzen Abend potenzielle Verehrer abwimmeln müssen! Außerdem ist das keine Verkleidung für eine wohlerzogene junge Dame wie Alex", meinte Sam.

„Okay", wehrte Maggie ab. „Vergesst die Party! Wir braten Würste am Lagerfeuer, wie jedes Jahr! Ganz harmlos!"

*

Alexandra runzelte die Stirn und las den Brief erneut. Sie war am Nachmittag in der Stadt gewesen und hatte die Post mitgebracht. Jetzt saß sie, wie jeden Tag, mit Maggie in der Küche am Tisch und beide warteten darauf, dass Dick nach Hause kommen würde und die Familie essen konnte. Die Kinder tobten im Wohnzimmer, und Maggie nutzte die Zeit um seufzend die Post durchzusehen. Das meiste waren Rechnungen. Dann schaute sie zu Alexandra hinüber, die ihren Brief nun schon zum dritten Mal las.

„Hast du einen Liebesbrief bekommen?"

„Nein", erwiderte Alex, „ich habe einen Brief von meinen Eltern bekommen. Ich weiß nur nicht, ..."

„Ist etwas zu Hause nicht in Ordnung?" „Das ist es auch nicht", Alex legte den Brief beiseite. „Ich hatte nur nicht gedacht, dass meine Eltern sich so ändern könnten. Wir hatten immer ein gutes Verhältnis. Nicht übermäßig tiefgehend, aber doch irgendwie freundschaftlich. Seit ich ihnen von meinem Vorhaben, nach Kanada zu gehen, erzählt habe, hat sich unser Verhältnis verändert. Sie haben mir kein Verständnis und keine Unterstützung mehr entgegen gebracht, wie es sonst immer der Fall gewesen war. – Immerhin haben sie mich doch noch zum Flughafen gebracht. Und die drei Mal, die ich bei ihnen angerufen habe, waren sie zwar etwas zurückhaltend, aber zumindest höflich und besorgt. Dieser Brief hier ist dagegen etwas völlig anderes. Mein Vater schreibt, dass alles von vornherein eine Schnapsidee von mir gewesen sei, und dass ich aufhören solle, mich wie ein trotziges Kind zu benehmen. Meine Mutter käme um vor Sorge und ich solle gefälligst heimkommen. Ich hätte bewiesen, was ich habe beweisen wollen, und obendrein auch noch meine gute Arbeitsstelle weggeworfen." Hier machte Alexandra eine Pause. Sie sah verzweifelt aus, als sie schließlich meinte: „Ich glaube, meine Eltern haben nicht das Geringste von dem verstanden, was ich ihnen zu erklären versucht habe ..."

„Alex“, begann Maggie, doch da klingelte das Telefon. „Entschuldige mich einen Augenblick!” Sie nahm den Hörer ab. Das Telefon befand sich in der Küche und so war Maggie schon vor dem dritten Klingeln am Apparat.

„Ja, hier spricht Mrs. Preston – Wann ist das passiert? – Wann? – Sie haben sich mit dem Anruf aber Zeit gelassen! – Natürlich komme ich sofort!“ Maggie hängte auf und drehte sich zu Alexandra um, die sie erwartungsvoll ansah.

„Es gab einen Unfall auf Dicks Arbeitsstelle. Irgendetwas mit Maschinen und Baum – ich weiß nicht. Sie haben Dick und einen anderen Mann ins Krankenhaus gebracht. Ich muss sofort dorthin fahren!“ Maggie hatte der Kinder wegen leise gesprochen. Alexandra hielt die zitternden Hände der Freundin, während diese weiter sprach: „Ich bleibe möglicherweise über Nacht. Meinst du, du kannst heute Nacht im Gästezimmer schlafen und die Kinder versorgen? Ich weiß, es ist viel ...“ „Mach dir darüber keine Gedanken“, unterbrach Alexandra sie und wurde dann sachlich: „Schnell. Kann ich dir noch irgendwie behilflich sein? Was sagen wir den Kindern?“

Maggie lächelte Alexandra dankbar an. „Ich rede mit den Kindern und sage auch Sam bescheid. Meine Eltern kommen erst in zwei Tagen aus dem Urlaub zurück und ich möchte nicht, dass du vielleicht solange hier allein bleiben musst. Pack mir doch bitte ein paar Sachen ein. Ich weiß nicht, wie lange ich bleiben muss. Ich spreche währenddessen mit den Kindern und rufe Sam an.“

Alexandra nickte stumm und machte sich an die Arbeit. Sie arbeitete sorgfältig, aber schnell und vergoss heimlich ein paar Tränen. Sie sandte ein Gebet zum Himmel, und hoffte inständig, dass Dick nicht schwer verletzt war. Sie wusste doch, wie sehr Maggie ihren Mann liebte. Einen solchen Verlust würde sie kaum verwinden können! Und erst die Kinder ... Alexandra mochte gar nicht daran denken.

Als sie in die Küche kam, hörte sie Maggie am Telefon sagen: „ ... sie hat ja auch kein Auto. Dicks Truck ist wer weiß wo, und ich nehme den anderen Wagen. – Was? – Danke, ich hoffe, es ist nicht für lange. Übermorgen kommen meine Eltern aus dem Urlaub zurück. Bis dahin müssen wir es irgendwie überbrücken. Vielleicht kann ich ja auch morgen schon zurück kommen. Hoffen wir das beste! – Ja, bis gleich!"

Alexandra hatte die Reisetasche für Maggie auf dem Küchentisch abgestellt. Die Kinder kamen in die Küche und umringten die beiden Frauen. Maggie war blass, aber sie war Herr der Lage.

„Sam weiß Bescheid, er wird in einer halben Stunde hier sein. Ich mache mich jetzt am besten auf den Weg." Damit verabschiedete sie sich von den Kindern und ermahnte sie, artig zu sein. „Ich hoffe, es läuft alles glatt hier", sagte sie an Alex gewandt.

„Mach dir keine Sorgen!" Alex umarmte die Freundin.

Maggie verschwendete keine Zeit und ging ohne ein weiteres Wort zu verlieren aus dem Haus. Die Situation drängte.

Alexandra ließ die Tür hinter Maggie zufallen und verriegelte sie von innen. „Wer ist für Video?" fragte sie die Kinder betont heiter. Keines der Kinder machte einen besonders begeisterten Eindruck. „Okay, dann gehen wir ins Wohnzimmer und spielen etwas!" Widerwillig folgten die Kinder ihr und ließen sich im Wohnzimmer auf dem Teppich nieder. Alexandra war ratlos. Sie wusste nicht genau, wie sie sich verhalten oder was sie sagen sollte. Sie musste die Kinder irgendwie beschäftigen und auf andere Gedanken bringen! Es war noch viel zu früh, um ins Bett zu gehen. Und wer konnte nach so einer Nachricht schon ruhig schlafen? Die Nacht würde sowieso noch lang genug werden …

„Was ist das für ein Ding?" wollte Alexandra nun wissen und deutete auf den Wohnzimmerschrank.

„Das ist eine Karaoke-Maschine", erwiderte Tim.

„Wozu ist denn die gut?" Alexandra stellte sich betont dumm.

„Du suchst dir ein Lied aus, die Maschine spielt die Melodie

und du singst dazu!“ quietschte Miranda. „Das macht Spaß!“
„Woher weiß man die Worte?“ fragte Alexandra.
„Die erscheinen auf dem Bildschirm hier. Brauchst du bloß abzulesen. Aber wir können die meisten Songs auswändig.” erklärte Eric.
„Ich mach's dir vor!“ kreischte Lee nun und drehte an den Knöpfen. Dann legte er eine CD ein, nahm das Mikrofon in die Hand und hüpfte auf der Couch auf und ab. Sobald der Text einsetzte, schrie er mit seiner Piepsstimme ins Mikrofon.
„Ich will auch!“ rief Miranda jetzt.
„Du musst warten!“ meinte Lee. „Erst bin ich dran!“
Ehe Alexandra sich versah, war ein ungeheures Gedränge im Gange und beinahe hätte sie das Klopfen an der Tür überhört. Sie fragte, wer da sei und bekam prompt Antwort: „Sam! Was macht ihr denn da drinnen? Ich dachte, ihr hättet einen Unglücksfall in der Familie.“ Alex öffnete die Tür und der Lärm wurde noch lauter. „Uh!“ machte Sam und hielt sich die Ohren. Alexandra lachte. „Ich musste sie irgendwie ablenken. Hat gut geklappt, aber nun nimmt das Chaos überhand!“ „Das merke ich“, meinte Sam trocken und machte sich auf den Weg ins Wohnzimmer. „Lasst uns die Hitparade mal organisieren!“
Alle vier Kinder schrieen auf, als sie Sam erblickten. Er war wie ein Onkel für sie. Maggie und Sam hatten sich schon immer gut verstanden. Besonders nachdem alle Geschwister von Sam in die umliegenden größeren Städte gezogen waren, weil es dort bessere Arbeitsmöglichkeiten gab. So hatte er von Anfang an ein enges Verhältnis zu Maggies Kindern entwickelt. Sam war froh gewesen, als Maggie Dick heiratete, denn er kam mit Dick gut aus. Daher kam es, dass er oft auf *Pine Tree* anzutreffen war, und auch Sams Eltern – Maggies Tante Rene und ihr Onkel Paul – schauten oft vorbei, da ihre eigenen Enkelkinder so weit entfernt wohnten. Aufgrund dieser Vertrautheit, bewegte Sam sich ganz ungezwungen auf *Pine Tree.* Es war wie ein zweites Zuhause für ihn.
Jetzt saß er mit den Kindern auf dem Fußboden und legte

die Reihenfolge fürs Singen fest. Alexandra brachte ein Tablett mit Saft für alle ins Wohnzimmer und setzte sich dazu. Die meisten Lieder, die die Kinder sangen, kannte sie nicht. Es waren Country-Songs. Dann wechselten sie die CD und spielten Oldies. Da kannte Alexandra sich besser aus.

Alle vier Kinder gaben sich größte Mühe möglichst professionell vor den Erwachsenen aufzutreten und es gab nur noch wenig Gerangel, da die Reihenfolge feststand. Alexandra und Sam klatschten und lobten die Kleinen überschwänglich und die Kinderaugen strahlten.

Alexandra hatte fast ein schlechtes Gewissen, weil sie sich in diesem Moment so wohl und zufrieden fühlte, während Maggie in solcher Sorge um ihren Ehemann war. Gerade stellte sich ein behagliches Lächeln auf ihrem Gesicht ein, als sie eine kleine Stimme neben sich sagen hörte: „Alex, jetzt bist du dran."

Alexandra fuhr zusammen. Singen?! „Oh, ja!" stimmten die anderen ein. „Du kannst gleich das nächste Lied singen", bot Miranda freundlich an.

„Ich kenne das Lied überhaupt nicht!" wehrte Alexandra energisch ab. „Außerdem kann ich wirklich nicht gut singen." „Um so besser", meinte Lee. „Dann wird es lustiger!" „Nur nicht so schüchtern", hörte sie Sam nun sagen. „Du hast dich lange genug gedrückt." „Sing doch selber", zischte Alexandra ihn an und nahm sehr matt zur Kenntnis, dass Sam gelassen das Mikrofon in die Hand nahm und den Kindern zurief, welches Lied er singen wollte. Die ganze Zeit über sah er Alexandra an und seine Augen funkelten lausbubenhaft. „Kommst nicht drum herum, Alex!"

Alexandra verzog nur das Gesicht zu einer Grimasse und wartete betont gleichgültig auf Sams Darbietung. Als er anfing zu singen, musste Alexandra zu ihrem Entsetzen feststellen, dass Sam entweder ein Naturtalent war oder sehr viel Übung hatte. Seine Stimme war mitteltief und er sang tonrein. Zudem hatte er eine gute Portion Taktgefühl. Während er sang, blickte er immer wieder zu ihr herüber und diese Blicke lösten ein immer größeres Unbehagen bei ihr aus.

Als Sam geendet hatte, applaudierten die Kinder wie wild und bestürmte Alexandra, nun doch auch zu singen. Alexandra lachte und winkte ab: „Ich mache mich nicht zum Affen! Ihr seid alle richtige Profis." In Wahrheit wollte sie nicht vor Sam singen. Er beugte sich zu ihr herüber und auf seinem Gesicht stand ein offenes Lächeln: „Ich weiß, ich habe geschummelt. Ich singe nur dieses eine Lied ganz passabel und habe schon diverse Übungsrunden hinter mir."

Alexandra atmete schon auf, als er noch hinzufügte: „Lass uns ein Lied gemeinsam singen. Zum Warmmachen. Aber nächstes Mal bist du allein dran!" Er drückte an der Maschine herum und reichte Alexandra das Mikrofon. Dann setzte er sich neben sie.

Die Kinder blickten erwartungsvoll und Alexandra wusste, dass die Falle zugeschnappt war. Sie musste einfach singen. Der Kinder wegen. Irgendwie! Sie spürte einen Kloß im Hals und dachte, sie würde nie ein Wort herausbringen. Sie hatte noch nie in ein Mikrofon gesprochen, geschweige denn gesungen, und so musste sie sich mit aller Kraft beherrschen, um nicht schon nach dem ersten Wort abzubrechen und davon zu laufen. Allmählich aber löste sich Alexandras Stimme. Sie kannte diesen Oldie in und auswendig. Denen würde sie es zeigen! So schnell gab sie sich nicht geschlagen!

Schneller als erwartet war das Lied vorbei und Alexandra fühlte sich irgendwie befreit. Die Kinder jubelten und Sam warf ihr einen merkwürdigen Blick zu. Er hatte nach einer Weile aufgehört zu singen, weil er Alexandras Stimme besser hören wollte, und sie hatte es nicht einmal bemerkt. Sam war sich ziemlich sicher, dass sie zuvor noch nie vor anderen Leuten gesungen hatte. Um so überraschter war er gewesen, als er ihre weiche, klare, melodische Stimme aus dem Mikrofon hörte. Voller Bewunderung schaute er sie an. Für ihn war ihre Stimme das Schönste, das er je gehört hatte.

Nach der Gesangsdarbietung fand Alexandra, dass es Zeit fürs Bett war. Gemeinsam mit Sam schaffte sie es, die Kinderschar zur Ruhe zu bringen.

Sam hatte seinen Schlafsack mitgebracht, und verkündete, er würde auf dem Sofa übernachten und die Jungen am nächsten Morgen auf seinem Weg zur Arbeit zur Schule bringen.

Alexandra war das alles sehr recht. Es hatte ihr davor gegraut in der Nacht mit den Kindern allein im Haus zu sein. Sie selbst hatte sich im Gästezimmer eingerichtet und verschwand kurz im Badezimmer. Auf ihrem Weg zurück, musste sie am Wohnzimmer vorbeigehen, wo Sam schon in seinem Schlafsack auf der Couch lag. Er hatte Holz im Ofen nachgelegt und die Türen verriegelt. Die Lampen waren ausgeschaltet, nur vom Flur her schien ein Lichtstrahl ins Zimmer. Alexandra sah, dass Sam Jeans und Hemd auf den Sessel gelegt hatte und im T-Shirt schlief. Im Halbdunkel konnte sie seine muskulösen Arme sehen, die er hinter dem Kopf verschränkt hatte.

Als Sam Alexandra auf dem Flur hörte, drehte er den Kopf, um ihr gute Nacht zu sagen. Sie war schon im Nachthemd, mit offenem, frischgebürstetem Haar und barfuss. Das Nachthemd war weiß und reichte ihr fast bis zu den Knöcheln. Alexandra wirkte frisch und mädchenhaft darin. Dieser Anblick versetzte Sam einen Stich. Was war nur mit ihm los?

Alexandra blieb stehen und sagte: „Schlaf gut, Sam! Und vielen Dank für deine Hilfe."

Sam erwiderte etwas barscher als beabsichtigt: „Keine Ursache. Schlaf du auch gut!" Alexandra war verwirrt über seinen Ton, knipste aber ohne weiteren Kommentar das Licht im Flur aus und ging zu Bett. Einschlafen konnte sie allerdings noch lange nicht.

Der Morgen kam schnell. Während der Nacht hatte sich Miranda zu Alexandra ins Bett geschlichen und sie hatte beim Aufstehen von der ungewohnten Seitenlage arge Rückenschmerzen.

Sam war wieder der Alte und als er sah, dass Alexandra sich den Rücken hielt, als er in die Küche kam, fragte er sofort, ob alles in Ordnung sei.

„Mein Rücken ist es nur nicht gewohnt in der Nacht von kleinen Füßen massiert zu werden“, schmunzelte sie, dann machte sie eine Bewegung mit dem Kopf und meinte leise: „Miranda ist in der Nacht zu mir ins Bett geschlichen.“

„Oh, ich hatte auch einen kleinen Besucher letzte Nacht! Erst hatte ich gedacht, dass du es wärst, aber es war nur Lee.“ Alexandra versetzte ihm mit dem Frühstücksbrett, das sie gerade in der Hand hielt, einen leichten Klaps auf den Kopf, und entgegnete empört: „Du unterschätzt mich, mein Lieber!“ Und Sam lachte herzlich.

Nach dem Frühstück fuhr Sam mit den Jungen ab. Miranda und Alexandra winkten ihnen nach und machten sich dann über den Haushalt her. Gegen neun Uhr klingelte das Telefon. Es war Maggie. Sie rief vom Krankenhaus an.

„Wie geht es Dick?“ fragte Alexandra.

„Es hätte schlimmer sein können. Das Ende eines Stahlseils hat ihn getroffen und der daran hängende schwere Eisenhaken hat ihm Brustbein, Schlüsselbein und drei Rippen gebrochen. Er hat Probleme beim Atmen und starke Schmerzen. Sie behalten ihn drei oder vier Tage zur Beobachtung hier, um sicherzustellen, dass keine inneren Verletzungen vorliegen. Er wird für mindestens zwölf Wochen nicht arbeiten können. So lange dauert es, bis das Brustbein wieder belastbar ist. Es ist also schlimm genug.“ Alexandra schwieg betroffen.

Dann musste sie berichten, wie es mit den Kindern geklappt hatte. Maggie vermisste die Kleinen und machte sich Sorgen. Aber Alexandra konnte sie beruhigen.

„Mach dir wirklich keine Gedanken. Sam ist ja auch noch da. Und er hat gesagt, dass er seinen Eltern Bescheid sagt, damit sie später mal vorbeischauen. Er hat mir auch die Nummer von seinem Handy dagelassen. Und morgen kommen deine Eltern aus dem Urlaub zurück. Wenn du also gerne bei Dick bleiben möchtest, dann tu es bitte. Wir vermissen dich, aber wir kommen über die Runden." Sie wechselten noch ein paar Worte, dann legten sie auf. Alexandra berichtete Miranda, was die Mutti gesagt hatte und versprach ihr, dass beide Eltern in ein paar Tagen wieder zu Hause sein würden. Dann zog sie Miranda das Mäntelchen an und sagte ihr, sie solle schon mal zum Eiersuchen nach draußen gehen. Sie selbst würde in einer Minute ebenfalls draußen sein.

Miranda nahm das Eierkörbchen auf und machte sich freudig auf den Weg. Sie liebte es, wenn sie wichtige Aufgaben zugewiesen bekam. Und Eiersammeln war sehr wichtig und sehr schwierig. Erst musste man die Eier finden, und dann musste man aufpassen, dass sie einem nicht kaputt gingen. Sie konzentrierte sich ganz auf die Arbeit und hatte für nichts anderes Augen.

Der Hühnerstall war an der Außenseite der Scheune und man konnte von der Küche hinübersehen. Alexandra räumte schnell das Geschirr in den Spüler, und griff schon nach ihrer Jacke, als sie im Augenwinkel eine Bewegung wahrnahm. Sie blickte durchs Fenster und suchte die Gegend um den Hühnerstall ab. Der Obstgarten lag gleich daneben. In einem der Bäume war eine Menge Bewegung.

Plötzlich krachte ein Ast und Miranda schaute ebenfalls zu den Bäumen hinüber. Sie erstarrte.

In der selben Sekunde erstarrte auch Alexandra in der Küche. Unter dem Apfelbaum stand ein großer Schwarzbär!

Der Bär war nur zwanzig Meter von Miranda entfernt! Eine klare Stimme in ihrem Kopf übernahm das Kommando: *Wenn du in Panik gerätst, kann es das Kind das Leben kosten!* Maggies Worte fielen ihr ein: *So lange der Bär uns in Ruhe lässt, lassen wir ihn auch in Ruhe. Wird er uns gefährlich, dann wird er entfernt.*

Alexandra versuchte die Lage abzuschätzen. Bestand die Wahrscheinlichkeit, dass der Bär Miranda unbehelligt ins Haus zurückkehren ließ und sie warten konnten, bis er verschwand?

Oder würde er auf Miranda aufmerksam werden? Und was würde seine Reaktion sein? Würde er davonlaufen? Würde er angreifen? Sollte sie Lärm machen, um ihn zu verscheuchen? Alexandra war hin- und hergerissen.

Da richtete sich der Bär ruckartig auf, ließ ein ärgerliches Brummen hören und fing an mit den Vordertatzen durch die Luft zu schlagen! Er blickte jetzt in Mirandas Richtung. Irgendetwas musste seine Aufmerksamkeit geweckt haben! Vielleicht hatte auch der Wind gedreht, und er hatte das Mädchen gewittert.

Alexandra wusste, das Gewehr war gleich hinter der Tür. Ein paar Patronen hatte Dick immer in der obersten Schublade in der Kommode liegen. Für Notfälle. Dick hatte ihr gleich zu Anfang erklärt, wie das Gewehr – eine Winchester Kaliber 30/30 Leveraction – zu handhaben war. Er hatte sowohl Alexandra als auch die Jungen an einem Samstagnachmittag mit auf den Schießstand genommen. Die Jungen hatten schon Erfahrung mit Schusswaffen, denn Dick hatte es für selbstverständlich gehalten, dass die Kinder so früh wie möglich den sicheren Umgang mit einem Gewehr erlernten. Er hatte der verblüfften Alexandra erklärt, dass er es für viel unsicherer hielt, wenn die Jungen nie mit dem Gewehr umgehen dürften. Der Reiz des Verbotenen würde irgendwann die Überhand gewinnen und dann vielleicht in einem Unfall enden, weil die Jungen nicht wüssten, wie man sicher und verantwortungsvoll mit Schusswaffen umgeht. Nun konnte Dick sich darauf verlassen, dass Tim, Eric und Lee wussten, wie sie sich mit Schusswaffen verhalten mussten. Und weil die Waffen nun nichts Verbotenes an sich hatten, sondern ein wichtiges Instrument auf der Farm darstellten, genau wie zum Beispiel der Traktor, war alles Exotische am Schießen und an Gewehren verschwunden und die Familie Preston behandelte sie als Normalitäten. Alexandra hatte erst etwas gezögert, als Dick ihr das Schießen und den Umgang mit dem Gewehr hatte zeigen wollen. Sie hatte jedoch schnell eingesehen, dass das Leben auf *Pine Tree* inmitten der

Wildnis anders war, als das Leben in einer Großstadt. Und da Dick sich hier auskannte und Alexandra nicht, hatte sie es für besser gehalten, seinem und Maggies Rat zu folgen.

Jetzt war sie froh darüber! Allerdings konnte Alexandra sich noch sehr genau an den ohrenbetäubenden Lärm erinnern, den das Abfeuern des Gewehres verursacht hatte und an den blauen Fleck an ihrer Schulter, der durch den Rückschlag des Gewehres entstanden war. Nur widerwillig hatte Alexandra einen zweiten Schuss abgegeben und dabei festgestellt, dass Hollywood in den Actionfilmen nicht sehr realitätsgetreu ist: Denn nach ihren Erfahrungen müssten alle Helden und Schurken taub und mit blauen Flecken übersät sein!

Alexandra ergriff Gewehr und Munition und stürmte vor die Tür. Sie schrie den Bären an, bemerkte aber sofort, dass es keinen Zweck hatte. Der Bär war auf Miranda fixiert. Er hatte sich auf alle Viere heruntergelassen, vom Apfelbaum abgewendet und sich in Richtung des Kindes gedreht. Alexandra lud das Gewehr mit drei Patronen. Mehr Zeit hatte sie nicht. Sie erledigte die nötigen Bewegungen um das Gewehr zu laden so bewusst, dass sie tatsächlich nicht zitterte! Dann gab sie einen Warnschuss ab. Der Knall hallte durch die Morgenstille. Der Schuss schlug etwas vor dem Bären ins Gras, doch dieser rührte sich nicht. Alexandras Verblüffung hielt nur eine Sekunde lang an. Wilde Tiere sollten doch Angst vor Gewehren haben! Der Bär brummte nun ärgerlich und machte einen Schritt in Alexandras Richtung. „Verschwinde von hier!“ schrie sie erneut. Doch der Bär kam näher.

Alexandra holte tief Luft. Sie hatte keine andere Wahl. Der Bär würde nicht einfach durch Lärmmachen verschwinden und Miranda konnte nicht ins Haus zurück fliegen.

Es schoss Alexandra durch den Kopf, dass sie komischerweise kein Ohrensausen von dem Warnschuss bekommen hatte und dass auch ihre Schulter nicht weh tat. Dann verdrängte sie diesen absurden Gedanken und ermahnte sich zu äußerster Ruhe und Konzentration. Sie hatte vielleicht nur noch diese eine Chance! Alexandra hob das Gewehr, legte an und zielte. Sie atmete aus, wie Dick es ihr gezeigt hatte, und feuerte. Sie traf den Bären! Alex hatte etwas hinter die Vorderbeine gezielt, wo sich laut Dick Herz und Lunge befanden, und sie hoffte, dass sie den Bären auch dort getroffen hatte. Nicht auszudenken, wie das Tier reagieren würde, wenn es nur ein Streifschuss war! Der Bär gab ein lautes Gebrüll von sich. Alexandra stockte der Atem. Der Bär machte ein paar Schritte und dann sogar eine Art Sprung – Alex blieb fast das Herz stehen! Das Tier brüllte, es schnitt Alexandra ins Herz, doch was hätte sie tun sollen?

Gerade überlegte sie, ob sie einen zweiten Schuss abgeben sollte, um den Bären von seiner Qual zu erlösen, als sie erleichtert feststellte, dass der Bär zu Boden glitt und das Gebrüll verstummte.

Alexandra ließ das Gewehr fast zu Boden gleiten, so erschrocken war sie über ihre Tat. Doch dann besann sie sich, dass noch eine Patrone in Lauf war. Sie rannte also, das Gewehr in der Hand, zu Miranda hinüber, nahm das Kind auf den Arm und rannte mit ihr zurück ins Haus.

Alexandra schlug die Haustür zu. Miranda fing an zu weinen und zitterte am ganzen Körper. Alexandra ging es nicht viel besser. Alles war so schnell gegangen, aber für sie zählte nur eins: Miranda war sicher bei ihr im Haus und der Bär war draußen auf dem Rasen – tot!

Ein Wagen fuhr vor und ließ Alexandra aufschrecken. Wer mochte das sein? Sie blickte durch das Fenster in der Tür und erspähte ein Ehepaar Ende fünfzig. Sie hoffte inständig, dass dies Sams Eltern waren und öffnete die Tür.

*

"Sam? Hier ist Dad! Tut mit leid, dass ich dich bei der Arbeit störe, aber ich glaube, du kommst besser mal vorbei. Wir sind auf *Pine Tree.* – Was? – Nein, alles ist in Ordnung mit den beiden.“ Dann wandte sich Paul Reed an Alexandra: „Sam ist unterwegs, Alex.“ Diese nickte nur. Sie hatte Miranda auf dem Sofa hingelegt, die Kleine schlief. Sie selbst saß jetzt am Küchentisch, wo sie gerade mit dem Worten: „Danke, aber ich trinke nicht!“ den gutgemeinten Schnaps ablehnte, den Sams Mutter Rene ihr anbot. Diese zuckte mit den Achseln und meinte: „Ich auch nicht, aber ich glaube, ich vertrage jetzt ein Glas!“

Sams Eltern waren Alexandra sympathisch. Sie taten alles, um Ruhe in die Situation zu bringen und sowohl Miranda als auch Alexandra zu besänftigen.

Sams Vater war hochgewachsen und hatte die gleiche sportliche Figur wie sein Sohn. Seine vormals schwarzen Haare waren stark ergraut und kurzgeschnitten und sein Gesicht ließ seine indianische Herkunft klar erkennen. Er war offen und freundlich, redete aber nicht viel.

Seiner Frau sah man ihr Alter kaum an. Ihr Haar war dunkelbraun und kinnlang, ihre Figur immer noch schlank und ihr rundliches Gesicht fast faltenfrei. Sie war leger gekleidet in Jeans, Pulli und Turnschuhen und erheblich kleiner als ihr Mann. Alexandra mochte beide und sollte sie gleich mit Vornamen ansprechen. An diese Sitte hatte sie sich mittlerweile gewöhnt und so fiel es ihr einigermaßen leicht.

Paul Reed hatte das Gewehr entladen und war nun draußen, um den Bären genauer zu untersuchen. Rene blieb mit Alexandra in der Küche. Diese hatte den beiden den Vorfall immer wieder und wieder berichten müssen. Ehepaar Reed wollte alle Einzelheiten wissen und war sprachlos. Alexandra hatte es bis hierher geschafft, ihre Haltung zu bewahren, und sie hoffte, dass dies auch so bleiben würde. Denn entgegen ihrer früheren Annahme, sausten ihre Ohren jetzt bedenklich stark und ihre Schulter schmerzte entsetzlich von dem Rückschlag des Gewehres. Das ganze Geschehnis kam ihr so unwirklich vor. Es war, als sei es nicht ihr selbst passiert, sondern als hätte sie es in einem Film gesehen. Sie hatte ein Tier getötet. Ihr Kopf war leer und sie kämpfte mit Schwindelgefühlen. Insgeheim fragte sie sich, ob auf dieser Ranch auch mal wieder ruhige und normale Stunden einkehren würden.

Sams Wagen fuhr vor und Alexandra hörte die beiden Männer draußen auf der Veranda sprechen. Paul sagte etwas von *glatter Lungendurchschuss* und *ganz allein*. Dann kamen Vater und Sohn in die Küche. Man sah ihnen an, dass sie ein gutes Verhältnis zueinander hatten. Es herrschte eine freundschaftliche Atmosphäre zwischen ihnen. Alexandra bemerkte, als die zwei nebeneinander standen, wie viel Sam von seinem Vater geerbt hatte. Sam begrüßte seine Mutter und gab ihr einen Kuss auf die Wange. Dann wandte er sich an Alexandra: „Hey, Alex!“ Wieder dieses Grinsen! „Hättest du deine Schießübungen nicht mit einer etwas kleineren Ausführung machen können? Jetzt muss ich mich da draußen um fünfhundert Pfund kümmern!“

Alexandra zischte etwas von: „… Verdammter Idiot …“schlug die Hände vors Gesicht und brach in Tränen aus.

Rene empörte sich: „Sieh nur, was du angestellt hast, Sam!“ Aber da stand Sam schon neben Alex, zog sie vom Stuhl hoch und schloss sie in seine Arme. Sie hielt sich an ihm fest und versuchte ihre Tränen zu kontrollieren. Es war so viel Angst, so viel Anspannung in ihr aufgestaut, und Sams dummer Spruch hatte ihr den Rest gegeben.

Sam drückte sie an sich und streichelte ihr sanft übers Haar. Es war weich wie Seide und schimmerte wie goldener Weizen. Und es duftete so gut! Es duftete nach Alexandra und Sam prägte sich diesen Duft ein. Für einen Augenblick vergaß er, dass seine Eltern mit ihnen in der Küche standen. Er sprach beruhigend auf Alexandra ein: „Vater hat mir alles erzählt. Bin sehr stolz auf dich!“ Dann strich er ihr über den Rücken und hauchte ihr einen flüchtigen Kuss auf die Stirn. Sie nahm Abstand zu ihm und wischte sich mit dem Handrücken die Tränen fort. Sam strich ihr eine Haarsträne aus dem Gesicht und drückte ihre Hand. „Wo ist Miranda?“ wollte er dann wissen.

Alexandra deutete mit dem Kopf in Richtung Couch. Sie war mit einem Mal so unendlich müde, so erschöpft. Sam folgte ihrer Kopfbewegung und nickte. Dann sagte er leise: „Hör zu, warum legst du dich nicht auch etwas hin? Ich kann eine Weile hier bleiben falls Miranda aufwacht.“ Alex stimmte zu und Sam brachte sie in das kleine Gästezimmer und breitete eine Decke über sie. „Ruh dich aus!“ befahl er beim Hinausgehen.

In der Küche wechselten Paul und Rene überraschte Blicke. Sam hatte immer eine Frauengeschichte laufen. Aber keine davon war bisher ernst zu nehmen gewesen. Das ging so weit, dass Rene sich ernstliche Sorgen um Sams Privatleben machte. Aber dieser ließ sich nie auf Diskussionen ein. Das hatte er von seinem Vater geerbt. Er hatte auf jeden Fall nie erwähnt, dass er irgendeine Verbindung mit Alexandra hatte. Nicht, dass sie etwas dagegen haben würden, Alexandra war so ein nettes Mädchen. Aber sie waren doch überrascht zu sehen, wie vertraut die beiden zu sein schienen. Und nicht nur das. Es war so eine Zärtlichkeit von Sam ausgegangen, als er die junge Frau in den Armen hielt, wie er es noch nie zuvor für ein Mädchen gezeigt hatte. Rene runzelte vielsagend die Stirn.

Sam hielt inne, nachdem er die Tür des Gästezimmers zugezogen hatte. Er fühlte sich gut. Er fühlte jede Faser seines Körpers. Und er war so stolz auf Alex! Sie war wirklich etwas Besonderes! Dann dachte Sam an den Moment, in dem er sie in seinen Armen gehalten hatte, als ihm plötzlich die Eltern einfielen. Sein Rücken spannte sich wie ein Bogen. An die Eltern hatte er gar nicht mehr gedacht. Er hatte nur Augen für Alex gehabt. – Und wenn schon! Es war nichts, absolut nichts zwischen ihm und Alexandra Habicht! Fast ärgerlich ging er in die Küche zurück.

*

Alexandra erwachte und schaute auf die Uhr. Es war schon nach zwölf Uhr Mittag! Die Ereignisse des Vormittags kamen ihr wieder ins Gedächtnis und sie erschauderte nachträglich! Etwas hatte sich in ihr verändert. Zum ersten Mal war sie mit dem universellen Gesetz von Geben und Nehmen auf der Schattenseite in Berührung gekommen. Alexandra hatte den Bären in den Tod schicken müssen um das Leben von Miranda und ihr eigenes zu bewahren. Es war ihr, als sei eine Seite im Buch ihres Lebens umgeschlagen worden. Und noch etwas spürte Alexandra deutlich. Deutschland war wieder einen Schritt weiter von ihr gewichen. Und sie erinnerte sich an Sams schützende Arme und die Worte, die er ihr zugeflüstert hatte, um sie zu beruhigen. Eine wohlige Wärme breitete sich in ihr aus, die sie bis in die Zehenspitzen ausfüllte.

Sam! Mit einem Satz war Alexandra aus dem Bett. Er saß in der Küche und wartete auf sie! Er musste doch zurück zur Arbeit. Sie musste sich um Miranda kümmern! Alexandra strich sich das Haar glatt und verließ das Gästezimmer.

Miranda erblickte sie zuerst: „Alex, willst du nicht auch ein Hot Dog? Sam hat einen für mich gemacht mit ganz viel Ketchup!“ Die Kleine lächelte zufrieden.

„Nein, danke, Miranda“, erwiderte Alex. „Vielleicht später.“ Sie setzte sich ebenfalls an den Küchentisch. Dann wandte sie sich an Sam: „Vielen Dank für deine Hilfe. Du scheinst immer im richtigen Moment die richtigen Worte zu finden.“

„Hast du gut schlafen können?“ „Ich weiß nicht genau“, erwiderte Alexandra wahrheitsgemäß. „Ich fühle mich irgendwie so anders – dumm, nicht?“ Sie zuckte mit den Schultern.

„Gar nicht dumm“, meinte Sam daraufhin. „Ganz natürlich.“ Doch dann kam wieder sein altes Selbst zum Vorschein und er fragte grinsend: „Was hast du eigentlich in Hamburg bei der Behörde gemacht? Ich dachte, es sei ein harmloser Bürojob gewesen! Jetzt denke ich, du hast mir vielleicht nicht die ganze Wahrheit erzählt.“ Sam zog sie auf!

Alexandra sah ihn verdutzt an, hatte sie doch einen ganz

anderen Sam in Erinnerung, und sagte daher nur langsam: „Ich war beim Standesamt tätig." „Beim Standesamt?" prustete Sam los. „Haben sie euch da Gewehre gegeben?" „Sam, las die dummen Witze! Natürlich nicht!"

„Okay, okay, schon gut", meinte Sam beschwichtigend. „Was hast du nun mit dem Bären vor?" „Vorhaben? Ich habe gar nichts mit ihm vor, das kannst du mir glauben", erwiderte Alex.

„Wenn es dir recht ist, dann nehme ich ihn mit", meinte Sam. „Meine Großmutter liebt Bärenfett zum Backen", fügte er hinzu.

„Nimm ihn bloß!" rief Alex mit einer auffordernden Handbewegung.

Sam lachte: „Was ist mit dem Fell? Du hast den Bären geschossen. Möchtest du es als Erinnerungsstück haben oder unverwüstlichen Wintermantel?" „Nimm alles", winkte Alexandra ab. „Den ganzen Kerl mit all seinen Teilen! Und wenn du irgendwo Blut finden solltest, dann tu mir bitte den Gefallen und versuche es mit dem Gartenschlauch zu entfernen. Sonst kann ich nie wieder rausgehen!" Sam schmunzelte und ging hinaus, um sich um den Bären zu kümmern, bevor er anderes Getier anlockte. Zum hundersten Male fragte Alexandra sich, warum sie Sam fortwährend zum Lachen brachte. Sie hatte es wirklich bitterernst gemeint!

Miranda stand auf einem Stuhl am Küchenfenster und beobachtete wie Sam auf den Hof hinausging. Ihr Blick wanderte zu dem toten Bären. Ein Rabe saß auf seinem Rücken und schaute Sam entgegen. Auch Sam sah nun den Vogel. Grüßend hob er seine Hand. Der Rabe krächzte einmal laut auf und flog dann davon.

Miranda wandte sich jetzt an Alexandra: „Ich will auch raus! Ich will sehen, wie Sam den Bären auflädt!" Alexandra erwiderte nur matt, dass Miranda gerne rausgehen könne, wenn sie Spaß an toten Tieren fände und das Mädchen eilte hinaus in den Hof.

7. Kapitel

Natürlich war das Thema damit nicht erledigt. Sobald die Jungen aus der Schule kame, erzählte Miranda ihnen die ganze Geschichte. Die Jungen waren begeistert von soviel Action und jammerten immer wieder, dass sie das tollste Ereignis des Jahres verpasst hatten, nur wegen der blöden Schule. So etwas würde bestimmt so schnell nicht noch einmal passieren.

„Wenn ich zum Eiersammeln gehe würde, vielleicht kommt dann ja noch ein Bär", meinte Lee. Das war zu viel für Alexandra. Sie bugsierte die gesamte Mannschaft vor den Fernseher und verschaffte sich so ein paar ruhige Minuten. Das war zwar keine lobenswerte Methode, aber erfüllte in diesem Notfall genau den richtigen Zweck: die Kinder vergaßen über *Flipper* die Geschichte mit dem Bären und Alexandras Kopf hörte auf zu hämmern.

Am nächsten Morgen rief Maggie an. Natürlich wusste auch sie schon von dem Vorfall. Sowohl Sam als auch ihr Onkel und die Tante waren im Krankenhaus angehalten und hatten ihre Version zum besten gegeben. Dick hatte einen herzhaften Lachanfall zurückhalten müssen, weil sein Brustkorb so schmerzte.

„Genau, was Dick gebraucht hat", erzählte Maggie. „Bei der Geschichte ist sein Humor wieder zum Vorschein gekommen. Vorher hat er andauernd geflucht und es war keine große Freude an seinem Bett zu sitzen und sich das anzuhören. Jetzt geht es viel besser. Wann immer Dick in Trübsal verfällt, erinnere ich ihn an den Bären und an dich. Er sagt auch vielen Dank, dass du Miranda gerettet hast", fügte sie abschießend hinzu. „Ich danke dir natürlich auch!"

Alexandra überlegte gerade noch, was wohl so amüsant an der Sache gewesen sein mochte, als Maggie hinzufügte: „Hast die Situation gut gemeistert, Alex. Mach dir keine Vorwürfe." Dann wechselte sie das Thema: „Meine Eltern sind schon vorzeitig zurück. Ich konnte sie über ihr Handy erreichen. Sie kommen am Nachmittag und holen die Kinder ab. Dann hast du den Abend für dich. – Was? – Okay, dann wenigstens die beiden Großen. Und in zwei Tagen sind wir ja auch wieder da. Ich muss jetzt gehen. Also, bis bald und vielen Dank, Alex."
„Danke mir lieber erst, wenn du deine Kinder und dein Haus sicher wieder in Händen hast", entgegnete Alexandra scherzhaft. Langsam konnte sie über die ganze Sache auch lachen.

*

Maggies Eltern, Whitney und Bruce, kamen wie verabredet am späten Nachmittag und nahmen Tim und Eric für die Nacht mit zu sich. Sam schaute etwas später vorbei, um die Tiere zu versorgen und nach dem Rechten zu sehen. Er gab sich kühl, fast ablehnend und Alexandra reagierte gereizt. Sie war froh, als Sam sich auf den Heimweg machte.

Als Alexandra später die Kinder ins Bett bringen wollte, fing Lee an zu jammern, er wolle den Vater und die Mutter im Krankenhaus besuchen oder zumindest auch zu den Großeltern. Zu Hause sei es nicht zum Aushalten.

„Als wir dich gefragt haben, wolltest du unbedingt hier bleiben", meinte Alexandra etwas barsch. „Und mit dem Krankenhaus – ich habe dir schon oft genug erklärt, dass wir nicht auf Besuch kommen sollen. Deine Mutter hat es dir am Telefon auch gesagt. Nun leg dich hin und schlafe. In zwei Tagen sind sie ja wieder da, und Tim und Eric kommen morgen schon zurück." Damit knipste Alexandra das Licht aus und verließ das Zimmer. Sie hörte Lee leise etwas vor sich hin brummen und sofort taten ihr die scharfen Worte leid. Lee war noch so klein. Es musste schrecklich sein für ihn, diese Ungewissheit, ob der Vater wirklich wieder gesund werden würde.Alexandra setzte sich aufs Sofa um zu lesen, aber sie konnte sich nicht konzentrieren. Was war nur mit ihr los?

Eine kleine Hand rüttelte sie wach. Es war Miranda. Sie stand in ihrem Nachthemd vor Alexandra, den Teddy in der Hand. Alexandra schaute sich um. Sie musste auf dem Sofa eingeschlafen sein! Draußen wurde es schon hell.

„Alex!" Miranda zog an Alexandras Ärmel. „Lee ist nicht in seinem Bett!"

Alexandra fuhr hoch. „Bist du sicher?" fragte sie. Das Mädchen nickte. Alexandra lief ins Kinderzimmer und suchte es ab. Nichts. Sie lief durch die anderen Zimmer im Haus und schaute in die Schränke. Kein Lee! Ihre Augen füllten sich mit Tränen. Warum war sie nur so grob zu ihm gewesen? Sie rannte in den Keller, das Gästehaus und den Stall. Keine Spur von dem Jungen. Alexandra nahm ihre Jacke von der Garderobe. Lee musste sich auf den Weg ins Krankenhaus gemacht haben. Wie hatte sie nur so tief schlafen können, dass sie die Tür nicht gehört hatte? Nie wieder würde sie sich so schnell bereit erklären auf anderer Leute Kinder aufzupassen! Sie hatte noch nicht einmal ein Auto!

Alexandra wies Miranda an, die Tür hinter ihr zu verriegeln und sich nicht zu rühren. Sie selbst wollte in der näheren Umgebung nach Lee suchen. Es war gerade erst hell geworden. Der Junge war bestimmt nicht im Dunkeln aufgebrochen. Sie schrieb Miranda Sams Telefonnummer auf und sagte ihr, sie solle ihn anrufen, wenn sie selbst nicht in einer halben Stunde zurück war. Sie zeigte ihr die Uhr und sagte: „Wenn der Zeiger dort steht!" Dann stürmte sie aus der Tür.

Draußen fing es wieder an zu regnen. Es war kalt und der Regen mischte sich mit Schnee. Alexandra lief ein gutes Stück die Straße hinunter in Richtung Hauptstraße und geriet außer Atem. Sie konnte niemanden auf der Straße entdecken. So weit konnte Lee doch nicht gekommen sein? Alexandra lief in gemäßigtem Tempo weiter, während ihr der Kopf schwirrte.

Sie fühlte sich nicht wohl, weil sie die kleine Miranda allein im Hause zurückgelassen hatte. Auf der anderen Seite war das Mädchen immerhin besser allein im Haus aufgehoben, als der achtjährige Lee allein hier draußen in der Kälte – und mit allen möglichen wilden Tieren! Sie musste ihn einfach finden! Und sie musste ihn allein finden. Schließlich war es ihre Schuld, dass er im Morgengrauen auf sich allein gestellt hier draußen herumschwirrte. Maggie hatte ihr die Kinder anvertraut, und was hatte sie getan? Erst hatte sie Miranda allein in den Hof geschickt und sie so in Lebensgefahr gebracht. Und nun hatte sie aus einer Laune heraus Dinge zu dem kleinen Lee gesagt, die für ihn einfach nicht zu verkraften gewesen waren.

Alexandra hielt erneut inne. Die Straße war immer noch einsam und verlassen. Was, wenn der Junge nun in den Wald gelaufen war, um den Weg in die Stadt abzukürzen? Nein, dachte sie dann. Lee wusste, was für Gefahren dort lauern konnten. Aber was, wenn der Junge aus Verzweifelung nun einfach nicht nachgedacht hatte?

Alexandras Herz pochte, als sie in die Dunkelheit des Waldes blickte. Auch sie wusste, was sie dort erwartete. Ein flaues Gefühl machte sich in ihrer Magengrube breit. Verflixt! Konnte nicht zur Abwechslung mal etwas glatt laufen? Aber Alexandra wusste, dass ihr nichts anderes übrig blieb, als im Wald nach dem Kind zu suchen. Wo sonst könnte er sein? Wenn einer der Nachbarn ihn auf der Straße gesehen hätten, dann hätten sie ihn bestimmt nach Hause gebracht.

Sie nahm all ihren Mut zusammen und betrat das Halbdunkel des Waldes.

*

Elaine gähnte und blickte aus dem Fenster ihres Schlafzimmers. Ihre Eltern schliefen noch. Alles war still. Warum konnte ausgerechnet sie nicht wieder einschlafen?

Ihre Gedanken kreisten und endeten alle an einem Punkt:

Samuel Reed. Sie musste ihn haben! Er war der beste Fang in der gesamten Umgebung und ihr Ansehen würde durch eine Verbindung zu ihm erheblich gewinnen. Seit Jahren arbeitete sie daran. Jetzt aber war etwas anderes dazu gekommen: Sie musste sich beweisen, dass sie die blonde Neuerscheinung im Kampf um Sams Gunst ausstechen konnte. Ihr Ego verlangte danach. Bisher hatte sie alles bekommen, wonach ihr der Kopf stand. Die Eltern waren lieb, aber sie verstanden die Gesetze des Lebens nicht. Was man wollte, das musste man sich nehmen. Mit allen Mitteln. Sonst wartete man vergebens! Die Eltern hatten für ihren Wohlstand geschuftet und Glück gehabt. Aber Elaine stand der Sinn nicht nach Arbeit. Sie wollte das Leben genießen, war es doch so kurz!

Irgendetwas musste ihr einfallen, um Sam auf ihre Seite zu bringen. Was könnte das sein? Er schien sich nicht für Geld zu interessieren, so einfach war es also nicht! Wenn sie ihn nun dazu bringen könnte … in einer schwachen Stunde … sie ließ ihre Hände durch die Haare gleiten und lächelte verträumt. Sie begehrte ihn! Bald würde er ihr gehören, wenn auch nur für eine kurze Zeit.

Plötzlich nahm sie eine Bewegung am Waldrand wahr. Elaine sah genauer hin und traute ihren Augen nicht. Es gab in der Gegend nur eine Person mit solch einem auffälligen, weizenblonden Haar: Alexandra Habicht! Was, um alles in der Welt, hatte sie bei Morgengrauen im eisigen Regen im Wald zu suchen?

Dann zuckte Elaine mit den Schultern und kehrte in ihr Bett zurück. Würde ein Puma Alex zum Frühstück verzehren, um so besser für sie selbst.

*

Sam wollte sich gerade auf den Weg ins Cafe zum Frühstücken machen, als das Telefon klingelte. Er antwortete und hörte am anderen Ende eine dünne Stimme schluchzen: „Alex hat gesagt, ich solle dich anrufen, wenn sie nicht in einer halben Stunde von der Suche nach Lee zurück ist. Sie ist nicht zurück!"

„Miranda, bist du das? – Was ist los? Wo ist Lee?" „Ich bin hier!" schrie eine andere Stimme aus dem Hintergrund. Es war tatsächlich Lee!

„Lee, wieso sucht Alex draußen nach dir, wenn du im Haus bist?" Sam schwirrte der Kopf.

„Ich wollte in der Nacht nicht allein schlafen. Außerdem war Alex gestern Abend sehr streng mit mir und ich wollte mich entschuldigen. Deshalb bin ich in ihr Zimmer geschlichen, aber ihr Bett war leer. Da hab ich mich eingekuschelt und mir gesagt, dass ich einfach auf sie warte. Ich bin eben erst aufgewacht!"

Was für eine verrückte Geschichte war das nun schon wieder? Warum machte Alex bloß immer solche Sachen?

„Hat Alex nicht im Haus nach dir gesucht?" fragte er matt.

„Miranda sagt, sie hätten überall gesucht, sogar im Keller und im Stall. Bloß nicht im Gästezimmer! Und ich hab so fest geschlafen, weil ich so müde gewesen bin. Ich konnte gestern Abend ganz lange nicht einschlafen!"

Miranda ergriff wieder der Hörer und piepste: „Ich habe ihr gesagt, dass Lee verschwunden ist. Ich glaube, es ist alles meine Schuld."

Sam seufzte. Frauen waren doch alle gleich! Sogar, wenn sie erst vier Jahre alt waren.

„Ich sage den Großeltern Bescheid, dass sie zu euch fahren. Ihr rührt euch nicht vom Fleck! Ich mache mich sofort auf den Weg. Wie lange ist Alex schon unterwegs?" „Bestimmt eine dreiviertel Stunde", meinte Lee.

Sam hatte seinem Onkel und der Tante Bescheid gegeben. Whitney wollte mit den Jungen zu Hause bleiben, damit sie rechtzeitig zur Schule kamen. Aber Bruce meinte, er wolle sogleich losfahren um bei den jüngeren Kindern auf *Pine Tree* zu bleiben. Sofort nach dem Telefongespräch war Sam aus dem Haus gestürzt und ins Auto gesprungen. Auf dem Weg fragte er sich, ob er jemals wieder einen normalen Arbeitstag erleben würde, solange Alexandra sich auf *Pine Tree* aufhielt!

Unterwegs hielt er beim Krankenhaus an, aber dort war sie nicht angekommen. Dann fuhr er den Weg vom Krankenhaus nach *Pine Tree* ab, konnte sie jedoch nirgendwo entdecken. Auf *Pine Tree* hatte man sie ebenfalls nicht gesehen. Sam wurde nervös. Die Zeit wurde knapp! Wenn sie nirgendwo auf der Straße zu sehen war, dann war sie womöglich in den Wald gelaufen, um dort nach dem Jungen zu suchen. Wir töricht! Wie konnte sie nur annehmen, dass Lee, der hier aufgewachsen war, auf die Idee kommen würde, allein im Wald herumzuspazieren?

Natürlich! dachte Sam. So musste es gewesen sein. Alex war jetzt irgendwo im Wald! Und sie war nach Kanada gekommen, um die Angst in ihrem Leben zu bezwingen? Wie wär's mit Unüberlegtheit oder Leichtsinn? Angst hatte sie anscheinend keine!

Sam saß in seinem Wagen und fuhr langsam die Straße entlang. Wo könnte sie in den Wald abgebogen sein? Wo? Sam bremste scharf. In einem niedrigen Gebüsch am Wegesrand hing etwas Rotes! Alexandras Haarband! Sam parkte den Wagen und griff nach seiner Pistole im Handschuhfach und einer alten Decke vom Rücksitz. Er würde es hier probieren.

Alexandra bemerkte recht bald, dass sie nicht wusste, wo sie war. Der Regen war unter den Bäumen nicht ganz so heftig, aber es war bitterkalt. Es war auch nicht viel heller geworden, denn die Bäume hielten das meiste grau-fahle Licht davon ab, bis auf den Waldboden vorzudringen. Alexandra zitterte. Sie war überstürzt aus dem Haus gelaufen, ohne das richtige Schuhzeug, ohne Regenjacke und Mütze. Dafür bezahlte sie jetzt. Ihre Füße waren nass und kalt, das Haar klebte ihr am Kopf und ihre graue Steppjacke sog das Wasser auf wie ein Schwamm und war einfach nicht für solches Wetter geeignet.

Alexandra blickte auf die Uhr. Vor einer Stunde war sie aufgebrochen. Vielleicht war Sam schon auf *Pine Tree* und würde nach Lee und ihr suchen. Aber wie sollte er sie finden? Alexandra überlegte angestrengt. Die Straße musste doch hier irgendwo sein! Sie war jenseits der Carson Ranch in den Wald eingebogen und die Hauptstraße zur Stadt verlief im rechten Winkel zur Straße, die nach Pine Tree führte. Sie hatte den Weg abkürzen wollen und war im fünfundvierzig Grad Winkel von der Straße in den Wald losmarschiert. Irgendwo hier musste sie auf die Hauptstraße treffen! Das Waldstück war ihrer Meinung nach nicht sehr groß. Zugegeben, sie hatte sich nicht viel auf den Weg konzentriert. Sie war zu sehr damit beschäftigt gewesen, nach einem Anzeichen von Lee Ausschau zu halten und die ungewohnten, angsteinflößenden Geräusche zu verdrängen, die aus dem Unterholz an ihr Ohr drangen.

Alexandra hielt an und sah sich um. Hier schien es überall gleich auszusehen! Sie entschied sich, es weiter links zu probieren. Vielleicht hatte sie Glück.

Aber mit jedem Schritt wurde sie verzweifelter, energieloser und müder. Sie fror jetzt bis auf die Knochen. Irgendwo hörte sie ein Tier schreien, sie wusste nicht, was es war. Vielleicht ein Puma. Sie wusste so wenig von diesem Land und im Augenblick umgaben sie zu viele Vielleichts. Und wo – um alles in der Welt – war der kleine Lee?

Der Wald war so schön, so abenteuerlich gewesen, als sie zusammen mit ihren Freunden hindurchgeritten und ihn an der Seite von Sam durchwandert hatte. Jetzt fühlte Alexandra sich mit jeder Minute mehr bedroht. Tränen stiegen ihr in die Augen. Es war die Natur, von der sie sich bedroht fühlte. Aber in Wirklichkeit, das wurde ihr mit einem Male klar, war die Natur einfach nur fair. Sie richtete sich nicht gegen Alexandra. Alexandra wusste nur nicht ihren Gesetzen zu folgen. Würde sie Wald und Tiere kennen, dann müsste sie sich nicht bedroht fühlen!

Aber was half ihr das jetzt? Zitternd ließ sie sich an einem großen Felsbrocken zur Erde nieder gleiten und verbarg den

Kopf in den Armen. Warum nur hatte sie die Großstadt jemals verlassen? Sie brauchte Hilfe. Lee brauchte Hilfe! Alexandra betete, dass jemand zu ihrer Rettung kam …

Es vergingen nur wenige Minuten bis Alexandra ein Geräusch vernahm. Sie horchte auf. Das Geräusch erklang wieder und wieder und endlich blickte Alexandra zu den Baumwipfeln hinauf. Wenige Schritte von ihr entfernt saß ein großer Rabe in den mächtigen Zweigen einer Fichte. Er schien Alexandra geradewegs anzusehen und stieß unentwegt Krächzlaute aus. Alexandra starrte zurück. Sie war verwirrt. Es war, als wolle der Vogel etwas von ihr. Plötzlich kamen Worte aus ihrem Mund, bei denen Alexandra sich nicht sicher war, warum sie sie sprach – oder überhaupt dachte: „Kannst du mir helfen?“ fragte sie den Raben laut. Der Vogel blickte sie an, legte den Kopf zur Seite und machte: „Krahhh!“

Alexandra lief eine Gänsehaut über den Rücken. Was war mit diesem Vogel? Warum glaubte sie, dass er ihre Worte verstand? „Würdest du mir den Weg hinaus zeigen?“ bat sie nun.

Wieder machte der Rabe: „Krahhh!“ Dann breitete er die Flügel aus und flog ein paar Bäume weiter. Dort ließ er sich erneut nieder. Alexandra hatte Schwierigkeiten zu sehen, wohin der Rabe flog. Konnte ihm dann aber doch folgen. Ihre Füße bewegten sich fast automatisch. Der Rabe flog jedes Mal ein paar Meter und wartete dann, so schien es ihr, auf sie. Alexandra fasste neuen Mut. Wenn der Rabe nun tatsächlich …

Sam blickte sich um und peilte die Richtung an, in die er gehen wollte. Er orientierte sich an Besonderheiten in der Landschaft, wie markante Felsbrocken, vom Blitz getroffene Bäume und kleine Bachläufe. Er war schon oft in diesem Teil des Waldes gewesen. Sam erinnerte sich plötzlich an ein altes Gebet, das seine Großmutter oft benutzte um *Great Spirit* in Notsituationen um Hilfe und Beistand zu bitten. Und ohne viel zu Überlegen, sprach er die Worte aus und richtete den

Kopf gen Himmel. Dann machte er sich auf den Weg. An zwei Stellen stieß er auf die Hauptstraße, konnte aber von Alexandra keine Spur entdecken. Der Regen war nicht so schlimm unter den Bäumen, aber das Untergestrüpp war in Wasser getränkt und so waren seine Hosenbeine kalt und durchnässt. Er war froh, dass er wenigstens seine warmen Winterstiefel angezogen hatte. Insgeheim belegte er Alexandra mit allerlei weniger schmeichelhaften Worten. Wo steckte sie nur? Von Minute zu Minute wurde er ärgerlicher, aber auch besorgter. Was bildete sie sich ein? Er war doch kein Babysitter und auch kein Mitglied des freiwilligen Such- und Rettungsteams! Verdammt, er hatte auch einen Job! Aber die Sorge um Alexandra war größer als sein Ärger.

Sam hörte einen Puma fauchen und blieb stehen. Wo war Alex? Sam rieb sich die Stirn. Seine Großmutter sagte ihm immer, dass er auf die Worte von *Great Spirit* hören sollte. Er schloss die Augen und bat um Führung bei der Suche nach Alexandra. Dann schlug er zum dritten Mal den Weg zur Hauptstraße ein, und plötzlich vernahm er ein leises Knacken. Sam blieb stehen und horchte. War es möglich …? Da war es wieder! Sam ging in die Richtung, aus der das Geräusch kam und sah nach wenigen Metern eine Gestalt neben einem großen Felsbrocken stehen. Es war tatsächlich Alex!

Sein Herz machte einen Satz. Sie war völlig durchnässt und sah erbärmlich aus. Er konnte sie fast aus der Entfernung zittern sehen. Aber wenigstens war ihr nichts passiert. Alex war in Ordnung! Dann grinste Sam. Sie hatte es tatsächlich geschafft sich keine zwanzig Meter von der Hauptstraße entfernt im Wald zu verlaufen.

Alexandra zitterte. Sie fühlte sich erbärmlich. Sie war dem Raben eine ganze Weile gefolgt, aber nun war das Tier plötzlich verschwunden. Alexandra sah sich suchend um. Aber sie konnte keine Spur von dem Raben entdecken. Warum hatte er sie mit einem Mal verlassen? War es nur ihre Einbildung gewesen, dass der Rabe ihr hatte helfen wollen? Fast wollte der neu gewonnene Mut sie wieder verlassen, als sie ihren Namen rufen hörte. Alexandra drehte sich um und versuchte durch das Unterholz hindurch etwas zu erspähen. Dann vernahm sie ein Knacken hinter sich und drehte sich um. Da war Sam!

Alexandra war außer sich vor Freude. Sie umarmte Sam überschwänglich und übersah sein gespielt verärgertes Gesicht: „Oh, Sam!" rief sie. „Der Rabe hat mich zu dir geführt! Danke, lieber Rabe!"

Sam sah sie verwundert an. Schließlich war er überzeugt, dass sein Gebet ihn zu Alexandra geführt hatte. „Was für ein Rabe?" fragte er vorsichtig und Alexandra erzählte ihm die Geschichte.

Dann rief sie jedoch plötzlich: „Oh, Sam, der Junge!"

„Lee geht es gut!" meinte Sam daraufhin. „Er ist zu Hause! Jetzt müssen wir nur dich schnell hier rausbringen bevor du dir den Tod holst!" Damit legte er die Decke, die er aus dem Auto mitgenommen hatte, über Alexandras Schultern und schob sie in Richtung Straße.

Alex sah ihn verwirrt an: „Aber Lee war, … er ist …" „Später", befahl Sam, „Jetzt lass uns hier verschwinden. Es ist nicht weit."

Während sie durch den Wald zurück zu Sams Pickup Truck marschierten, dachte Sam über Alexandras Rabengeschichte nach. Er schüttelte wortlos den Kopf. *Great Spirit* schien seine Hände wohlwollend über Alexandra Habicht zu halten.

Im leichten Laufschritt durchquerten sie das Waldstück und erreichten nur zehn Minuten später Sams Auto auf der anderen Seite des Waldes. Fünf Minuten darauf waren sie auf *Pine Tree.* Sam schob Alexandra durch die Tür ins Warme und rief. „Hier sind wir!" Sein Onkel und die Kinder waren sofort zur Stelle. „Mein Gott!" stieß Bruce aus und starrte die beiden an, als seien sie Gespenster. Und sie boten wirklich keinen glorreichen Anblick: Sowohl Alexandra als auch Sam waren vollkommen durchnässt, schmutzig und zitterten vor Kälte – wenn Sam es auch abstritt zu frieren. Er sagte nur: „Alex braucht ein heißes Bad und etwas Warmes zu trinken!“ Und schob Alexandra auch schon so, wie sie war, durch die Küche ins Badezimmer. Die beiden Kinder sprangen um sie herum, aber Sam befahl ihnen vor der Tür zu warten. Über die Schulter rief er zu Bruce: „Sag Whitney Bescheid. Sie wird sich Sorgen gemacht haben. Und Maggie auch!“ Dann schloss er die Badezimmertür und ließ heißes Wasser in die Wanne laufen.

„Besser, du ziehst die nassen Sachen sofort aus, Alex. Wirst nicht mehr frieren, als du es jetzt schon tust!“ Sam deutete auf Alexandras Körper, der sich, trotz heftigster Bemühungen von Alexandras Seite, gewaltig vor Kälte schüttelte.

Alexandra drehte sich zu ihm um: „Sam, ich …“ Ihre Augen sagten alles und Sam schüttelte leicht den Kopf. Er sah sie mit nachgiebigem Blick an: „Ist schon gut …“ Dann verschwand er in die Küche und ließ sie allein.

Alexandra ließ heißes Wasser zulaufen. Sie war bestimmt schon seit zwanzig Minuten in der Wanne, aber sie war an einigen Stellen immer noch kalt. Sie spürte es in ihren Knochen. Whitney war gekommen. Alexandra hörte sie mit Bruce und den Kindern in der Küche sprechen. Sie lehnte sich gerade genüsslich zurück, als es an der Tür klopfte.

„Ich bringe den Tee!“ erklang Sams Stimme.

„Du kannst jetzt nicht reinkommen“, rief Alex. „Ich sitze noch in der Wanne!“ „Das will ich hoffen“, entgegnete Sam. „Zieh den Vorhang zu!“ Alex wollte protestieren, aber da ging die Tür schon auf und Sam segelte mit einem Tablett ins Badezimmer herein.

„Warum darf Sam zu ihr rein?“ hörte sie die Kinder rufen. Wie ein Blitz zog Alexandra den Vorhang an der Wanne zu!

„Samuel Reed!“ schimpfte sie. „Du bist doch ein ungehobelter Kerl!“

„Das ist also der Dank für deine Rettung“, meinte Sam gehässig. „Und für die alleinige, sofortige Benutzung der Badewanne. Ganz zu schweigen von dem erstklassigen Tee-Service!“

"Ich möchte wetten, dass du jetzt grinst!" Alex steckte den

Kopf hinter dem Duschvorhang hervor, bedacht darauf, dass wirklich nur ihr Kopf zu sehen war. „Tatsächlich!“ sagte sie spitz. „Was bist du nur für eine Sorte Mensch …“ Sie ließ ihren Kopf wieder hinter dem Vorhang verschwinden und sagte dann: „Ich möchte dir danken, dass du nach mir gesucht hast. Und ich danke dem Raben, dass er mich an eine Stelle im Wald geführt hat, an der du mich hast finden können.“ Dann fügte sie hinzu: „Tut mir wirklich leid, dass ich dir so viele Umstände mache. Vielleicht sollte ich nächstes Mal jemand anderes um Hilfe bitten …“ „Bloß nicht!“ warf Sam ein. „Deine Abenteuer möchte ich auf keinen Fall verpassen!“ Dann fügte er scheinheilig zu: „Außerdem – jemand anderes würde eine solche Notsituation vielleicht ausnutzen wollen. Bei mir hingegen kannst du ganz sicher sein, dass …“ Alex unterbrach ihn und rief: „Verschwinde bloß, Samuel Reed! Du bist einfach unausstehlich!“

Als Sam sich nicht rührte, flog für einen Bruchteil einer Sekunde der Duschvorhang auf und Sam musste sich ducken, um einem triefenden Badeschwamm auszuweichen. Er gab sich geschlagen! Er ging zur Tür und meinte nur noch: „Ich selbst habe, ganz wie ein Gentleman, sehr luxuriös heiß im Keller geduscht und auch meine Kleidung im Trockner wiederherstellen können. Vielen Dank der Nachfrage!“ Er vernahm nur ein Brummen von der anderen Seite des Vorhangs und ließ grinsend die Tür hinter sich ins Schloss fallen. An Temperament fehlte es Alexandra nicht!

8. Kapitel

Alexandra war mit Sam und den Kindern nach Shaheylah gefahren. Es war später Nachmittag und sie wollte gerne ein paar Sachen im Supermarkt besorgen, weil Maggie und Dick morgen nach Hause kommen sollten.

Sam hatte eigene Besorgungen zu machen und nahm Tim und Eric mit ins Sportgeschäft, während Alexandra mit Lee und Miranda auf den Supermarkt zusteuerte. Sie brauchte nur ein paar Kleinigkeiten, aber selbst kleine Supermärkte waren in Kanada größer, als der durchschnittliche, vergleichbare Laden in Hamburg. Dazu hatte Alexandra noch die Kinder bei sich, die immer wieder versuchten, ihre Favoriten in den Einkaufswagen zu schmuggeln. Beide Faktoren kosteten Zeit und Nerven und erforderten äußerste Konzentration.

Die Lebensmittelgeschäfte waren üblicherweise jeden Tag von acht Uhr morgens bis acht oder neun Uhr abends geöffnet und schlossen nur an Feiertagen schon um achtzehn Uhr. So verteilte sich die Kundschaft über den gesamten Tag und es war nie sehr voll. Leute mit Kindern mussten es einfach zu schätzen wissen, dass man an der Kasse nie lange warten musste. Außerdem wurden einem alle Einkäufe eingepackt – was den größten Stress des Einkaufens beseitigte. Allerdings hatte man so keinen Einfluss auf die Menge der Plastiktüten, die von den Kassiererinnen sehr freizügig verwendet wurden.

Alexandra steuerte mit ihrem Einkaufswagen an der Gemüseabteilung vorbei, als sie Cookie James in Begleitung einer älteren Frau sah. Die Frau an Cookies Seite schien im gleichen Alter wie er zu sein. Alexandra nahm an, dass es sich um seine Ehefrau handelte. Sie war ein kleines, zartes Persönchen und sie ließ den Kopf hängen, als ob sie etwas bedrückte. Ihr Gesicht hatte einen melancholischen Ausdruck und die grauen, streng zurückgekämmten und aufgesteckten Haare trugen erheblich zu diesem Eindruck bei. Die Frau war wie Cookie sehr altmodisch und ärmlich gekleidet und die beiden gaben ein unglückliches Paar ab.

Jetzt jedenfalls kamen die beiden älteren Leute genau auf Alexandra und die Kinder zu und Alexandra bemerkte, wie die Frau zu ihnen hinüberblickte. Als Cookie kurz mit einem Ladenangestellten in einem der vielen Gänge verschwand, kam die Frau zu Alexandra herüber, die mit den Kindern in der Kühlabteilung stand.

„Sie leben bei den Prestons, richtig?" sprach sie Alexandra an.

Alex nickte.

„Mein Name ist Edith James. Ich habe von dem Unglück gehört, das dem armen Mr. Preston widerfahren ist, und wollte sie bitten, mein Mitgefühl auszudrücken. Die Prestons sind so nette Leute!" Sie sah die Kinder an: „ … und solch liebe Kinder!" Alexandra musste genau hinhören, um Mrs. James leise Stimme verstehen zu können. Dann erklärte sie, sie würde die Anteilnahme gerne weiterleiten, und dass Mr. Preston morgen wieder nach Hause kommen würde.

Die kleine Frau hauchte nur ein: „Danke!" und floh zurück zu ihrem Einkaufswagen.

Alexandra stand einen Moment lang da und schüttelte den Kopf. Sie überlegte, ob die beiden wohl einmal glücklich gewesen waren und was ihr Leben so aus der Bahn hatte werfen können. Ihr fielen einige Möglichkeiten ein. Die meisten konnten unverhofft und zu jeder Zeit eintreten und zwei Leben von Grund auf erschüttern – wie der Vorfall mit Dick zeigte …

Alexandra bezahlte fast mechanisch und dachte beim Verlassen des Supermarktes immer noch an das Ehepaar. Allerdings nur oberflächlich, da sie drei Tüten und zwei aufgeweckte Kinder zu bewältigen hatte.

Sam hatte ihr gesagt, dass er sie auf dem Parkplatz des Supermarktes abholen würde, damit sie sich nicht mit den Tüten abschleppen musste. Alexandra blickte um sich, konnte aber Sams Pickup Truck nirgendwo entdecken.

„Wir müssen hier einen Augenblick warten“, sagte sie zu den Kindern, und ermahnte sie aufzupassen und nicht zwischen den parkenden Autos zu spielen.

Ein Pick up Truck näherte sich und Alexandra nahm an, dass es Sam mit den Jungs war. Sie drehte sich um und – schaute in das Gesicht des widerlichen Kerls, der sie an jenem ersten Morgen im Hotelcafé angesprochen hatte, als ihr auch Sam das erste Mal begegnet war.

Grant Ryder war höchst erfreut, als er die junge Frau aus dem Restaurant auf dem Parkplatz des Supermarktes stehen sah. Sie hatte zwei der Preston Kinder bei sich. Sofort entschloss Grant sich, von der Hauptsstraße abzubiegen und am Supermarkt vorbeizufahren. Er grinste. Die junge Frau hatte ihm schon damals im Hotelcafé gefallen. Besonders nachdem sie ihm eine Abfuhr erteilt hatte.

Grant hielt mit seinen Wagen genau vor Alexandra und ließ das Fenster herunter. Er lächelte selbstgefällig. Auf wen sie wohl hier wartete? Offensichtlich nicht auf ihn, denn sobald sie ihn erblickte, erstarb ihr Lächeln und ihre Stirn zog sich in Falten. Grant ließ sich nicht beirren, sondern fühlte sich sogar angespornt, sie anzusprechen.

„Schöner Tag heute, Miss!“ rief er und fügte hinzu: „Welch ein Zufall, dass wir uns wieder begegnen! Hätte ich gewusst, dass sie noch hier in der Gegend sind, hätte ich mich schon früher um ein Wiedersehen bemüht!“

Alexandra war angewidert, als sie den Fahrer des Wagens erkannte. Etwas an ihm gefiel ihr ganz und gar nicht. Alles an ihm – und an seinem Wagen – sah perfekt aus und war blütenweiß gewaschen. Überhaupt schien der ganze Kerl aalglatt zu sein. Alexandra konnte es aus seinen Worten hören, als er sie ansprach.

Die Kinder riefen etwas von. „Uh, Grant!“ Aber dieser kümmerte sich gar nicht um die Zwischenrufe.

„Offensichtlich haben sie sich mit den Prestons angefreundet. Nette Leute, wirklich.“ „Warum fahren sie nicht weiter“, meinte Alexandra gereizt. „Ich habe Ihnen doch schon einmal zu verstehen gegeben, dass ich an Ihrer Bekanntschaft nicht interessiert bin!“ Grant rührte sich nicht von der Stelle. „Zieh Leine!“ zischte Alexandra nun. Die Situation behagte ihr nicht. Dieser Mann machte ihr beinahe Angst und das würde er sicher spüren. Dieser Art war nicht zu trauen!

„Grant!“ hörte sie plötzlich Sams Stimme. „Du hast gehört, was die Dame zu dir gesagt hat. Zieh Leine!“

Sam war gerade mit dem Auto auf den Parkplatz gefahren, als ihm Grants Wagen auffiel, der von der anderen Seite auf den Parkplatz einbog und geradewegs auf Alex zusteuerte.

Er konnte Grant Ryder nicht leiden. Grant war ein Gigolo der übelsten Sorte und man sagte ihm allerlei krumme Geschäfte nach. Er hatte immer eine Menge Geld, von der niemand genau wusste, woher es kam. Aber es gab trotzdem eine Menge Frauen, die darauf abfuhren. Einige hatten sich allerdings, nachdem sie mit Grant durch waren, hinter vorgehaltener Hand darüber beschwert, dass er ihnen gegenüber nicht immer einwandfreie Manieren an den Tag gelegt habe.

Jetzt war er auf jeden Fall dabei, sich an Alexandra heran zu machen, und Sam konnte auch genau sehen, weshalb. Alexandra sah bezaubernd aus und etwas an ihr strahlte gleichzeitig Schwäche und Stärke aus. Sie selbst schien ihre Anziehungskraft auf Männer überhaupt nicht wahrzunehmen und wirkte immer unbefangen und natürlich. Diese Kombination machte sie noch unwiderstehlicher! Sogar Paul, Sams Vater, war von ihr begeistert.

Sam sah sich also geradezu genötigt auszusteigen, und Alexandra zu Hilfe zu eilen. Obwohl sie diese offensichtlich gar nicht brauchte. Gerade noch hörte er, wie sie Grant anzischte. Sam lächelte insgeheim und gab dann – ganz der ritterliche

Beschützer – seinen Kommentar an Grant ab, der ihn nun mit funkelnden Augen ansah.

„Was willst du denn hier, Reed?“ fragte er scharf. „Ich kann mir nicht vorstellen, dass dich unser Gespräch etwas angeht!“ „Zufällig“, entgegnete Sam, „wartet die junge Dame hier auf mich.“ „Selbst schuld, wenn du zu spät kommst!“ grinste Grant höhnisch. Aber ihm war anzumerken, dass er Sam gegenüber sehr vorsichtig war. „Wäre ja nicht das erste Mal...“, setzte Grant deshalb nur hinzu.

Sams Gesicht verdunkelte sich und sein Kampfgeist erwachte. Aber gerade als er etwas antworten wollte, ertönte Alexandras Stimme: „Mister! Ich lege keinen Wert auf ihre Gesellschaft. Ein für alle mal!“ Dann sah sie Sam bittend an: „Können wir jetzt gehen?“

Sam nickte und rief den Kindern zu, dass sie jetzt fahren würden. Dann nahm er Alexandra die Tüten ab, legte ihr eine Hand sanft auf den Rücken und schob sie in Richtung Auto. Dort angekommen meinte er an Alexandra gewandt: „Warte hier einen Moment.“ Damit ging er zurück zu Grants Truck, der außerhalb der Sichtweite von Alexandra und den Kindern geparkt war und blickte Grant finster an: „Wenn du Alexandra nicht in Ruhe lässt, dann kriegst du es mit mir zu tun, Ryder!“

Grant Ryder kannte Sam nur zu gut und wusste, was dieser Gesichtsausdruck bedeutete. Daher murmelte er nur etwas Unverständliches vor sich hin und fuhr, ohne Sam eines Blickes zu würdigen ab. Sam nickte zufrieden. Manchmal schien Grant zu wissen, was für ihn gesund war ...

*

Maggie hielt mit dem Kombi vor der Veranda und hupte. Endlich waren sie wieder zu Hause. Die Kinder waren sofort draußen und hüpften aufgeregt auf den Wagen herum. Die Wiedersehensfreude war groß und wurde nur durch den Anblick des Vaters getrübt, der sichtlich nur unter Schmerzen aus dem Auto aussteigen konnte und sehr blass und abgespannt aussah. Als Dick die Kinder erblickte, stellte sich jedoch sofort ein Lächeln auf seinem Gesicht ein.

Alexandra half Maggie den verletzten Dick ins Haus zu bringen. Sie machten auf dem Sofa eine Bettstätte für ihn zurecht und halfen ihm sich dort hin zu legen.

„Ich weiß nicht, wie du es aushalten wirst“, meinte Maggie, „aber dies wird für die nächste Zeit dein Aufenthaltsort sein.” Dick zog nur eine Grimasse. Man sah ihm an, dass er nicht gerne die Rolle des Patienten spielte.

Die obligatorische Tasse Tee und die warme Mahlzeit, die Alexandra vorbereitet hatte, nahmen ausnahmsweise alle im Wohnzimmer ein, damit Dick nicht alleine bleiben musste. Die Kinder waren kaum zu bremsen. Sie wollten alle Geschehnisse der letzten Tage mit den Eltern teilen. So viel Action war einfach super!

Besonders die Vorstellung des kleinen schlafenden Lee, während Alexandra draußen in Regen und Kälte umherirrte, fand bei Maggie und Dick Gefallen.

„Ich sehe schon, ich hätte dich besser vorbereiten sollen“, meinte Maggie teilnahmsvoll an Alexandra gewandt.

„Ich hätte einfach besser aufpassen sollen“, entgegnete Alex.

Auf Dicks Gesicht lag ein breites Grinsen und er sagte, dass er schon immer gewusst habe, dass Stadtmenschen gefährlich seien. Dann zwinkerte er Alexandra zu und sie musste lachen.

Die Kinder hoben Sams Einsätze ebenfalls hervor. Für die Jungen war er in den letzten Tagen noch mehr zum Vorbild geworden und Miranda verkündete ernst, dass sie, wenn sie groß war, genau wie Alexandra von solchen tollen Männern wie Sam gerettet werden wolle. Sie hatte damit die Lacher auf ihrer Seite. Bei dem Wort *Retter* musste Alexandra unwillkürlich an den Raben denken, der sie von seinem Platz auf den Ästen der Fichte aus so kühn angekrächzt hatte und dann – davon war sie überzeugt – in die richtige Richtung gelenkt hatte, wo Sam sie hatte finden können. Sie lächelte in sich hinein.

Nachdem die Kinder im Bett waren, setzten Maggie und Alexandra sich in die Küche. Dick schlummerte auf der Couch und die Frauen unterhielten sich leise, damit sie ihn nicht störten.

„Sam scheint wirklich eine große Hilfe gewesen zu sein", stellte Maggie fest. Aber Alexandra ging nicht weiter darauf ein. „Wie ist Dick nun eigentlich zu Schaden gekommen?" wollte sie wissen. „Das habe ich nicht richtig verstanden."

Maggie holte tief Luft und begann zu erzählen: „Also", begann sie, „es geschah kurz nach der Mittagspause und Dick stand an der Turmwinde, die sie dazu benutzen, die gefällten Bäume aus den unzugänglicheren Teilen des Waldes zu der Stelle zu schleppen, wo sie leicht auf die Lastwagen geladen werden konnten. Die Turmwinde musst du dir wie einen großen Stahlturm vorstellen, der mit Stahlseilen gehalten wird. Um die gefällten Bäume werden ebenfalls Stahlseile gelegt und mit großen, schweren Haken befestigt. Dann werden die Bäume durch die Winde am Turm herausgezogen.

Dick arbeitet normalerweise mit meinem Vater zusammen. Ihm gehört die Firma. Da Vater aber verreist war, haben sie diesen anderen, unerfahreneren Mann, angeheuert. Jedenfalls, einer der Haken war nicht richtig eingehakt, und als die Winde das Seil unter Spannung setzte, hat es sich gelöst, ist mitsamt dem Haken wie ein Gummiband zurückgeschnellt und hat sich um Dicks Brustkorb gewickelt. Wie eine Stahlpeitsche mit einem Amboss am Ende!

Die Schmerzen müssen schlimm gewesen sein, und die Männer dachten, Dick würde ersticken, weil er so schwer Luft bekam. Übers Satellitentelefon haben sie den Krankenwagen verständigt. Zum Glück waren sie nicht tief im Wald, so dass Dick schnell im Krankenhaus behandelt werden konnte.

Die Ärzte sind sicher, dass alle Brüche gut abheilen werden, aber es wird wahrscheinlich drei Monate dauern, bis Dick wieder voll arbeiten kann." Dann fügte sie noch hinzu: „Alex, drei

Monate ohne volles Gehalt sind schlimm genug. Schlimmer ist es, dass Dick für diese Zeit auf dem Sofa liegen muss. Du weißt, wie er ist. Es wird ihn wahnsinnig machen, nur so herum zu liegen! Nur gut, dass über Winter nicht viel auf der Ranch zu tun ist. Sonst würde er sich noch mehr Vorwürfe machen."

Alexandra nickte betroffen. Ja, Dick stand eine schwierige Zeit bevor. Aber auch Maggie und natürlich den Kindern! Sie sah ihre Freundin an. Sie wirkte müde und ihr Gesicht war fahl.

„Warum gehst du nicht und nimmst ein Bad?" fragte Alexandra und legte Maggie eine Hand auf den Arm. „Du fühlst dich danach bestimmt besser und kannst dann gleich schlafen gehen. Wenn du nichts dagegen hast, bleibe ich heute noch einmal im Gästezimmer. Morgen ziehe ich dann zurück ins Gästehaus. Auf jeden Fall möchte ich, dass du weißt, dass ich dich so gut wie ich kann unterstützen werde. Vielleicht kann ich sogar einen Job finden, damit ich euch nicht auf der Tasche liege."

„Du Gute", flüsterte Maggie mit Tränen in den Augen. „Du bist ein Schatz! Alles, was dir fehlt, ist Routine, ansonsten bist du schon eine richtige Rancherfrau, mit allem, was dazu gehört. Du hast Mut, Opferbereitschaft und ein großes Herz!" Die beiden Frauen umarmten sich und Maggie sagte: „Alles andere morgen." Dann ging sie hinauf und nahm ihr heißes Bad.

Alexandra saß noch eine Weile am Tisch und dachte über das eben geführte Gespräch nach. Ein Stahlseil! Sie zuckte unwillkürlich zusammen. Aber Dick hatte noch Glück gehabt. Wenn ihn das Seil an einer anderen Stelle getroffen hätte, dann wäre er jetzt vielleicht nicht mehr bei ihnen.

Dann dachte sie an Maggie. Die Situation war nicht gut. Vier Kinder – und der Ehemann war für die nächste Zeit ans Sofa gefesselt. Draußen warteten die Tiere und drinnen der Haushalt. Alexandra grübelte. Da war etwas – ein Ausdruck in

Maggies Gesicht – das noch auf etwas anderes schließen ließ. Etwas machte ihr zusätzlich Sorgen und das hatte sie Alexandra noch nicht anvertraut!

9, Kapitel

Elaine ritt die Auffahrt der elterlichen Ranch hinauf in Richtung Stallungen. Sie war auf ihrem teuren, schwarzen Morganhengst ausgeritten. Am Mittag hatte es aufgehört zu stürmen und so hatte sie die Zeit genutzt, um sich ihrem Liebling zu widmen. Außerdem konnte Elaine beim Reiten immer gut nachdenken. Es musste ihr etwas einfallen, um Samuel Reed ein für alle mal von dieser Alexandra loszueisen und an sich selbst zu binden. Andauernd musste sie daran denken, wie viel Zeit die beiden höchstwahrscheinlich miteinander verbrachten, da Sam ja so oft auf *Pine Tree* zu Besuch war. Diese Vorstellung nagte an ihr.

Auch heute, obwohl sie sich sorgfältig zurecht gemacht und ihre exklusiven Designer Jeans zum Ausreiten angezogen hatte, fühlte sie sich nicht wirklich wohl. Noch nie in ihrem Leben hatte sie sich so viel geärgert, wie in den letzten Wochen. Vielleicht wäre es doch besser gewesen in Vancouver zu bleiben. Tatsache aber war, dass ihre finanzielle Situation hier auf der *Triple C* Ranch ihrer Eltern erheblich besser war. Und sie konnte die Pferde um sich haben. Es fiel ihr schwer, während der Studienzeit auf sie verzichten zu müssen. So hatte sie den Eltern einfach erklärt, sie stünde unter erheblichem Stress und müsste mit dem Studieren ein wenig pausieren. Zurück zu Hause, hatte sich herausgestellt, dass sie sich gerade rechtzeitig zur Heimkehr entschlossen hatte.

Sie lächelte bei der Erinnerung an die Männer in der Großstadt, aber keiner von ihnen kam an die natürliche Männlichkeit von Samuel Reed heran, die ihr so sehr gefiel. Sam war wie das Land hier: rau und doch schön, ungebändigt, stark und doch zärtlich. Das war es, was sie faszinierte.

Elaine erreichte die Stallungen und ein Plan begann sich zu formen. Sie musste unbedingt heiter, mitfühlend und liebreizend auf Sam wirken und nett zu Alexandra sein. So konnte sie unter Umständen Dinge herausfinden, die sie zu ihrem Vorteil nutzen konnte. Und sie musste irgendwie Zeit mit Sam verbringen und es schaffen, dass Alexandra in ihrem Schatten verschwand. Am besten geeignet dazu war eine Party. Sie würde Sam einladen, und dieser würde Alexandra bestimmt mitbringen. Sie selbst würde als galante Gastgeberin auftreten und dann …

Eine Halloween-Party war zu kurzfristig, die Woche danach ungeeignet. Aber das Wochenende darauf! Elaine eilte aus den Stallungen hinüber zum Wohnhaus. Ihr Kopf schwirrte. Es gab so viel zu organisieren! Aber Mutter würde ihr bestimmt helfen.

*

Alexandra war wie verabredet am Tag nach Dicks und Maggies Rückkehr wieder ins Gästehaus gezogen, obwohl die gesamte Familie Preston protestiert hatte. Aber sie hatte darauf bestanden. Die Familie brauchte jetzt Zeit für sich.

Es war Freitag vor Halloween. Alexandra und Maggie waren in der Küche damit beschäftigt, die letzten Vorbereitungen für die Kostüme der Kinder zu treffen. Miranda würde natürlich als Prinzessin gehen. Die Jungen waren für möglichst gruseliges Aussehen. Noch nicht einmal Lee, der Jüngste, konnte sich für *Robin Hood* begeistern. Alexandra war entsetzt darüber, was für Kinder als Verkleidungen in den Läden angeboten wurden und fragte sich, wie die Kleinen es schafften, offensichtlich ganz ohne Alpträume davonzukommen.

Alexandra hatte Maggie über die Halloween-Bräuche hierzulande ausgefragt. Es verhielt sich so: Die Kinder verkleideten sich und nach Einbruch der Dunkelheit gingen sie von Tür zu Tür und klopften. Wurde geöffnet, so fragten sie: „Trick or treat?" was soviel heißt, wie: „Streich (spielen) oder Süßigkeit (ausgeben)". Die meisten Erwachsenen waren gut vorbereitet auf die Kinderscharen, sie hatten reichlich Süßes im Haus. Gab es nichts Süßes ließen die Kinder Kracher und kleine Böller los und spielten harmlose Streiche.

Die Erwachsenen gaben sich mit Halloween-Parties zufrieden, die im Großen und Ganzen den deutschen Faschingsfeiern glichen und nicht immer so friedlich verliefen, wie die Streiche der Kinder.

Im Allgemeinen war Halloween jedoch ein heiß ersehnter Tag bei Jung und Alt. Jedes Geschäft in der Stadt bemühte sich schon Wochen vorher um tolle Dekoration für die Schaufenster. Es wurden riesige orangefarbene Kürbisse verkauft, die die Kinder aushöhlten und in die sie Gesichter schnitzten, die dann im Dunkeln durch die eingesetzten Kerzen gruselig leuchteten.

Alle vier Preston-Kinder waren entsprechend aufgeregt. Es war verabredet, dass Sam am Halloween Tag kurz vor Dunkelwerden eintreffen sollte, um Alexandra und die Kinder abzuholen. Sie würden dann in den Ort fahren, da die Beutezüge der Kinder dort reichhaltiger ausfallen würden, als bei den zwei Nachbarn, die an *Pine Tree* grenzten. Maggie und Dick wollten zu Hause bleiben, da Dick sich noch nicht danach fühlte, stundenlang in der Kälte herumzulaufen. Der Rundgang der Kinder sollte, wie jedes Jahr, am Haus der Großeltern enden, und anschließend würden alle gemeinsam nach *Pine Tree* zurückfahren, wo ein großes Lagerfeuer entzündet werden sollte.

Im Moment allerdings mühten Alexandra und Maggie sich noch mit den Kostümen ab und waren leicht frustriert. Die Kinder tobten im Wohnzimmer herum und Dick lag auf der Couch mitten im Getümmel.

„Ich bin soweit", erklärte Alexandra und legte den Prinzessinenschleier für Miranda zur Seite. „Bin auch gleich fertig", meinte Maggie.

Alexandra sah ihre Freundin an und runzelte die Stirn. Sie hatte Maggie als starke, humorvolle und liebenswürdige Person kennen gelernt. Jetzt sah sie oft erschöpft und blass aus und war in Gedanken vertieft.

„Maggie", begann Alexandra. „Ich weiß, dass wir uns erst seit zwei Monaten kennen, aber ich spüre, dass mit dir etwas nicht in Ordnung ist. Ich möchte nicht aufdringlich erscheinen, aber wenn ich dir irgendwie helfen kann … Ist es wegen Dicks Unfall?" Maggie sah Alexandra eine Weile an. Dann erwiderte sie: „Alex, du bist meine beste Freundin, obwohl du erst so kurze Zeit hier bist. Ich habe das Gefühl, als würden wir uns schon ewig kennen. Und es ist so schön, eine Freundin wie dich zu haben …" Sie schwieg kurz und begann dann erneut: „Weißt du, Dicks Arbeitsunfähigkeit bedeutet für uns eine erhebliche finanzielle Belastung. Es steht noch nicht einmal fest, ob er nach seiner Genesung wieder als Holzfäller arbeiten kann. Vielleicht muss er sich nach etwas ganz anderem umschauen. Wir wissen es nicht. Egal, diese drei Monate an sich sind schlimm genug. Das Geld hat vorher schon nur knapp gereicht um uns sechs durch den Monat zubringen. Jeden Tag betest du, dass nicht das Auto oder der Herd oder die Waschmaschine kaputt geht, weil du weißt, dass das Geld nicht da ist, um für Reparaturen oder gar Neuerwerbe zu zahlen. *Workmans Compensation*, das ist eine Art Unfall- und Krankenkasse für die Arbeiter hier im Lande, zahlt für die Zeit von Dicks Krankschreibung nur siebzig Prozent seines bisherigen Arbeitslohnes. Auf mehr haben wir keinen Anspruch. Dazu müssten wir zusatzversichert sein, und das kostet monatlich zu viel." Maggie hatte leise gesprochen, damit Dick oder die Kinder sie nicht hören konnten. „Und da ist noch etwas anderes, das die Sache unnötig für mich erschwert. Ich …" Dicks Ruf ließ Maggie abbrechen. Maggie ging um ihm ein Glas Wasser zu bringen.

Alexandra blieb betrübt in der Küche sitzen. Die Sorgen der Freundin setzten auch ihr zu und sie fragte sich immer wieder, wie sie sich so schnell hatte einleben können, dass das Los dieser Familie sie so berührte.

Darüber dachte Alexandra auch am Abend noch nach, als sie im Gästehaus vor dem brennenden Ofen auf dem Fußboden saß. Es musste ihr etwas einfallen, auch der Kinder wegen. Sie musste Maggie einfach weiterhin unterstützen, wo sie doch jetzt sozusagen doppelte Last zu tragen hatte. Aber sie musste sich auch um einen Job bemühen. Irgendeinen. Gleich morgen würde sie in die Stadt fahren und sich umschauen. Alexandra wusste, dass in den meisten kleinen Städten eine hohe Arbeitslosigkeit herrschte, aber sie war anpassungsfähig und nicht anspruchsvoll. Sie würde mit Sam darüber sprechen. Vielleicht konnte sie sich auch in der Stadt ein Zimmer nehmen, da sie ja kein Auto hatte, und dann an ihren freien Tagen nach *Pine Tree* kommen … So viel zu ihr selbst. Aber ihr musste auch etwas für Maggie einfallen. Selbst wenn Alexandra ihnen nicht mehr auf der Tasche lag, fehlte der Familie immer noch Geld! Sie dachte angestrengt nach.

Während sie grübelte, gingen ihr Bilder durch den Kopf. Eindrücke von ihrer Reise, von Kanada und von ihrem Aufenthalt hier auf *Pine Tree.* Sie dachte auch an Hamburg und die Eltern. Ihr wurde bewusst, wie wenig sie im Tagesverlauf an diesen Teil ihres Lebens dachte. Ihr war es, als sei sie schon viel länger in Shaheylah und auf *Pine Tree* als nur zwei Monate. Es gefiel ihr hier. Sie fühlte sich wohl!

Alexandra war zwar praktisch gesehen nur eine Aushilfe und die meiste Zeit über dreckig von der Arbeit auf der Ranch, aber sie war glücklich. Und das erste Mal in ihrem Leben hatte sie das Gefühl eine wahre Freundin zu haben, eine, die sie verstand und mit der sie reden und schweigen konnte. Aber es war nicht nur das. Es war die Landschaft, die Atmosphäre … Plötzlich formte sich in Alexandras Kopf ein Plan. Vage, aber er war da! Wenn sie sich auf *Pine Tree* wohl fühlte, dann galt das gleiche bestimmt auch für andere Menschen. Vielen Leuten gefiel ein

Urlaub in der Natur mit Tieren. Es gab hier so viel zu erleben: Wandern, Reiten, Bootfahren, Angeln, die Tierwelt, die Ranch und jetzt im Winter Skilaufen und Schlittenfahren. Maggie könnte das Gästehaus in den Zeitungen in Vancouver annoncieren und …

In diesem Moment klopfte es an Alexandras Tür. Sie öffnete. Maggie stand vor ihr, mit einem Blumenstrauß in der Hand. Alexandra war überrascht.

„Alex", sagte Maggie. „Die Blumen sind eben für dich abgegeben worden!"

„Wer sollte mir …", begann Alexandra und nahm den Strauß entgegen. Die Blumen waren wunderschön! Für einen Moment hoffte sie, sie wären von Sam. Dann aber schüttelte sie den Kopf. So etwas war nicht Sams Art. Wenn er ihr Blumen geben wollte, dann würde er sie ihr persönlich bringen!

„Ich muss wieder zu den Kindern", sagte Maggie und wandte sich um.

„Danke", meinte Alexandra nur kurz. Sie ging zurück ins Haus und verriegelte die Tür. Sie zog das Kärtchen, das in den Blumen steckte hervor und öffnete es. Auf der Karte hieß es: „Für eine wunderschöne Frau! Ihr ergebener Grant Ryder." Alex war einen Moment sprachlos. Dann nahm sie Karte und Blumen und warf beides vor die Haustür in den Dreck.

Sam traf gegen sechzehn Uhr dreißig am nächsten Tag bei den Prestons ein. Alexandra hörte seinen Wagen vorfahren. Er war später dran als erwartet. Sie selbst auch. Ihr freier Tag war schlecht verlaufen. Und sie ärgerte sich noch immer über Grant. Wenig später klopfte es an die Tür des Gästehauses, das sie an diesem schönen, wenn auch kalten Halloween-Tag noch nicht verlassen hatte.

Alexandra war fertig und suchte nur noch ihre Jacke. Sie öffnete die Tür.

„Hey, Alex", sagte Sam und lächelte sie freundlich an. „Wir

können losfahren, die Kinder warten schon!" „Okay, Sam, ich muss nur noch meine Jacke finden", antwortete Alexandra hastig. Sie wollte vermeiden, dass Sam erst herein kam. Aber es war schon zu spät.

Sam trug eine schwarze Jeans und dicke Winterstiefel, dazu eine dunkelgrüne Fleece-Jacke. Alexandra dachte niedergeschlagen an ihr eigenes Aussehen: sie hatte sich hastig in ihre alten Jeans und einen ausgeleierten, kurzen Pulli geworfen und trug ebenfalls ihre Winterstiefel. Ihr unfrisiertes Haar hatte sie zu einem Pferdeschwanz zusammengebunden und wie immer trug sie kaum Make-up. Sie hätte sich mehr Zeit nehmen sollen …

Sie hatte ihre Jacke gefunden und wollte gerade die Tür zum Gästehaus schließen, als Sams Blick auf den ramponierten, Blumenstrauß vor der Tür fiel.

„Wer hat dich so wütend gemacht, dass du deswegen die Blumen leiden lässt?" fragte er in seiner gewohnten scherzhaften Art.

„Oh, fragt bloß nicht!" Alexandra verdrehte die Augen und wollte in Richtung Wohnhaus gehen.

„Wer?!" wollte Sam nun sofort wissen.

Alexandra biss sich auf die Lippen. Was würde Sam tun? Sie wollte nicht den Abend für die Kinder verderben.

„Ist es ein Geheimnis? Dann will ich nichts gesagt haben", meinte Sam jetzt ernster.

„Nein, es ist überhaupt kein Geheimnis", entfuhr es Alexandra genervt. Dann presste sie heraus: „Die Blumen kamen gestern Abend. Leider habe ich die Karte nicht sofort gelesen – sie sind von Grant Ryder!"

Sie bückte sich und zeigte Sam die zerknüllte Karte. Sam wurde sehr ernst. Er sah die Karte lange an und versuchte seine Wut zu zügeln. Wenn er Grant das nächste Mal zu fassen kriegen würde … Betont spaßig meinte er dann: „Da hast du ja einen tollen Fang gemacht! Mr. Gigolo persönlich!"

Alexandra wunderte sich über Sams Reaktion, sagte dann

aber ebenfalls in freundschaftlichem Ton: „Ach, hör auf, Sam! Du weißt genau, dass ich ihn nicht ausstehen kann!" Damit wandte sie sich um und ging in Richtung Auto.

Alexandra bewunderte das Durchhaltevermögen der Kinder. Sonst waren sie sehr gegen Fußmärsche, aber heute, an Halloween, waren sie nun schon fast eine Stunde unterwegs auf den kalten, windigen Straßen. Sam und Alexandra begleiteten die Kinder, hielten sich aber im Hintergrund. Es war unglaublich, wie viele Süßigkeiten die kleinen Geschöpfe schon eingesammelt hatten. Ganze Tüten voll! Halloween schien eine Verschwörung von Zahnärzten und Süßigkeitenherstellern zu sein.

Überall auf den Straßen waren Kinder jeglicher Altersstufe in ihren witzigen oder gruseligen Kostümen zu sehen und es herrschte eine fröhliche Atmosphäre. Die meisten Leute, an deren Türen die Kinder klopften, waren freundlich und gut vorbereitet und gaben lächelnd großzügige Portionen an Bonbons und Schokolade aus.

Der Rundgang endete endlich bei Maggies Eltern, wo die Kinder ein letztes Mal ordentlich Beute machten. Wie verabredet waren auch Sams Eltern dort und zusammen machten sie sich in zwei Autos auf den Rückweg nach *Pine Tree.*

Unterwegs sprachen die Kinder alle durcheinander, erzählten von ihrer aufregenden Zeit und gaben Kommentare zu den einzelnen Häusern und Leuten ab, die sie abgeklappert hatten. Alexandra war froh, dass sie sich entschlossen hatten, die vier Kinder auf zwei Autos zu verteilen. So war die Fahrt weitaus weniger anstrengend!

Zurück auf *Pine Tree* fingen Sam, Bruce und Paul sofort an, das Holz für das Lagerfeuer im Hof aufzuschichten, während Alexandra sich mit den Kindern kurz im Haus aufwärmte. Maggie hatte schon die Bratwürste bereitgelegt, Whitney und Rene trugen die mitgebrachten Salate und Suppen herein und halfen anschließend mit dem Geschirr.

Natürlich hielten es die kleinen Halloween-Gespenster nicht lange im Haus aus. Im Nu liefen sie wieder hinaus in die Kälte, um ja nichts von dem aufregenden Abend zu verpassen. Als das Feuer brannte, hüpften Tim, Eric, Lee und Miranda in ihren Kostümen und mit freudestrahlenden Augen darum herum, während sich die Erwachsenen bemühten, die Bratwürste mit Hilfe der angespitzten Äste im Feuer zu garen. Das war kein schnelles Unterfangen, und so reichte Maggie schon einmal Suppen und Salate und warme Getränke heraus.

Auch Dick kam warm verpackt hinaus. Er wurde auf einen gepolsterten Liegestuhl gebettet und mit mehreren Decken umhüllt. Vergnügt verkündete er, nichts könne ihn dazu bringen, diesen Tag zu verpassen, er liebe Halloween!

Alle waren sehr fröhlich an diesem Abend, und eine fast besinnliche Ruhe überfiel Alexandra, als auch die Kinder endlich ruhiger wurden. Sie saß auf einem Baumstamm im sicheren Abstand zum Feuer und versuchte ihren Ast mit der daran hängenden Bratwurst ruhig zuhalten und diese wirklich nur zu garen und nicht zu verbrennen.

Ihre Blick verlor sich in den tanzenden Flammen des Feuers und sie sog den herben Duft des flackernden und knisternden Holzes ein. Es roch so nach Natur, nach Wald! Alexandras Gesicht war warm von der Hitze, die ihr entgegenschlug und ihre Wangen gerötet. Sie lächelte bei der Erkenntnis, dass ihre Vorderseite heiß wie ein Vulkan war, während ihr Rücken und ihr Hinterteil nahe am Gefrierpunkt wandelten. Aber Alexandra störte die Kälte kaum. Sie war fasziniert von der Magie, der Kraft des Lichtes, das von dem Feuer ausging und hing ihren Gedanken nach. Etwas in ihr sprach auf die Ursprünglichkeit des Feuers an. Dieser ungestörte Augenblick am Feuer unter sternenklarem Himmel, den sie mit ihren Freunden teilte, war wie eine kleine Ewigkeit, die sie nie vergessen wollte.

Jemand klopfte ihr auf die Schulter: „Deine Wurst wird verbrennen, Alex." Es war Maggie.

„Es ist ein wundervoller Abend“, seufzte Alexandra.

„Ich weiß, was du meinst“, entgegnete Maggie. „Es ist wie Magie.“ Sie blickte zu den Sternen. Dann rückte sie näher an die Freundin heran und flüsterte ihr leise etwas ins Ohr. Alexandras Augen füllten sich mit Liebe und sie umarmte die Freundin.

„Du musst der glücklichste Mensch auf Erden sein“, flüsterte sie und fügte dann hinzu: „Alles wird gut werden!“ Maggie schaute ihr ins Gesicht und lächelte stumm. Ihre Augen leuchteten und sagten Alexandra, dass heute Abend keine Sorgen für sie existierten. Sie würde wieder ein Baby bekommen!

Sam hatte Alexandra eine ganze Weile beobachtet. Sein Herz pochte laut und er starrte gebannt auf die Gestalt der jungen Frau. Ihr Haar glänzte wie Gold im Schein des Feuers und ihr Gesicht hatte einen strahlenden Glanz. Sams Vater stand neben ihm und versuchte seit geraumer Zeit ein Gespräch mit ihm anzufangen. Paul grinste. Es war zwecklos. Sein Sohn hörte ihn nicht! Seine Gedanken waren in einer anderen Welt.

Als Maggie von Alexandras Seite aufstand und zu Dick zurückging, schlenderte Sam zu Alexandra hinüber und setzte sich zu ihr. Er ließ seinen Vater einfach stehen.

„Woran denkst du?“ Alexandra fuhr zusammen. Soeben hatte sie sich vorzustellen versucht, wie sie sich fühlen würde, wenn sie wüsste, dass sie ein Kind erwartete. Es hatte etwas in Maggies Augen gestanden, das alle Schätze der Welt versprach. Aber Alex konnte dieses Gefühl nicht wirklich mit ihr teilen, weil sie diese Erfahrung noch nicht gemacht hatte. Trotzdem lächelte sie versonnen und meinte leise, noch immer in Gedanken versunken: „Es muss schön sein ein Baby zu bekommen ...“ Sam sah sie von der Seite an und grinste: „Was für ein Angebot ist das?“

Alex drehte den Kopf in seine Richtung und runzelte die Stirn: „Ihr Männer nehmt euch immer so enorm wichtig!“ Und dann setzte sie hinzu: „Ich habe nicht von mir gesprochen.“

Sam lächelte und wandte den Kopf unauffällig in Maggies Richtung: „Keine Angst, ich glaube, ich weiß, woran du denkst."

Für eine Weile schwiegen sie. Dann meinte Alex: „Mir gefällt Halloween." „Mir auch", entgegnet Sam. „Ich mag besonders die ursprüngliche Bedeutung."

„Welche ist das?"

„Halloween ist altenglisch und bedeutet *Holy Evening* – Heiliger Abend. Ursprünglich war Halloween dazu gedacht, der Seelen der Verstorbenen, der Vorfahren zu gedenken und ihnen Respekt darzubringen. Das war zur Zeit der Kelten, bevor das Christentum begann. Der Lärm wurde gemacht, um die bösen Geister fernzuhalten. Feuer gab es damals auch, denn gute Geister lieben Feuer. Auch bei meinem Volk wurde den Seelen der Vorfahren ursprünglich viel Achtung entgegengebracht. Man arbeitete mit den guten Geister zusammen, sie waren Bestandteil des täglichen Lebens. Für einige von uns sind sie das heute noch. Erst mit dem Christentum wurde aus den Geistern etwas gemacht vor dem sich die Leute fürchten mussten. So werden heutzutage Verkleidungen, Böller und Feuer dazu benutzt, sich gegen die Geister, die in dieser besonderen Nacht gegenwärtig sind, zu schützen. Damit geht den Menschen jedoch auch viel Hilfe verloren, denn die guten Geister wollen den Menschen behilflich sein – wenn diese es denn zulassen."

Alexandra schauderte, sie blickte sich unwillkürlich um, obwohl ihr Sams Erklärung zusagte. „Das gefällt mir", meinte sie dann schließlich. „Warum ist Halloween gerade am 31. Oktober?" wollte sie dann noch wissen.

Sam zucke mit den Schultern: „Herbst und Winter ist die Zeit der Geister. Besonders der Herbst."

10. Kapitel

Alex ging durch Shaheylah und schaute in die Schaufenster. Sie musste lächeln. Gerade war Halloween vorüber, da holten doch diese verrückten Kanadier ihre Weihnachtsdekoration hervor. Und was für welche! Tausende Lichter in allen Farben und Formen, einige blinkten sogar. Tanzende Santa Claus und beleuchtete Ren-Tiere. Die Regale in den Geschäften waren gefüllt mit den unglaublichsten Dekorationsideen zu erstaunlich niedrigen Preisen. Nahm man dazu die aus deutscher Sicht nahezu kostenlose Elektrizität, so war es unausweichlich Lichter aufzuhängen. Es war also nicht verwunderlich, dass sich trotz der Kälte auf vielen Dächern brave Familienväter bereits am 1. November mit einem Gewirr aus Lichtern und Schnüren abmühten, um eine mindestens ebenso eindrucksvolle Beleuchtung zu arrangieren, wie der Nachbar. Einige Männer balancierten auf hohen, wackeligen Leitern und Alex war sehr erstaunt, dass nicht mehr Unfälle geschahen. Sie hatte außerdem das unbestimmte Gefühl, dass sich die Lage mit der Weihnachtsdekoration in den nächsten Wochen noch verschlimmern würde. Und sie sollte Recht behalten.

Alexandra war, wie sie es sich vorgenommen hatte, am vorigen Samstag in der Stadt gewesen, und hatte nach *Suche-Hilfe-Schildern* Ausschau gehalten. Sie war zwar fündig geworden, hatte aber keinen Erfolg gehabt. Entweder wollten die Geschäftsleute Männer für die angebotenen Jobs, verlangten Vorkenntnisse oder wollten lieber ortsansässige Leute einstellen.

An Halloween hatte Alexandra mit Maggies Mutter über ihre Idee mit dem Job gesprochen. Whitney war interessiert gewesen und hatte sich umhören wollen. Schon zwei Tage später hatte sie auf *Pine Tree* angerufen und Alexandra die Telefonnummer einer Freundin gegeben, die in Shaheylah ein Café besaß. Sarah Burdell suchte für vier Tage in der Woche eine helfende Hand zum Verkaufen, da ihre bisherige Angestellte bald ein Kind erwartete und nicht mehr den ganzen Tag stehen konnte.

Alexandra hatte sich telefonisch bei Sarah gemeldet und war noch am gleichen Tag los gefahren, um sich persönlich vorzustellen und sich das Café anzusehen. Sie war überrascht. Sarah Burdell war eine rundliche Frau von ungefähr sechzig Jahren. Sie sprühte vor Energie und Lebenslust und schien ein unendlich großes Herz zu haben. Sie sah blendend aus. Man sah ihr die Sechzig wirklich nicht an. Sie war schick zurecht gemacht, mit Make-up und perfekt frisiertem feuerrotem Haar. Dabei wirkte sie so natürlich und freundlich, dass man sich fast genötigt fühlte, sie zu umarmen. Ein wunderschöner Hauch von Parfüm umgab sie und Sarah schien immer guter Dinge zu sein.

Das Café hieß *Sarah's*, und war sehr klein. Im Sommer konnte man draußen unter dem grünen, schillernden Dach einer Glyzinie sitzen und die Hauptstraße beobachten. Jetzt, im Winter, standen die kleinen Tische drinnen. Es waren nur fünf. Angeboten wurden Mittagstisch – natürlich hausgemacht – sowie Salate, Sandwiches, Eiscreme, Milkshakes, Suppen, Cappuccino, Espresso und süße Kuchenleckereien.

Neben den Tischen fanden sich in einem Raum neben dem kleinen Verkaufstresen noch Regale mit Büchern und allerlei Souvenirs, die zum Verkauf standen. Der Raum war sehr geschmackvoll und gemütlich eingerichtet, fast wie ein Wohnzimmer, und sehr sauber.

Nach einem kurzen, herzlichen Gespräch meinte Sarah, Alexandra könne den Job haben. Alexandra war überglücklich. Das schien genau der Job zu sein, den sie gesucht hatte. Vier Tage die Woche von zehn bis neunzehn Uhr dreißig sollte sie arbeiten. Mittagessen bekam sie im Café. Im Moment war das Geschäft nicht sehr überlaufen, aber für einen Anfänger war genug zu tun. Die Atmosphäre war freundschaftlich und das Geld stimmte. Hinzu kam, dass Sarah die ganze Zeit ansprechbar war, sollte es Probleme geben. Entweder war sie in der Caféküche beim Kochen oder sie hielt sich im angrenzenden Wohnhaus auf. Manchmal saß sie an einem der Tische und unterhielt sich mit einem der Kunden. Das Café war ihr Leben.

Sarah meinte, Alexandra sollte sich keine Sorgen machen. Alles würde einwandfrei klappen.

Und heute, am Mittwoch, war Alexandra das erste Mal auf dem Weg zur Arbeit. Sie hatte Maggies Kombi genommen. Bald würde sie sich aber nach einem anderen Transportmittel umsehen müssen, da Maggie das Auto abmelden wollte solange Dick nicht arbeitete, um Geld zu sparen.

Was Alexandra jetzt nur noch fehlte, war eine Aufenthaltsmöglichkeit in der Stadt für drei Nächte in der Woche. Maggie hatte ihr versichert, dass es ihr nichts ausmachen würde, sie einmal pro Woche in die Stadt zu fahren und wieder abzuholen. Alexandra hatte dieses Angebot zunächst abgelehnt, sie hatte ein Taxi nehmen wollen. Aber Maggie erklärte zu Recht, dass diese Kosten das meiste von ihrem Gehalt auffressen würden.

Sarah hatte angeboten Alexandra könnte bei ihr bleiben. Sie lebte allein und hatte genügend Platz, um sie unterzubringen. Doch Alexandra wollte nicht erscheinen, als wolle sie die Situation ausnutzen, denn Sarah wollte kein Geld für das Zimmer nehmen. Außerdem, so nett Sarah war, sie fühlte sich nicht wohl bei dem Gedanken, Tag und Nacht mit ihr zusammenzuhocken. Auch Maggies Eltern hatten angeboten, Alex könnte bei ihnen bleiben. Auch dieses lehnte sie höflich ab. Sie wollte nicht das fünfte Rad am Wagen sein. Es musste eine andere Möglichkeit geben.

Diese Gedanken gingen Alexandra im Kopf herum, als sie den Wagen vor dem Café parkte. Das Problem musste sie später lösen.

Sarah würde die erste Woche mit Alexandra zusammen im Laden bedienen, damit diese sich eine gewisse Routine angewöhnen konnte und wusste, welche Zusätze in die einzelnen angepriesenen Kaffee-Spezialitäten gehörten. Es gab Dutzende verschiedene Getränke, natürlich zu unterschiedlichen Preisen. Und dann waren da noch die Kuchen, Eiscreme, Speisen und Souvenirartikel. Dazu musste alles noch richtig in die Kasse eingegeben werden.

Der Tag verging für Alexandra wie im Fluge. Das meiste hatte gut geklappt und die Kunden hatten Nachsicht gezeigt. In Hamburg wäre ihr die Sache wahrscheinlich über den Kopf gewachsen, aber hier im *Sarah's* ging die Arbeit gelassen zu. Alexandra hatte sich sogar Zeit nehmen können um mit den Kunden über ihre Unwissenheit zu scherzen.

Pünktlich um neunzehn Uhr dreißig wurde das Café geschlossen. Nach dem Aufräumen fuhr Alexandra nach *Pine Tree* zurück und traf gegen zwanzig Uhr fünfzehn dort ein. Sie parkte den Kombi und bemerkte Sams Pickup Truck im Hof. Sie versuchte, im Gästehaus unterzutauchen, bevor man sie entdeckte, aber es gelang ihr nicht. Die Tür zum Wohnhaus flog auf und sie hörte Kinderstimmen „Alex, Alex!“ rufen. Sie seufzte, denn sie war müde, aber die Kinder konnte sie unmöglich abweisen.

Alexandra wurde mit großem Hallo empfangen und musste eine Tasse Tee trinken. Sie blickte in die Runde. Es war schön wieder auf *Pine Tree* zu sein, auch wenn sie nur einen Tag weg gewesen war. Miranda saß auf Alexandras Schoß, während diese Scherze über ihren neuen Arbeitsplatz machte. Maggie machte ein paar Bemerkungen bezüglich der Notwendigkeit des Jobs, aber Alexandra ließ sich nicht beirren. Der Job war notwendig.

Die Kinder mussten jede Einzelheit wissen und Alexandra

gab einen kompletten Tagesbericht ab. Anschließend wurde ihr erzählt, was auf *Pine Tree* losgewesen war – absolut nichts. Tote Hose sei gewesen ohne Alex. Maggie und Dick tauschten amüsiert entgeisterte Blicke aus, denn Dick hatte lange Zeit von der Couch aus mit den Kinder gespielt. Allerdings war er immer noch oft müde und konnte natürlich nicht mit den Kindern herumtoben.

„Hast du etwas Neues wegen der Übernachtungsgeschichte herausgefunden?“ wollte Maggie wissen.

Alexandra schüttelte den Kopf. Sam wurde hellhörig: „Welche Übernachtungssache?“ und die anderen erklärten ihm die Situation. Er nickte: „Ein Zimmer in der Stadt, das wäre vernünftig.“

Dann rückte Alexandra, durch den Tee revitalisiert, mit ihrer Idee für *Pine Tree* heraus. „Vielleicht könnte ich jede Nacht in der Stadt verbringen, und dann hättet ihr die Möglichkeit, das Gästehaus an Leute zu vermieten, die hier ihre Ferien oder ein langes Wochenende verbringen wollen!“ „Kommt überhaupt nicht in Frage, dass du in die Stadt ziehst“, protestierte Maggie und fügte hinzu: „Schließlich haben wir ja noch das Gästezimmer.“ „Erzähl uns mehr von deiner Idee“, verlangte Sam jetzt und schaute Alexandra interessiert an.

Alex blickte in die Runde. Dann begann sie: „Also, ich habe neulich darüber nachgedacht, wie man eure finanzielle Lage in den nächsten Monaten etwas aufbessern könnte. Dabei habe ich mich auch entschlossen, einen Job zu suchen, damit ich euch nicht auf der Tasche liege. Oh nein, keine Widerrede!“ Sie machte mit der Hand eine abwehrende Bewegung. „Ich habe also daran gedacht, wie gut es mir bei euch gefällt und dachte, dass es anderen Leuten auch so gut gefallen müsste. Wenn man eine Anzeige in der *Vancouver Sun* aufgeben würde, in der man die Ranch, das Gästehaus und die Freizeitmöglichkeiten anpreist, dann würden sich bestimmt Interessenten melden.“ „An was für Freizeitmöglichkeiten hast du denn so gedacht?“ wollte Dick jetzt wissen, aber Maggie fiel ihm ins Wort: „Na,

Reiten, Wandern, Schlittenfahren, Langlaufski und so weiter."
„Ihr seid beide gleich", meinte Dick. Die Männer warfen sich einen leidgeprüften Blick zu. Es war klar, wer die Feriengäste herumkutschieren und ihnen alles zeigen würde …
„Das Gästehaus ist komplett eingerichtet und verfügt über Küche und Bad. Ihr bräuchtet euch also gar nicht viel um die Leute kümmern. Das ist den meisten bestimmt auch viel lieber. Nur mit den Preisen, da kenne ich mich nicht aus. Aber das können wir bestimmt herausfinden. Und ich arbeite nur vier Tage in der Woche, da kann ich die restliche Zeit aushelfen."
Sie verstummte und begann erneut: „Ich weiß, eure finanzielle Situation geht mich nichts an. Und ich möchte auch wirklich nicht aufdringlich sein, aber ich wollte euch meine Gedanken gerne mitteilen, weil ihr meine Freunde seid, und ich eure Sorgen teile." Einen Moment lang herrschte Stille. Dann rief Maggie: „Oh Alex! Ich finde, es ist eine ganz tolle Idee! Und so unkompliziert! Wir sollten es zumindest versuchen. Das würde nicht viel kosten und viel Arbeit macht es auch nicht."
Alexandra blickte Maggie nun unsicher an: „Vielleicht ist es keine so gute Idee. Immerhin bist du vier Tage in der Woche sozusagen allein hier. Und das in deinem Zustand!"
Nun war es Dick, der losprustete: „Maggie kennt sich aus, Alex! Sie hatte diesen *Zustand* schon vier Mal in ihrem Leben!" Dann fügte er hinzu, als er wieder Luft bekam: „Ehrlich, mach dir darüber keine Gedanken. Maggie ist okay! Überhaupt ist es lieb von dir, dass du dir Sorgen machst. Ich wünschte es wäre unberechtigt …" „Dick!" fiel Maggie ihm ins Wort. „Es ist nicht deine Schuld, dass du den Unfall hattest. Also hör auf damit! – Und danke, dass du weißt, wie es um mich bestellt ist. Das ist ja mal wieder typisch Mann!"
„Immer langsam!" mischte Sam sich jetzt ein. „Vielleicht ist Alexandras Idee gar nicht so dumm. Immerhin kennt sie sich mit Umherreisen besser aus als wir alten Stubenhocker. Wann wart ihr denn das letzte Mal verreist?" Maggie und Dick mach-

ten nachdenkliche Gesichter. „Ich weiß nicht genau …"begann Maggie.

„Da siehst du, was ich meine!" rief Sam. „Ich selbst kann mich auch nicht an meine letzte Reise erinnern. Aber es gibt viele Leute, bei denen das anders ist!" „Ja, die sind ungebunden", scherzte Dick. Aber jeder wusste, dass er mit niemandem auf der Welt tauschen würde. Er liebte seinen Beruf, seine Kinder, die Ranch und natürlich seine Maggie.

Sie diskutierten noch eine Zeit lang hin und her, und einigten sich schließlich darauf, zum nächstmöglichen Termin eine Anzeige in die Zeitung in Vancouver zu setzen. Denn wenn man bereits auf dem Lande wohnte, dann wollte man sich bestimmt im Urlaub etwas anderes anschauen. Sie würden die Reklame fürs Erste auf die Stadtmenschen beschränken.

Bevor man sich an diesem Abend verabschiedete, ließ Sam noch eine Bombe los.

„Ich habe die Lösung für Alex' Übernachtungsproblem", verkündete er, als er schon auf dem Weg zur Tür war. Die anderen sahen ihn überrascht an.

„Sag schon", drängte Maggie. Sam grinste und meinte nach einer gekonnten Pause: „Sie wohnt bei mir!"

Alex verschluckte sich an ihrem Tee und hustete laut. Dann sagte sie: „Guter Scherz!"

„Ist ernst gemeint", entgegnete Sam. „Ich habe ein Extrazimmer. Das kannst du haben. Ich bin sowieso kaum zu Hause. Stören würdest du mich also nicht." Dann fügte er hinzu: „Außerdem kann ich ein bisschen Hilfe im Haushalt brauchen. Weißt ja sicher, wie Junggesellen so sind …"

„Hilfe im Haushalt", äffte Alexandra nach. „Meinst du ich habe Lust mich nach Feierabend noch mit dir und deinen dummen Sprüchen herumzuschlagen?" „Machst du doch jetzt auch", beharrte Sam. „Und, wie gesagt, ich bin eh' kaum zu Hause."

Maggie dachte eine Weile nach und meinte dann: „Ich finde, das ist eine gute Idee!" Ihre Augen strahlten. „Ich weiß nicht", sagte Alexandra. „Ich kann doch nicht einfach bei einem alleinstehenden Mann einziehen. Was sollen denn die Leute denken?"

Aber Maggie lachte nur: „Sam wohnt auf dem abgelegensten Winkel des Reservats. Da kommt kaum ein Mensch vorbei. Und du musst mal sehen, was da in einigen anderen Häusern so abgeht! Anderen Leuten brauchst du ja nichts von deiner Übernachtungslösung zu erzählen." Maggie sah, dass Alexandra sich noch sträubte. Dann fügte sie hinzu: „Sam kommt nach der Arbeit oft bei uns vorbei. Dann könnte er dich mitbringen und wir könnten uns unter der Woche häufig sehen." Das gab den Ausschlag. Alexandra sah in Sams gespanntes Gesicht.

„Okay", meinte sie schließlich, „ich nehme dein Angebot an. Aber keine krummen Sachen!" Sam lachte und meinte: „Hört sich fast so an, als hätte ich dir vorgeschlagen bei Grant Ryder einzuziehen. Hey, ich habe Manieren! Maggie, leg mal ein gutes Wort für mich ein!"

Maggie lachte: „Natürlich! Was auch immer nötig sein sollte." Dick sah von Einem zum Anderen. Die überschwängliche Freude in der Stimme seiner Frau und ihr Drängen, ließen ihn aufhorchen. Er seufzte innerlich, wie so oft und fragte sich, was Maggie nun wieder vor hatte. Diese Frau war ihm auch nach fünfzehn Jahren immer noch ein Rätsel!

11. Kapitel

Es war also abgemacht: Alexandra würde zu Sam ziehen. Wenn auch nur für drei Nächte die Woche. Alexandra schüttelte den Kopf. Maggie hatte sie am Morgen ins Café gebracht, mitsamt einer Tasche voller Notwendigkeiten und frischer Kleidung. Die Freundin war so zuversichtlich und positiv über den Einzug bei Sam gewesen, dass es Alexandra fast verdächtig vorkam. Und der Plan, den Alexandra witterte, sagte ihr nicht besonders zu! Wie auch immer, für den jetzigen Zeitpunkt schien dieser Umzug die beste Lösung zu sein. Am Samstag, wenn Alexandra für ihre freien Tage nach *Pine Tree* zurückkehren würde, wollte sie vom Gästehaus in das extra Zimmer im Haupthaus ziehen, in dem sie schon übernachtet hatte, als Maggie bei Dick im Krankenhaus gewesen war. Denn die beiden Frauen wollten das Gästehaus sobald wie möglich für eventuelle Feriengäste bereit machen.

Alexandras Tag war für einen Mittwoch sehr geschäftig gewesen, und sie war recht müde. Es war ihre zweite Arbeitswoche im Café, und ihr erster Tag ohne Sarahs Hilfe. Während die Stunden voranschritten hatte sich eine gewisse Unruhe in ihr ausgebreitet. Es war der Gedanke, dass Sam sie nach der Arbeit abholen und in ihre neue Unterkunft bringen würde. Mit anderen Worten: sie würde sehen, wo Sam wohnte.

Pünktlich um neunzehn Uhr dreißig schloss Alexandra das Café und machte sich ans Aufräumen. Eine halbe Stunde später verabschiedete sie sich von Sarah, die noch in der Küche beschäftigt war, und schloss die Tür zum Café hinter sich.

Sams Pickup Truck war schon vor dem Café an der Straße geparkt. Als Sam Alexandra kommen sah, stieg er aus dem Wagen und öffnete ihr die Beifahrertür. „Wie war dein Tag?

Siehst abgespannt aus!“ Alexandra nahm diese nicht sehr schmeichelhafte Bemerkung stillschweigend zur Kenntnis. Nur nicht Streiten! Dazu war sie zu müde …

„War viel los“, meinte sie daraufhin lediglich.

„Es ist nicht weit“, erklärte Sam jetzt. „Das Reservat hat verschiedenen Zufahrten. Wenn du den gleichen Weg nimmst, den wir jetzt fahren werden, dann kannst du mit dem Fahrrad in fünf Minuten im Café sein. Ich leihe dir meines, wenn du möchtest.“ Er blickte Alexandra an. Obwohl sie müde sein musste und den ganzen Tag auf den Beinen gewesen war, umgab sie doch eine besondere Ausstrahlung, die sie einfach nur schön wirken ließ. Jedenfalls war es für Sam so. Und darum war er nervös und redete zuviel!

Alexandra war froh, als sie aus dem Auto steigen konnte. Sie hoffte, dass sich die Situation bald etwas entspannen würde. Sie atmete die kühle Abendluft ein. Während der Fahrt hatte sie nicht viel links oder rechts der Straße ausmachen können, denn es war längst dunkel gewesen und auch jetzt konnte sie von dem Haus vor ihr und der näheren Umgebung nur Umrisse erkennen. Das Licht der Scheinwerfer hatte nicht viel verraten, da der Parkplatz durch eine hohe Hecke vom Haus getrennt war. Sam hatte keine Außenbeleuchtung am Haus, und so tastete sie sich den Weg hinter Sam her und wartete, bis er die Tür aufgeschlossen hatte. Alexandra hörte Sam leise fluchen, als er nach dem passenden Schlüssel suchte.

„Die Glühbirne in der Außenbeleuchtung ist defekt. Werde sie morgen gleich auswechseln“, murmelte er schuldbewusst. Dann schaltete er das Licht im Flur an und ließ sie in das Haus ein.

Alexandra staunte. Sie befand sich in einem wunderschönen Blockhaus.

„Dies ist dein Haus?“ fragte sie ungläubig.

„Ja“, antwortete Sam. „Gefällt es dir?“

„Und wie!“ rief Alexandra aus. Neugierig blickte sie sich um. Sie waren jetzt vom Eingangsbereich in das Wohnzimmer getreten. Dort strahlten ihr die honigfarbenen Stämme der Wände eine wohlige Wärme entgegen. Sam hatte nicht viele Möbel und so kamen die schönen Wände gut zur Geltung. An der dem Eingangsbereich gegenüber liegenden Seite des Hauses befand sich ein Holzofen. Einige Blöcke Feuerholz waren daneben aufgestapelt. In einigem Abstand dazu war eine Gruppe von Sitzmöbeln aufgestellt, schlicht gehalten in naturfarbenem Holz und bezogen in einem Stoff aus warmen Rot- und Brauntönen. Die Sitzgruppe bestand aus einer zweisitzigen Couch, zwei Sesseln, einem Sofatisch und zwei Beistelltischen. Der Fußboden war ebenfalls aus Holz, allerdings in einem etwas dunkleren Farbton, der sich schön von den Wänden abhob. Links und rechts vom Holzofen befanden sich zwei Fenster – ohne Gardinen, wie Alexandra sofort bemerkte. Als Nächstes fiel ihr Blick auf einige schöne indianische Schnitzereien, die im Wohnzimmer verteilt aufgestellt waren. Es waren Masken und mythische Figuren, in verschiedenen Größen und Farben.

„Ich habe gehört, dass so ein Blockhaus sehr teuer ist“, meinte Alexandra nun um das Gespräch wieder in Gang zu bringen.

„Sehe ich so arm aus“, fragte Sam grinsend.

Alexandra schüttelte verlegen den Kopf.

„Im Ernst“, meinte Sam jetzt. „Für mich war es sehr, sehr preisgünstig dieses Haus zu bauen. Und wie du siehst, ist es noch nicht vollkommen fertig. Meinen Eltern gehört hier auf dem Reservat ein ansehnliches Stück Land. Große Teile davon sind bewaldet. Von dort kommen die Stämme für das Haus. Ich habe sie zusammen mit Vater gefällt und sie einige Zeit lagern lassen, damit sie Gelegenheit zum Trocknen hatten. Ich hatte mit dem Hausbau keine Eile. Der Zeitfaktor spielte also keine Rolle. Ich habe nach und nach erst am Fundament, dann am Rohbau aus den Stämmen, dem Dach und schließlich dem Innenausbau gearbeitet. Immer so wie ich Zeit und Geld hatte. Der Keller und das Obergeschoss sind noch nicht ausgebaut. Für mich allein reicht der Platz im Erdgeschoss erst mal völlig aus." Sam schloss seine Erklärung und Stolz klang aus seiner Stimme.

„Du hast dieses Haus wirklich selbst gebaut?" entfuhr es Alexandra. „Ganz allein?" „Mehr oder weniger. Bei einigen Teilen hat Vater geholfen, zum Beispiel bei dem Aufbau der Stämme und beim Dach." Sam bemerkte Alexandras Bewunderung und war geschmeichelt.

„Du hast was los!" meinte Alexandra anerkennend.

„Na ja", wehrte Sam ab „Vater baut Blockhäuser. Das ist sein Beruf. Er hat es mir gezeigt." „Trotzdem!" beharrte Alexandra. „Das Haus ist wunderschön und du hast eine tolle Arbeit geleistet!"

„Willst du den Rest vom Haus sehen?" wollte Sam nun wissen.

„Gerne", antwortete Alexandra freudig.

Im Keller war nicht viel zu sehen außer vier Betonwänden. Eine hölzerne Treppe führte hinab. Alexandra schätze die Grundfläche des Hauses auf ungefähr zwölf mal vierzehn Meter. Anschließend zeigte Sam ihr das Obergeschoss. Die Nutzfläche dort war kleiner als im Erdgeschoss, da die Dachschrägen viel Platz zum Stehen weg nahmen. Dafür sorgten die schrägen Decken für eine gemütliche Atmosphäre und es blieb immerhin noch eine Fläche übrig, die größer war, als Alexandras gesamte Wohnung in Hamburg! Auch hier hatte Sam noch nichts ausgebaut. Nur die Isolierung war natürlich schon im Dach.

Zurück im Erdgeschoss zeigte Sam Alexandra die Küche und das Bad, die zur Linken des Wohnzimmers lagen. Die Küche war groß und bot genügend Platz für Sams Esstisch und sechs Stühle. Auch die Küche war komplett aus Holz gebaut. Einige Schränke waren noch nicht ganz fertig, aber Alexandra konnte schon genau erkennen, wie alles später einmal aussehen würde. Über der Spüle befand sich ein Fenster, so dass man beim Geschirrspülen hinaus schauen konnte. Das gefiel ihr besonders gut. Sie hatte sich beim Abwaschen in ihrer Küche in Hamburg immer gelangweilt und geradewegs gegen eine Betonwand geschaut.

Die Küche ging, nur durch einen Tresen getrennt, ins Wohnzimmer über. Diese Sitte war weit verbreitet in Nordamerika und Alexandra fand es sehr praktisch. Hinzu kam, dass man sich nicht bestraft vorkam, wenn man zum Kochen in die Küche musste, sondern man konnte Familie oder Gäste weiterhin genießen. Alexandra gefiel dies, denn sie kochte nicht gern und so gestaltete sich die Arbeit freundlicher.

Auf der anderen Seite des Wohnzimmers befanden sich zwei Schlafzimmer. Eines der Zimmer war größer als das andere und wurde von Sam genutzt. Außer einem Bett mit Nachttisch und einem begehbaren Kleiderschrank war das Zimmer ziemlich kahl. Dafür gab es Gardinen.

Das andere Zimmer hatte ebenfalls Gardinen, worüber Alexandra froh war, und es war ausgestattet mit Schlafcouch, Tisch und Kommode. Auch hier befand sich ein Einbauschrank.

Im Flur gab es noch zwei kleine Räume für Jacken und Abstellzwecke. Alexandra ließ ihren inneren Blick noch einmal durch das gesamte Haus streifen. Es war ein gut durchdachtes Haus. Alles war großzügig angelegt, und wirkte durch das viele Holz mit den geschmackvollen Möbeln sehr gemütlich.

Alexandra erinnerte sich an die Schnitzereien und fragte: „Woher stammen die Schnitzereien?“ „Das sind meine Arbeiten“, meinte Sam. „Ein Hobby von mir.“

„Hobby?“ entfuhr es Alexandra entgeistert. „Sie sind wunderschön! Du solltest mehr davon machen!“

Sam lachte. „Vielleicht irgendwann – wenn ich dich nicht mehr babysitten muss ...“ Alexandra drehte schweigend eine der feingeschliffenen und geölten Holzfiguren in den Händen. Sie war so sehr in die Schönheit und Feinheit der Schnitzerei vertieft, dass sie seine Bemerkung überhört hatte.

*

Alexandra packte ihre Tasche in dem ihr zugewiesenen Zimmer aus und fantasierte darüber, was sie wohl am Morgen draußen vor dem Fenster sehen würde. Sam wollte Tee kochen und nach dem Feuer sehen und war im Wohnzimmer beschäftigt. Sie hörte das Telefon klingeln.

„Hallo, Grandma!“ hörte sie Sam sagen. „Wann? Am Samstagabend? Kein Problem. – Woher weißt du das nun schon wieder? – Okay, ich werde sie fragen. Bis dann!“ Dann legte er auf.

Der Tee war fertig, das Feuer flackerte im Ofen und warf ein schönes Licht durch die Scheibe der Ofentür, das die Farben der Wände noch wärmer wirken ließ. Sam saß auf der Couch und hatte das Gesicht dem Feuer zugewandt. Als er Alexandra kommen hörte, drehte er sich um.

„Fertig ausgepackt? Komm, setz dich und schau dir das Feuer an! Ich weiß nicht, ob ich jemals ohne Holzofen leben könnte! – Zugegeben, es ist mehr Arbeit, als nur den Schalter für eine Heizung anzuschalten, aber schau, was du dafür bekommst …“ Er lächelte zufrieden. Alexandra setzte sich in einen der Sessel und schaute ebenfalls in die Flammen.

„Du hast es sehr schön hier“, stellte sie fest. Sam nickte. Sie schwiegen für einige Minuten.

„Ich muss morgen gegen acht Uhr los“, meinte Sam dann in die Stille. „Brauchst nicht aufzustehen. Da auf dem Tisch ist ein Zweitschlüssel für dich und ich werde dir das Rad rausstellen. Morgen Abend komme ich wahrscheinlich später. Zweimal in der Woche versuche ich zu Joggen und anschließend im Schwimmbad ein paar Runden zu drehen. Musst nicht auf mich warten. Fühl dich ganz wie zu Hause.“

Alexandra musste grinsen. „Alles kein Problem. Ich komme schon zurecht. Wenn du mir noch einmal den Weg von hier zum Cafe erklären könntest …“

„Ich mache die nachher eine Zeichnung“, entgegnete Sam. „Wie gesagt, es ist der gleiche Weg, den wir vorhin gekommen sind. Es ist wirklich nicht weit, und auch nicht schwer zu finden …“ Sams Stimme klang jetzt fast kühl. Alexandra wunderte sich darüber. Vorher, als er ihr das Haus gezeigt hatte, war er so ungezwungen und entspannt gewesen. Sie beschloss sich auf ihr Zimmer zurückzuziehen. An die neue Situation, für die Hälfte der Woche bei Sam zu wohnen und an seinen wechselhaften Stimmungen teil zu haben, musste sie sich erst noch gewöhnen.

Alexandra war schon aufgestanden, als Sam plötzlich fragte: „Würdest du mich am Samstagabend begleiten, um meiner Großmutter einen Besuch abzustatten? Sie hat vorhin angerufen. Ich gehe meist ein oder zwei Mal in der Woche zu ihr. Natürlich hat sie durch Mutter erfahren, dass du hier bist und nun möchte sie dich kennen lernen.“ Alexandra dachte nach. Dann fragte sie zögernd: „Weiß sie, da wir nicht … ich meine, dass wir kein Paar sind?“

Sam lachte nun herzhaft, wie es eben seine Art war und meinte: „Du hast Sorgen, Alex! Für den Fall, dass sie es nicht weiß, werde ich es ihr sofort beim Eintreffen mitteilen. Kommst du also mit?“ Er sah sie fast bittend an.

„Wenn ich wirklich eingeladen bin, dann komme ich gerne mit“, erwiderte Alexandra gutwillig. Dann verabschiedete sie sich für die Nacht und schloss die Tür ihres Zimmers hinter sich. Sie ließ sich auf das weiche, kuschelige Sofa fallen und fragte sich, was das Leben wohl noch alles für sie bereit hielt … Ein Kribbeln breitete sich in ihrem Bauch aus und sie musste lächeln. Das Leben war schön!

12. Kapitel

Es war Samstag morgen. Alexandra wohnte jetzt seit drei Tagen bei Sam. Am Abend waren sie bei Sams Großmutter eingeladen, und so waren sie übereingekommen, dass Alexandra erst am Sonntag morgen für ihre freien Tage nach *Pine Tree* zurückkehren würde.

Alexandra freute sich auf den Besuch bei Großmutter Reed. Sie hatte in den letzten Tagen versucht, mehr Einzelheiten über sie aus Sam herauszubekommen, hatte jedoch keinen Erfolg gehabt. Alles, was Sam über seine Großmutter offenbarte, war: „Du wirst sie mögen." Alexandra seufzte. So sehr sie sich auch auf den Abend freute, vorerst lag ein langer, anstrengender Arbeitstag vor ihr, dem sie allerdings gelassen entgegenblickte. Es war Alexandras vierter Tag allein im Café und sie hatte mittlerweile einen guten Durchblick davon, wie die Dinge im Café abliefen. Kontakt mit Menschen hatte sie immer schon gern gehabt, und im Café verkehrten die interessantesten Leute.

Alexandra stieg aus dem Bett, warf sich ihren Morgenmantel über und ging zum Fenster. Sie liebte diese ruhigen, besinnlichen Momente am Morgen, bevor der Rummel des Tages begann. Sie hatte es sich schon auf *Pine Tree* angewöhnt, die ersten Minuten eines neuen Tages in Stille zu verbringen. Sie empfand es, als erhalte sie jeden Tag ein Geschenk.

Jetzt schaute sie aus dem Fenster und ein wohliger Schauer lief ihr über den Rücken: Es hatte aufgehört zu regnen, aber es war kalt geworden. Die Bäume waren kahl und voller Raureif. Sie glänzten im Schein der Außenbeleuchtung. Es war jetzt sieben Uhr dreißig, und allmählich wurde es hell draußen. Über der noch halbdunklen Wiese und in den Wipfeln der Bäume hingen Nebelschleier. Alexandra ließ ihren Blick über die

Wiesen und den Stall gleiten. Ihr gefiel, was sie sah. Sie hatte in den letzten Tagen erfahren, dass Sam fünf Hektar Land von seinem Vater gekauft und sein Haus darauf gebaut hatte. Das Grundstück lag am äußersten Ende des Reservats. Es war ruhig hier. Auf dem Grundstück gab es viele große Fichten und Birken und außerdem einen kleinen Bachlauf. Auf den Wiesen weidete Sams schwarz-weißer Apaloosa-Wallach. Es fiel ihr leicht, sich hier wohl zu fühlen.

Am ersten Tag war es ihr etwas seltsam vorgekommen am Morgen allein im Blockhaus zu sein. Sams Arbeitstag begann schon um sieben Uhr, während Alexandra erst um zehn Uhr im Café sein musste. Aber das Haus war so gemütlich, dass Alexandra sich schnell mit dem Alleinsein angefreundet hatte. Mit Sams Fahrrad fuhr sie täglich den kurzen Weg vom Blockhaus bis zum Café. Für die Strecke brauchte Alexandra nur fünf Minuten und es gab viel unterwegs zu sehen.

Direkt an Sams Grundstück grenzte ein Waldgebiet auf dessen anderer Seite seine Eltern wohnten. Etwas weiter die Straße entlang, befanden sich mehrere Häuser, die zur Reservatssiedlung gehörten. Alexandra war erstaunt, wie unterschiedlich die Familien hier lebten. Einige Häuser waren gut im Schuss, andere waren eher vernachlässigt. Die meisten Häuser sahen aus wie abgestellt. Es waren kaum Gärten zu sehen. Kahle Rasenflächen umgaben die meisten Häuser. Oft lagen Müll und andere aussortierte Dinge herum. Besonders alte unbrauchbare Autos schienen viele Besitzer einfach im Vordergarten abzustellen, um sie dort verrotten zu lassen! Alexandra sagte der Anblick der meisten Häuser nicht zu. Einige machten ihr sogar ein wenig Angst. Trotzdem fand sie die Situation bemerkenswert und sie fragte sich, was eine solche Mentalität hervorgerufen haben konnte. Sie wollte Sam bei Gelegenheit danach fragen.

Alexandra riss sich aus ihren Gedanken. In zwei Stunden musste sie im Café sein. Sie hatte viel Zeit, aber sie mochte nicht hetzen. Sie machte sich also auf den Weg in die Küche, um sich ein Frühstück zu bereiten. Zu ihrem Erstaunen war Sam schon in der Küche, obwohl heute sein freier Tag war, und er hätte ausschlafen können. Alexandra wunderte sich.

„Ich mache uns Frühstück!" rief er ihr entgegen und suchte etwas in einem der Schränke.

„Warum schläfst du nicht aus?" fragte Alexandra.

„Ich will nachher einen langen Ausritt machen und bei meinen Eltern vorbeischauen. Aber vorher fahre ich dich zur Arbeit. Es ist kalt geworden und glatt auf den Straßen. Das habe ich schon gestern beim Heimkommen bemerkt – und außerdem habe ich heute meinen freundlichen Tag."

„Aber dann müsstest du mich heute Abend auch wieder abholen", entgegnete Alexandra.

„Das werde ich dann wohl tun!" Sams grinsendes Gesicht kam hinter der Schranktür hervor. Alexandra stutzte: „Was ist passiert?" entfuhr es ihr, als sie Sam erblickte.

Er sah sie fragend an.

„Dein Gesicht ist krebsrot!" meinte sie entsetzt.

„Oh, das ... ich war in der Schwitzhütte", erwiderte Sam.

Nun war es Alexandra, die ihn fragend anblickte.

„Setz dich. Frühstück ist fertig. Dann erzähle ich dir von der Schwitzhütte."

Alexandra setzte sich, während Sam ihr Tee eingoss und Speck mit Eiern auf den Teller füllte. Als er sich selbst auch gesetzt hatte und ihr erwartungsvolles Gesicht sah, erklärte er: „Mein Volk benutzt Schwitzhütten zur Reinigung. Dabei geht es nicht nur um körperliche, sondern vielmehr um geistige Klärung. Die Schwitzhütte wird aus Weidenästen gefertigt, die in einem Kreis in den Boden gesteckt, dann zur Mitte hin gebogen und dort zusammengebunden werden. Das so entstandene Gerüst wird anschließend mit einer Tierhaut abgedeckt. Heute benutzen nicht mehr viele Leute eine Schwitzhütte und die meisten Hütten werden mit Hilfe einer Plane gefertigt und nicht mit Tierhäuten. Aber das Prinzip ist noch immer das selbe. Die Häute schließen die Schwitzhütte fast luftdicht ab. Es werden nun heiße Steine in die Mitte der Hütte gelegt und mit Wasser übergossen. Der heiße Wasserdampf reinigt sowohl Körper als auch Seele. Und, wie du an meiner Gesichtsfarbe siehst, wird es sehr heiß in der Schwitzhütte. Das ist nichts für Leute mit schwachem Kreislauf." Alexandra dachte einen Moment lang nach. Dann fragte sie: „Wo ist die Schwitzhütte? Darf ich sie mir mal ansehen?" „Ich habe mir meine eigene Schwitzhütte unten neben dem Bach gebaut. Eine Schwitzhütte ist traditionell neben einem Bachlauf, schon allein wegen des Wasserbedarfs. Ich zeige sie dir gerne bei Gelegenheit", meinte Sam bereitwillig.

„Wie oft benutzt man die Schwitzhütte?" wollte Alexandra nun wissen.

„Wann immer man sich nach einer Reinigung fühlt", entgegnete Sam. Dann fügte er hinzu, als er Alexandras ausdrucksloses Gesicht bemerkte: „Zum Beispiel vor einer Visionssuche, nach einer Krankheit, nach Begegnung mit schlechten Geistern aller Art, wenn man jemand Wichtiges aufsuchen möchte oder ganz einfach, wenn man Wut in sich hat. Heute morgen war ich in der Schwitzhütte, weil wir meine Großmutter heute Abend besuchen. Sie ist eine wichtige Persönlichkeit in unserer Gemeinde, eine unserer Ältesten und eine unserer *Spiritual Leaders*, eine unserer geistigen Führer. Für ein Treffen mit einer solchen Person muss man sich nach unserer Tradition entsprechend vorbereiten."

*

Alexandra hatte, trotz der späteren Stunde, darauf bestanden, erst zu Sams Haus zu fahren, um sich frisch zu machen, bevor sie Großmutter Reed besuchten. Den gesamten Tag über war sie aufgeregt und nervös gewesen. Es war typisch Sam, ihr nur beiläufig mitzuteilen, dass sie im Begriff war, einer der wichtigsten Persönlichkeiten des gesamten Stammes vorgestellt zu werden. Nachdem sie am morgen erfahren hatte, dass Sam sich durch die Schwitzhütte *gereinigt* hatte, wollte Alexandra sich selbst nun vor dem Treffen nach ihrer eigenen Art reinigen und bereit machen, und dazu gehörten Duschen und frische Kleidung.

Als Sam jetzt seinen Pickup Truck vor dem kleinen weißen Haus in der Reservatssiedlung anhielt, war Alexandra froh über ihre Entscheidung. Denn vor dem Haus waren schon drei andere Autos geparkt und Alexandra wollte auf jeden Fall einen guten Eindruck hinterlassen. Den gesamten Weg vom Blockhaus bis hierher hatte sie vor Nervosität nicht ein Wort herausgebracht. „Fährt deine Grandma Auto?" fragte sie jetzt vorsichtig. Wer wusste schon, was für eine Art Großmutter das sein mochte.

„Ich hoffe nicht!" rief Sam aus. „Sie ist über achtzig!"

„Wo kommen dann all diese Autos her?" Alexandra rutschte unbehaglich auf ihrem Sitz hin und her. Sie mochte keine Menschenansammlungen. Und schon gar keine bei denen sie herausstach.

„Das sind ein paar von unseren zahlreichen Verwandten. Mach dir keine Sorgen." Den letzten Satz fügte er hinzu, weil er sah, dass Alexandra zögerte. „Großmutters Haus ist immer voll mit unerwarteten Besuchern." Sie folgte Sam so zögernd zum Haus, dass er sie schließlich an der Hand packte und mit sich zog. Alexandra kannte und mochte Sam und seinen Vater, aber diese alte Dame war etwas anderes. Was, wenn sie sich falsch benahm. Sie wusste nichts über indianische Verhaltensregeln. Sam meinte nur: „Keiner wird dich beißen!" und marschierte nach kurzem Anklopfen in das hell erleuchtete Haus – Alexandra im Schlepptau. Diese schaute sich vorsichtig im Haus um: Die kleine Küche und das Wohnzimmer waren gut bestückt mit Erwachsenen und Kindern jeder Altersklasse. Die Anwesenden waren unverkennbar Indianer und bewegten sich ganz ungezwungen in den Räumen. Alle redeten durcheinander. Der Fernseher war eingeschaltet. Das Radio spielte.

In der Küche wurde gekocht. Keiner schien sich um Alex und Sam zu kümmern.

Sam hielt noch immer Alexandras Hand, während diese sich weiter umsah: Das Haus war sehr einfach eingerichtet mit älteren Möbeln. Jeder Sessel und jede Couch war mit bunten, gehäkelten Überwürfen bedeckt und auf jedem Fleckchen Abstellfläche befanden sich Fotos, Porzellanfiguren, Andenken, Papiere und – Wolle! Wolle gab es tatsächlich ausreichend. Tütenweise abgepackt in Wäschekörben, sogar der offenstehende Wandschrank war voll davon. Jemand hier schien sehr fleißig zu sein. Besonders fiel Alexandra jedoch auf, dass es hier eine interessante Mischung zu geben schien, denn sie sah auf einer Kommode eine Ansammlung von Dingen der verschiedensten Glaubensrichtungen: Es gab Jesusfiguren neben lächelnden Buddhas, und gleich daneben schön geschnitzte indianische Masken und Dream Catcher.

Alexandra machte in dem Gewühl als nächstes eine kleine, zartgebaute Frau aus, mit kurzem, grauem, dauergewelltem Haar und einer farbenfrohen Garderobe, wie sie es noch nie zuvor an einer alten Dame gesehen hatte. Die Frau saß seelenruhig auf einem Sofa und häkelte. Das musste Sams Großmutter sein! Und richtig, Sam steuerte geradewegs auf sie zu.

„Schön dich zu sehen!“ Sam gab ihr einen Kuss auf die Wange. „Ich bringe dir Alexandra Habicht, von der du schon gehört hast.“ Dann, nach einer kurzen Pause fuhr er fort: „Alex, das ist meine Großmutter, Rosemary Reed.“ Die alte Dame blickte auf und lächelte die beiden jungen Leute ruhig an. Alexandra streckte ihre Hand zur Begrüßung aus, die Mrs. Reed mit beiden Händen herzlich drückte.

„Schön, dass ihr gekommen seid! Setzt euch!“ Und schon schob sie mit ein paar kurzen Bewegungen die Dinge links und rechts von sich beiseite, um auf dem Sofa Platz für ihre Gäste zu machen.

Rosemary Reed hatte eine leise, sanfte Stimme und sprach sehr langsam und mit vielen Pausen, in denen ihre Augen in

Erinnerungen und Gedanken zu wandern schienen und die das Zuhören um einiges erschwerten.

„Wie geht es dir, Großmutter?“ fragte Sam.

„Oh, ausgezeichnet! Ja, gut, wirklich. Ich kann mich über nichts beklagen. Sieh doch nur“, sie deutete auf die vielen Besucher, „wie meine Familie sich um mich kümmert.“ Sie machte eine Pause und kicherte dann vergnügt wie ein Kind: „Manchmal kümmere ich mich auch um sie – sie kommen um sich Rat zu holen, oft ohne vorher zu wissen, dass sie welchen brauchen!“

Sam lächelte und berichtete nun kurz, woher Alexandra kam, und dass sie eigentlich bei Prestons wohnte, sich aber entschlossen hatte, einen Job anzunehmen, um Prestons finanzielle Situation nicht unnötig zu erschweren. Großmutter Reed hörte aufmerksam zu und blickte dabei starr geradeaus.

„Ja“, nickte sie in ihrer bedächtigen Art, „das war eine gute Entscheidung.“

Dann erzählte Sam von dem angeblichen Verschwinden von Lee und Alexandras Herumirren im Wald. Alexandra warf Sam einen mürrischen Blick zu, war dann aber zufrieden, als er wenigstens den Raben erwähnte, der ihr geholfen hatte, die richtige Richtung einzuschlagen. Natürlich musste Sam auch sein Gebet einbringen, mit dessen Hilfe er zu dem richtigen Winkel des Waldes geführt worden war.

Wieder hörte Rosemary Reed stumm und ohne zu unterbrechen zu. Erst als Sam geendet hatte, begann sie selbst zu sprechen.

„Es gab einmal einen indianischen Mann. Seine junge Frau war an einer schlimmen Krankheit gestorben und der Mann sah keinen Sinn mehr in seinem Leben. Er ließ sein kleine Tochter, die nur ein Säugling war, bei seiner Schwägerin und ging ohne Schusswaffe oder Wasser tief in den Wald um zu sterben.“ Rosemary Reed machte lange Pausen zwischen den Sätzen. Im Zimmer wurde es ruhiger. Die anderen Besucher hielten inne, um der Geschichte der alten Dame zu lauschen.

„Der Mann war einige Tage gelaufen und schwach von der langen Strecke, die er ohne Wasser oder Nahrung zurückgelegt hatte. Er ließ sich neben einem Bachlauf nieder um zu Trinken. Er war mittlerweile so schwach, dass er das Bewusstsein verlor. Ein Knacken im Gebüsch ließ ihn schließlich aus seiner Ohnmacht erwachen. Der Mann konnte nicht sehen, was das Geräusch verursacht hatte, denn er konnte vor Schwäche den Kopf nicht heben. Es war ein Hirsch, der aus dem Gebüsch hervortrat und nun auf ihn zukam. Der Hirsch blieb vor dem Erschöpften stehen, beugte den Kopf zu ihm hinunter und sah ihm in die Augen. Der Mann fühlte, wie der Hirsch das Jagdmesser, das er an seinem Gürtel trug, herauszog und ihm in die Hand legte. Dann bot der Hirsch dem Mann seinen Hals. Als der Mann begriff, dass der Hirsch ihn aufforderte ihn zu töten, um am Leben zu bleiben, sagte er zu ihm: Ich kann dich nicht töten. Der Hirsch ließ sich neben ihm nieder und der Mann wiederholte seine Worte: Ich kann dich nicht töten, um mich selbst zu retten. Ich kam hierher um zu sterben. Da bedeutete der Hirsch dem Mann, er solle auf seinen Rücken steigen, aber der Mann war zu schwach. Er konnte sich lediglich dem Hirsch auf den Rücken legen und dieser trug den Mann durch den Wald. Immer weiter und weiter bergab lief der Hirsch. Der Mann hatte jegliches Zeitgefühl verloren. Es kam ihm vor, als trüge das Tier ihn tagelang. Dann endete der Wald. Der Hirsch blieb stehen und legte sich nieder. Der Mann rollte sich ins weiche Gras neben den Hirsch und sagte: Es tut mir leid! Du hast mich solange getragen, und nun bist du selbst erschöpft! Aber der Hirsch schaute den Mann nur an und begann dann ihm das Gesicht und die Kleidung zu lecken. Das Tier tat dies solange, bis der Mann aufblickte. Da bemerkte er, dass sein Haus am anderen Ende des Feldes stand. Der Hirsch hatte ihn nach Hause gebracht! Nun bedeutete der Hirsch dem Mann, nach Hause zu gehen. Der Mann zögerte und sagte nach einer Weile: Ich verstehe. Es ist noch nicht meine Zeit zu sterben. Erneut leckte das Tier ihm das Gesicht.

Langsam erhob sich der Mann. Er dankte dem Hirsch und ging zögernd über das Feld zurück zu seinem Haus. Hin und wieder blickte er sich um und sah, dass der Hirsch am Waldrand stand und ihn beobachtete. Doch als der Mann sich auf der Veranda seines Hauses ein letztes Mal umschaute, um dem Tier zuzuwinken, war der Hirsch verschwunden. Der Mann war so dankbar, weil der Hirsch ihm das Leben gerettet hatte, dass er sein Grundstück und das angrenzende Waldstück in einen Park verwandelte, in dem es niemandem erlaubt war jemals einen Hirsch zu schießen. Der Park besteht noch heute." Mrs. Reed endete ihre Erzählung und löste ihre gefalteten Hände. Sie machte eine Bewegung mit der rechten Hand, schaute in die Runde und meinte: „Die Tiere sind unsere Freunde. *Great Spirit* schickt sie, um uns zu helfen." Sam nickte. Er kannte die Geschichte. Seine Großmutter wusste viele Geschichten zu erzählen und er liebte sie alle.

Alexandra sagte leise: „Danke, das ist eine wunderschöne Geschichte." Rosemary Reed lächelte: „Erinnere dich an die Worte. So bleiben sie am Leben und können weiteren Generationen Weisheit schenken."

Alexandra nickte langsam und lächelte dann ebenfalls.

Die anderen Besucher wurden wieder geschäftig und Mrs. Reed bot eine Tasse Tee an, die Alexandra und Sam dankend entgegen nahmen. Sam erzählte der Großmutter, wie sein Alltag verlief und obwohl Mrs. Reed sich nichts anmerken ließ, so war Alexandra ziemlich sicher, dass sie alle Neuigkeiten bereits genau kannte. Während Sam mit seiner Großmutter sprach, sah Alexandra sich vorsichtig nach den anderen Besuchern um. Sie fühlte sich etwas unbehaglich, weil sie die einzige Nicht-Indianerin im Haus von Rosemary Reed war. Dann jedoch fing sie einige Blicke auf, die ihr zugeworfen wurden, wenn jemand an dem Sofa vorbeiging, auf dem sie mit Sam und Mrs. Reed saß und sie entspannte sich. Die Kinder lächelten sie offen an und die Erwachsenen nickten ihr freundlich zu. Sicher hätten die Besucher auch mit ihr gesprochen, wäre sie nicht in ein Gespräch mit Großmutter Reed vertieft gewesen. Jeder im Haus schien es zu akzeptieren, dass Rosemary Reed jetzt mit Sam und Alexandra sprach und niemand störte das Treffen. Sam hatte jeden der Anwesenden begrüßt, als sie angekommen waren, aber nun konzentrierte er sich ganz auf seine Großmutter.

Nach einer Weile legte Sam eine Pause in seinem Bericht ein und Großmutter Reed wandte sich an ihn: „Gehst du bald zur Jagd, Junge?“ „Ich kann gehen, wann immer du möchtest. Brauchst du Wildfleisch?“ Die alte Dame lächelte. „Ich hätte gern etwas Elchfleisch. Es ist gute Medizin und ich koche eine bestimmte Suppe daraus.“ Sam nickte: „Ich gehe nächste Woche, Großmutter, und bringe dir das Fleisch vorbei.“

„Vielleicht möchte Alexandra mit dir gehen“, meinte Großmutter Reed.

„Ich jage nicht!“ entgegnete Alex hastig. Sie wollte wirklich keinen Elch töten.

„Jeder gute Jäger braucht einen guten Geist an seiner Seite“, bestimmte Rosemary Reed. „Du wirst dabei viel lernen.“

Alexandra nickte gehorsam. Vielleicht war an dieser Aussage etwas Wahres. Sie überlegte, was Mrs. Reed wohl mit *gutem Geist* gemeint haben könnte, als sie hörte, dass Sam das Gespräch auf den Vorfall mit dem Bären lenkte, indem er seine Großmutter fragte, ob sie schon von dem Bärenfett probiert habe. Alexandra war verlegen.

„Oh!“ machte Großmutter Reed jetzt, da Sam die Schilderung beendet hatte und fügte hinzu: „Du hast klug gehandelt.“

Alexandra fand es nicht so klug, das Kind erst allein hinauszuschicken und es dann anschließend zu retten und wollte gerade Einwände erheben. Aber die alte Dame setzte schon zu einer ihrer berühmten Geschichten an: „Vor langer Zeit ging einmal eine Frau zum Beerenpflücken in den Wald. Sie ging allein und hatte nur ihr kleines Jagdmesser bei sich, mit dem sie die Zweige der Beerenbüsche abschnitt. Plötzlich trat ein

Grizzly Bär unter den Bäumen hervor. Der Bär kam auf die Frau zu. Die Frau wich zurück und bemerkte zu spät, dass sie in eine Falle geraten war: Sie war gegen einen Baumstamm gelaufen! Der Bär stand genau vor ihr und umschlang den Baum mitsamt der Frau. Er drohte sie zu erdrücken." Großmutter Reed hielt einen Moment inne um der Spannung der Geschichte mehr Gewicht zu verleihen. Dann fuhr sie fort: „Es gelang der Frau ihr kleines Jagdmesser herauszuziehen und mit beiden Händen und aller Kraft stieß sie dem Bären das Messer in die Brust! Einen Moment stockte der Frau der Atem ..." Wieder hielt die alte Dame inne. „Dann", fuhr sie fort, „fiel der Bär von ihr ab. Er war tot! Sie hatte ihn erstochen! Die Frau war unsagbar glücklich, dass sie noch am Leben war und lief heim zu ihrem Mann. Sie erzählte ihm, was passiert war, aber er wollte ihr nicht glauben. Niemand erlegt einen Bären mir so einem kleinen Messer! meinte der Mann. Die Frau entgegnete: Komm, und sieh selbst! Dann führte sie ihren Mann in den Wald und zeigte ihm den toten Bären. Da musste der Mann ihr glauben."

Alexandra schaute etwas ungläubig in die Runde.

„Es ist eine wahre Geschichte", meinte Sam als er ihren Blick bemerkte.

„Ja", meinte auch Großmutter Reed. „Und sie zeigt uns, dass man kein spezielles Training oder physische Stärke braucht, um sich zu verteidigen. Nur Glauben und Willensstärke." Dann kicherte sie verschmitzt und fügte hinzu: „Und dass man manchmal mit guten Dingen überschüttet wird, wenn man es gar nicht erwartet: diese Frau hatte plötzlich einen großen Vorrat an wohlschmeckendem Bärenfett und konnte so eine lange Zeit viel Backen!" Alexandra schmunzelte nun auch. Sams Großmutter hatte einen ausgeprägten Sinn für Humor und das gefiel ihr.

Es war mittlerweile ziemlich spät am Abend und Sam bemerkte, dass Alex müde wurde. Die Großmutter erzählte ihre Geschichten gut, aber auch sehr, sehr langsam. Sam war es gewohnt. Die meisten Ältesten auf dem Reservat hatten diese Eigenschaft an sich. Die Erinnerung kam nicht mehr so schnell wie in jüngeren Jahren und vieles Sprechen ermüdete die alten Leute. Alexandra musste das Zuhören anstrengend finden und auch Großmutter musste erschöpft sein. Die meisten der anderen Besucher waren schon gegangen und so verkündete auch Sam, dass sie nun aufbrechen müssten.

„Warte“, sagte Großmutter Reed und stand auf, um etwas aus einer ihrer vollen Kommodenschubladen herauszufischen. Es dauerte einige Minuten bis sie gefunden hatte, wonach sie suchte. „Das ist für dich, Alex.“

Sie reichte Alexandra ein kleines Körbchen. Es war etwa fünfzehn Zentimeter lang, oval und hatte ein Trageriemchen in der Mitte.

„Dies ist eine kleine Ausgabe der Körbe, die unsere Frauen früher benutzt haben, um ihre Babies zu tragen. Sie wurden, wie auch dieser Korb, aus den Wurzeln der Zedernbäume gefertigt. Oftmals wurden Teile der Wurzeln mit dem Saft von wilden Kirschbäumen eingefärbt um Muster zu erhalten. Ich liebe diese alte Tradition, darum fertige ich manchmal noch einige Körbe. Heute wird diese Art von Körben allerdings nur noch selten für ihren ursprünglichen Zweck verwendet. Die jungen Leute wollen alle dieses moderne Zeug haben.“ Alexandra nahm das Geschenk behutsam entgegen und blickte die alte Dame begeistert an. „Danke schön!“ sagte sie dann. „Ich werde es neben mein Bett stellen, damit ich es immer bewundern kann.“ Die alte Dame kicherte nur und Alexandra wusste nicht, was sie davon halten sollte. Dann verabschiedeten sie sich von Großmutter Reed und machten sich auf den Weg zurück zum Blockhaus.

Draußen meinte Sam grinsend zu Alexandra: „Ich möchte, dass du weißt, dass bei uns junge Frauen, denen wie dir so ein Körbchen geschenkt wird, demnächst auf ein Baby hoffen dürfen.“ Alexandra blieb stehen und sah Sam finster an. Es gefiel ihr nicht, dass er sich über ihr Geschenk lustig machte! „Dazu braucht man wohl noch immer zwei Parteien. Da brauche ich mir also keine Gedanken zu machen!“

Sam wollte gerade zu einer passenden Antwort ansetzen, als Alexandra ihm scharf dazwischen fuhr: „Thema erledigt!“

Sam lachte, sie stiegen ins Auto und winkten Großmutter Reed zu, die in der Tür stand, um sie abfahren zu sehen.

Im Auto fragte Alexandra aus dem Nichts heraus, um vom Thema abzulenken: „Was macht man eigentlich mit einem Dream Catcher? Ich habe einen bei deiner Großmutter im Fenster hängen sehen und in der Stadt sind sie in vielen Geschäften zu haben.“

Sam gefiel es, dass Alexandra Interesse an den Sitten seines Volkes hatte und er erklärte daher bereitwillig: „Dream Catcher hängt man normalerweise übers Bett. Sie sind dazu gedacht, die guten Träume in dem Netz im Inneren zu fangen, damit man sich an sie erinnern und aus ihnen lernen kann. Die anderen Träume entweichen durch das kleine Loch in der Mitte des Netzes, so dass sie den Träumenden nicht von seinem vorbestimmten Weg abhalten, weil er zu lange über sie nachdenkt.“

„Das gefällt mir“, meinte Alexandra.

„Ja“, stimmte Sam zu. „Jede indianische Familie hat eine größere Anzahl Dream Catcher. Die meisten haben sogar einen im Auto, um für eine sichere Fahrt zu bitten. Ich mag am liebsten die, die ganz aus natürlichen Materialien gefertigt sind. Jeder hat so seine Vorlieben …“ Er zuckte mit den Schultern.

Alexandra nickte und blickte aus dem Fenster. Für den Rest des Weges hingen beide ihren eigenen Gedanken nach. Es war ein schöner Abend für Alexandra gewesen und sie war Sam dankbar, dass er sie seiner Großmutter vorgestellt hatte. Rosemary Reed würde für immer einen Platz in ihrem Herzen haben.

Am nächsten Morgen trafen Alexandra und Sam früh auf *Pine Tree* ein. Sie wurden stürmisch begrüßt. Vor allem von den Kindern. Aber auch Maggie und Dick waren froh über die Abwechslung. Dick musste immer noch viel liegen und langweilte sich oft, weil Nichtstun so gar nicht mit seinem Wesen zu vereinbaren war …

Nach der obligatorischen Tasse Tee vertieften sich Sam und Dick in Gespräche über die Ranch. Sam wollte eine Weile auf *Pine Tree* bleiben, die Tiere versorgen und Dinge erledigen, die für Maggie zu schwer waren.

Alexandra machte sich zusammen mit Maggie auf den Weg ins Gästehaus, wo sie ihre restlichen Sachen abholen und dann das Häuschen für eventuelle Gäste zurechtmachen wollte. Maggie hatte darauf bestanden, ihr zu helfen, obwohl sie protestiert hatte. Maggie sollte sich, solange Alexandra auf *Pine Tree* war, ausruhen. Sie erwartete doch immerhin ein Baby! Aber Maggie versprach, nur leichte Arbeiten zu erledigen und meinte, sie wollte auf keinen Fall die Gelegenheit versäumen, mit Alexandra zu tratschen.

Es dauerte bis zum frühen Nachmittag, bis Alexandra und Maggie mit dem Aussehen des Gästehauses zufrieden waren. Alexandra sah sich um und seufzte schwer. Dieses kleine Haus war ihr mehr ans Herz gewachsen, als sie gedacht hatte.

„Oh", meint Maggie, während sie die Putzsachen zusammenpackte und riss damit Alexandra aus ihren Gedanken, „wir haben eine Annonce in der *Vancouver Sun* aufgegeben. Am nächsten Donnerstag wird sie erscheinen, so dass wir vielleicht schon am nächsten Wochenende Anfragen bekommen. Hoffen wir das Beste!" Dann fügte sie beiläufig hinzu. „Gehst du am nächsten Samstag mit Sam zur Party der Carsons auf die *Triple C*?" Alexandra drehte sich nicht um, sondern gab dem Herd den allerletzten Schliff: „Ich glaube nicht. Sam hat nichts von einer Party erwähnt."

„Vielleicht konnte Elaine euch nicht erreichen. Uns hat sie vor zwei Tagen angerufen. Ich bin sicher, dass sie sich noch meldet. Dick und ich haben uns entschlossen abzusagen. Dick fühlt sich noch nicht kräftig genug für so eine gesellschaftliche Veranstaltung und solo möchte ich nicht gehen. Aber für dich wäre es eine schöne Abwechslung! – Ich möchte schon gern wissen, warum Elaine Carson mitten im November eine so große Party veranstaltet", fügte sie dann hinzu. „Sie sagte, sie hätte über hundert Leute eingeladen. Alle wichtigen Leute im Bezirk, dazu noch Nachbarn, Freunde und Bekannte, sogar aus Vancouver! Ich weiß wirklich nicht ..." Dann sah sie Alexandra fragend an: „Hast du etwas Passendes zum Anziehen?"

Diese wehrte lachend ab: „Wer weiß, ob ich überhaupt eingeladen bin ..."

„Wart's nur ab!"

*

Die Einladung kam noch am selben Abend! Sam, der inzwischen wieder in seinem eigenen Heim war, während Alexandra ihre freien Tage auf *Pine Tree* verbrachte, rief an und fragte, ob sie mit ihm zu dieser Party bei den Carsons gehen würde. Elaine hätte ihn und eine Begleitung zu nächstem Samstag eingeladen. Er selbst würde nur dann gehen, wenn Alexandra mitkäme. Alleine sei ihm das zu langweilig.

Alexandra blickte zu Maggie hinüber, die ihr ermutigend zulächelte. Dann sagte sie an Sam gewandt: „Ich begleite dich gern!" Doch dann musste sie an den Raben denken und ein Schatten legte sich über ihre Freude. Ein seltsames Gefühl breitete sich in ihrem Magen aus, aber sie ließ sich nichts anmerken.

*

Elaine saß mit ihrer Mutter Marybeth im Wohnzimmer auf der Couch. Sie blickte in die Flammen des offenen Kamins und lächelte zufrieden. Draußen war es schon dunkel und es stürmte. Sie selbst saß hier drinnen, in einem wunderschönen, luxuriösen Haus, vor dem Feuer – warm und trocken. Dazu kam, dass sie soeben per Telefon Sams Zusage für ihre Party am kommenden Wochenende erhalten hatte. Er würde in Begleitung von Alexandra Habicht erscheinen. Alles lief genau wie geplant. Elaine sah sich selbstgefällig um. Natürlich hatte sie die Vorbereitungen für die Party selbst in die Hand genommen, daher war es abzusehen, dass alles reibungslos verlaufen würde.

Ihre Mutter hatte die Idee ausgezeichnet gefunden, in dieser überaus trübseligen Jahreszeit etwas Leben ins Haus zu bringen. Sofort hatte sie Einladungs- und Besorgungslisten aufgestellt und sich nach Büffet-, Blumen- und Servierservicepreisen erkundigt. Elaine hatte hier und da eine Bemerkung eingeworfen, um sicherzugehen, das ihre Mutter die richtigen Ideen bekam. Sie war nach Vancouver gefahren und hatte sich das passende Outfit für diesen besonderen Abend besorgt. Elaine hatte lange gesucht und war schließlich in einer Boutique fündig geworden. Das sündhaft teure Stück Stoff war weinrot und zeigte viel Haut. Was aber viel wichtiger war: es würde jede andere Garderobe an ihrem großen Tag ausstechen! Der Tag, an dem sie Samuel Reed für sich gewinnen würde.

Elaine schwenkte ihr Glas Wein genüsslich in der Hand. Ihr Plan war perfekt!

13. Kapitel

Für Alexandra waren die drei Tage auf *Pine Tree*, die sie mit Maggie, Dick und den Kindern verbracht hatte, wie im Fluge vergangen. Jetzt stand sie wieder hinter dem Tresen in Sarahs Café, sah hinaus auf das lebhafte Treiben auf dem Gehweg und träumte vor sich hin. Sie hatte das Kinn auf eine Hand gestützt und summte zu der Melodie im Radio. Heute war nicht viel los. Das war sehr ungewöhnlich, aber Alexandra war froh darüber. Sie hatte an diesem Tag ein Bedürfnis nach Ruhe – was wahrscheinlich auf die fröhlichen, aber doch lauten Stunden, die sie in den vergangenen Tagen mit den lebhaften Preston Kindern verbracht hatte, zurück zu führen war.

Gegen halb Zwölf brachte Sarah Lunch für sie beide aus der Caféküche und sie setzten sich an einen der kleinen runden Tische. Eine Weile lang unterhielten sie sich, dann fragte Sarah: „Was machst du heute Abend?“ Alexandra schmunzelte: „Sam führt mich zum Abendessen aus. Ich weiß es nicht bestimmt, aber ich glaube, mit seinen Kochkünsten ist es nicht weit her!“ Natürlich hatte sie Sarah Burdell anvertraut, wo sie übernachtete, und diese hatte es ohne Kommentar zur Kenntnis genommen. Jetzt jedoch sah Sarah Alexandra fest in die Augen und sagte: „Pass bloß auf, wenn du mit Sam Reed ausgehst. Er ist ein Herzensbrecher, dieser Junge! Alle Reed-Jungen waren welche und einige sind es immer noch“, fügte sie spitz hinzu. Dann lächelte sie: „Die Reed-Jungen sind erst sicher, wenn sie unter der Haube sind. Dann aber sind sie die besten Ehemänner, die sich eine Frau nur wünschen kann. Das war schon immer so.“ Sarah machte eine Pause. „Ich will mich nicht einmischen, aber ich spreche aus Erfahrung.“

Alex schmunzelte. Sie hatte das schon öfter über Sam gehört.

Ihr war es egal. Sie amüsierte sich insgeheim über diese einfach liebenswerte Frau, die mit vielen Worten auszudrücken versuchte, dass ihr ganz einfach Alexandras Wohlergehen am Herzen lag. Darum fragte Alex nur: „Wie meinst du das, du sprichst aus Erfahrung?"

„Wenn du erst mal so alt bist, wie ich, mein liebes Kind, dann weißt du, wovon ich spreche! Seit vierzig Jahren lebe ich nun hier. Dreißig Jahre lang war ich glücklich verheiratet, seit zehn Jahren betreibe ich dieses Café. Da bekommt man einiges mit. Ich habe ganze Generationen vor dem Café auf- und abflanieren sehen und auch das Ergebnis davon mitbekommen. Und ich sage dir, die Reed-Jungen haben immer kräftig mitgemischt! Sogar Sams Vater." Daran, fand Alexandra, war nichts auszusetzen, und so fragte sie, um das Thema zu wechseln: „Was ist aus deinem Ehemann geworden, Sarah?"

Sarah blickte einen Moment stumm auf ihren Teller und meinte dann endlich: „Starb mit fünfundfünfzig Jahren an Herzversagen. Ganz plötzlich. Innerhalb von Sekunden. Ist vorher nie krank gewesen, der Mann! Aber es war seine Zeit. Der beste Ehemann, den eine Frau sich wünschen kann. Hat hart gearbeitet, war liebevoll, ruhig und zuverlässig. Hat sich niemals über etwas beschwert." Kummervoll sah sie Alex an: „Hab sehr an ihm gehangen. Tu ich immer noch. Deshalb habe ich auch nicht wieder geheiratet – obwohl es an Anträgen wirklich nicht gefehlt hat!" Alexandra wandte ihren Kopf zur Seite und grinste. Es war schwer sich vorzustellen, wie die menschenliebende, energetische, immer freundliche und lebensfrohe Sarah mit trauerndem Gesicht eine Flut von Heiratsanträgen ablehnte! Aber dann – das Leben brachte so viel mit sich, von dem man an einem Tag noch gar nichts verstand und am Nächsten schon mitten drin steckte. Dabei ließ Alexandra es beruhen.

*

Sam wartete in seinem Pickup Truck vor dem Café auf Alexandra. Sie sah durch das Fenster des Cafés, wie er den Wagen parkte und Vorfreude stieg in ihr auf. Alex musste zugeben, dass sie gern mit Sam zusammen war. Er wusste so viel über alle möglichen Dinge, konnte gut erzählen und hatte einen ausgeprägten Sinn für Humor. Was jedoch viel wichtiger war: Sam verstand sie. Alex brauchte ihm nie viel zu sagen, immer schien er genau zu wissen, was in ihr vorging. Ihr war, als kenne er sie besser als sie sich selbst. Sie fühlte sich einfach gut, wenn sie bei ihm war.

Alexandra verabschiedete sich schnell von Sarah und lief hinaus. Am Auto angekommen rief ihr Sam ein: „Du bist früh dran!" entgegen.

Sie lachte ihn offen an und meinte: „Du bist ja selbst früh dran!" Dann fügte sie hinzu: „Heute war nicht viel Betrieb."

Sam nickte und startete den Pickup. Sie fuhren die ruhige Hauptstraße von Shaheylah entlang und hielten kurze Zeit später vor Sams Lieblingsrestaurant. Sie sprachen nicht viel unterwegs, sondern genossen einfach nur die Nähe des anderen. Nachdem Sam den Wagen vor dem Restaurant geparkt hatte, gingen sie gemeinsam hinein. Es war kurz nach Sieben Uhr und das Restaurant war noch wenig besucht. In einer halben Stunde würde es voll werden. Sam wählte einen Tisch am Fenster.

Die Tische waren durch halb hohe Wände voneinander abgeteilt und dadurch etwas privater. Allerdings war auch hier die Einrichtung, genau wie im Hotelcafé, älter und Alexandra rutschte auf der Sitzbank umher, bis sie auf einem Stück Polsterung landete, das weder Riss noch Loch hatte. Dann studierten Alex und Sam die Speisekarte und entschieden sich für das Tagesgericht in der Hoffnung, nicht so lange warten zu müssen, denn beide waren sehr hungrig.

Als die Bedienung gegangen war, bemerkte Alexandra schmunzelnd: „Die Bedienung kennt dich mit Vornamen!" „Ich komme öfter hierher", entgegnete Sam verlegen. "Koche nicht gut …" „Fährst du diese Woche wieder zu deiner Großmutter? Ich würde sie gerne wiedersehen", wollte Alex nun wissen.

Sam sah sie fest an: „Wirklich? Du magst sie?"

„Ich finde, sie ist eine äußerst interessante und sehr liebenswerte Person. Ich liebe ihre Geschichten. Und sie weiß von so vielen Dingen … Natürlich nur, wenn es dir nichts ausmacht …" fügte Alex schnell hinzu.

„Ich hatte gehofft, dass du fragen würdest, denn ich weiß, dass Grandma dich sehr mag. Wenn du willst, dann können wir morgen Abend zu ihr gehen. Freitag wäre nicht gut, weil ich Samstag früh raus will. Jagen für Großmutter." „Du gehst am Samstag jagen? Aber da arbeite ich doch! Schaffst du das überhaupt, bevor wir zu Elaine gehen?"

„Mit ein bisschen Glück, bin ich am frühen Nachmittag zurück." Dann grinste er: „Du wolltest also tatsächlich mitkommen?"

Ihr Gespräch wurde von einer Männerstimme unterbrochen: „Hey, Sam! Wieder eine Neue aufgegabelt?" „Ach, halt den Mund, Jack!" entgegnete Sam trocken und wandte sich erneut an Alex: „Wolltest du?" „Eigentlich, ja. Vielleicht kann ich Sarah fragen, ob ich statt Samstag an einem meiner freien Tage arbeiten kann …"

„Mach dir keine Gedanken. Wenn du wirklich mitkommen willst, können wir rechtzeitig bei Elaine verschwinden und am Sonntag jagen gehen."

„Oh, Sam, das wäre toll!" Alexandra war am Anfang dagegen gewesen mit zur Jagd zu gehen. Aber sie hatte Großmutter Reeds Worte abgewogen. Vielleicht konnte sie tatsächlich etwas lernen, wenn sie mitging! Alex war immer geneigt, etwas Nützliches dazuzulernen.

„Also abgemacht", meinte Sam gerade rechtzeitig, bevor einer der vorübergehenden Männer wieder eine Bemerkung fallen ließ: „Deine Frauen werden immer jünger! Weiß nicht, wie du das machst, alter Junge!"

„Scher dich zum Teufel!“ knurrte Sam, aber der andere Mann lachte nur. „Wir hätten in ein anderes Restaurant gehen sollen“, sagte Sam entschuldigend und war jetzt leicht ärgerlich. So hatte er sich den Abend mit Alex nicht vorgestellt.

Alex wollte gerade etwas entgegnen und legte ihre Hand mit einer beruhigenden Geste auf Sams Arm, als neben dem Tisch eine bekannte Stimme erklang: „Na, sieh mal einer an! Meine Einladung lehnt sie ab, aber mit Mister Wildhüter hier, geht sie zum Essen aus!“ Es war Grant Ryder! Alexandra sah genauer hin und zog dann eine Augenbraue hoch. Dieser Mensch war tatsächlich um sieben Uhr abends und mitten in der Woche stockbetrunken!

Etwas an seiner Haltung ließ ihn bedrohlich wirken und Alex fühlte sich unbehaglich.

„Warum gehst du nicht weiter, Ryder?“ hörte sie Sam jetzt sagen.

„Aber dies ist doch ein freies Land!“ lallte Grant. „Und du weißt doch genau, dass ich das Mädchen am Ende sowieso kriege. Deshalb bist du so nervös!“ Die Leute an den anderen Tischen drehten ihre Köpfe um zu sehen, was es mit dem Lärm auf sich hatte.

„Du bist betrunken, Ryder“, meinte Sam jetzt. Seine Stimme klang gereizt.

„Und wenn schon!“ erwiderte dieser.

Alexandra, deren Hand noch immer auf Sams Arm ruhte, spürte, wie Sams Faust zuckte. Sie drückte seinen Arm und schüttelte fast unmerklich den Kopf. Sie wollte keine Szene. Noch bevor Sam etwas unternehmen konnte, war Alex schon vom Tisch aufgestanden und versuchte an Grant vorbeizugehen. Dieser zischte jedoch: „Was denkst du, wo du hingehst? Du hast doch wohl deinen Entschluss mit Sam zu speisen nicht so schnell geändert?“ Er griff nach Alexandras Arm, erwischte jedoch nur ihr Handgelenk, da sie versuchte ihren Arm wegzuziehen.

Ihr Herz pochte. Vielleicht hätte sie besser Sam die Situation regeln lassen sollen. Sie hob ihr Kinn und sah Grant kalt und abschätzend an: „Ich werde mich beim Manager beschweren, damit er dich rausschmeißt. Ich denke, eine Abkühlung an der frischen Luft, wird dir nicht schaden." Sie wollte sich losmachen, aber Grant ließ nicht locker: „Du Miststück!" schrie er wild fuchtelnd und schlug Alexandra in der nächsten Sekunde ins Gesicht. Alex war über diese Handlung erschreckt. Bevor sie jedoch nachdenken konnte, handelte sie aus einem Reflex heraus und trat Grant mit aller Kraft gegen das Schienbein. Sie hatte Erfolg! Grant ließ ihren Arm los.

Sam war sprachlos über Alexandras Benehmen. Warum ließ sie nicht ihn mit Ryder fertig werden? Er war an Trunkenbolde gewöhnt und besonders an Grant Ryder. Sam sprang auf um Alex zu Hilfe zu eilen. Grant wusste nie, wann Schluss war! Doch Sam war eine Sekunde zu spät. Grants Schlag traf Alex im Gesicht. Fast noch im gleichen Augenblick sah Sam, wie Alex Grant vors Schienbein trat. Sam handelte nun schnell und stellte sich zwischen Alex und Grant. Er versuchte die junge Frau hinter seinen Rücken zu schieben – außerhalb von Grants Reichweite. Grant fing an zu grölen und fuchtelte mit seinen Händen vor Sams Gesicht herum. Die Aufmerksamkeit im Restaurant ruhte nun vollkommen auf den drei jungen Leuten. Sam stand vor Grant starr wie ein Felsen in der Brandung und verzog keine Miene. Er blickte Grant Ryder verächtlich an. Als dieser jedoch den Ansatz machte zuzuschlagen, stellte Sam ihn mit einem gekonnten Schlag in den Nacken kalt. Grant sackte bewusstlos vor Sam und Alexandra zu Boden. Sam stand noch immer schützend vor Alex und blickte finster um sich. Alex war so erschrocken über die Ereignisse, dass sie sich nicht zu rühren vermochte.

Von den anderen Tischen kamen Beifallrufe. Aus der hintersten Ecke des Restaurants kam nun ein kleiner, vornehm gekleideter Mann gelaufen, der offensichtlich der Manager war, und rief: „Aber bitte meine Herren! Doch nicht in meinem Restaurant!"

Sam packte den kleinen Kerl am Arm und knurrte: „Albert, wo hast du die ganze Zeit gesteckt? Wir waren wohl kaum zu überhören und du bist schließlich für die Gäste hier verantwortlich." „Ich war beschäftigt! Ich habe nichts gehört!" erwiderte der kleine Mann ängstlich.

Alexandra drängte sich jetzt vor Sam und meinte kühl: „Dann sage ich es ganz deutlich: Der Service in diesem Restaurant lässt sehr zu wünschen übrig und außerdem sind die Preise zu hoch!" Damit ergriff sie ihre Jacke und marschierte in Richtung Tür. Sam ließ den Mann los und meinte nur: „Sie hat Recht, Albert!" Dann folgte er Alex und ließ die Bedienung, die gerade das Essen brachte, einfach stehen.

Vor der Tür suchte Sam nach Alexandra und entdeckte sie am Pickup Truck. Warum, um Himmelswillen, konnte sie ihm solche Situationen nicht überlassen? Auf der anderen Seite war er aber auch stolz auf sie. Sie hatte Mut und Temperament, dagegen konnte man nichts sagen! Von letzterem besaß sie leider so viel, dass es sie irgendwann ernstlich in Schwierigkeiten bringen würde.

Schweigend stiegen sie in Sams Wagen und fuhren nach Hause. Erst, als Alexandra auf der Couch Platz genommen hatte, brach Sam das Schweigen. Er war noch im Flur und rief: „Brauchst du Eis?" „Nein", antwortete Alexandra. Sam trat an die Couch heran: „Bist du sicher?" wollte er wissen. Alex nickte stumm und starrte geradeaus. Sam setzte sich neben sie: „Lass mich sehen", forderte er sie auf. Sie drehte den Kopf in seine Richtung und er hielt die kleine Tischlampe näher heran. „Nichts zu sehen", diagnostizierte er. „Von diesem Kampf wirst du keine Narben vorzeigen können!" Er grinste. Dann bemerkte er zu seiner Überraschung, dass Alex am ganzen Körper zitterte. Sam setzte sich neben sie und legte beruhigend seinen Arm um sie. „Ich habe nicht gedacht, dass du dir die Sache so zu Herzen nimmst." Dann fügte er hinzu: „Du hast Mut, das muss ich dir lassen! Aber mit Grant Ryder ist nicht zu spaßen." Er schob sie von sich weg, um ihr klar ins Gesicht sehen zu können. Eindringlich meinte er: „Das nächste Mal – und das musst du mir versprechen – überlässt du mir die Sache!" Spaßend setzte er hinzu: „Mein Image kann es überhaupt nicht vertragen, dass eine Frau mich verteidigt."

Sam grinste wieder einmal und auch Alex konnte nun lächeln.

„Was hat Grant damit gemeint, dass er mich früher oder später sowieso kriegt?" fragte Alexandra.

„Nur ein Spruch", meinte Sam.

„Hat sich angehört, als stecke etwas mehr dahinter", bohrte Alex weiter nach.

„Es ist nichts!" sagte Sam barsch. „Wie ist es, soll ich uns Nudeln kochen?"

Alexandra blickte ihn fragend an. Warum war er auf einmal wieder so kühl? Dann beantwortete sie seine Frage mit einem Kopfnicken, denn ihr Magen knurrte.

*

Es war schon spät, als es an Alexandras Zimmertür klopfte. Sie lag wach in ihrem Bett. Der heutige Abend war einfach zu aufwühlend gewesen und Dinge wurden zu kompliziert für ihren Geschmack!

„Was ist los?" fragte sie unfreundlich.

„Ich muss mit dir sprechen!" hörte sie Sam auf der anderen Seite der Tür sagen.

„Komm rein." Alex setzte sich im Bett auf und knipste das Licht an. Sam betrat das Zimmer und setzte sich an das Ende ihres Bettes. Er war noch immer voll bekleidet und sah rastlos aus.

„Ich weiß, du bist sauer auf mich", begann er und fügte schnell hinzu: „Nein, ist schon gut. Es ist berechtigt!" als Alex etwas zu erwidern versuchte. Sam machte eine Pause.

„Weißt du, Grant Ryder und ich, wir kennen uns seit der Grundschule und wir sind nie gut miteinander ausgekommen.

Besonders schlimm wurde es, als wir begannen uns für Mädchen zu interessieren. Irgendwie hatte ich immer mehr Glück als Grant und er versuchte mir andauernd eins auszuwischen und mir ein Mädchen auszuspannen. Er hatte nie Erfolg mit seiner Masche – bis auf einmal." Sam hielt inne.

„Was ist geschehen?" fragte Alex leise.

„Ihr Name war Melissa. Sie war das hübscheste Mädchen auf der High School. Grant ist nach der High School nach Vancouver gezogen und erst zwei Jahren später zurückgekehrt. Zu dieser Zeit gingen Melissa und ich seit vier Monaten fest miteinander. Natürlich hat Grant schnell herausgefunden, dass ich mit Melissa zusammen war und er begann ihr nachzustellen. Das Problem war, dass er viel Geld mit zurück gebracht hatte. Keiner weiß genau, woher es kam und viele sagen ihm noch heute krumme Geschäfte nach. Was soll ich sagen, Melissa ließ sich von ihm einlullen. Ich sagte ihr, dass Grant kein guter Mensch war und Frauen nicht sehr achtete. Aber sie lachte nur. Wahrscheinlich hätte ich froh sein sollen, ihr wahres Gesicht so zeitig zu erkennen, aber damals hat es sehr wehgetan. Ich wusste, dass Grant Melissa nicht liebte, sondern mir nur eins auswischen wollte. Er benutzte sie nur." Wieder legte er eine Pause ein. „Melissa wurde abhängig von ihm, seinem Geld und seinen Drogen. Drei Monate später war sie tot. Jemand war in ihr Appartement eingebrochen und es entstand ein Handgemenge bei dem sie getötet wurde. Niemand konnte es beweisen, aber ich habe den Verdacht, dass Grant dafür verantwortlich gewesen ist. Verstehst du?" er sah Alexandra fragend an. „Sie starb, weil sie mit mir zusammen war." Er holte tief Luft. „Das war es, worauf Grant anspielte, als er vorhin seine Bemerkung fallen ließ. Er hat mir einen Seitenhieb versetzten wollen und ich muss zugeben, das ist ihm gelungen."

„Warum hast du es ihm nie heimgezahlt?" wollte Alexandra erstaunt wissen.

„Rache, Alex, ist ein Fass ohne Boden. Es bringt niemandem etwas ein. Ich könnte Grant jederzeit ausschalten. Aber er ist es nicht wert. Und Melissa – sie hat ihn frei gewählt. Mehr ist dazu nicht zu sagen. Ich versuche Grant soweit es geht auszuweichen. Das ist alles."

„Du meinst also, dass er sich mir gegenüber so schrecklich benimmt, weil er dir eins auswischen will?" fragte Alexandra leise.

„Grant hat von Haus aus keine Achtung vor Frauen. Dazu kommt, dass er eifersüchtig auf mich ist. Auf mich, mein gutes Ansehen in der Stadt, meinen Job, mein Haus – auf mein gesamtes Leben. Er hat diesen Tick seit unserer Kindheit. Es gibt wohl solche verrückten Leute."

Dann sah er Alexandra direkt in die Augen. „Ich möchte wirklich nicht, dass so etwas wie mit Melissa noch einmal passiert."

Alexandra hatte sich Sams Bericht aufmerksam angehört. „Sam", und ihre Augen blickten ihn offen und verständnisvoll an. „Du weißt, wie ich zu Grant stehe. Du brauchst dich wirklich nicht zu sorgen. Ich bin nicht um die halbe Welt gereist, um bei so einem Kerl zu landen. Ich dachte, du wüsstest das!"

Sam schwieg für eine Weile. Dann meinte er: „Ich weiß es. Du hast Grant gleich von Anfang an richtig eingeschätzt. Aber das bedeutet für dich umso mehr Stress, denn das wird Grant nur noch mehr reizen."

Alexandra wurde ärgerlich: „Sam, ich weiß wirklich nicht, was du willst! Du sagst, du hast Angst, dass sich die Situation von damals wiederholt. Es hat nicht den Anschein. Aber das beruhigt dich nicht. Ich dachte, du kennst mich einigermaßen. Vielleicht lag ich damit falsch. Vielleicht kennst du dich selbst nicht richtig. Du hast gesagt, dass du Grant überlegen bist, sollte er Ärger machen. Wo ist also dein Problem? Das klingt gar nicht nach Samuel Reed. Du bist doch sonst nicht so!" Das Verständnis war aus ihren Augen gewichen.

Sam schwieg erneut und es sah saus, als suche er nach den richtigen Worten. "Ich will nicht wieder verletzt werden", sagte er schließlich.

„Das liegt nicht in meiner Absicht!" antwortete Alexandra etwas kühler als beabsichtigt. Aber Garantien gibt es nicht im Leben. – Geh schlafen, Sam!" Damit knipste sie das Licht aus und zog die Bettdecke über sich. Sam verließ wortlos den Raum.

*

Am Freitag radelte Alexandra vom Café zurück nach Hause und hoffte, dass Sam an diesem Abend besser gelaunt war. Den Donnerstag Abend hatte er erst beim Sport und dann schweigend in der Küche beim Schnitzen verbracht. Heute Abend würden sie gleich nach Alexandras Rückkehr zu Großmutter Reed aufbrechen. Das war ein wichtiger Besuch. Besonders für Alex. Die Stimmung musste einfach erfreulicher werden!

Als Alexandra jedoch das Blockhaus betrat, fühlte sie deutlich, dass sich an der Situation nichts geändert hatte. Es lag noch immer diese grässliche Spannung in der Luft. Alex begrüßte Sam kurz und ging dann ins Bad, um sich frisch zu machen. Sie fragte sich, ob Sam heute wegen des anstehenden Besuches bei der Großmutter auch wieder in der Schwitzhütte gewesen war. Aber es war ihr nicht danach, ihn in seiner schlechten Laune danach zu fragen. Als Alexandra wenig später aus dem Badezimmer herauskam, war Sam schon zur Abfahrt bereit. In der Hand hielt er die Schnitzerei, an der er am Vorabend gearbeitet hatte. Alexandra ergriff stumm ihre Jacke und eine kleine Tüte, in der sie ein Mitbringsel für Großmutter Reed verpackt hatte und folgte Sam zum Auto.

Draußen war es dunkel und die Straße war nicht beleuchtet. Erst als sie sich der Wohnsiedlung des Reservates näherten, fanden sich einige Straßenlaternen, die die Wege erhellten. Sie musterte die Häuser erneut beim Vorbeifahren, denn sie hatte nichts anderes zu tun. Im Pickup herrschte Schweigen. Alexandra versuchte objektiv zu sein, aber das war ein schweres Unterfangen. Die Gebäude standen recht eng zusammen und die meisten sahen ziemlich verwahrlost aus. Es gab viele streunende Hunde, die nach Abfall suchten und jede Menge alter Dinge, wie zum Beispiel alte, halbüberwachsende Autos, nicht mehr benötigte Maschinen, kaputtes Spielzeug, ausgesonderte Kühlschränke und Waschmaschinen, die einfach in den Vorgärten abgestellt waren. Die Autos vor den Garagen waren entweder so alt, dass man denken sollte, sie würden nicht mehr fahren, oder nagelneu, so dass man sich fragte, woher das Geld für diese Anschaffung gekommen sein mochte. Vielen Fenstern fehlten Glasscheiben und statt sie zu erneuern. hatte man sie mit Sperrholzplatten zugenagelt. Es war ein trostloser Anblick, der Alexandra heute, wie jedes Mal, wenn sie hier vorbeikam, einen Stich im Herzen verursachte.

Natürlich gab es immer Ausnahmen, wie zum Beispiel das Haus von Sam oder das seiner Eltern. Aber diese Ausnahmen waren rar. Alexandra hatte schon lange mit Sam über diese Situation sprechen wollen und nun bot sich eine gute Gelegenheit um das Schweigen zu brechen.

Sam gefiel Alexandras Interesse und so antwortete er bereitwillig: „Auf dem Reservat herrscht eine hohe Arbeitslosigkeit. Über fünfundneunzig Prozent. Diese Arbeitslosen bekommen Welfare – auf Ewigkeit. Einige von ihnen haben noch keinen einzigen Tag in ihrem Leben gearbeitet. Und ihre Eltern vor ihnen ebenfalls nicht. Die Häuser bezahlt alle der Staat, durch die Gelder, die dem Reservat zugeteilt werden. Mir scheint, als ob Menschen die Dinge, für die sie nicht selbst geschuftet haben, nicht sehr achten. Die Leute hier wissen, dass, wenn sie in Not sind und zum Beispiel ein neues Heim benötigen, es ihnen früher oder später kostenlos vom Staat gestellt wird. Warum soll man sich also dann um sein jetziges Heim bemühen oder gar seine eigene Arbeit und sein eigenes Geld dort hineinstecken? Du wirst feststellen, wie schnell die Häuser hier auf dem Reservat alt aussehen, weil keiner sich die Mühe macht sie Instand zu halten. Das Haus da drüben zum Beispiel ist erst fünf Jahre alt.“ Alex war sprachlos. Sie hätte das schäbige Haus mit den kaputten Fenstern, so wie es dalag, umgeben von Unkraut und alten, verrosteten Sachen, auf viel älter geschätzt.

„So wie hier", fügte Sam etwas bitter hinzu, „ist es auf mehr oder weniger allen Reservaten. Hohe Arbeitslosigkeit, hohe Zahl von Abhängen jeglicher Art."

Alexandra schwieg bedrückt. Seit sie hier war, war der größte Teil ihrer romantischen Vorstellungen von *Indianern*, zerfallen. Die meisten Ureinwohner auf dem Reservat waren am System zerbrochen. Die Gesellschaft hatte ihre Kultur zum Verfall verdammt, als sie anfing Reservate und besondere Gesetze für sie einzuführen, die sie schützen sollten. Dieser Schutz jedoch machte die Ureinwohner abhängig von der Regierung – auf die schlimmste Weise. Die meisten Indianer hatten nach Generationen der Abhängigkeit nicht mehr die Kraft aufzustehen. Und der Rest von ihnen war zu sehr verstrickt in die Politik der Reservate, so dass sie nicht bemerken, wer sie in den Untergang trieb und warum.

Als Alexandra fragte, ob man den Menschen nicht irgendwie helfen konnte, antwortete Sam traurig: „Du kannst nur denen helfen, die die Hilfe annehmen. Die meisten hier wollen sich nicht helfen lassen. Glaub mir, es ist nichts frustrierender als Zeit damit zu verbringen Leuten zu helfen, die nicht bereit sind etwas an ihrer Situation zu ändern, und die dazu noch versuchen einen auch auf dieselbe Ebene hinunter zu ziehen."

Darauf wusste Alexandra nichts zu antworten. Der einzige Lichtblick in diesem Dunkel waren für sie Menschen wie Großmutter Reed, die gelassen und weise in beiden Welten zu Hause zu sein schienen und die in ihrem Herzen einen Weg gefunden hatten, Tradition und *Fortschritt* und das Beste aller kulturellen Einflüsse um sie herum, in ein harmonisches Ganzes zu verwandeln.

*

Sam parkte kurz darauf den Wagen vor dem Haus seiner Großmutter und stieg aus. Alexandra griff nach ihrer Tüte und verließ den Wagen ebenfalls.

„Du bringst Großmutter etwas mit?" fragte Sam.

„Ja", entgegnete Alex spitz. „Mandarinen. Sie werden ihr gefallen. Vitamine sind so wichtig in der kalten Jahreszeit. Und überhaupt. Warum fragst du so komisch? Du bringst ihr ja selbst ein Geschenk mit!" Sie deutete auf die Schnitzerei in seiner Hand. Sam lachte herzlich und die Spannung zwischen ihnen löste sich endlich. Sie erreichten die Tür und klopften an. Rosemary Reed öffnete selbst. Heute waren Sam und Alex die einzigen Besucher.

*

Grant Ryder stand vor dem Spiegel im Schlafzimmer seines Hauses und probierte verschiedene Garderoben an. Die Einladung zu den Carsons war unerwartet eingetroffen. Elaine Carson hatte ihn persönlich benachrichtigt. Sie klang kühl und distanziert durchs Telefon und Grant wusste nicht genau, warum sie ihn überhaupt eingeladen hatte. Aber eine solche Party war eine willkommene Abwechslung und verlangte, da die *Triple C* eine große, angesehen Ranch war, eine elegante Garderobe. Grant nickte selbstgefällig. Er war zufrieden mit seinem Spiegelbild – die absolut richtige Kombination für den morgigen Tag. Das würde ein großer Spaß werden! Gutes Essen, Musik und jede Menge schöne Frauen! Vielleicht würde sogar die Blonde dort sein … Grant hielt inne und sein Lächeln verschwand. Einen Moment überlegte er und pfiff dann durch die Zähne. Er glaubte nun zu wissen warum Elaine ihn eingeladen hatte. Was für ein Luder! Er hatte sie noch nie gemocht und das beruhte auf Gegenseitigkeit. Aber war sie so dumm, dass sie glaubte, niemand – und besonders nicht er selbst – würde ihr kleines Spielchen durchschauen? Sie war hinter Reed her. Seit Jahren. Und nun war diese unbekannte

Blonde auf der Bildfläche aufgetaucht und kam ihr in die Quere. Daher eine Party mitten im November. Er selbst sollte wohl … Grant lächelte hämisch und rief sich das Zusammentreffen mit Sam und der unbekannten Schönen im Restaurant vor ein paar Tagen wieder ins Gedächtnis. Er konnte nicht alle Einzelheiten erinnern, aber er spürte noch immer den blauen Fleck an seinen Schienbein. Er rieb sich nachdenklich das Kinn. Vielleicht würde die Party noch spaßiger als er vermutete!

*

Alexandra hatte angeboten, Tee zu kochen, während Sam mit seiner Großmutter auf dem Sofa Platz nahm. Als sie zurückkam, überreichte Sam seiner Großmutter gerade die mitgebrachte Schnitzerei. „Dies ist für dich, Großmutter", sagte Sam. Die Schnitzerei war aus schön gemasertem Holz gearbeitet, das eine honigfarbene Tönung angenommen hatte, da Sam es am Vorabend mit Leinöl behandelt hatte. Die Schnitzerei stellte eine Art Vogel dar und war ungefähr zwanzig Zentimeter groß.

„Ein Donnervogel", stellte Großmutter Reed zufrieden fest und nickte. „Schöne Arbeit!" Sie lächelte Sam dankbar an und strich mit ihren Fingern sanft über das glatte Holz. Dann blickte sie Alexandra an und bat freundlich: „Stell den Tee hier hin, Kind. Und setz dich. Und dann sag mir, was du in der Tüte mitgebracht hast."

Alex stellte also die Kanne ab, nachdem sie ihnen allen eine Tasse Tee eingegossen hatte, und zeigte Großmutter Reed den Inhalt ihrer Tüte. „Mandarinen", erklärte sie schüchtern.

„Genau, was ich benötige", sagte die alte Dame entzückt. „Meine Favoriten in Herbst und Winter!"

„Mrs. Reed", begann Alexandra, aber diese unterbrach sie: „Nenn mich Großmutter, Kind, denn das ist es, was ich bin. Auch für dich!" Alex errötete leicht. Sie fühlte sich geehrt. Sie wusste, dass Rosemary Reed eine wichtige Person im Stamm war und ihr Wort viel zählte. Die alte Dame war für sie, ebenso wie Sam, die Verkörperung des weisen, wahren Indianers, die in Alexandras romantischer Vorstellung noch immer existierten, und sie hatte nie zu hoffen gewagt, auf diese Weise von ihr akzeptiert zu werden. Unsicher blickte sie zu Sam hinüber. Dieser lächelte zustimmend. Daraufhin meinte Alex glücklich: „Ich nehme dein Angebot gerne an, Großmutter!" Mrs. Reed lächelte: „Nun, was wolltest du fragen?" „Der Donnervogel", meinte Alex. „Was für ein Wesen ist er?"

Großmutter Reed faltete die Hände im Schoß und überlegte einen Moment. Dann erklärte sie: „Der Donnervogel ist sehr mächtig. Er kann höher fliegen als alle anderen Wesen. Er ist ein Botschafter. Er ist unsere Verbindung zur Geisterwelt. Der Donnervogel trägt unsere Gebete zu *Great Spirit* und stellt sicher, dass sie erhört werden. Er ist ein großer Helfer. Unweit von hier entfernt gibt es viele Höhlen hoch in den Bergen. Dort kommt der Donner her. Man hört ihn dort, wenn man darauf achtet. Die alten Geschichten sagen, dass der Donnervogel dort zu Hause ist." Alexandra war beeindruckt. Ihr gefielen diese althergebrachten Geschichten. Was für ein Geschenk, ein Wesen wie den Donnervogel zu haben!

Großmutter Reed fuhr nun fort: „Als ich ein junges Mädchen war, und noch im Hause meines Vaters lebte, war ich einmal sehr, sehr krank. Nachdem meine Mutter gestorben war, hatte mein Vater wieder geheiratet und meine Stiefmutter konnte mich nicht ausstehen. Sie behandelte mich schlecht. Jeden Tag musste ich arbeiten. Ich musste Körbe flechten und verkaufen, damit ich für meine Kleidung bezahlen konnte. Meine Stiefmutter ließ es nicht zu, dass mein Vater Geld für mich ausgab. Die restliche Zeit meiner Tage verbrachte ich mit dem Aufpassen auf meine kleinen Halbgeschwister und mit dem Waschen ihrer Windeln. Meine Stiefmutter sah in mir eine kostenlose Arbeitskraft. Dann starb überraschend meine jüngere Schwester. Sie war meine einzige Verbündete gewesen.

Meine einzige Freundin. Einige Monate nach ihrem Tod, wurde ich selbst krank. Ich lag in meinem Bett im Hause meines Vaters. Niemand wusste, was mir fehlte. Der Arzt meinte, ich hätte ein gebrochenes Herz und jegliche Lebenslust verloren. Ich lag für viele Wochen im Bett. Die Schwester meiner verstorbenen Mutter war bei mir und versorgte mich. Doch mit jedem Tag wurde ich schwächer und fiel schließlich in ein Koma. Ich hörte meine Familie sagen, dass ich sterben würde

In der folgenden Nacht hatte ich eine Vision: Ich fuhr in einem Kanu den großen Fluss hinunter. Das Kanu hatte keine Paddel, sondern trieb von selbst auf dem Wasser. Vor mir im Boot saß meine Schwester, die vor kurzer Zeit gestorben war. Ich wusste daher, dass ich mich im Reich der Toten befand. Plötzlich erschien vor uns auf dem Wasser ein grelles Licht. Das Licht war so stark, dass ich nicht aufzusehen vermochte. Langsam näherte sich das Kanu dem Licht. Als ich vorsichtig über den Rand des Kanus blickte, sah ich die Enden von langen, schwarzen Federn, die sachte die Oberfläche des Wassers berührten und die zu einem langen Umhang zu gehören schienen, der vollkommen aus diesen schwarzen, mächtigen Federn gearbeitet war. Ich wusste mit Gewissheit, dass es Donnervogel war, der vor mir in dem grellen Licht stand. Ich fragte ihn demütig, noch immer mit gesenktem Haupt, ob ich eine seiner Federn berühren dürfte, um mich zu heilen. Donnervogel gab mir seine Zustimmung und sagte, ich solle zurückkehren, weil noch viele Aufgaben vor mir lägen, deren Erfüllung für mein Volk lebensnotwendig seien. In dem Moment, da ich die Feder mit meiner Hand berührte, traf mich ein Blitzschlag aus Energie, der wie Feuer durch meinen Körper schoss. Dann war das Licht mit einem Male verschwunden und das Kanu, in dem ich nun allein saß, trieb flussaufwärts, den gleichen Weg zurück auf dem es eben erst gekommen war.

Als ich die Augen öffnete, fand ich mich in meinem Bett wieder und die Schwester meiner Mutter kniete neben mir. Sie weinte vor Freude. Der Arzt, der mich am nächsten Tag untersuchte, hielt es für ein Wunder. Ich war noch immer schwach, aber eindeutig auf dem Wege der Besserung. Ich jedoch wusste, dass Donnervogel mir ein zweites Leben geschenkt hatte."

Alexandra sah Rosemary Reed erstaunt an. Was für eine besondere Erfahrung Großmutter bereits in jungen Jahren hatte machen dürfen! In ihren Augen war die alte Frau eine bemerkenswerte Person. Nicht nur aufgrund ihrer Weisheit und Geschichten, sondern auch durch die Tatsache, dass sie vollkommen problemlos die indianische Kultur mit der der Europäer zu verweben vermochte.

Alexandra konnte sich vorstellen, dass dieses Phänomen mit der Erziehung in den christlichen Schulheimen zu tun hatte, die alle indianischen Kinder zwangsweise noch bis in die Siebziger Jahre hinein erhalten hatten. Die Kinder wurden ihren Familien weggenommen und viele sahen ihre Familien erst nach Vollendung der Schulausbildung wieder. Viele Kinder starben in den Schulen und es war dort kein Kontakt zu den indianischen Wurzeln erlaubt – nicht einmal, die Sprache zu sprechen. Der Missbrauch an den Kindern, so hatte Sam ihr erzählt, sei sehr groß gewesen. Auch Großmutter Reed hatte eine solche Schule besuchen müssen. Erst viel später waren diese Kinder auf die Reservate zurückgekehrt und wieder mit ihrer eigenen Kultur in Verbindung gekommen.

Dann wiederum dachte Alexandra, dass es genauso gut möglich war, dass Großmutter Reed im wahrsten Sinne des Wortes weise war, und viele Dinge klarer durchblickte. Diese Gedanken teilte Alex ihr nun mit. Die alte Dame lächelte sie wohlwollend und verständnisvoll an und meinte schlicht: „Das Wesen, das ihr Gott nennt und *Great Spirit* sind Eins. Es ist egal, wie wir es nennen. Es begrüßt es, wenn wir mit ihm sprechen – und mit allen anderen Geistern, die seine Helfer sind."

Alex lächelte noch immer etwas verwirrt und nickte. Rosemary Reed war noch bemerkenswerter, als sie angenommen hatte. Sie blickte die alte Dame ehrfürchtig an und hoffte, noch oft Gelegenheit zu bekommen, sich mit ihr auszutauschen. Sie hatte so viele Fragen, aber sie fühlte, dass jetzt nicht die Zeit und der Ort waren, diese weiter zu verfolgen.

Rosemary Reed erhob sich und fragte an Alex gewandt: „Hast du schon unser Bannick probiert?"

„Nein", entgegnete diese interessiert. „Was ist das?"

„Bannick ist frittiertes Brot. Ich werde welches für uns machen. Du kannst mir helfen."

Bereitwillig folgte Alexandra Großmutter Reed in die kleine Küche, während Sam sich etwas außen vorgelassen fühlte. Für ihn war dies alles nichts Neues. Aber Alexandras Wangen glühten vor Freude darüber, dass Großmutter sie teilhaben ließ an den Traditionen des Stammes und ihr reges, aufrichtiges Interesse gefiel ihm – und Großmutter Reed anscheinend auch. Daher lehnte sich Sam einfach zurück und wartete auf die Rückkehr der beiden Frauen.

In der Küche rührte Rosemary Reed einen Teig aus Weizenmehl an und erhitzte viel Öl in einer tiefen Form. Der Teig wurde in kleine, runde Fladen verarbeitet, ähnlich Frikadellen, und in das heiße Öl gelegt. Dort verweilten die Fladen bis sie gar waren und wurden zwischendurch einmal gewendet. Die Zubereitung ging schnell. Großmutters sichere Handgriffe verrieten, dass sie diese Brote schon sehr oft zubereitet hatte.

Stolz trug Alexandra das Tablett mit den fertigen Bannick zu Sam ins Wohnzimmer und alle drei nahmen einen kleinen, spätabendlichen Imbiss. Die heißen Brote schmeckten gut, trieften jedoch vor Öl und Alex war nicht sicher, ob ein häufiger Genuss von Bannick gut für ihre Figur war.

Heute war ihr das egal. Sie war so glücklich über den gelungenen Abend und darüber, dass keine Spannung mehr zwischen ihr und Sam bestand, dass sie nicht einmal bemerkte, wie Rosemary Reed ihren Enkel beiseite nahm und ihm eindringlich etwas zuflüsterte. Das Einzige, was Alexandra wahrnahm, waren die bernsteinfarbenen Augen von Samuel Reed, die sie wieder lachend und wohlwollend anblickten. Und das machte sie glücklich.

14. Kapitel

Alexandra war nervös. In einer halben Stunde würde sie mit Sam zur *Triple C* aufbrechen, zu Elaine Carsons Party. Jede wichtige Person des Bezirks würde dort sein und Alex war sich nicht sicher, was sie von dieser Party halten sollte. Sie hatte noch immer ein flaues Gefühl im Magen, das sie sich nicht erklären konnte. Sie wünschte, Maggie würde auch gehen. Sie wünschte, sie wäre jetzt auf *Pine Tree.* Sie wünschte, sie hätte nicht zugesagt ... Aber das stimmte nicht ganz. Es machte Alexandra glücklich, dass Sam sie gebeten hatte, ihn zu begleiten, und nicht eine andere junge Frau!

Jetzt war Alex jedoch sehr nervös und beschloss Maggie anzurufen, um mehr Einzelheiten zu erfahren. Sam war draußen im Stall und versorgte sein Pferd, der Moment war also günstig. Denn Alex wollte auf keinen Fall, dass Sam etwas von ihrer Nervosität und Unsicherheit spürte.

„Alex? Ist alles in Ordnung?" hörte sie Maggie am anderen Ende fragen.

„Alles Bestens. Hör zu ... Es ist wegen der Party ... Ich habe nur ein paar Minuten ... "

„Okay", fiel Maggie ihr ins Wort. „Nur keine Aufregung. Ich dachte mir, dass du irgendwann fragen würdest. Also, es wird nicht so förmlich wie eine große Party in der Stadt. Vermutlich gutes Essen, aber nichts Kompliziertes. Wahrscheinlich Musik und Tanz und ein paar schwache Animierversuche vom DJ."

„Was für Animierversuche?" fragte Alex schwach.

„Oh, harmlos", meinte Maggie lässig. „Keine Zeit dafür. Jetzt zur Garderobe: Elaine geht bestimmt supermodern und knapp, aber Sam mag das nicht. Er ist mehr altmodisch, was Mode anbelangt – wie Dick. Und denk daran, dass es warm werden wird mit so vielen Leuten. Und noch etwas – nimm dich vor Elaine in Acht. Ich habe irgendwie ein ungutes Gefühl."

Alexandra hätte gerne etwas mehr zu Maggies letzter Bemerkung erfahren, aber die Zeit drängte. Sie musste sich fertig machen. Alex verabschiedete sich von Maggie, ging zurück in ihr Zimmer, sah erneut ihre Garderobe durch und verwarf das Outfit, das sie in die engere Wahl gezogen hatte, als zu modern. Was blieb übrig? Alex war hin- und hergerissen. Dann wurde sie auf einmal ganz ruhig. Sam war es egal, was sie anzog. Das wusste sie. Sie würde einfach etwas tragen, in dem sie sich wohl fühlte. Alexandras Blick fiel auf ihren knöchellangen, weitschwingenden Seidenrock. Das war ihr Lieblingsstück, weil er sich so gut tragen ließ. Die Wildseide war so weich und geschmeidig und Alex liebte die silbergraue Farbe. Dazu wählte sie ein ärmelloses, enggeschnittenes Oberteil mit Rollkragen aus feiner Merinowolle in einem hellen Graublau. Schnell schlüpfte sie in die Kleidung und fühlte sich sofort besser. Sie zog ihre schlichten dunkelgrauen hochhakigen Schuhe an und legte eine feine Kette aus kleinen weiß-rosa schimmernden Süßwasserperlen um. Nach kurzem Suchen fand sie auch die dazugehörigen Ohrringe. Alex schaute flüchtig in den Spiegel. Alles war in Ordnung bis auf ihr Haar. Sie lief ins Bad und steckte ihre blonden Haarsträhnen locker auf. Make-up legte sie nur sehr dezent auf. Sie war nicht der Typ für viel Farbe. Dann schaute Alexandra erneut in dem Spiegel. So konnte sie gehen.

Sie trat aus dem Bad und stieß beinahe mit Sam zusammen. Ihn hatte sie völlig vergessen.

„Oh, Sam! Ich war in Eile. Es tut mir leid!" stammelte Alex bestürzt.

„Mir nicht!" meinte Sam und schaute sie bewundernd an. „Man wird nicht jeden Tag von einer Göttin umgerannt!" Alex runzelte die Stirn. Machte er sich schon wieder über sie lustig? Aber da meinte Sam auch schon: „Komm, ich helfe dir in die

Jacke. Wir müssen los, wenn wir nicht als Letzte auf der *Triple C* ankommen wollen!" Im Auto blickte Alexandra mehrmals zu Sam hinüber. Er sah großartig aus! Zu schwarzen Stiefeln und schwarzer Jeans, trug er ein graugrünes Hemd aus glatter Baumwolle und seine braune Lederjacke. Er roch nach After Shave und seine Augen blitzten vergnügt. Alex genoss die ruhige Fahrt mit ihm allein.

Als sie die Auffahrt der *Triple C* hinauffuhren, konnten sie schon von weitem im Schein der Außenbeleuchtung die schimmernden Dächer der zahllosen Autos sehen, die vor ihnen angekommen waren. Sofort kehrte Alexandras Nervosität zurück. Sie mochte keine großen Partys!

Sam suchte einen abgelegenen Parkplatz und meinte erklärend: „Sonst sind wir später völlig zugeparkt!" Dann half er ihr aus dem Wagen. Alex schaute sich genauer um. Die Stallungen rings um den Hof leuchteten in dem warmen Licht von unzähligen bunten Lichterketten. Auch der Eingang zum Haus war hell erleuchtet. Und was für ein Haus! Es war das erste Mal, dass Alexandra das Wohnhaus der *Triple C* aus der Nähe sah.

Das Gebäude war so groß und wirkte durch die graue Farbe der Steinmauern so kalt und starr, dass es fast beängstigend war. Es sass wie ein großer quadratischer Klotz inmitten der Stallungen und Außengebäude und schien irgendwie fehl am Platz. Ein Haus wie dieses hätte Alex in England auf dem Lande erwartet, aber nicht hier in Shaheylah. Tatsächlich, das Haus und der gesamte Hof erinnerte sie an ein englisches Landgut. Es wuchs sogar Efeu an den Wänden der Stallungen! Alex schüttelte verwundert den Kopf. Von drinnen klangen Musik, Stimmen und Geschirrgeklapper hinaus in die kalte Nacht und alle Zimmer im Erdgeschoss waren hell erleuchtet.

„Warum habe ich nur zugesagt?" fragte Alex nun halblaut, und beobachtete nebenbei fasziniert einen Vogel mit rotem Brustgefieder, der auf dem Weg unweit vor ihr herhopste, den Kopf immer wieder zu ihr umdrehte und schließlich davon flog.

Alexandras Grund ging neben ihr und grinste sie jetzt an: „Nur nicht schlapp machen, Alex! Du siehst toll aus und in einer halben Stunde wirst du dich besser fühlen!" Alexandra bezweifelte Letzteres, beruhigte sich aber sofort, als Sam ihre Hand ergriff und an ihrer Seite das Haus betrat.

Sie wurden stürmisch und überaus freundlich von Elaine Carson und ihrer Mutter begrüßt, die gemeinsam die Gäste in der großen Halle des Hauses in Empfang nahmen.

„Es ist äußerst lieb von Euch", meinte Elaine, „dass ihr heute Abend gekommen seid, obwohl Maggie und Dick leider abgesagt haben. Der arme Dick, ich hoffe, es geht ihm schon besser?" Aber sie wartete keine Antwort ab, sondern fuhr sogleich fort: „Du siehst ganz niedlich aus, Alex!" Alexandra schluckte den Seitenhieb herunter ohne mit der Wimper zu zucken. Wer mochte schon in ihrem Alter noch als niedlich abgestempelt werden. Aber sie stand hier, Hand in Hand mit Samuel Reed und sie fühlte sich gut. So eine Bemerkung konnte sie nicht ärgern! Alex lächelte daher nur süß und sah sich dann Elaines Outfit näher an. Es bestand im wesentlichen aus einem weinroten, knappen, engen Oberteil und einem dazu passenden langen Rock aus Chiffon, der viel von Elaines sportlicher Figur zeigte. Dazu trug sie Schuhe mit extrem hohen Absätzen und auffälligen Diamantschmuck. Ob er echt war, vermochte Alex nicht zu sagen. Elaine trug ihr braunes Haar an den Seiten aufgesteckt und hatte aufwändige Blumenverzierungen darin angebracht. Alles in allem, das musste Alex zugeben, sah sie vollkommen aus.

Mrs. Carson dagegen war schlicht und unauffällig gekleidet. Sie trug ein elegantes, zeitloses, zweiteiliges Kostüm in beige, flache braune Schuhe und wenig Make-up und erklärte Alexandra und Sam, wo sich das Büffet und die Tanzfläche befanden. Dann trafen die nächsten Gäste ein und Alex und Sam wurden weitergeschoben.

Sam sagte etwas von Hunger und steuerte mit Alex auf das Büffet zu. Diese nahm sich Zeit und begutachtete die anderen

Gäste. Sie waren teilweise leger, teilweise sehr elegant gekleidet und standen in kleinen Gruppen beieinander. Die meisten hielten Getränke in den Händen. Alex fühlte sich noch immer etwas fehl am Platz, aber wenigstens nicht unpassend angezogen. Die Räume, in denen die Party stattfand, waren augenscheinlich das Wohnzimmer, das Lesezimmer, das Empfangszimmer und die Eingangshalle. Zusammen nahmen diese Räume mehr Fläche ein, als zwei Wohnungen der Größe, die Alex in Hamburg bewohnt hatte. Die Räume waren so aufwendig dekoriert, dass es fast kitschig wirkte und Alex musste schmunzeln. Sie war noch nie zuvor zu einer solchen Party geladen gewesen!

„Worüber amüsierst du dich?" wollte Sam wissen.

„Über alles hier! Es ist so ..." Alex suchte nach dem passenden Wort, „... so üppig!" Sam lachte herzlich und versuchte zum Büffet durchzuschlüpfen, ohne dass ihn jemand ansprach. Aber das gelang ihm natürlich nicht. Er wurde in der Umgebung von Shaheylah geschätzt und kannte durch seinen Beruf viele Leute. Daher stellte er einen willkommenen Gesprächspartner dar. Sam stellte Alexandra jedem vor, der ihn ansprach, und Alex versuchte sich möglichst freundlich und interessiert zu geben. Aber die meisten Leute konnten sie nicht fesseln. Alex hatte Hunger.

Sarah Burdell tippte ihr von hinten auf die Schulter und zwinkerte ihr vielsagend zu, während sie in einem unglaublich grellen, rosafarbenen Abendkleid mit ihrer Begleitung zum Büffet segelte. Alex grinste. Sarah war immer für eine Überraschung gut.

Alexandra hatte sich langsam aufs Buffet zugearbeitet und Sam mit seinem Gesprächspartner stehen lassen. Es war bereits neun Uhr und ihr Magen knurrte. Sie konnte einfach nicht länger nur freundlich neben dem herrlichen Essen stehen und zusehen, wie die anderen Gäste es allein aufaßen. Der Andrang war groß und das Essen schwand schnell.

„Du bist vielleicht ein Deserteur!" raunte jetzt eine Stimme neben ihr. Es war Sam. Alex entgegnete entschuldigend. „Oh, Sam, ich hatte solchen Hunger!“ „Den habe ich auch“, meinte Sam und sah ihr forschend in die Augen.

„Es ist wirklich schön, dass ihr hier seid“, ertönte in diesem Augenblick eine Stimme neben ihnen. Es war Elaine. „Tut mir leid, dass ich bisher keine Zeit für euch hatte, aber als Gastgeberin hat man eben seine Pflichten.“ Sie lachte geziert. Sam blickte Elaine fast vorwurfsvoll an, während diese fortfuhr: „Es gibt gute Musik im Wohnzimmer. Leider nicht live, aber der DJ ist der Beste in der Gegend.“

„Wir würden gerne erst etwas essen“, meinte Sam trocken.

„Oh, aber selbstverständlich“, zwitscherte Elaine. „Vielleicht auch etwas Champagner oder Wein?“ Sie griff nach einer Flasche und stieß dabei die Schale mit dem Salatdressing um. Diese fiel zu Boden und hinterließ auf dem Weg nach unten eine fettige Spur auf Alexandras feinem Seidenrock. Elaine schien entsetzt: „Oh, ich dumme Gans!“ Sie machte Anstalten auf Alexandras Rock herumzuwischen. Aber Sam wehrte empört ab: „Du machst die Sache ja schlimmer, als es sowieso schon ist!“ Dann wandte er sich an Alex: „Etwas Club Soda bringt das im Nu in Ordnung!“

„Wir haben welches in der Küche“, meinte Elaine und eilte voraus.

Während Alex mit ihrem Rock beschäftigt war, beobachtete sie, wie Elaine auf Sam einredete und machte sich ihre Gedanken. Sie glaubte nun zu wissen, was Maggie gemeint hatte, denn sie war fast sicher, dass Elaine den Ellenbogen extra ausgestreckt hatte, um die Schale mit Absicht zu treffen. Natürlich hätte alles auch ein dummer Unfall sein können.

Als Alexandra ihren Rock gereinigt hatte und aus der Küche trat, sah sie als erstes Grant Ryder, der mit einem älteren Herren zusammen stand und redete. Dann erblickte sie Sam, der sich gerade von Elaine loseisen konnte, und eilte zu ihm hinüber.

„Grant Ryder ist hier!“ flüsterte sie besorgt.

„Ich habe ihn gesehen", meinte Sam. „Mach dir keine Sorgen. Heute ist er nüchtern!"

Nach einem kleinen Imbiss ging Alexandra mit Sam ins Wohnzimmer, wo Musik gespielt wurde. Die meisten der jüngeren Gäste hielten sich hier auf. Alex und Sam kamen mit einigen Leuten ins Gespräch und unterhielten sich gut, als Elaine das Mikrofon ergriff und ankündigte, dass das Karaoke-Singen jetzt beginnen würde. Die Stimmung stieg sofort und es meldeten sich Freiwillige. Den ersten Song allerdings sang Elaine selbst. Es war ein langsamer Country Song den Alex nicht kannte. Elaine trug ihn gut vor – natürlich mit unschlagbarer Selbstsicherheit. Aber ihre Stimme war dünn und Alexandra wusste nicht, warum Elaine sich darum riss, vor so vielen Leuten aufzutreten. Immerhin, Mut schien sie zu haben.

Auf einmal verkündete Elaine, dass sie heute einen besonderen Gast aus Übersee unter sich hätten, und dass dieser Gast doch bitte den nächsten Song vortragen sollte. Alex kümmerte sich nicht weiter darum bis ihr plötzlich klar wurde, dass sie gemeint war! Resolut schüttelte sie den Kopf.

„Ist doch nur Spaß!" rief Elaine ihr zu und von allen Seiten hörte sie aufmunternde Worte. Sam beugte sich zu Alexandra vor und sagte leise: „Lass nicht zu, dass sie dich bloß stellt … außerdem … du schuldest mir ein Lied!"

„Danke für die Hilfe!" raunte Alex. Dann ging sie langsam zu dem kleinen Podest hinüber, dankte Elaine kühl und wählte ein Lied aus. Woher sie den Mut dazu nahm, wusste sie selbst nicht! Schließlich nahm sie das Mikrofon in die Hand und sah sich unsicher um. Wenigstens war es halbdunkel im Raum und bis auf Elaine und Sam kannte sie niemanden im Zimmer. Elaine … Alex mochte sie von Minute zu Minute weniger! Sie durfte nicht zulassen, dass Elaine Grund hatte, sie herunterzuspielen. Also holte Alex tief Luft und sah zu Sam hinüber. Sein Grinsen machte ihr bewusst, dass dies alles tatsächlich nur ein Spaß war. Ihre Anspannung ließ nach.

Das Lied war wie ein Blitz vorüber und schon kletterte Alex

von dem Podest herunter. Der nächste Freiwillige zwängte sich an ihr vorbei und Alexandras Auftritt war vergessen. Als sie sich Sam näherte, hörte sie ihn gerade noch etwas von *mein Mädchen* sagen. Er blickte ihr erwartungsvoll entgegen. Die Umstehenden versicherten ihr, dass ihre Darbietung sehr gut für einen Anfänger gewesen sei und Elaine machte ein säuerliches Gesicht. Sie hatte sich zu Sam gesellt, um Alex versagen zu sehen, hatte aber feststellen müssen, dass Alexandras Vortrag um einiges besser gewesen war, als ihr eigener. Dementsprechend war Elaine schlecht gelaunt. Sie war es nicht gewohnt, ausgestochen zu werden. Schon gar nicht an *ihrem* Abend.

Alexandra wollte nun etwas frische Luft schnappen und Sam begleitete sie. Sie verließen das Haus durch eine große Glastür im Salon, die in den Garten hinausführte. Als die Tür hinter ihnen zufiel und der Lärm und Trubel nur noch gedämpft zu hören waren, atmete Alex erleichtert auf. Sie fröstelte ein wenig, denn die kalte Luft drang sofort durch ihre leichte Kleidung. Aber ihrem Kopf tat diese Erfrischung gut.

„Ich bin an so viel Trubel nicht mehr gewöhnt", meinte Alex. „Bin wahrscheinlich schon eine richtige Hinterwäldlerin geworden!" „Das gefällt mir so gut an dir. Du bist kein bisschen modern!" Er sah Alexandras verdutztes Gesicht und fügte schnell hinzu: „Ich meine modern in dem Sinne, dass dich solche Partys, der ganze Modefimmel und der andere Firlefanz gar nicht interessieren. Du bist so … natürlich!" Er schaute etwas verlegen drein. Alex sah ihn einen Moment lang forschend an und erwiderte dann: „Danke für das Kompliment."

„Alex", begann Sam, „ist dir schon sehr kalt oder hältst du es noch einen Augenblick aus? Wir hätten die Jacken mitnehmen sollen."

„Es geht schon noch ein paar Minuten", erwiderte Alexandra.

„Gut", meinte Sam, „denn ich möchte dir etwas sagen, was mir schon lange auf dem Herzen liegt. Ich …" Weiter kam er nicht, denn in diesem Moment ging die Tür auf und eine Gruppe anderer Gäste betrat die Veranda.

„Komm“, sagte Sam deshalb. „Gehen wir wieder hinein.“ Er hielt Alex die Tür auf und betrat nach ihr den Salon. Der Lärm war für Alexandras Ohren jetzt fast unangenehm. Sie drehte sich zu Sam um und fragte: „Was wolltest du mir sagen?“ „Alex, ich …“ Aber auch dieses Mal wurde er unterbrochen. Einer der Kellner trat zu ihnen und bot ihnen Getränke an. Wie aus dem Nichts tauchte nun Grant Ryder auf und drängelte sich dazwischen.

„Ich nehme gern ein Glas!” Grant griff nach einem der Gläser. „Oh, ich nehme doch lieber Champagner“, meinte er dann und nahm eins der anderen Gläser. Der Kellner wandte sich erneut an Alexandra und diese nahm sich auch ein Glas. Und zwar das, welches sie im Begriff war zu nehmen, als Grant sich dazwischen gedrängelt hatte. Sie trank einen Schluck.

Sam sah Grant finster an: „Warum ziehst du nicht Leine, Ryder?“

Dieser entgegnete kühl: „Ich darf doch stehen, wo ich möchte, lieber Sam.“ Sams Gesicht verfinsterte sich noch mehr. Dann wandte er sich an Alexandra: „Komm, lass uns tanzen“, und zog sie schon in Richtung der anderen tanzenden Paare.

„Warte!“ rief Alex und stellte ihr Glas ab. Dann folgte sie Sam, der an ihrer Hand zog.

Als sie sich auf der Tanzfläche gegenüberstanden, erklärte Alexandra im Befehlston: „Ich tanze nur mit dir, wenn du deine Laune änderst!“

Sam stutzte einen Moment. Dann lächelte er: „Natürlich werde ich meine Chance nutzen! Tut mir leid.“ Gerade lief das eben gespielte Lied aus und ein neues, langsames Stück begann. Die Tanzfläche füllte sich mit Paaren. Alex zögerte. Sie blickte in Sams ebenmäßiges Gesicht mit den faszinierenden bernsteinfarbenen Augen, die sie jetzt ernst ansahen. Langsam legte Sam seinen Arm um ihre Taille und ergriff mit der anderen ihre Hand. Dann zog er sie nahe an sich. Alexandra spürte seinen Atem an ihrem Hals. Sie bekam eine Gänsehaut und ihr Herz fing an zu springen. Es war jetzt noch schlimmer, als beim letzten Mal, als sie in Sams Armen gelegen hatte.

Alex betete inständig, Sam möge nicht merken, was in ihr vorging und versuchte gleichgültig zu wirken. Sie schloss die Augen und begann den Augenblick zu genießen. Sie fühlte Sams starken Körper nahe an ihrem, spürte seinen Herzschlag. Vielleicht war es auch ihr eigener Herzschlag, den sie vernahm, denn ihr Herz klopfte so laut, dass sie dachte, alle Anwesenden müssten es hören. Sie wünschte sich inständig, dieser Augenblick möge für immer währen.

Plötzlich begann sich alles in ihrem Kopf zu drehen. Immer schneller und schneller! Alexandra wollte es nicht wahr haben und riss die Augen auf. Aber das machte alles nur noch schlimmer! Für eine Sekunde war ihr, als sähe sie den Schatten eines mächtigen, schwarzen Vogels in einer der Zimmerecken stehen. Aber beim erneuten Hinsehen war er verschwunden. Überhaupt konnte sie nur verschwommene, sich schnell bewegende, verzerrte Formen erkennen und die Geräusche der Party drangen nur noch gedämpft an ihr Ohr. Wahrscheinlich hatte sie sich den Schatten des Vogels nur eingebildet ... Ein flaues Gefühl breitete sich in ihrem Magen aus und ihre Knie wurden weich. Panik erfasste sie. Alexandra spürte, sie würde ohnmächtig werden und sie konnte nichts dagegen tun! Sie klammerte sich an Sams Arme. Alex war noch nie ohnmächtig gewesen, sie wollte es auch jetzt nicht. Sie hatte Angst! Doch alles ging so schnell, Alex konnte nur noch: „Sam, hilf mir!" glucksen. Dann wurde alles um sie herum dunkel.

Sam war entsetzt, als Alexandra plötzlich in seinen Armen zusammensackte. Er rief ihren Namen, aber es kam keine Antwort. Sam hob Alex in seine Arme und schaute sich suchend um. Die Musik brach ab. Eine Traube von Menschen versammelte sich um sie. Alex war ohne Bewusstsein und er konnte sie nicht wach rütteln!

Eine Männer Stimme rief: „Ich bin Arzt!" Sekunden später

drängte sich ein älterer, untersetzter Herr mit grauem Haar durch die Menschentraube. Er fühlte Alexandras Puls, prüfte ihre Pupillen und meinte dann zu Sam: „Wir bringen sie besser in eines der Gästezimmer." Sam setzte sich sofort in Bewegung und mit Alex auf dem Arm folgte er dem Doktor und der aufgeregten Mrs. Carson ins Obergeschoss des Hauses. Dort legte er Alex im Gästezimmer aufs Bett und der Arzt bat ihn mit Mrs. Carson unten zu warten. Sam fügte sich widerwillig. Er ließ Alex nicht gern allein. Er fühlte, er sollte bei ihr bleiben, doch der Arzt redete beschwichtigend auf ihn ein und so folgte er der noch immer aufgeregten Mrs. Carson nach unten.

Dort traf Sam auf Elaine, die sichtlich erregt und aufrichtig besorgt klang. Alex sei doch nicht ernstlich etwas zugestoßen? Sam schwieg. Er kannte die Antwort nicht. Er ließ sich auf der ersten Treppenstufe nieder und rieb sich den Kopf, während Elaine neben ihm stand und ununterbrochen auf ihn einredete. Sam machte sich ernstlich Gedanken. Eben noch war er im siebten Himmel gewesen und jetzt – jetzt war ein großer Sturm losgebrochen!

Der Arzt kam wenig später herunter und sagte, Alex schliefe jetzt. Man müsste warten, bis sie aufwachte, um genau zu sagen, was passiert sei. Man solle sie eine Weile in Ruhe lassen und nicht stören. Sam gefiel das alles nicht. Er wollte Alexandra nach Hause bringen oder zumindest nach *Pine Tree* zu Maggie. Etwas stimmte hier nicht. Er hatte immer noch dieses ungute Gefühl … Elaine redete weiterhin auf ihn ein und gab sich so freundlich und besorgt, als ob ihm etwas fehlte.

„Sei eine Minute still, Elaine! So kann ja niemand nachdenken!" fuhr er sie ärgerlich an. Elaine verstummte sofort. Was war es nur? Sams Gehirn arbeitete. „Ist jemand nach oben gegangen, seit wir Alex ins Gästezimmer gebracht haben?" fragte er.

„Hier nicht, aber den anderen Treppenaufgang kann man von hier aus nicht sehen", antwortete Elaine kurz angebunden.

Sam bat still um Hilfe und Führung und plötzlich fiel ihm

wieder ein, was Großmutter gestern beim Abschied leise zu ihm gesagt hatte: *Halte dein Auge fest auf Alex!* Sam sprang auf. Er hätte nicht von Alexandras Seite weichen sollen. Sie brauchte ihn! Er musste sie schützen!

Im Nu war er fast lautlos die Treppen hinaufgelaufen und stand an der Tür zum Gästezimmer in dem Alex lag. Von der anderen Seite der Tür ertönte eine Männerstimme: „Du Miststück! Du verdienst es nicht anderes!" Sam schob die Tür zu dem Zimmer lautlos einen Spalt auf und sah Grant Ryder, der mit einem Kommandomesser in der Hand über dem Bett stand in dem Alexandra lag. Alex selbst schien halb wach, halb benommen zu sein und nicht fähig sich zu rühren. Grant hob die Hand, die das Messer hielt, und Alex schloss die Augen.

In diesem Moment stürmte Sam ins Zimmer und rief: „Jetzt kriegst du, was du verdienst, du Hund!"

Doch Grant rührte sich nicht. Sam machte einen Schritt auf ihn zu. Er hatte keine Angst vor Messern. Das Jahrtausende lange Überleben seiner Vorfahren war durch Messer und ihre Handhabung geprägt gewesen. Diese Art von Kampf lag in seinem Blut. Sam griff nach einem Kissen, um sich besser gegen Grants Messer verteidigen zu können und innerhalb weniger Sekunden war ein verbissener Kampf im Gange, in dem Sam klar die Oberhand hatte.

Grant wusste, dass er im Zweikampf gegen Sam keine Chance hatte. Er versuchte ein paar Mal Sam mit dem Messer zu erwischen, hatte aber kein Glück, denn dieser wehrte die Hiebe gekonnt mit dem Kissen ab. Grants einziger Ausweg war die Tür. Er setzte daher seinen Kopf als Rammbock ein und brachte Sam ins Wanken. Sam taumelte und stützte sich auf das Bett hinter sich um das Gleichgewicht zu halten. Alexandra stöhnte auf, als Sams Gewicht auf ihrem Körper aufprallte.

Grant nutzte die sich ihm bietende Situation aus, um Sam endgültig einen Hieb mit dem Messer zu versetzen. Aber dieser trat ihm mit dem Fuß die Waffe aus der Hand und Grant floh aus dem Zimmer. An der Treppe ordnete er seine Kleidung und sein Haar, stieg gelassen die Treppe hinab und mischte sich wieder unter die anderen Gäste.

Sam wollte gerade zu seiner Verfolgung ansetzen, als er bemerkte, dass sein Unterschenkel blutete. Das Messer musste ihn, als er es Grant aus der Hand getreten hatte, unbemerkt am Bein verletzt haben.

Elaine war Sam ins Obergeschoss gefolgt und verpasste Grant nur um eine Haaresbreite. Er hatte für seinen Abgang die andere Treppe gewählt. Im Gästezimmer angekommen beeilte Elaine sich ein Tuch aus dem Badezimmer für Sams Wunde zu holen. Dieser fluchte leise vor sich hin. Alexandra versuchte sich im Bett aufzurichten, hielt sich dann aber den Kopf: ihr war noch immer schwindlig! Was war nur los mit ihr?

„Alex!" Sam drehte sich zu ihr um. „Mach dir keine Sorgen! Ich bringe dich jetzt nach *Pine Tree.*" Alex ließ sich auf das Kopfkissen zurück gleiten. *Pine Tree!* Wie gerne wäre sie jetzt dort!

Sam verband sein Bein notdürftig, während Elaine aufgeregt umhersprang. Dann hob er Alexandra wortlos auf seine Arme, verließ das Gästezimmer und, unter den Augen vieler verwunderter Gäste, das Haus der Carsons. Er trug Alex über den erleuchteten Hof bis zu seinem Pickup und betete, dass Grant ihm jetzt nicht über den Weg lief.

Wenige Minuten später erreichten sie *Pine Tree.* Das Haupthaus lag dunkel vor ihnen. Maggie und Dick waren schon schlafen gegangen. Sam hupte und es dauerte nur einen Augenblick bis Dick in der Tür erschien. Er pfiff durch die Zähne, als er Sam sah. Maggie, die ihm gefolgt war, schrie entsetzt auf. Aber Sam winkte ab und deutete auf Alex.

„Was ist mit ihr?" raunte Maggie heiser.

„Sie ist bei Elaine zusammengeklappt! Helft mir, sie ins Haus zu bringen. Es geht ihr immer noch schlecht."

Dick stützte Alexandra auf der einen Seite und Maggie nahm ihren anderen Arm. Sie wollten sie ins Gästezimmer bringen, aber Alex lehnte ab. Sie wollte ins Bad. Ihr war so übel. Maggie begleitete Alexandra und brachte sie wenig später ins Gästezimmer. Sie kühlte ihr die Stirn mit einem kalten, nassen Waschlappen und redete beruhigend auf sie ein bis Alex fest eingeschlafen war. Dann gesellte sie sich zu den Männern in die Küche. Dort hatte Sam seine Jeans ausgezogen und die Schnittwunde mit klarem Wasser ausgewaschen.

„Was ist passiert?" fragte Maggie scharf, während sie einen Druckverband anlegte.

Sam berichtete die Fakten des Abends und schloss seinen Bericht mit den Worten: „Ich weiß nicht, was ich davon halten soll. Alex ging es blendend. Und dann sackte sie plötzlich zusammen. Einfach so!"

„Hat sie irgendetwas ungewöhnliches gegessen oder getrunken?" wollte Dick wissen.

Sam schüttelte den Kopf: „Vor dem Tanzen hat sie etwas Sekt getrunken, aber nicht mehr als ein paar Schlucke …"

Maggie schaltete sich ein: „Vielleicht hat ihr jemand etwas in den Sekt getan. Das hört man doch heute überall!" „Woran denkst du?" fragte Dick.

„Na, jemand tut Alex etwas in ihr Getränk um sie für den Abend auszuschalten. Vielleicht war sie jemandem im Wege …"

„Elaine? Du meinst, sie würde so etwas tun?" Sam war entgeistert.

„Sie ist eine Frau, mein Lieber, die gehen bekanntlich über Leichen", antwortete Maggie.

„Das ist eine schwere Anschuldigung, Maggie!" meinte Dick.

„Überlegt doch mal: Alex ist nie krank. Aber ausgerechnet heute Abend bei Elaine … wie passend … nein, irgendwer hat ihr etwas gegeben. Eine Droge oder ähnliches …", beharrte Maggie. „Ich habe gerade neulich darüber in der Zeitung gelesen und die Symptome stimmen. Ihr Zwei lebt bloß noch im Mittelalter, das ist das Problem. Da draußen gehen Dinge ab, da sträuben sich einem die Haare!" Dann fügte sie hinzu: „Gut, dass du in der Nähe gewesen bist, Sam." „Wenn ich nicht wäre, dann hätte Alex jetzt diese Probleme nicht", erwiderte Sam stumpfsinnig. Maggie sah ihn fragend an, aber er gab ihr keine weitere Erklärung.

„Sollen wir dich zum Krankenhaus fahren?" fragte Dick nun praktisch. „Und wie ist es mit Alex?" „Bei mir ist es nicht so schlimm", meinte Sam. „Die Wunde ist sauber und morgen kann Großmutter sich die Sache ansehen. Jagen gehen wir morgen sowieso nicht!"

Und Maggie meinte: „Alex ist im Moment auch okay. Sie schläft fest."

Dick nickte und Maggie bestimmte, dass jetzt alle ins Bett gehen sollten, schließlich würden die Kinder morgen früh wieder rechtzeitig auf den Beinen sein. Die Kleinen kannten keine Gnade in dieser Hinsicht.

Sam entschuldigte sich für den nächtlichen Zwischenfall und meinte, er wolle bei Alex im Zimmer Wache halten – nur für alle Fälle. Maggie umarmte Sam kurz und wenige Minuten später waren im Hause wieder alle Lichter erloschen.

Maggie dachte vor dem Einschlafen noch, was es doch für ein Wunder sei, dass die Kinder von der ganzen Aufregung nicht aufgewacht waren. Doch in diesem Moment ging auch schon die Tür auf und eine kleine Gestalt erschien vor ihrem Bett: „Mama ..." flüsterte Miranda.

15. Kapitel

Als Alexandra am nächsten Morgen aufwachte, war es schon spät. Sie reckte sich im Bett und legte dann sofort eine Hand an die Schläfe. Sie fühlte sich, als wolle ihr Kopf zerspringen! Dann erinnerte sie sich an die Geschehnisse des vorherigen Abends und ihre Miene verdunkelte sich. Was war nur mit ihr los? Einfach so zusammen zu klappen, war wirklich nicht ihre Art. Langsam setzte Alex sich im Bett auf. Ihr Kopf dröhnte und ihr war noch immer übel. Sie schaute aus dem Fenster. Die Sonne schien. Plötzlich fiel ihr ein, dass sie heute mit Sam hatte Jagen gehen wollen. Ob Sam noch auf *Pine Tree* war? Sie stand auf und ging in die Küche.

„Wie fühlst du dich?“ fragte Maggie. Sie stand am Herd und bereitete Lunch.

„Als sei ein Lastwagen über meinen Kopf gefahren“, stöhnte Alex und ließ sich am Tisch nieder. „Wo sind Dick und die Kinder?“ fragte sie, obwohl sie es sich denken konnte.

„Draußen im Stall. Es ist so ein schöner Tag. Die Kinder wollen nach dem Essen Reiten. Du hast lange geschlafen. Es ist schon fast 12 Uhr“, entgegnete Maggie. „Sam ist übrigens auch noch da. Er hat die Nacht über an deinem Bett gesessen." Nach einer Pause fuhr sie fort: „Die anderen werden bald hereinkommen. Warum machst du dich nicht frisch. Ich komme schon zurecht. Ich habe ein paar von meinen Klamotten für dich im Bad bereitgelegt. Es ist ziemlich kalt draußen und du hast nur deinen leichten Rock an.“ Alexandra umarmte die Freundin dankbar und fragte dann vorsichtig: „Was hältst du von der ganzen Geschichte gestern?“

Maggie wiederholte ihre Theorie vom Vorabend und schloss mit den Worten: „Du solltest ihn anzeigen …“

Alex schwieg und zitterte leicht. „Ja …“, entgegnete sie, „Ich wäre euch dankbar, wenn ihr mich später auf die Polizeistation begleiten könntet.“ Sie machte eine Pause. Dann fügte sie hinzu: „Ich muss Sam wirklich dankbar sein. Er hilft mir dauernd aus der Patsche!“ „Er macht sich schwere Vorwürfe“, meinte Maggie nun, „weil er dich allein in dem Zimmer auf der *Triple C* gelassen hat. Du solltest mit ihm reden.“

Alexandra nickte und verschwand dann im Bad, wo sie das Gesicht mit kaltem Wasser wusch. Dann betrachtete sie forschend ihr Bild in dem kleinen Spiegel, der über dem Waschbecken hing. Fast meinte sie, dass es nicht sie selbst war, sondern eine andere, die ihr aus dem Spiegel entgegenblickte. Etwas in ihrem Gesicht hatte sich verändert, obwohl es nicht wirklich sichtbar war … Alex stockte. Sie erinnerte sich an den Schatten des großen schwarzen Vogels, den sie am vorherigen Abend in der Ecke des Wohnzimmers auf der *Triple C* zu sehen geglaubt hatte. Sie wusste nun mit Sicherheit, dass der Vogel wirklich dort gewesen war. Er war erschienen um sie zu warnen! Und genau das war es, was sich an ihr verändert hatte. Nicht ihr Aussehen hatte sich verändert, sondern ihre Seele. Sie nahm jetzt Signale wahr, die sie noch vor wenigen Wochen als unglaublich beiseite geschoben hätte. Und diese Veränderung spiegelte sich in ihren Augen wider. Diesen Augen, die ihr jetzt aus dem Spiegel entgegenblickten.

Alexandra nahm diese Veränderung still zur Kenntnis. Sie wusste nicht genau, was sie von dieser Erkenntnis halten sollte, aber tief in ihrem Herzen spürte sie, dass sie sie begrüßte. Schweigend zog sie Jeans und Pullover an, die Maggie für sie bereit gelegt hatte.

Als Alex wenig später zurück in die Küche kam, rief Maggie ihr strahlend entgegen: „Alex, du glaubst nicht, was passiert ist! Ach, es ist wunderbar! – Eben haben wir die Zusage für unsere ersten Feriengäste bekommen! Ein Herr hat aus der Nähe von Kamloops angerufen. Er wird mit seiner Frau und einem befreundeten Ehepaar am Freitag für ein langes Wochenende zu uns kommen!“ Alexandra rief begeistert: „Oh, Maggie, das ist wunderbar! Ich habe es gewusst! Ich wusste, ihr würdet Zusagen auf die Anzeige erhalten! Was hielten sie von den Preisen?“

„Sie waren zufrieden“, meinte Maggie.

In diesem Moment kamen die Männer mit den Kindern herein und Maggie teilte ihnen die gute Nachricht mit. „Zugegeben“, meinte sie, „ein langes Wochenende bringt nicht viel Geld ein, aber es ist immerhin ein Anfang.“

Alle waren aufgeregt und sprachen durcheinander. Dann lief Maggie zu Alex hinüber und umarmte sie: „Du bist ein Schatz, mein Engel“, sagte sie freudig, „Danke für deine Idee!”

Das Mittagessen ging lustig zu. Die Kinder freuten sich Alexandra zu sehen, nachdem sie für vier Tage in der Stadt gewesen war. Vor den beiden Großen konnte man fast nichts mehr geheim halten, und so versicherte ihr denn Tim auch großzügig, dass sie sich keine Sorgen zu machen brauchte. Würde Grant Ryder ihr zu Nahe treten, würde er ihn eigenhändig, wie er es ausdrückte, erledigen. Alex lächelte sanft und erwiderte, dass Grant bei so einem Beschützer bestimmt nichts Derartiges wagen würde, während Maggie Tim schalt, weil er heimlich den Erwachsenengesprächen gelauscht hatte.

Nachdem Alexandra Maggie mit dem Abwasch geholfen hatte, ging sie nach draußen, um Sam zu suchen. Sie wollte womögliche Spannungen zwischen ihr und Sam lieber sofort aus dem Weg räumen, auch wenn ihr solche Gespräche nicht sehr leicht fielen.

Alex fand ihn im Stall, wo er Heu für die Tiere vom Heuboden herunterholte. „Hey, Sam!“ rief sie. „Hast du Zeit für einen Spaziergang?“

Sam steckte den Kopf durch die Luke im Heuboden und sah sie einen Moment lang unsicher an. Dann meinte er: „Gib mir eine Minute, dann bin ich unten!“

Die Sonne schien noch immer und es war keine Wolke am

Himmel. Die Kinder ritten gemeinsam mit Dick aus und es lag eine behagliche Stille über dem Hof von *Pine Tree*. Für November war es ein ausgesprochen warmer Nachmittag. Alex und Sam setzten sich hinterm Stall auf einen Balken in die Sonne. Sam wollte wegen seiner Verletzung am Bein nicht weit laufen.

„Ist es schlimm?" fragte Alex und deutete auf Sams Bein.

„Nein", antwortete Sam und fügte dann hinzu: „Aber keine Verletzung ist gut. Ich denke, es ist eine Ermahnung, dass ich hätte besser zuhören und dich nicht alleine lassen sollen!"

„Sam ...", warf Alex ein. „Es ist doch nicht deine Schuld was gestern Abend passiert ist! Ich bin dir äußerst dankbar, dass du mir schon wieder aus der Patsche geholfen hast. Sieht wirklich so aus, als ob ich von einer Katastrophe in die nächste rutsche." Dann erzählte sie Sam von dem Raben. Sam nickte zustimmend.

Er schwieg für eine Weile und starrte auf den Boden. Dann sagte er langsam: „Alex, stell es nicht so hin, als sei es nobel von mir dir zu helfen. Es ist im Gegenteil sehr eigennützig von mir, denn ich mag dich sehr gern und ich möchte deine Gesellschaft nicht missen." Alex lachte verlegen. „Sam, ich ...", begann sie.

Aber Sam fiel ihr ins Wort: „Bevor du etwas sagst, lass mich etwas erklären", forderte er sie auf. „Du musst wissen, dass du mir nicht gleichgültig bist – im Gegenteil! Ich bin sehr gern mit dir zusammen. Du bringst mich zum Lachen und schaffst es immer wieder, dass ich mich rundum wohl fühle. – Und wenn ich es richtig beurteilen kann, dann bin ich dir auch nicht ganz gleichgültig – oder?" Er sah Alexandra fragend an.

Sie war verlegen durch seine Offenheit und ihre Augen wanderten über den Boden. Sie nickte: „Ich mag dich sehr gern, Sam", sagte sie leise.

Sam nickte und fuhr fort: „Unter Umständen könnte sich etwas sehr Schönes aus unseren Gefühlen entwickeln. Aber es könnte auch daneben gehen, und dann würde ich dich verlieren. Es ist ein großes Wagnis, Alex, bei dem viel auf dem Spiel steht – unsere Freundschaft ... Und im Moment bringe ich es nicht fertig dieses Wagnis auf mich zu nehmen." Er sah sie von der Seite her an. „Verstehst du, was ich sagen will, Alex?" Alexandra schaute noch immer auf den Boden. Sie hatte die Hände in die Jackentaschen gesteckt, um sie warm zu halten und starrte auf ihre Schuhspitzen. Eine Flut von widersprüchlichen Gefühlen stieg in ihr auf. Ihr Herz hüpfte vor Freude, als Sam sagte, dass sie ihm etwas bedeutete. Aber es machte ihr gleichzeitig auch Angst. Sie war jedenfalls froh, dass die Beziehung zwischen ihnen von nun an klar geregelt sein würde. Sie würde Sams Gesellschaft ungezwungen genießen können, ohne Befürchtungen zu hegen, dass sie ihn verlieren oder verletzen könnte. Sie brauchte nur jetzt, in diesem Moment, die richtigen Worte zu finden und ihrer Freundschaft zu Samuel Reed würde nichts im Wege stehen.

„Alex, sieh mich an", forderte Sam sie auf. „Habe ich dich gekränkt?"

Alex schüttelte den Kopf. Dann meinte sie langsam: „Nein, Sam, was du gesagt hast, war ehrlich und offen und ich danke dir dafür." Sie schaute ihm fest in die Augen: „Ich bin auch noch nicht so weit. Jedenfalls nicht im Augenblick."

„Du bist mein bester Freund, Alex. Wird es so bleiben?" Er sah sie forschend an.

„Ja", erwiderte sie ohne zu zögern. Und ein Lächeln umspielte ihre Lippen, als sie hinzufügte: „Maggie und du, ihr seid meine besten Freunde. Noch nie zuvor in meinem Leben habe ich Menschen wie euch gekannt. Es ist wunderbar bei euch zu sein!"

„Du bist wunderbar", sagte Sam und drückte ihre Hand.

*

Ein paar Tage später waren Maggie und Alex im Gästehaus und entstaubten noch einmal alle Räume. Die Besucher würden zwar erst am Freitag kommen, aber an dem Tag würde Alexandra arbeiten und Maggie nicht zur Hand gehen können.

Heute bot sich die letzte Gelegenheit, denn schon morgen würde Alex wieder im Café sein.

„Maggie“, begann Alex. „Ich möchte gern, dass du dieses Geld annimmst.” Sie zog ein paar Scheine aus der Hosentasche.

„Wozu?” fragte Maggie erstaunt.

„Sarah Burdell bezahlt mich gut. Dies ist ein Teil meines Gehaltes. Ich möchte, dass du es annimmst – sagen wir als Bezahlung für mein Zimmer.“ „Kommt nicht in Frage!“ empörte sich Maggie. „Du hilfst mir so viel. Und außerdem bist du gar nicht oft hier. Meistens bist du in der Stadt.“

„Bitte nimm es an“, bat Alexandra und sah Maggie fest in die Augen. „Sam will auch kein Geld von mir annehmen und er benötigt es auch wirklich nicht. Aber du und Dick – ihr braucht es. Bitte!“ „Nein“, sagte Maggie scharf, „du bist meine Freundin!“

„Und darum will ich dir helfen! Ich habe doch nur deshalb den Job im Café angenommen! – Hör zu, wenn du es nicht willst, dann nimm es für das Baby. Du musst doch sicher vieles besorgen …“

Maggie sah die Freundin lange an. „Ich weiß nicht, was ich sagen soll! Natürlich ist unser Geld knapp. Aber dann sollte ich arbeiten gehen. Nicht du!“ „Aber du arbeitest doch schon so viel, Maggie, und außerdem erwartest du ein Baby! Ich dagegen bin völlig frei!“ Dann fügte sie hinzu: „Nur solange Dick nicht arbeiten kann. Bitte!“ Maggie fiel Alexandra um den Hals und drückte sie fest. „Du bist ein Engel! Ich werde das Geld für Babysachen verwenden. Ich habe zwar noch vieles von Miranda, aber einiges muss ich doch aussortieren und ersetzen. Ich will nachher die Boxen durchsehen und eine Liste machen. Wenn ich rechtzeitig anfange, kann ich eine Menge selbst nähen und eine schöne Summe Geld sparen.“

„Wann kommt das Baby denn genau?“ wollte Alex wissen und blickte zufrieden drein, während sie Maggie das Geld in die Tasche steckte.

„Anfang Mai“, antwortete Maggie. „Eigentlich sind wir hier fertig. Wie ist es, willst du mit mir die Babysachen durchsehen, solange die Kinder beschäftigt sind?“ Alex schaute sich im Häuschen um und sah dann zu den Kindern hinaus, die unter Dicks Aufsicht noch immer mit den Pferden spielten. „Liebend gern!“ antwortete sie dann.

Die beiden Frauen schlenderten hinüber zum Wohnhaus und Alex trug die Boxen mit den Babysachen für Maggie vom Keller hinauf ins Wohnzimmer. Dort ließen sie sich auf dem Fußboden nieder und begannen den Inhalt vor sich auszubreiten. Maggie hielt Stift und Papier in der Hand und machte Notizen.

Alexandra war entzückt von den klitzekleinen Strümpfen, Hemden und Hosen und hielt jedes Stück hoch um es genau zu begutachten. Für sie war es eine Freude wie zu Weihnachten, die Sachen durchzusehen. Als sie Maggie ihre Gefühle mitteilte, lachte diese. „Du hast gut Lachen“, meinte Alex. „Für dich ist es fast alltäglich. Du hast ja schon vier Kinder! Ich kann mir nicht einmal richtig vorstellen, wie es wäre ein Baby zu haben.“ Maggie lächelte: „Jedes Baby ist anders und einzigartig und verdient eine liebevolle, aufmerksame Behandlung. Auch, wenn es das fünfte ist! Und du, du wirst vielleicht selbst bald Mutter sein.“ „Ich?“ fragte Alexandra entgeistert. „Ich habe ja noch nicht einmal einen Mann in Aussicht!“

„Nein?“ entgegnete Maggie. „Und was ist mit Sam? – Oder möchtest du nicht darüber sprechen?“

„Wir können über Sam sprechen. Aber viel gibt es da nicht zu sagen“, meinte Alex.

„Ich hatte den Eindruck, als ob du ihm viel bedeutest“, sagte Maggie.

Alex holte tief Luft und stieß sie laut aus. Nach einer Weile sagte sie: „Wir haben gerade vorgestern darüber gesprochen. Wir sind sehr gute Freunde. Das ist alles.“ Maggie schwieg. Sie wollte Alexandra nicht dazu drängen, sich ihr anzuvertrauen. Nach einer Weile fuhr Alex von selbst fort – betont intensiv mit dem Sortieren der Babywäsche beschäftigt: „Sam hat gesagt, dass er mich sehr gern hat. Aber dass er unsere Freundschaft nicht dadurch aufs Spiel setzen möchte, dass wir auf anderer Ebene eine Beziehung anfangen." Maggie zog die Augenbrauen hoch: „Das hat Sam gesagt? Er muss dich wirklich sehr, sehr gern haben." Dann wollte sie wissen: „Was hast du geantwortet?" „Ich habe ihm gesagt, dass ich auch nicht bereit bin für eine ernsthafte Partnerschaft." Sie zuckte mit den Schultern und fügte leise hinzu: „Was hätte ich anderes sagen können ohne ihn zu verletzen? Und außerdem, bin ich mir nicht sicher, was ich wirklich will!" „Du bist dir nicht sicher, oder – du hast Angst?" fragte Maggie nach.

Entgeistert schaute Alexandra die Freundin an: „Bin ich so offen zu lesen wie ein Buch?" Maggie lächelte liebevoll: „Wie Mirandas Bilderbuch, Süße! – Und ich weiß, wovon du sprichst!"

Jetzt lächelte auch Alex und beide Frauen wandten sich wieder ihrer Beschäftigung zu.

Sie saßen noch immer auf dem Fußboden zwischen den Babysachen, als Sam lautlos das Haus betrat. Er war kurzentschlossen nach *Pine Tree* gekommen, um Alexandra abzuholen, damit Maggie am nächsten Tag nicht extra nach Shaheylah fahren musste. Er schaute um die Ecke ins Wohnzimmer, von wo er die Frauen reden und lachen hörte. Gerade wollte er „Hallo!" rufen, als er inne hielt und das Bild, das sich ihm bot, näher betrachtete: Alex und Maggie saßen mitten in einem Haufen Babywäsche und -zubehör auf dem Fußboden und die Gesichter der beiden Frauen strahlten in einem besonderen Glanz.

„So ist das wohl", dachte Sam. „Die eine Frau ist schwanger und durch diesen Umstand noch schöner und weiblicher, und die andere wird von diesem Glanz angesteckt und bekommt ein Leuchten in den Augen, das von Sehnsucht spricht!"

Beide Frauen sahen jedenfalls bezaubernd aus und besonders Alexandras Schönheit fiel Sam wieder einmal ins Auge. Sie hatte so viele verschiedene Seiten an sich. Jetzt erschien sie ihm umgeben von einer Aura aus Liebe und Wärme, die ihrem Gesicht einen weichen, sanften Ausdruck verlieh und sie anziehender machte als je zuvor.

Für eine Sekunde schloss Sam die Augen. Ein Bild erschien vor ihm: er sah Alexandra, wie sie ihren großen, runden Bauch streichelte und dem Kind, das darin wuchs, ihre Liebe schenkte. Seinem Kind. Eine wohlige Wärme stieg in ihm auf und weckte ein Gefühl tief in den verborgensten Winkeln seines Herzens. Sam zuckte zusammen. Dieses Gefühl war mehr, als er erwartet hatte … In diesem Augenblick erspähte Maggie ihn und riss ihn aus seinen Tagträumen: „Hey, Sam! Komm rein. Wir sortieren Babysachen aus!"

*

Alexandras Tag war lang und ermüdend gewesen. In der Mittagspause hatte sie kurz bei Maggie angerufen. Es war Freitag und die angemeldeten Feriengäste waren schon eingetroffen. Bisher hatten sie, laut Maggie, einen netten und höflichen Eindruck gemacht. Maggie hatte ihnen das Gästehaus gezeigt und sie mit allen Einrichtungen bekannt gemacht. Die Ehepaare Craig und Johnson hatten sich zu allem positiv geäußert. Dann hatten sie auspacken und sich anschließend die Ranch ansehen wollen. Später wollten sie auch ausreiten. Maggie war erleichtert, dass bisher alles so gut gelaufen war. Alexandra ebenfalls. Sie verabredeten am Abend wieder zu telefonieren.

Alexandra blickte sich um und streckte ihren Rücken. Es war ein geschäftiger Tag im Café gewesen und ihr Körper war müde. Sie rief ihre Abschiedsworte in Richtung Sarahs Wohnzimmer und erhielt ein: „Danke! Bis morgen!" zur Antwort. Dann löschte sie die Lichter im Verkaufsraum und verließ das Café.

Draußen war es kalt. Der November neigte sich langsam dem Ende zu und es hatte bereits mehrfach geschneit. Der

Schnee war zwar nicht lange liegen geblieben, aber laut Wetterbericht sollte es am Wochenende erneut schneien.

Alexandra sah hinauf in den dunklen, klaren, sternenübersäten Nachthimmel. Selbst hier im Ort mit all den Beleuchtungen war er schön anzusehen. Aber er war unvergleichlich im unbeleuchteten Teil des Reservats, in dem Sam sein Blockhaus gebaut hatte. Alex hatte noch nie zuvor einen so tiefen, so dunklen Nachthimmel gesehen wie dort, mit so vielen Sternen und einer Milchstraße, die um so vieles intensiver zu leuchten und zu funkeln schien, als hier in Shaheylah. Es war ein atemberaubender, völlig überwältigender Anblick, der einen Menschen so klein und so unwichtig erscheinen ließ. Und die Zeit schien still zu stehen.

Alexandra seufzte und wandte sich in Richtung Straße. Plötzlich bemerkte sie Sam. Er stand gegen seinen Pickup gelehnt und blickte ihr erwartungsvoll entgegen. Alex hatte nicht damit gerechnet, dass er sie abholen würde. Heute war normalerweise sein Sportabend! Sie lächelte. Sam war in den letzten Tagen sehr nett zu ihr gewesen. Noch mehr als sonst. Sie hatten zwei ungezwungene, fröhliche Abende zusammen verbracht und so freute Alexandra sich sehr ihn zu sehen.

Sam war schon auf dem Weg zur Schwimmhalle gewesen, als er sich kurzentschlossen dafür entschieden hatte Alexandra zu überraschen. Heute Abend war im *Gordon's* Live-Musik und Alex verdiente eine kleine Abwechslung.

Sam beobachtete, wie Alex das Café verließ und lächelte, als er ihren verträumten Gesichtsausdruck sah. Es gab kaum etwas, das er lieber ansah als sie. Es dauerte lange, bis Alex ihn überhaupt bemerkte, so sehr war sie in den Nachthimmel vertieft.

„Schön dich zu sehen", meinte er, als Alexandra den Pickup erreichte. Alex lächelte noch immer: „Du holst mich ab?"

„Ja", entgegnete Sam. „Und ich habe eine Überraschung für dich!" „Eine Überraschung?" fragte Alex langsam. „Was ist es?" Sie blickte ihn erwartungsvoll an.

„Wir gehen aus. Ins *Gordon's.* Dort gibt es heute Live-Musik und Büfett. Du bist sicher hungrig und außerdem schuldest du mir noch einen Tanz!" Sam schaute sie fragend an und hob die Schultern: „Wie wär's?" Alexandra blickte Sam einen Moment lang schweigend an. Er stand da, die Hände in den Taschen seiner Lederjacke, den Jackenkragen hochgeschlagen. Mit dem Rücken lehnte er gegen den Kotflügel, die Füße lässig übereinander geschlagen. Er trug dunkelblaue Jeans und Cowboystiefel und sah sehr attraktiv aus.

Alexandra sah an sich selbst herunter. Für einen Abend unter Leuten war sie eigentlich nicht richtig angezogen und nach dem langen Arbeitstag auch in keiner Weise mehr zurecht gemacht. Sie trug blaue Jeanshosen und eine himbeerfarbene Bluse, die im Laufe des Tages einige Flecken abbekommen hatte. Ihr Haar war wirr und ihr bescheidenes Make-up hatte den Tag nicht überstanden. Außerdem fühlte sie sich müde. Ihre Beine waren bleischwer und sie war sich nicht sicher, ob diese Beine noch tanzen konnten.

Dann aber stieg Freude in Alexandra auf. Sam bat sie mit ihm auszugehen. Wie gerne würde sie dieser Einladung nachkommen! Deshalb schob sie ihre inneren Einwände beiseite und antwortete: „Sehr gerne!" Sam sprang auf: „Na, dann los!"

Das *Gordon's* war ein kleines Restaurant an der Main Street und hatte unter den Einheimischen einen ausgesprochen guten Ruf. Es war gepflegt und preiswert und bot oft besondere Abende an, die Abwechslung in den Alltag der Kleinstadtbewohner brachten.

Alexandra und Sam betraten das Lokal durch einen Seiteneingang. Es war schon recht voll und die Beleuchtung war, bis auf Hängelampen über dem Büfett, sehr spärlich. Es brannten Kerzen auf den kleinen runden Tischen und auf jedem der Tische lag eine rot-weiß karierte Tischdecke. Überall standen Grünpflanzen zur Dekoration und frische Blumen in kleinen Vasen. Es gab eine schmale Bühne und große Fenster, die auf die Hauptstraße blickten. Vor der Bühne war eine kleine Tanzfläche. Noch war die Bühne allerdings leer. Die Musik kam vom Band.

Sam und Alex hatten Glück und fanden einen freien Tisch an einem der Fenster. Sam ging zum Büfett um zwei Teller mit Köstlichkeiten zu erstehen, während Alexandra den Tisch besetzt hielt. Die Band fing bald darauf an zu spielen und der Lärm nahm gewaltig zu. Alex war erschreckt, gewöhnte sich aber schnell an die Lautstärke. Über der Bühne und Tanzfläche waren bunte Lichter angeschaltet worden und schon tummelten sich tanzlustige Paare auf dem Parkett. Alexandra hatte ihre Freude daran, die Menschen um sie herum zu beobachten. Es strömten immer mehr Leute in das kleine Restaurant und die Bedienung hatte Mühe sich ihren Weg durch die Menge zu bahnen. Das Publikum war sehr gemischt. Alex sah Erwachsene aller Altersklassen und sogar einige Kinder. Das *Gordon's* war keine Kneipe und es durfte kein Alkohol ausgeschenkt werden. Aber wie Alexandra wieder einmal befriedigt bemerkte, bedurfte es keiner Spirituosen um gute Stimmung aufkommen zu lassen. Hier im *Gordon's* war die Stimmung großartig und Alexandra begrüßte die Abwechslung.

Sam kehrte zum Tisch zurück. Er balancierte zwei Teller in den Händen, die mit allerlei Essbarem beladen waren, und ließ sich neben Alex am Tisch nieder.

„Gefällt es dir hier?" fragte er.

„Oh, Sam! Das war eine so gute Idee von dir hierher zu kommen! Es herrscht eine so schöne Atmosphäre hier. So ganz ohne Zwang. Nicht wie bei den Carsons." Sam lachte: „Dies ist wirklich ein Gegensatz zu der Party auf der *Triple C*! Elaine würde nicht einen Fuß in diesen Laden setzen."

Alexandra sah ihn fragend an und Sam erklärte: „Zu schäbig und zu viele normalsterbliche Leute."

Alex grinste. Das hätte sie sich selbst denken können.

Das Licht verdunkelte sich und die Band stimmte eine langsame Melodie an.

„Das ist unser Tanz!“ rief Sam und zog Alex auf die Tanzfläche.

Alex stäubte sich, gab dann aber doch nach. Sie ließ sich von Sam auf die Tanzfläche führen, wo sie sich unter die anderen tanzenden Paare mischten. Alex war entschlossen, sich nicht anmerken zu lassen, wie sehr sie die Nähe zu Sam genoss. Sie spürte das weiche Material seines Hemdes und seine Hand in ihrer eigenen Hand. Sie schloss ihre Augen und versuchte sich diesen Augenblick genau einzuprägen. Sie atmete tief ein und Sams Duft erfüllte sie. Alex lächelte.

In diesem Augenblick blieb Sam stehen und Alex stieß gegen seinen Fuß. Sie öffnete die Augen und hob fragend den Kopf. Ihr Herz begann zu rasen, als sie beim Aufblicken direkt in seine Augen schaute. Sie vergaß, was um sie herum vorging. Die Musik schien aus weiter Ferne an ihr Ohr zu dringen. Alles, was sie sah, waren diese wunderschönen bernsteinfarbenen Augen, die tief in ihre Seele zu blicken schienen. Sam lächelte und beugte seinen Kopf zu ihr hinunter. Als sich ihre Lippen trafen, fiel Alex nur ein Wort ein: Magie.

Sie wusste nicht, wie lange dieser Kuss dauerte. Alles, was sie wusste, war, dass sie so glücklich war, sie hätte schreien mögen! Alles – alles schien plötzlich an seinen Platz zu fallen …

Die Musik verstummte. Alex und Sam lösten sich voneinander, um mit den anderen Tanzenden der Band zu applaudieren. Sam nahm Alexandras Hand und führte sie zurück zu ihrem Tisch. Beide waren etwas verlegen und sprachen nicht viel. Aber in ihren Augen lag ein Leuchten, das keiner Worte bedurfte und ihre Hände hielten einander fest.

*

Es war gegen zwölf Uhr, als sie Sams Blockhaus erreichten. Sie hatten nicht zu lange im *Gordon's* bleiben wollen, da Alexandra am nächsten Morgen wieder arbeiten musste. Hand in Hand schlenderten sie vom Auto zur Haustür und genossen nach der Menschenmenge im Restaurant die Zweisamkeit. Sam suchte nach dem Haustürschlüssel und meinte scherzhaft: „Vielleicht habe ich ihn verloren ..." Er grinste: „Dann musst du im Auto übernachten!"

„So", meinte Alex, „und wo wirst du übernachten?" „Im Stall!" erklärte Sam mit gespielt ernster Miene und klirrte dann mit den Schlüsseln. „Glück gehabt", sagte er, öffnete die Tür und ließ Alex ein.

Sam schaute nach dem Feuer im Ofen und Alexandra stand etwas unschlüssig neben ihm. Sie hatte die Haustür verriegelt und die Jacken weggehängt. Nun wusste sie nicht recht, wie sie sich verhalten sollte. Das Blockhaus war ihr so vertraut, aber die plötzliche Nähe zwischen ihr und Sam schien alles zu verändern.

Sam schloss die Ofentür und drehte sich zu ihr um: „Wie ist es, bekomme ich einen Kuss von meinem Mädchen, bevor sie zu Bett geht?"

Das Eis war gebrochen. „Wenn du darauf bestehst …" meinte Alex betont gedehnt.

Sam warf ihr einen warnenden Blick zu, der verriet, dass er in dieser Hinsicht keinen Spaß verstand. Dann zog er sie in seine Arme und küsste sie zärtlich.

„Ich habe dies nicht gewollt", flüsterte Alex, „aber jetzt …"

„Ich weiß", erwiderte Sam leise und gab ihr einen sanften Kuss auf die Stirn. „*Great Spirit* hat uns zusammengeführt und ich bin sehr dankbar dafür." Dann fügte er hinzu: „Du gehst jetzt besser schlafen, du musst Morgen früh raus!" Alexandra nickte und machte sich auf den Weg in ihr Zimmer. „Es war ein wunderschöner Abend, Sam", sagte sie, als sie schon in der Zimmertür stand. „Du machst mich sehr glücklich!" Damit schloss sie die Tür hinter sich, ließ sich aufs Bett fallen und umarmte ihr Kissen. Ihr Herz krampfte sich zusammen vor Glück und freudiger Erregung. Ihre geheimsten Wünsche und Träume waren dabei sich zu erfüllen! Ein Lachen stand auf ihrem Gesicht. Sam … ob sie eine Zukunft hatten – zusammen? Sie überlegte einen Moment. Es war ihr egal! Jetzt, genau jetzt, war sie glücklich wie nie zuvor in ihrem Leben. Sam machte sie glücklich. Egal, wie lange dieses Gefühl von Glück dauern mochte, sie wollte es nicht verpassen!

Alexandra sprang auf und lief zur Tür. Sie zögerte einen Moment, dann öffnete sie sie. „Sam!“ rief sie leise, doch dieser war schon vom Sofa aufgesprungen und auf sie zugelaufen. „Alex!“ flüsterte er.

*

Alexandra stand hinter dem Verkaufstresen im Café und bediente die Kundschaft. Sie war heute noch freundlicher und zuvorkommender als sonst. Sie lächelte jeden an, und auch wenn niemand vor ihr stand, lächelte sie. Sie war glücklich!

Sarah hatte sie etwas schräg angesehen, als sie gerade noch pünktlich zur Arbeit erschienen war, hatte aber nichts gesagt. Und Alex fragte sich, ob man ihr ihre Verliebtheit so offen ansehen konnte.

Am Morgen hatte Sam sie zum Café gefahren und der Abschied von ihm war ihr schwer gefallen. Heute war Samstag, Sams freier Tag und sie hätte ihn gern mit ihm zusammen verbracht. Auf der anderen Seite wollte sie auf keinen Fall eine von diesen Klammerfreundinnen sein, die einem Mann wie eine Kette am Bein hingen und kein eigenes Leben mehr hatten.

Der Tag war jedoch sehr geschäftig gewesen, vor allem die Mittagszeit, und Alex hatte nicht viel Zeit gehabt Trübsal zu blasen. Viele Leute kamen am Wochenende zum Einkaufen in die Stadt, und nahmen über Mittag einen kleinen Imbiss ein, bevor sie sich wieder auf den oft recht langen Heimweg machten. Aber auch viele Ortsansässige gönnten sich am Wochenende zur Abwechslung eine Mahlzeit auswärts. Das Café bot einen guten Mittagstisch und war nicht so teuer wie ein Restaurant.

Jetzt war es achtzehn Uhr dreißig und Alexandras Arbeitstag würde bald zu Ende sein. Draußen war es schon dunkel und

Alex konnte die Lichter der Weihnachtsdekoration an den Straßenlampen der Hauptstraße durch das große Fenster des Cafés sehen. Die gesamte Stadt war festlich geschmückt und in ein paar Tagen war der erste Advent.

Im Café saßen noch zwei Frauen, tranken Tee und plauderten. Alex hoffte, dass es morgen für die Jagd genauso gutes Wetter geben würde, wie heute gewesen war. Sie wischte eben die Ablagefläche neben der Kasse ab, als sie die Glocke der Eingangstür läuten hörte. Sie blickte auf und ihr Herz machte einen Sprung: es war Sam, der durch die Tür in den kleinen Laden eintrat! Er hatte den Kragen seiner Jacke hochgeschlagen und trug eine Zeitung unter dem Arm.

Als er an den Tresen herantrat, raunte er Alex zu: „Hab´s nicht mehr allein zu Hause ausgehalten!" Und laut bestellte er: „Einen Milchkaffee, bitte!"

Sam machte ein recht gleichgültiges Gesicht, aber Alex sah, wie es um seine Mundwinkel fröhlich zuckte. Sie reichte ihm den Kaffee und er bezahlte. Dann wandte er sich ab, setzte sich an einen der kleinen Tische und vertiefte sich scheinbar in seine Zeitung. Alex bemerkte jedoch, wie er öfter zu ihr herüber sah und sie liebevoll beobachtete, während sie die letzten späten Kunden bediente. Alex bemerkte auch, wie die zwei jungen Damen, die im Café vorbeischauten, Sam bewundernd ansahen und war noch glücklicher. Sam war ein gutaussehender Mann mit einer anziehenden Persönlichkeit und er wartete hier auf sie!

„Du machst dich wirklich gut im Café", meinte Sam später. „Hätte nicht gedacht, dass du dort so gut zurecht kommst." Er saß mit Alexandra auf dem Sofa vor dem Kamin. Sie hatten zu Abend gegessen und tranken jetzt Tee. Alex lehnte sich müde an Sam. „Wieso sollte ich nicht im Café zurechtkommen?" fragte sie jetzt.

„Na", erklärte Sam, „du bist so ein ruhiger Typ. Aber im Café bist du … wie soll ich sagen? Du gehst so aus dir heraus.

Scherzt mit den Kunden und hast für alle ein freundliches Wort." Alex schmunzelte. Sam versuchte ihr ein Kompliment machen! Darum erwiderte sie nur: „Danke!" Für eine Weile schwiegen sie. Alexandra drehte etwas nervös ihre Tasse in der Hand und fragte schließlich leise: „Meinst du, wir haben eine Chance? Du und ich, meine ich ..." Sie blickte in die Tasse vor sich.

„Was meinst du?" fragte Sam.

Alex hob den Kopf und sah ihm ins Gesicht. „Du weißt schon! Wegen unserem Gespräch am vergangenen Wochenende. Du bist nicht so weit, ich bin nicht so weit – diese Geschichte meine ich. Jetzt noch mehr als vorher möchte ich dich nicht verlieren!"

Sam holte Luft. Schließlich sagte er: „Ich denke, dass wir uns auf dem Weg befinden, den *Great Spirit* für uns bestimmt hat." Er legte eine Pause ein. „Wir haben versucht, unsere Gefühle mit logischen Argumenten zu verdrängen, aber Liebe kann man nicht einfach so ausschalten und bezwingen kann man sie erst recht nicht. – Ob unsere Liebe stark genug ist, um gegen alle negativen Einflüsse zu bestehen, – ich weiß es nicht ..." Dann sah er Alex direkt in die Augen: „Aber ich weiß eins: genau in diesem Augenblick liebe ich dich. Mehr als alles auf der Welt. Ich möchte nie mehr ohne dich sein. Du bist ein Teil von mir."

Wieder machte Sam eine Pause und überlegte eine Weile. „Ich mache keinen Hehl daraus, dass ich einige Affären hinter mir habe, und am Anfang fühlt man sich immer gut, das weiß ich. Aber du bist so anders als alle anderen Frauen, die ich kenne. Du bist einfach du ... Ich habe mich in dich verliebt, als wir uns das erste Mal begegnet sind. Das weiß ich jetzt. Du warst so schön, so kühl und stark. Und gleichzeitig so unsicher und zerbrechlich. Und du hast Köpfchen und Temperament! Niemand ist vor dir sicher, man muss dich einfach lieben! ... Du bist die einzige Frau, die mich von Anfang an durchschaut hat. Nicht einmal Maggie hat das völlig geschafft – obwohl sie es gerne glaubt. Und du bist die einzige Frau, der ich dieses Recht einräume! Und ich", er lachte auf, „ich wünsche mir nichts mehr, als dich für immer lieben zu dürfen!"

Alexandra starrte Sam fassungslos an. Er war immer offen und absolut ehrlich und seine Worte waren mit Abstand die schönste Liebeserklärung, die sie jemals in ihrem Leben gehört hatte!

„Du bist ein verrückter Kerl, Samuel Reed!" raunte sie. „Das habe ich schon immer gewusst!" Dann brach ein befreiendes, glückliches Lachen aus ihr heraus. Als es verebbte, trafen ihre Augen Sams, und er konnte in ihnen alles das lesen, was er sich jemals von einer Frau gewünscht hatte – und noch mehr: Freundschaft, Vertrauen und grenzenlose Liebe.

16. Kapitel

Sie waren noch vor der Morgendämmerung aufgebrochen und durch das Reservat gefahren, bis zu der Stelle, an der die Straße endete und in einen holprigen Waldweg überging, der normalerweise nur von Forstfahrzeugen genutzt wurde. Links und rechts vom Weg standen Pinienbäume in allen Größen dicht beieinander, so dass man nicht tief in den Wald sehen konnte, selbst wenn es schon vollkommen hell gewesen wäre.

Sie waren dem Waldweg eine ganze Weile bergauf gefolgt und nur langsam voran gekommen. Große Pfützen, die jetzt gefroren waren und tiefe Rinnsale hatten die Fahrspur fast unpassierbar gemacht. Alex war froh, dass sie in Sams Pickup unterwegs waren und nicht in Maggies kleinem Kombi. Nach ungefähr vierzig Minuten parkten sie den Wagen und marschierten zu Fuß weiter.

Es war immer noch früh am Morgen, aber mittlerweile hell genug um zu sehen, wohin man trat und wo man sich befand. Alex war sehr aufgeregt. Das Jagen war laut Sams Aussage ein sehr wichtiger und sehr spiritueller Teil seiner indianischen Kultur. Deshalb hatte er am Vorabend erneut seine Schwitzhütte aufgesucht. Alexandra hatte sich etwas ausgeschlossen gefühlt, wollte sich aber auch nicht aufdrängen.

Jetzt jedoch blickte sie bewundernd auf Sam, der, mit Rucksack und Gewehr ausgerüstet, vor ihr herging. Sam kannte das Gebiet westlich des Reservats, in dem sie sich jetzt befanden, gut und wanderte zielstrebig vorwärts. Er erklärte ihr, woran er sich orientierte und worauf sie achten sollte. Alexandra fühlte, dass Sam hier im Wald in seinem Element war. Der Wald schien ihn zu mögen und er liebte den Wald. Jeder von Sams

Schritten war sicher und sein geschultes Auge blickte aufmerksam umher. Jede seiner Bewegungen und auch die Art und Weise, wie er sein Gewehr handhabte, verriet, dass Sam sich hier zu Hause fühlte. Und das gab Alex das Vertrauen, bei ihm sicher aufgehoben zu sein.

Es lag eine hauchdünne Decke aus Schnee auf dem Boden. Alexandra und Sam waren warm angezogen und ihr Atem bildete weiße Wolken vor ihren Gesichtern. Die Luft war kalt und klar. Alex kam es vor, als schenke die Frische der Natur auch ihrem Körper neue Energie und Lebenskraft. Sie atmete tief durch und sog den Duft des feuchten Waldbodens und das würzige Aroma der Pinienbäume ein. Der Boden unter ihren Füßen fühlte sich durch das Bett aus Piniennadeln fest und gleichzeitig weich an und das Gehen ermüdete sie kaum. Heute konnte sie die Wildnis ungezwungen genießen, da sie sich in Sams sicherer Obhut befand. Alexandras Gedanken schweiften für eine Sekunde zurück nach Deutschland, zu den Eltern und ihrem ehemaligen Arbeitsplatz, dem Alltag. Sie schüttelte sich. Das alles kam ihr so weit entfernt vor, so unwirklich und realitätsfern und sie konnte sich nicht vorstellen, jemals wieder in dieses Leben zurückzukehren. Alex sah an sich herunter. Es war für sie inzwischen selbstverständlich, dass ihre Kleidung permanent Flecken und Dreckspuren aufwies. Die feinen Kleidungsstücke, die sie aus Deutschland mitgebracht hatte, hatte sie außer für die Party bei Carsons nicht aus ihrem Koffer hervorgeholt. Sie passten einfach nicht hierher. Die Arbeit im Café und der Alltag auf *Pine Tree* mit Tieren und Kindern erforderten eine robustere Garderobe. Alexandra musste sich eingestehen, dass sie sich in dieser Ausstattung sehr wohlfühlte. So trug sie heute dicke Winterstiefel, eine alte fleckige Jeanshose, eine hässliche, doch sehr warme Wollmütze und alte Arbeitshandschuhe von Sam, die ihr eigentlich viel zu groß waren. Ihre Jacke war ein warm gefüttertes Holzfällerhemd, das vormals Dick gehört und das schon bessere Tage gesehen hatte.

Alexandras Hand strich im Vorbeigehen über die Rinde einer Pinie und sie dachte bei sich, dass dies das Leben war, das sie sich immer gewünscht hatte. Ihre Augen blieben an Sam hängen. Und Sam, dachte sie. Er war bereits ein fester Teil ihres Lebens gewesen, bevor sie es sich hatte eingestehen wollen. Alexandra sprang zwei Schritte voran, holte Sam ein und strich leicht über seinen Arm. Er blieb stehen und drehte sich um. „Alles in Ordnung, Alex?“ fragte er sanft. Alex nickte und gab ihm einen Kuss. Sam lächelte. „Ein Jäger muss sich konzentrieren“, ermahnte er sie, „sonst kann das schlimme Folgen haben.“

Sie gingen schweigend weiter und erreichten wenig später einen Bachlauf mit einer kleinen Lichtung.

„Wir warten hier“, meinte Sam. „Halte ein scharfes Auge auf die Umgebung und verhalte dich ruhig.“

Alexandra zitterte nun vor Aufregung. Sie war nicht sicher, was sie an diesem Vormittag alles erwarten würde. Aber sie dachte an Großmutter Reeds erklärende und weise Worte und wollte auf keinen Fall einen Rückzieher machen. Sie folgte also Sams Anweisung und ließ ihren Blick über die Lichtung, die großen Ponderosa-Pinien und das umliegende Gebüsch schweifen. Sie sah – absolut nichts! Sam hatte Alex darauf vorbereitet, dass es eine Weile dauern konnte, bevor sie Wild zu sehen bekamen, und selbst dann sei noch nicht gesagt, dass dieses Wild frei zur Jagd war. Das käme auf die Art von Tier an, sein Geschlecht und sein Alter.

Alex hatte extra drei Paar Socken angezogen, doch allmählich wurden ihre Füße kalt. Es musste eine gute halbe Stunde vergangen sein, seit sie an der Lichtung angekommen waren. Sie blickte Sam an und dieser gab ihr kurz darauf ein Zeichen.

„Wir werden einen Bogen zurück zum Wagen machen. Hat keinen Zweck an einer Stelle endlos zu warten. Wird auch zu kalt.“

Damit machte er sich auf den Weg und Alexandra hielt sich dicht hinter ihm. Sie verhielten sich ruhig. Gerade überlegte

Alex, ob sie wohl jetzt auf den Wagen zusteuerten, und bemerkte, dass sie wieder einmal völlig die Orientierung verloren hatte. Gut, dass sie diesmal nicht allein war …

Vor ihr stoppte Sam plötzlich so unerwartet, dass Alex gegen ihn stieß. Sie runzelte die Stirn und folgte seinem Blick nach unten, entlang dem Waldboden. Vor ihnen auf dem Boden, etwas zu ihrer Rechten, sah sie eine Ansammlung von Tierexkrementen. Sie wartete auf eine Erklärung. „Grizzly“, sagte Sam über die Schulter. „Ziemlich frisch.“ Alexandra konnte sich nicht helfen, aber ihr wurde nun doch unbehaglich.

Sie hörte Sam sagen: „Okay, der Grizzly kann noch ganz in der Nähe sein. Vielleicht hat er sich gerade ein Frühstück besorgt und dann könnten wir Konkurrenz darstellen. Von jetzt an möchte ich, dass wir uns ganz laut unterhalten und normal, ganz unbehutsam gehen, damit der Bär weiß, dass wir hier sind. Du bleibst hinter mir, aber weit genug von mir entfernt, dass du meine Schußfreiheit nicht beeinträchtigst. Sonst könnten wir in Schwierigkeiten geraten, verstanden?“ Alex nickte.

„Also, los!“ meinte Sam.

Sie gingen sich laut unterhaltend durch den Wald und folgten den natürlichen Gegebenheiten der Landschaft. Sam sagte, dass sie bald wieder am Pickup Truck sein würden und insgeheim war Alex froh darüber. Nach ungefähr zehn Minuten bedeutete Sam ihr zu halten. Alex hoffte, dass es nicht der Bär war. Noch einem Bären wollte sie vorerst wirklich nicht begegnen!

Dann hörte sie irgendwo einen Raben krächzen und sah sich um. Sie konnte den Vogel nicht entdecken, sah kurz darauf aber, warum Sam angehalten hatte: Vor ihnen trat in einiger Entfernung ein großer Elchbulle zwischen den Bäumen hervor. Er kam einige Schritte auf Sam und Alex zu um an einem kleinen Tümpel zu trinken. Alex hielt den Atem an. Der Elch war viel größer, als sie es sich vorgestellt hatte. Sam musterte das Tier einige Sekunden, hob dann das Gewehr und feuerte.

Alex zuckte von dem lauten Knall zusammen. Ihre Ohren

sausten! Dann beobachtete sie starr, wie der Elch erst einen Satz und dann einige Schritte in Richtung der Bäume machte, aus denen er hervorgetreten war. Kurz darauf brach er zusammen und blieb nicht weit vom Tümpel entfernt liegen.

„Folge mir vorsichtig“, befahl Sam und bewegte sich langsam auf den regslosen Körper des Elches zu. Aus nächster Nähe war es unübersehbar, dass Sams Kugel ihr Ziel genau getroffen hatte. Das Tier war tot! Und es war schnell gestorben.

„Alles in Ordnung!“ meinte Sam und Alex trat näher heran. „Es ist ein Glück, dass wir hier auf diesen Burschen gestoßen sind. Bis zum Auto sind es nur wenige Minuten. Dann brauchen wir uns nicht so abzuschleppen.“ Sam sah Alexandras versteinertes Gesicht. „Bist du okay?“ wollte er daraufhin wissen.

„Ja“, entgegnete Alex zögernd. „Es ist nur ... ich habe mich an das Töten noch nicht gewöhnt. Auch, wenn es für einen guten Zweck ist ... für Großmutter.“ Sam nickte verständnisvoll, aber Alex sah, dass er jetzt kein Gespräch über diese Dinge anfangen wollte. „Das Tier hat nicht gelitten“, meinte er lediglich.

„Wie genau werden wir ihn transportieren?“ wollte Alexandra wissen und hoffte so ihren Verstand beisammen zu halten.

„Wir müssen das Tier enthäuten und grob zerlegen“, antwortete Sam. „Dann packen wir es in mehreren Gängen zum Pickup.“ Alex zog die Nase in Falten, aber Sam hatte schon sein Jagdmesser herausgezogen und begann das Tier zu öffnen und die Innereien zu entfernen. Für einen Augenblick wurde Alexandra übel. Blut breitete sich in Sekundenschnelle überall aus, bedeckte das tote Tier, Sams Kleidung und den Boden. Alex biss sich auf die Unterlippe. Sie würde nicht schlappmachen!

Sam sprach zu ihr, während er arbeitete und gab sich alle Mühe ihr den gesamten Vorgang zu erklären. Und schon nach wenigen Minuten war Alexandras Interesse geweckt und ihre Übelkeit war verschwunden. Sie hörte und schaute ihm aufmerksam bei seiner Arbeit zu.

„Dies hier ist ein junger Bulle, aber er hat legales Jagdalter. Das kannst du hier an den Schaufeln seines Geweihes sehen. Er sieht gesund aus und dürfte ausgezeichnet schmecken. Großmutter wird zufrieden sein. Es wird dir auch gut schmecken. Elchfleisch ist zart und riecht überhaupt nicht nach Wildfleisch, wenn es zubereitet ist. Es riecht einfach nur frisch. Viel besser, als das abgepackte Fleisch aus dem Supermarkt."

Nach dieser für Sam sehr langen Erklärung machte er eine Pause und Alexandra schloss daraus, dass Sam mit dem bisherigen Ablauf der Jagd sehr zufrieden sein musste. Er arbeitete geschickt und flink weiter am Enthäuten und Ausnehmen des Elches und meinte zu Alex gewandt: „Jeder Teil des Elches wird seine Verwendung finden. Nichts wird verschwendet werden. Wir nehmen nicht nur das Fleisch mit. Das Geweih werde ich an ein paar Männer auf dem Reservat geben, die Messer herstellen und Schnitzereien und die Haut wird für die Herstellung von Trommeln benutzt werden. Nur die Innereien werden wir für die Vögel hier liegen lassen." Alex beobachtete Sam erst vorsichtig, dann aber mit großer Bewunderung. Er kannte jeden Handgriff, wusste genau, was er zu tun hatte. Er verschwendete nicht den geringsten Teil des Elches.

„Hast du kalte Hände?" fragte er eine Weile später. Und als sie nickte, erklärte er: „Dann tu sie hier hin. Hast du ein frisch erlegtes Tier, wirst du nicht erfrieren!"

Alex zögerte einen Moment, aber da ergriff Sam auch schon ihre Arme, streifte ihre Handschuhe ab und platzierte ihre Hände in die Bauchhöhle des Tieres! Alexandra fühlte, wie das noch warme Blut des Elches ihre Hände befeuchtete und Ekel stieg in ihr auf. Nach einem Augenblick des Entsetzens entspannte sie sich jedoch. Ihre Finger begannen zu prickeln, als die Kälte aus ihnen zu weichen begann. Es war herrlich warm! Sie lächelte Sam an und gab ihm damit zu verstehen, dass sie ihn verstanden hatte. Es war ein Erlebnis, das Alex nie vergessen würde – obwohl sie nicht sicher war, ob sie es jemals wiederholen würde.

Während Alexandra sich die Hände im Inneren des erlegten Elches aufwärmte, erzählte Sam ihr, dass die Wärme eines frisch getöteten Tieres schon manchen Menschen vor dem Erfrieren gerettet hatte. Dies brachte für Alexandra den endgültigen Durchbruch. Die Ursprünglichkeit und Notwendigkeit des Jagens breitete sich klar vor ihr aus: Hunger, Kälte, Überleben, wechselseitige Opferbereitschaft.

„Kann ich dir helfen?" fragte sie schließlich.

Nun war es Sam, der stolz lächelte und nickte: „Nimm dieses Messer hier und mache es mir nach. Wir müssen vorsichtig sein. Es dürfen keine Haare vom Fell an das Fleisch gelangen. Das würde den Geschmack des gesamten Fleisches verderben. Ebenso wäre ein langsamer Tod des Elches nicht nur unfair, sondern gleichzeitig eine Verschwendung gewesen. Denn, wird erst einmal Adrenalin von dem Tier ausgeschieden, wie es bei drohender Gefahr automatisch geschieht, dann ist der Geschmack des Fleisches so stark beeinträchtig, dass es nicht mehr essbar ist."

Es dauerte gute drei Stunden, bis sie den Elch zerlegt und das Fleisch zum Wagen gebracht hatten. Alex lernte die geringe Entfernung zu Sams Pickup Truck zu schätzen und war froh, dass sie zu Beginn der Jagd an der weiter entfernten Lichtung nicht auf Wild gestoßen waren. Sie unterhielten sich bei der Arbeit laut und Alex trug auf dem Weg zum Auto jedes Mal Sams Gewehr. Sam war mit dem Rucksackgestell voller Fleisch zu behindert, um das Gewehr sicher zu handhaben und der Grizzly konnte sich immer noch in der näheren Umgebung aufhalten. Alexandra hatte sich erst nicht geübt genug gefühlt, um diese wichtige Aufgabe zu übernehmen. Aber Sams Vertrauen in sie und seine Zuversicht ermutigten sie, und letztlich sagte sie sich, dass sie ja bereits, wenn auch ungewollt, praktische Erfahrung mit Bären gesammelt hatte. Sie war ruhig und konzentriert, und die ihr zugeteilte Aufgabe gab ihr eine gute Portion Selbstvertrauen. Allerdings ließ es sich nicht abstreiten, dass sie erleichtert war, als sie endlich sicher und ohne Schusswaffe wieder im Auto saß und Sam alles Übrige überlassen konnte.

Alexandra seufzte, als sich der Pickup Truck in Bewegung setzte: „Danke, dass du mich mitgenommen hast. Das war ein Erlebnis, das ich nicht so schnell vergessen werde!“ Sie blickte ihn von der Seite her an und fügte hinzu: „Das ist das wahre Leben! Sieh mich an! Ich bin froh, dass ich deinem Rat gefolgt bin und alte Kleidung angezogen habe: Ich bin voller Blut, meine Händen sind krustig und dreckig, ich bin müde, kalt und habe einen Riesenhunger. Aber ...“, sie deutete mit dem Daumen aus dem Rückfenster, „... wir haben eine große Menge Fleisch für deine Großmutter und uns selbst im Pickup, errungen durch unserer Hände Arbeit, von einem Tier, das in freier Wildbahn gesund und ohne Hormonfutter leben durfte, bis *Great Spirit* es vor dein Gewehr gesandt hat, damit wir zu essen haben. Der Elch ist schnell gestorben, ohne Qualen und wir haben ihm für sein Opfer gedankt. Das kann man von den Kühen und Hühnern und Schweinen im Supermarkt nicht gerade behaupten!“ Sie sah Sam triumphierend an. „Es ist mir egal, was meine Eltern oder meine alten Freunde hiervon halten. Dies ist eine gute Erfahrung – über den Kreislauf der Natur.“

Sam lächelte vor sich hin und murmelte: „Ich wusste, ich habe die richtige Frau ausgesucht!“

Alex war dreckig, ihr Haar war wirr, aber für ihn war sie einfach wunderbar. Sie hatte Seite an Seite mit ihm zusammen gearbeitet. Sie waren Partner.

Zurück im Blockhaus ließ Sam Alexandra den Vortritt im Badezimmer. So stand sie unter der Dusche, ließ sich das heiße Wasser über den Rücken laufen und schrubbte ihre Hände, während Sam das Fleisch in der Kühltruhe verstaute und ihre Kleidung in die Waschmaschine steckte.

Nachdem Alex im Bad fertig war, bereitete sie ein Mittagessen vor. Anschließend wollten sie dann zu Großmutter Reed fahren und von ihrem Jagderfolg berichten.

Jetzt rief Sam jedoch erst mal eine Art fahrenden Schlachter an, damit dieser in den nächsten Tagen vorbeikommen und das Fleisch weiter zerlegen und für den Hausgebrauch zuschneiden konnte, bevor es vollkommen steifgefroren war.

Sam hatte Alexandra erklärt, dass er diese Arbeit nicht selbst erledigen wollte, weil man durch falschen Zuschnitt das Fleisch leicht verderben konnte. Der Schlachter verlangte nur eine geringe Gebühr, wickelte die Portionen gleich in Papier und vermerkte den Inhalt auf den einzelnen Paketen. Dies alles geschah in dem Kleinlaster des Schlachters direkt vor der eigenen Haustür. Man konnte ihm bei der Arbeit zu sehen, wenn man wollte. Und anschließend brauchte man das Fleisch nur noch in die Kühltruhe einzusortieren.

Sam würde die besten Stücke an seine Großmutter und andere Verwandte abgeben und den Rest für sich behalten. Alexandra konnte es kaum abwarten, Mrs. Reed von ihrem Erlebnis zu erzählen.

*

Am späten Nachmittag parkte Sam das Auto vor dem Haus seiner Großmutter und half Alex beim Aussteigen. Hand in Hand gingen sie die alten Wegplatten entlang zur Vordertür des kleinen, weißen Hauses. Sam fragte sich insgeheim, wie wohl Großmutter auf ihre Beziehung reagieren würde. Schließlich hatte er keine Gelegenheit gehabt, sie über die neue Situation zu informieren. Sam nahm an, dass Großmutter sich bestimmt freuen würde. Er wusste, dass sie Alex gern hatte.

An der Tür angelangt klopfte Sam kurz an und öffnete nach der prompten Antwort von Mrs. Reed. Alex hielt noch immer seine Hand und gemeinsam traten sie über die Türschwelle.

Alex stutzte. Weder Sam noch sie selbst hatte die breite Schwelle berührt. Sie hatten gleichzeitig einen etwas größeren Schritt darüber hinweg gemacht. War das reiner Zufall gewesen? Oder hatten sie das Vorher auch schon getan, ohne dass es ihr aufgefallen war? Alexandra wusste es nicht. Sie drehte den Kopf zur Seite und sah Sam an. Hatte er etwas bemerkt? In diesem Augenblick wandte sich Sam in ihre Richtung und warf ihr einen fragenden Blick zu. Ihre Augen trafen sich und blieben für einen Moment aneinander hängen.

Es blieb keine Zeit um Fragen zu stellen, denn im diesem Augenblick rief ihnen Rosemary Reed ihre Begrüßworte entgegen.

Großmutter saß auf ihren gewohnten Platz auf dem Sofa und häkelte. Erwartungsvoll sah sie die jungen Leute an. Sie freute sich über ihren Besuch.

Sam half Alexandra aus der Jacke und gemeinsam nahmen sie im Wohnzimmer Platz. Alex, so fand Sam, sah heute noch schöner aus als sonst. Ein besonderer Glanz lag auf ihrem Gesicht und ihre Augen leuchteten wie Sterne. Sam, der neben seiner Großmutter saß, maß Alex mit einem liebevollen Blick und wandte sich dann an die alte Frau.

„Die Jagd war erfolgreich, Großmutter", meinte er ruhig. „Wir haben einen jungen Elch erlegt und viel gutes Fleisch nach Hause gebracht. Sobald der Schlachter da gewesen ist, werde ich es dir vorbeibringen." Er machte eine Pause. „Alex hat viel gelernt und mir bei der Arbeit geholfen." Sam blickte Alex stolz an.

„Das ist gut", entgegnete Rosemary Reed. „Mann und Frau sollen als Partner zusammenarbeiten. So war es von Anfang an bestimmt. Es freut mich zu hören, dass ihr eure Beziehung in die richtige Bahn gelenkt habt – auf allen Ebenen wie mir scheint." Großmutter sah schmunzelnd von einem zum anderen. Alexandra schlug verlegen die Augen nieder und sah auf ihre Hände, die gefaltet in ihrem Schoß lagen.

Sam lachte nur herzlich, wie es eben seine Art war, und blickte seine Großmutter offen an: „Wie hätte ich ihr widerstehen können? Sie ist einfach bezaubernd!"

Rosemary Reed lächelte und entgegnete: „Ich sehe, dass die

Motive für eure Partnerschaft die richtigen sind. Das ist gut … Als ich eine junge Frau war, waren solche Dinge leider oft mehr praktisch als emotional." Sie machte eine ihrer berühmten Pausen. Alexandra richtete ihren Blick nun interessiert auf Mrs. Reed und wartete, ob da vielleicht eine von ihren berühmten Geschichten folgen würde. Und tatsächlich, die alte Dame fuhr mit ihrer Erzählung fort: „Ich selbst wurde mit fünfzehn Jahren verheiratet, weil ich meiner Stiefmutter zuviel Ärger machte. Mein Mann, Alfred, war zwanzig Jahre älter als ich, und ich kann nicht sagen, dass er eine gute Partie gewesen ist." Rosemary Reed sprach ruhig und langsam und ihre Seele schien in einer anderen Zeit zu wandern.

„Alfred hatte nicht viel Geld und auch nicht viel Verständnis für seine unerfahrene junge Frau. Seine erste Frau, die er anscheinend sehr geliebt hatte, war bei der Geburt des ersten Kindes gestorben. Mein Vater schuldete ihm Geld und so tauschte er mich dagegen ein. Ich war für Alfred eine Art Dienst- und Küchenmädchen und sollte ihm einen Erben schenken."

Alexandras Augen weiteten sich. Sie hatte von ähnlichen Schicksalen gelesen, aber noch nie jemanden getroffen, der solche Erfahrungen an eigenen Leibe hatte erfahren müssen. Wie schaffte es Großmutter nur, offenbar ohne jede Bitterkeit von diesen Erlebnissen zu sprechen?

„Alfred schlug mich oft, und da wir nicht viel Geld hatten, war das Leben auch sonst nicht gerade einfach. Aber ich kann nicht sagen, dass mein Leben nicht auch glücklich verlaufen ist. Meine Kinder haben viele der Schattenseiten ausgeglichen. Alfred war nie böse zu den Kindern. Das war gut von ihm. Aber ich muss zugeben, dass ich nicht besonders traurig gewesen bin, als er mit fünfundsechzig Jahren an Herzversagen gestorben ist." Einen Moment herrschte Stille. Sam kannte die Lebensgeschichte seiner Großmutter natürlich, aber Alexandra war innerlich sehr aufgewühlt durch die offenen Worte der alten Frau. Nach einer Weile fragte sie leise: „Wie konntest du es dreißig Jahre lang mit diesem Mann aushalten?" „Ich hatte keine Wahl", sagte Mrs. Reed. „Du musst verstehen, ich konnte nicht zurück zu meiner Familie und davonlaufen konnte ich damals mit den Kindern auch nicht. Dazu hätte ich Geld gebraucht, und das hatte ich nicht. Das einzige, was ich wollte, war ein besseres Leben für meine Töchter – und für meine Söhne eine gute Einstellung gegenüber Frauen. Und beides ist mir gelungen."

„Wo leben deine Kinder jetzt, Großmutter? Ich weiß, Sams Vater lebt auf dem Reservat ..." Großmutter Reed wandte den Kopf zu Alexandra: „Paul ist mein Jüngster. Ein Nachzügler. Ich hatte nicht damit gerechnet noch einmal ein Kind zu bekommen."

„Warte bis sie dir erzählt, wie viele Kinder sie gehabt hat!" platzte Sam nun heraus.Alex sah ihn fragend an: „Wie viele?"

Rosemary Reed lächelte sanft: „Heutzutage sind mehr als zwei Kinder fast schon eine Ausnahme. Früher war das anders. Ich selbst hatte zehn Kinder."

„Zehn Kinder!" rief Alexandra erstaunt aus. „Du musst eine Menge Enkelkinder haben!" „Gar nicht mal so viele. Du musst verstehen, damals herrschten noch andere Gegebenheiten. Besonders hier draußen, wo nur Busch war. Drei meiner Kinder starben bevor sie acht Jahre alt waren und einer meiner Jungen mit gerade zwanzig. So sind mir nur sechs Kinder geblieben."

Alex war bestürzt. So viele Kinder gestorben. Welch ein Unglück! „Oh, Großmutter!" rief sie aufgebracht, „wie hast du das nur verwunden?" Großmutter Reeds Augen starrten auf die gegenüberliegende Zimmerwand. „Glaub mir, mein Kind, wenn ich dir sage, dass ich alles in meinem Leben habe verwinden können, aber nicht den Tod meiner Kinder! ... Einer meiner Zwillinge war zu schwach und starb fünf Monate nach der Geburt. Meine Myra war dreizehn Monate alt, als sie eines Morgens nicht mehr aufwachte. James ertrank mit sieben Jahren in einem Fischteich. Und Francis wurde in einem

Handgemenge während einer Streiterei erstochen."

Es herrschte Stille. Mrs. Reed wandte sich wieder direkt an Alex: „Und denke nicht, dass die Sorgen mit dem Erwachsenwerden der Kinder aufhören. Dann fängt man an sich um die Enkelkinder zu sorgen, und dann um die Urenkel ... Das Herz wächst und wächst und man wird verletzlicher und sorgt sich mehr – und liebt mehr. Jede Frau erfährt das in ihrem Leben und sie würde etwas vermissen, wenn sie diesen Erfahrungen keine Chance gäbe. Ich würde meine Kinder nie hergeben wollen, nur um dem Leiden aus dem Weg zu gehen. Dann erwischt es einen woanders. Das ist Leben. Es geht nie geradeaus, sondern immer hoch und dann wieder runter. Wenn du glaubst, dein Leben wird nur ein Hoch sein, dann betrügst du dich selbst!" Großmutter Reed sah Alexandras verwirrten Gesichtsausdruck und lächelte erneut: „Lass dich von mir nicht einschüchtern, Alex. Ich bin nur eine alte Frau. Mein Leben ist fast vorbei. Deines dagegen fängt jetzt erst richtig an. Früher – da war ich genauso unbefangen wie du. Und das ist gut so. So soll es sein. Aber es schadet nie, sich ein bisschen Rat zu holen ... Siehst du, nicht jeder muss leidvolle Erfahrungen machen um zu lernen, was er in diesem Leben zu lernen hat. Manchmal ist eine kleine Hilfestellung schon genug. Darum ist meine Tür immer für euch jungen Leute offen – besonders für euch junge Frauen." Sie erhob sich und Alex und Sam taten es ihr gleich.

„Es ist gut, dass ihr den Mut gefasst habt, eure Gefühle füreinander zu offenbaren." Rosemary Reed ergriff Sams und Alexandras Hände: „Ich bete, dass eure Herzen rein, eure Liebe stark und euer Geist mutig ist. Ihr passt gut zueinander, eure Energien schwingen in Harmonie. Möge es immer so bleiben."

Alex und Sam verabschiedeten sich von Großmutter Reed und verließen das kleine Haus, wie sie es betreten hatten: Hand in Hand. Nur war der Griff ihrer Hände jetzt fester, ihre Rücken beim Gehen gerader und ihre Herzen offener für alles, was die Zukunft ihnen bringen mochte.

17. Kapitel

An einem Donnerstagabend Anfang Dezember ging Alexandra nach der Arbeit im Café nicht nach Hause, sondern besuchte Großmutter Reed in ihrem Haus. Es war Sams Sportabend und er würde erst spät zurück sein. Und das war gut. Alex wollte nicht, dass er von ihrem Besuch erfuhr, denn sie hatte eine Überraschung für ihn geplant. Sie hatte Großmutter Reed vor einigen Tagen angerufen, und sie gefragt, ob sie wüsste, wo sie einen Dream Catcher finden könnte, der ganz aus Naturmaterialien gefertigt war. Diesen wollte Alex Sam zu Weihnachten schenken. Großmutter hatte daraufhin gemeint, dass sie den Dream Catcher nicht zu kaufen brauchte, sondern viel besser einen selbst herstellen könnte. Und damit war Alex auch schon eingeladen, um insgeheim die Fertigung eines Dream Catchers zu erlernen.

Alexandra lächelte, als sie sich an das Telefongespräch erinnerte. Sie war sehr überrascht gewesen, dass Großmutter Reed ihr so freizügig angeboten hatte, ihr Wissen mit ihr zu teilen. Alex hatte gedacht, ein solches Wissen sei vielleicht nur Indianerinnen vorbehalten. Aber Großmutter schien Freude daran zu haben, ein kleines Geheimnis mit Alex zu teilen. Sobald sich herausgestellt hatte, dass sie Sam mit dem Dream Catcher zu Weihnachten überraschen wollte, begann Großmutter am Telefon zu flüstern. Alex hatte sich alle Mühe geben müssen, sie trotz der leisen Tonlage verstehen zu können.

*

Als Alexandra sich nun auf ihrem Fahrrad dem kleinen, weißen Haus von Rosemary Reed näherte, steckte sie voller

Vorfreude auf die gemeinsamen Stunden. Sie fand, dass Großmutter mit ihren schönen Geschichten und ihrer offenen Art sehr leicht gern zu haben war und es gefiel ihr, Zeit mit ihr zu verbringen. Der heutige Tag war sonnig und kalt gewesen, aber gegen Abend waren Wolken aufgezogen und als Alex jetzt ihr Rad an die Hauswand von Großmutters Haus lehnte, fielen sogar ein paar Schneeflocken. Die richtige Stimmung, um an Weihnachtsgeschenken zu arbeiten. Schwungvoll nahm sie die Tüte mit Materialen vom Gepäckträger, die sie nach Großmutters Anweisungen gekauft und gesammelt hatte und klopfte an die Vordertür. Doch als Großmutter Reed öffnete, konnte Alex sich nicht auf die Begrüßung konzentrieren. Das Licht der Deckenlampe erhellte das Wohnzimmer, das sich vor ihr auftat, und alles, was Alex sah, war ein ansehnlicher Berg von neu angelieferter Wolle, der das Sofa bedeckte.

„Großmutter, wo kommt die ganze Wolle her?“ fragte Alex entgeistert nach einer kurzen Begrüßung. Sie selbst liebte Wolle sehr, konnte sich aber nicht vorstellen, was Großmutter mit einer solchen Menge davon anfangen wollte.

„Oh, das ...“ meinte Großmutter Reed. „Ich habe zugesagt, ein paar jungen Frauen das Stricken beizubringen. Darum bat ich eine Bekannte etwas von der dicken Wolle vorbei zu bringen, aus der unsere Frauen traditionell Kleidungsstücke herstellen. Sie war vorhin hier und hat all diese Wolle gebracht.“

Alexandra schob ein paar Knäule zur Seite und nahm auf der Couch Platz. Sie ließ ihre Hand über die großen, rauen Wollknäule gleiten. Es war richtige Wolle, keine Synthetikfaser. Die Fäden waren dick, die Frauen würden Stricknadeln von mindestens acht Millimetern verwenden müssen, um diese Wolle zu verarbeiten. Zumindest würde die Arbeit zügig vorangehen. Wahrscheinlich würden sie Jacken für Herbst und Winter aus dem Material fertigen.

Es gab viele verschiedene Farbtöne. Aber keines der Knäule war gefärbt. Es waren alles natürliche Schattierungen von braun, weiß, beige, schwarz und grau. Einige dieser Farben mussten schwer zu finden gewesen seien. Die Wolle zog Alex magisch an. Bei genauerem Hinsehen fiel ihr jedoch auf, dass viele der Knäule aufgegangen waren und sich während des Transports miteinander verheddert hatten. In diesem Zustand würden die Frauen die Wolle nicht verarbeiten können.

Das Telefon klingelte und Großmutter entschuldigte sich kurz um das Gespräch anzunehmen. Alex blieb auf der Couch sitzen und studierte die alten Fotos an der gegenüberliegenden Wand. Unbewusst streckte sie die Hand nach einem der Knäule und begann nach dem Ende des Fadens zu suchen. Ehe sie sich versah, befand sie sich in einem Gewirr aus Fäden und Knäulen und verfolgte mit Seelenruhe den Verlauf der einzelnen Fäden, bis sich die Knäule eins nach dem anderen von einander lösten. Die *befreiten* Wollknäule legte sie vorsichtig zur Seite, nachdem sie die losen Enden festgesteckt hatte um neuem Gewirr zu begegnen.

Alexandra hatte schon mehrere Wollknäuel gerettet, als sie aufblickte und sah, dass Großmutter Reed bereits wieder auf ihrem Platz gegenüber saß. Sie war so sehr in ihre Arbeit vertieft gewesen, dass sie nicht bemerkt hatte, wie Großmutter ins Wohnzimmer zurückgekehrt war. Nun saß die alte Frau in ihrem tiefen Ohrensessel und lächelte Alexandra gutmütig an.

Als Alex die Knäule beiseite legen wollte, meinte Rosemary Reed: „Du musst nicht mit deiner Arbeit aufhören. Der Dream Catcher kann ein paar Minuten warten …"

Alex entgegnete fast entschuldigend: „Ich wollte nicht in deinen Dingen herumstöbern, Großmutter. Aber die schöne Wolle war so verheddert und ich hatte nichts anderes zu tun."
„Ich bin dir sehr dankbar, Alex, dass du den Frauen und mir diese Arbeit abnimmst. Viele junge Frauen wären einfach neben dem Stapel Wolle sitzen geblieben und hätten ihn nicht angerührt. Eine Person braucht viel Ruhe und Liebe um ein solches Gewirr in Ordnung zu bringen!" Alex blickte verlegen auf ihre Hände und erwiderte nichts, sondern arbeitete weiter an der Wolle. Sie hatte sich nichts weiter dabei gedacht, als sie

mit der Entwirrung der Knäule begonnen hatte. Dass Großmutter sie nun dafür lobte, war ihr fast unangenehm. Sie hatte lediglich die Zeit überbrücken wollen.

Großmutter blickte sie wohlwollend an: „Ich möchte dir ein paar Dinge zeigen, während du die letzten Knäule richtest.“ Damit verschwand sie in der Küche und kehrte bald darauf mit einigen Papiertüten ins Wohnzimmer zurück, die sie auf dem Sofatisch abstellte.

„Es ist Tradition bei unserem Volk, Kräuter und Pflanzenteile zu sammeln und zu trocknen. Sie werden anschließend als Heilmittel oder aber bei Zeremonien verwendet. Oft wird diese wichtige Aufgabe des Suchens, Sammelns und Trocknens von den Frauen übernommen. Ich habe hier einige der Kräuter und Pflanzen, die ich selbst im letzten Sommer gesammelt und getrocknet habe. Früher hatte ich immer eine große Anzahl von Heilpflanzen zur Hand, aber jetzt wird es mir einfach zu viel.“

Alex, die Großmutter Reed interessiert zugehört hatte, fragte nun: „Hast du niemanden, der dir bei der Arbeit helfen kann, Großmutter?“ „Ich kann nicht einfach irgendjemanden mit mir gehen lassen. Neben der richtigen Pflanze, dem richtigen Ort und dem richtigen Zeitpunkt, ist es außerdem ausschlaggebend, dass die Geister gut gestimmt sind. Und die Geister reagieren auf jede Person anders. Es ist wichtig, dass die richtige Person geschickt wird ...”

Der Berg aus Wollknäulen wurde zusehends kleiner und Alexandra machte sich daran den letzten hartnäckigen Knoten zu schaffen. Sie lauschte Großmutter Reeds Worten aufmerksam. Heilkräuter und indianische Medizin waren für sie Themen von höchstem Interesse. Sie wusste, dass Medizinmänner und -frauen bei den Ureinwohnern einen sehr hohen Stellenwert hatten. Sam hatte ihr bereits gesagt, dass Großmutter Reed eine von diesen wichtigen Personen war. Alex fühlte sich geehrt, sie kennen gelernt zu haben und Zeit mit ihr verbringen zu dürfen. Großmutters nächste Frage traf sie dennoch unvorbereitet: „Alex, ich würde dich gern im Frühjahr mit zum Sammeln nehmen und dir einige Pflanzen und Kräuter zeigen, die unser Volk seit langer Zeit für verschiedene Dinge verwendet. Würdest du daran Interesse haben?“ Alex wusste nicht, was sie antworten sollte. Fast sprachlos brachte sie nur: „Liebend gern!“ heraus.

Großmutter nahm Alexandras Zusage stumm zur Kenntnis und öffnete langsam eine der Tüten.

„Dies ist Rinde von wilden Kirschbäumen, die hier in der Gegend wachsen. Ich habe gern welche zur Hand, denn ein Tee aus dieser Rinde reinigt das Blut und befreit den Körper so von Giftstoffen.“ Alex nickte stumm und legte das letzte Knäuel beiseite. Sie hatte sich tatsächlich durch den gesamten Berg von Wollknäulen gearbeitet und diese lagen nun säuberlich aufgereiht und farblich sortiert neben ihr auf dem Sofa. Alexandras gesamte Aufmerksamkeit galt jetzt den Papiertüten auf dem Tisch vor ihr.

Großmutter öffnete eine Tüte nach der anderen, zeigte Alex den jeweiligen Inhalt und erklärte, wozu die einzelnen Heilpflanzen benutzt wurden. Dabei beobachtete sie Alex scharf. Diese versuchte sich zu konzentrieren, aber bald schon schwirrte ihr der Kopf von all den neuen Namen, Begriffen und Gerüchen. Alex war froh, als Großmutter ansetzte eine Geschichte zu erzählen und sie ihre Gedanken ordnen konnte.

Rosemary Reed deutete auf die letzte Tüte und meinte: „Diese Pflanze hat mir meine Großmutter gezeigt. Sie hat sehr viel Heilkraft. Meine Großmutter war eine gute Heilerin. Sie kannte sich mit Pflanzen und Geistern sehr gut aus. Viele Leute kamen zu ihr, wenn sie spirituelle oder medizinische Hilfe benötigten. Einmal, als noch nicht viele Europäer in dieser Gegend lebten, half meine Großmutter einem Arbeiter, der sich die Hand verletzt hatte. Der Mann hatte sich bei der Arbeit eine schlimme Wunde zugezogen und der Arzt hatte alles versucht um ihm zu helfen. Am Ende musste er allerdings zugeben, dass er keinen Weg kannte um die Hand des Mannes zu retten und er erklärte, der Mann würde mit der Hand nicht mehr arbeiten können. Auf dem Heimweg traf der Verletzte durch Zufall auf meine Großmutter und bat sie um Rat. Sie behandelte die Hand des Mannes mit einer Paste aus dieser Pflanze und schickte ihn anschließend nach Hause. Zwei Tage später kehrte der Mann zur Arbeit zurück. Seine Hand war vollkommen geheilt. Er ging nach Feierabend beim Arzt vorbei und dieser vermochte seinen Augen nicht zu trauen! Nach einigem Nachfragen erfuhr der Arzt, dass meine Großmutter dem Mann geholfen hatte und er suchte sie auf um sie nach ihrem Geheimnis zu fragen. Meine Großmutter lächelte nur und zeigte dem Arzt ihre Sammlung von getrockneten und frischen Kräutern. Von diesem Tage an kam der Arzt sehr oft zu ihr um von ihrem Wissen zu lernen. Später berichtete sie mir, dass er ein sehr guter Schüler gewesen sei ..." Großmutter kicherte.

Dann erklärte sie: „Das ist erst mal genug für heute. Ich spüre, du wirst ebenfalls einmal eine gute Hand für Heilpflanzen haben. Aber alles hat seine Zeit ... Nun zeig mir die Dinge, die du für den Dream Catcher mitgebracht hast."

Bereitwillig und ein wenig verwirrt holte Alex ihre Tüte hervor und breitete den Inhalt auf dem Tisch aus. Großmutter Reed verstaute ihre Heilpflanzen wieder in der Küche und begutachtete dann die von Alex mitgebrachten Materialien.

Die restliche Zeit verbrachten die beiden Frauen damit an dem Dream Catcher für Sam zu arbeiten. Rosemary Reed zeigte und erklärte, wie die Materialien zu verarbeiten waren und Alex war eine geschickte und wissbegierige Schülerin. Nachdem der Dream Catcher so weit gefertigt war, dass Alexandra wusste, wie sie ihn allein fertig stellen konnte, packte sie ihre Sachen zusammen und genoss eine letzte Tasse Tee mit Großmutter, bevor sie sich auf den Weg zurück zum Blockhaus machte. Sie wollte auf jeden Fall vor Sam zurück sein, so dass ihre Überraschung auch wirklich eine Überraschung blieb!

18. Kapitel

Der Heilige Abend begann mit einem wunderschönen Sonnenuntergang, der den klaren, blauen Himmel über der weißbedeckten Landschaft in die schönsten Rot- und Rosatöne tauchte. Der vierundzwanzigste Dezember war ein perfekter Tag gewesen. Das Café hatte am frühen Nachmittag geschlossen und nun lagen zehn lange Ferientage vor Alex.

In Deutschland war der Heilige Abend immer der Höhepunkt des Weihnachtsfestes. Hier in Nordamerika warteten die Kinder auf den Anbruch des fünfundzwanzigsten Dezembers – auf Christmas Day.

Wegen der Zeitverschiebung hatte Alexandra schon am Morgen bei den Eltern angerufen, um ihnen ein schönes Fest zu wünschen. Die Eltern waren erfreut gewesen und vermissten sie. Sie hatten die Hoffnung ausgesprochen, dass Alex bald nach Hause kommen möge. Sie hatte nichts erwidern können. Seit einiger Zeit quälte Alex dieses Thema. Shaheylah gefiel ihr so gut. Sie hatte viele Freunde gefunden und sich so sehr an das Leben hier gewöhnt. Und dann war da natürlich Sam! Niemals könnte sie es übers Herz bringen ihn zurück zu lassen ... Alex wollte in Shaheylah bleiben! ... Und doch war da natürlich die Liebe zu den Eltern und die Gewissheit, dass diese sie sehr vermissten. Alex fühlte erneut einen Stich im Herzen. Aber was konnte sie tun? Ihr Platz war bei Sam. Ihre Gedanken hatte sie den Eltern nicht mitgeteilt. Aber bald, sehr bald, würde sie der Situation ins Auge blicken müssen.

Alex und Sam wollten den Weihnachtsabend bei Maggie, Dick und den Kindern auf *Pine Tree* verbringen. Sie würden dort übernachten und den morgigen Tag dann mit Sams Eltern und Großmutter zusammen feiern. Alex war schon am Vortag nach der Arbeit auf *Pine Tree* gewesen und hatte Maggie bei den Vorbereitungen geholfen. Immerhin würden sie eine beachtliche Anzahl von Menschen sein, denn Maggies Eltern würden auch auf *Pine Tree* sein. Maggies Mutter war bereits am frühen Nachmittag zu den Prestons gefahren, um Maggie die Arbeit mit dem Truthahn abzunehmen.

Alex und Sam hatten alle Geschenke zusammen gesammelt und sich festlich angezogen. Gegen siebzehn Uhr dreißig verließen sie mit vollen Armen das Haus. Alexandra entfuhr ein entzückter Aufschrei als sie nach draußen trat: dicke, weiße Schneeflocken fielen im Schein der Außenbeleuchtung leise und sanft zur Erde!

„Dies“, sagte sie leise, „ist ein perfektes Weihnachten!“ Sie drückte Sams Hand und schenkte ihm einen liebevollen Blick.

„Perfekt“, erwiderte Sam, „durch dich!“

*

Auf *Pine Tree* wurden sie schon sehnlichst von den Kindern erwartet, die vor lauter Aufregung ganz zappelig waren. Draußen lag die Ranch im Stillen. Der Schnee, der jetzt fast sechzig Zentimeter hoch lag, hatte einen Schleier aus Frieden und Ruhe über das Land gelegt und durch die Fenster fiel goldenes Licht in die dunkle Nacht. Im Haus herrschte wie immer ein kleines Chaos, aber die Stimmung war durchaus festlich und fröhlich.

Der deckenhohe Baum stand in einer Ecke des Wohnzimmers und war etwas sonderbar dekoriert, da jedes Kind geholfen und seinen eigenen Geschmack eingebracht hatte. Alexandra schmunzelte. Unter dem Baum lag ein riesiger Berg von Geschenken und Alex und Sam legten ihre dazu. Weihnachtslieder erklangen aus den Lautsprechern der Musikanlage und für einen winzigen Augenblick geriet Alex ins Träumen. Sie wurde jedoch fast sofort von Miranda wieder auf die Erde zurück gebracht. Die Kleine war hübsch zurecht gemacht mit einem dunkelblauen Kleid und einer niedlichen Schleife im Haar. Weiter unten entdeckte Alex jedoch Sommersandalen und erkannte, dass diese Abendgarderobe zum Teil Mirandas eigene Kreation war. Jedenfalls wollte sie jetzt wissen, wie lange sie wohl noch auf die Geschenke warten müsste. Alexandra lächelte. Weihnachten mit Kindern war einfach schöner! Bereitwillig gab sie dem Kind Auskunft.

Dann musste sie daran denken, wie begeistert Miranda gewesen war, als sie mitbekommen hatte, dass Alex und Sam ein Paar waren. Sam hatte Alexandra gegenüber keine besondere Zärtlichkeit gezeigt, sobald andere Leute zugegen waren. Es war nicht seine Art, seine Gefühle offen vor anderen Leuten zur Schau zu stellen. Aber etwas hatte in seinen Augen gelegen und dieses Etwas hatte auch Alexandras Gesicht erstrahlen lassen. Und Maggie hatte es natürlich sofort bemerkt. In einem ungestörten Moment hatte sie Alex darauf angesprochen. Sie hatte Alex geküsst und umarmt und gesagt, sie habe es immer gewusst. Beide Frauen hatten Miranda nicht bemerkt, die in die Küche gekommen war, und von da an war die junge Liebe kein Geheimnis mehr gewesen. Alle vier Kinder hatten ihren Kommentar abgegeben und Sam meinte, er hätte noch nie so indiskrete Wesen getroffen.

Beim Weihnachtsessen saß jeder, wo er Platz fand und anschließend wurden Gesellschaftsspiele gespielt, um den Kindern die Zeit zu vertreiben. Miranda schlief nach einer Weile auf dem Sofa ein und auch Lee, der Zweitjüngste, gähnte des öfteren, erklärte aber, das er schon groß sei und überhaupt nicht müde.

Später am Abend fing Sam Alex auf dem Weg vom Badezimmer ins Wohnzimmer ab und schaffte es, dass sie sich genau unter dem Mistelzweig trafen, den Dick über der Wohnzimmertür angebracht hatte. Es hieß nach altem Brauch, wer sich am Weihnachtsabend unter dem Mistelzweig traf und küsste, würde ein Leben lang in Liebe zusammen bleiben!

Alexandra war von Sams Geste erst überrascht, dann aber

überaus glücklich, als man sie über die Bedeutung des Kusses aufklärte. Sam meinte es wirklich ernst! Das Gefühl, das sich in ihrem Bauch ausbreitete, war schiere Freude und Alex konnte das Bedürfnis, vor Glück laut zu lachen, kaum unterdrücken.

Punkt Mitternacht klingelte Dick mit seiner großen Glocke und alle Kinder, so müde sie eben noch waren, sprangen auf. Gemeinsam sangen sie „Silent Night", und „Joy to the World". Danach durften Geschenke ausgepackt werden. Die Kinder waren vollkommen aufgedreht und nahmen den gesamten Weihnachtsbaum in Beschlag. Dick musste sich seinen Weg zu den Geschenken freikämpfen und gab die Pakete dann an die Adressaten weiter.

Alex hatte für die Kinder Bücher gekauft und ihnen Dekoration für die Kinderzimmer aus Moosgummi gebastelt. Für Dick hatte sie zwei Paar dicke Wollsocken gestrickt und für Maggie hatte sie den Pullover aus Islandwolle fertiggestellt, den sie im Herbst im halbfertigen Stadium so sehr bewundert hatte. Gerade schrie Maggie vor Entzücken auf, nachdem sie Alex' Paket aufgemacht hatte: „Den muss ich unbedingt jetzt tragen, sonst bin ich zu dick und muss bis nach der Geburt warten!"

Auch Dick und die Kinder freuten sich über ihre Geschenke. Nun wartete Alexandra gespannt darauf, dass Sam das Geschenk, das sie für ihn gemacht hatte, auspackte. Sie betrachtete gerade das neue Puppenkleid, das Miranda ihr zeigte, als sie Sams Stimme neben sich hörte: „Alex!" Sie drehte sich zu ihm um. „Wo hast du diesen schönen Dream Catcher gefunden?" wollte er wissen.

Alex lächelte nun stolz. Mittlerweile bestaunten alle Sams Geschenk und Alexandra meinte leise: „Ich habe ihn für dich gemacht." Sam sah sie ungläubig an. „Wie hast du … Wann?" Alex lachte nun offen über sein verdutztes Gesicht: „Deine Großmutter hat mir gezeigt, wo ich die Materialien finden kann und mir Anleitung bei der Herstellung gegeben. Ich hatte einen Dream Catcher für dich kaufen wollen, aber sie meinte, ich könnte genauso gut selbst einen anfertigen." Dann fügte sie leise hinzu: „Magst du ihn wirklich leiden?" Für einen Augenblick gab es nur sie beide.

„Keine Indianerin hätte ihn besser fertigen können. Ich bin sehr stolz auf dich!" Sam sah tief in Alexandras Augen und strich ihr mit der Hand zärtlich über die Wange. Dann drangen die lauten Kinderstimmen wieder an ihre Ohren und der Zauber des Augenblickes war verschwunden.

„Eine wunderschöne Arbeit!" meinte jetzt auch Maggies Mutter.

„Los, Mann, jetzt zeig Alex ihr Geschenk!" schrie Eric.

Alex sah Sam fragend an.

„Du musst dich noch einen Augenblick gedulden", meinte dieser und verschwand geheimnisvoll nach draußen.

Tim bestand darauf, dass Alexandra sich die Augen zu hielt und, geleitet von Lee, ging sie, gefolgt von den anderen, hinaus auf die Veranda. Die Luft war kalt und Alex fröstelte. Als sie endlich die Augen öffnen durfte, glaubte sie zu träumen: Vor der Veranda stand Sam – und in der Hand hielt er die Zügel einer wunderhübschen Stute! Das Tier war weiß und rotbraun gefleckt und sah die Menschenansammlung auf der Veranda mit großen braunen Augen an. Alex war sprachlos!

„Willst du sie nicht ausprobieren?" rief Sam ihr zu. „Sie gehört dir!" „Mir …?" stieß Alex aus und wurde von den Kindern in Richtung Pferd gedrängt.

„Wem sonst!" meinte Sam, als Alex neben ihm stand. „Ihr Name ist übrigens Minnie. Damit habe ich nichts zu tun – der Vorbesitzer hat sie so getauft." Er grinste Alex zufrieden an und hob sie auf den Rücken des Pferdes.

Später, als Sam und Alexandra im Gästezimmer von *Pine Tree* im Bett lagen, seufzte Alex tief. Sam sah sie fragend an.

„Was für ein perfekter Weihnachtsabend! Die Landschaft, das Essen, der Baum, die guten Freunde! – Und dann noch du und Minnie … Ich bin absolut glücklich!" flüsterte sie nach einer Weile. Und ihr Gesicht drückte aus, was sie gesagt hatte: Glück und Frieden.

„Ich habe noch ein Geschenk für dich“, sagte Sam und holte eine kleine Schachtel unter dem Kopfkissen hervor.

„Oh, nein!“ rief Alex aus. „Du darfst mich nicht so mit Geschenken überschütten! Wirklich nicht, Sam. Ich hatte nur eine Kleinigkeit für dich ...“ „Dein Geschenk für mich ist größer, als du es dir eingestehen willst. Wenn ich an die vielen Gedanken, die Zeit und Liebe denke, die du in die Herstellung des Dream Catchers gesteckt hast, dann wiegt es meine Geschenke an dich allemal auf. Aber dies hier ... dies ist etwas anderes.” Er reichte ihr die Schachtel. „Deshalb wollte ich es dir erst geben, wenn wir allein sind.“

Alexandras Hände zitterten leicht, als sie den Deckel der Schachtel öffnete. Zum Vorschein kam ein breiter Silberring, verziert mit indianischen Motiven. Bei genauerem Hinsehen stellte Alexandra fest, dass es Raben waren, die in den Ring eingraviert waren. Diese Tatsache überraschte sie nicht im geringsten. Fast war es, als habe sie die Vögel auf diesem Ring erwartet. Alex begrüßte sie still.

„Ich habe meinen Namen auf der Innenseite eingravieren lassen, damit du weisst, dass meine Liebe immer und allein dir gehört“, meinte Sam nun. Er blickte suchend in Alexandras Augen: „Willst du ihn für mich tragen?“ Alex blinzelte ein paar Tränen fort und nickte stumm. Schon wieder saß ihr ein Kloß im Hals!

Sam nahm den Ring aus der Schachtel und steckte ihn an Alexandras Ringfinger.

„Oh, Sam!“ flüsterte Alex und bewunderte den Ring an ihrer Hand. „Der Ring ist wunderschön! Ich danke dir von ganzem Herzen.“ Als sie von ihrer Hand aufblickte, fügte sie leise hinzu: „Egal, was passiert, Sam, ich werde dich immer lieben ...!“ Alexandra vermochte ihr Glück nicht zu fassen. Hier, in diesem fernen Land, erfüllten sich ihre kühnsten Träume und geheimsten Sehnsüchte! Konnte das Leben schöner sein?

19. Kapitel

Januar, Februar und März waren wie im Fluge verstrichen. Der Winter neigte sich dem Ende zu und die Tage wurden wieder länger, heller und freundlicher. Oft hatte die Mittagssonne nun schon große Kraft und Alex genoss diese warmen Stunden. Im Augenblick saß sie auf dem gemütlichen Balken hinter der Scheune, die Hände in den Jackentaschen und den Kragen hochgeschlagen. Dankbar ließ sie die Sonnenstrahlen ihr Gesicht wärmen und überdachte, was in den letzten Monaten alles in ihrem Leben geschehen war.

Im Februar war Dick zu seiner Arbeit zurückgekehrt und die finanzielle Lage der Prestons hatte sich gebessert. Maggie befand sich nur noch vier Wochen vor dem Geburtstermin und Alex hatte sich aufgrund dieser beiden Faktoren dazu entschlossen ihren Job im Café aufzugeben, obwohl Sarah Burdell sie nur ungern gehen ließ. Aber letztlich hatte Alex die Stelle nur angenommen um Maggie etwas helfen zu können und im Moment brauchte die Freundin ihre tatkräftige Hilfe mehr als ihre finanzielle. Deshalb war Alex seit Anfang Februar wieder jeden Wochentag auf *Pine Tree* anzutreffen. Und sie konnte nicht umhin zuzugeben, dass ihr Maggie und die Kinder gefehlt hatten.

Die Idee mit der Gästehausvermietung war inzwischen so gut angelaufen, dass die Prestons schon Buchungen für den Sommer vorliegen hatten. Ein bisschen Geld extra konnte man auf *Pine Tree* immer gebrauchen, und bisher hatten die Feriengäste kaum Umstände gemacht. Den Millars war am zweiten Tag das Auto nicht angesprungen und Mr. Craig war das gesamte Wochenende nicht von Dicks Seite gewichen, weil ihn die Ranch so sehr interessiert hatte. Aber solche Vorfälle waren harmlos und Alex war froh, dass ihre Idee tatsächlich Früchte trug. Sam hatte sich sehr gefreut, als Alex ihren Job im Café aufgegeben hatte. Durch die langen Öffnungszeiten war ihnen viel gemeinsame Zeit verloren gegangen. Und insgeheim war auch Alex froh über die neugewonnenen Abende und Nachmittage. Die Tage auf *Pine Tree* ermüdeten sie weitaus weniger als die Arbeit im Café, und so konnte sie die gemeinsame Zeit mit Sam viel mehr genießen und sich auch mit mehr Energie um den eigenen Haushalt kümmern. Außerdem hatte Alex endlich mehr Gelegenheit sich mit ihrer schönen Stute Minnie anzufreunden. Sie liebte das Tier sehr und vertraute ihm mittlerweile vollkommen. Sam hatte ihr gesagt, dass sie große Fortschritte beim Reiten machte. Er ermutigte sie bei jedem erneuten Versuch. Und Alex gewann durch das viele Üben die Sicherheit, die sie brauchte, um ihre Angst vor Pferden allmählich abzubauen und die gemeinsamen Ausritte zu genießen. Langsam, ganz langsam erfüllte sich ihr Kindheitstraum vom sorglosen Reiten in der freien, ungezähmten Natur.

Alex zog die Hand aus der Jackentasche und betrachtete liebevoll Sams Ring, der in der Sonne blitzte. Ihrem Lächeln folgte ein Seufzer und mit gerunzelter Stirn ließ sie die Hand sinken. Ihre Beziehung zu Sam war sehr tiefgehend und schön. Natürlich hatten sie hin und wieder kleine Meinungsverschiedenheiten, aber das hing einfach damit zusammen, dass sie sich an das gemeinsame Zusammenleben gewöhnen mussten. Der Alltag, so hatte Großmutter Reed ihr erklärt, war es, der zeigte, wie viel an einer Partnerschaft dran war. Und da musste ihr Alex recht geben. Sam und sie waren beide recht dickköpfig, aber gleichzeitig auch nie lange böse oder eingeschnappt. Und so endeten ihre kleinen Streitereien meist in einem Lachanfall – auf beiden Seiten. Alex war stolz darauf, dass sie den Alltag bisher so gut meisterten. Sam war nicht der Grund ihrer plötzlichen Betrübtheit. Es waren die Eltern, die sie seufzen ließen.

Alex hatte den Dingen ins Auge sehen wollen und Anfang

Februar mit den Eltern gesprochen. Da sie bis zu ihrer Abreise nach Kanada immer sehr offen mit den Eltern hatte umgehen können, hatte sie auch dieses Mal einfach ihr Herz geöffnet und den Eltern ihre Lage erklärt. Sie hatte ihnen gesagt, dass sie Sam liebte und ihr Leben hier in Shaheylah. Dass sie gute Freunde gefunden hatte, die sie verstanden und ihr im Herzen nahe waren. Dass sie mit Sam über Heirat und Einwanderung gesprochen hatte. Kurzum, dass sie hier bleiben wollte, weil sie genau hier glücklich war. Die Eltern hatten einen Augenblick geschwiegen und Alex hatte schon Hoffnung geschöpft. Aber dann waren der vernichtende Antwortschwall des Vaters und die Empörungsrufe der Mutter gefolgt, und Alex war sich auf einmal ganz klein vorgekommen. Warum behandelten die Eltern sie nur so? Solange sie einer Meinung gewesen waren, hatte eitel Sonnenschein geherrscht. Aber seitdem Alex ihr Leben in die eigenen Hände genommen und eigenständige Entscheidungen getroffen hatte, stieß sie nur auf Ablehnung und Unverständnis bei den Eltern. Manchmal kamen ihr der Vater und die Mutter so unflexibel vor. Was verlangte Alex denn schon? Was nahm sie sich großartig heraus, dass sie sich schuldig fühlen sollte? Sie wollte doch nur, dass man sie als erwachsene Person anerkannte und ernstnahm und nicht mit dummen „... wenn du meinst ..." abspeiste, die ihr nur den Widerwillen der Eltern zu verstehen geben sollten, der keine Widerrede duldeten.

Alex wollte ihr Leben so gestalten, dass es für sie lebenswert war. Sie hatte sich verändert. Sie war unkonventioneller und flexibler geworden. Sie hatte, im Vergleich zu ihrer Erziehung, in den letzten Monaten ungewöhnliche Wege gewählt und ungewöhnliche Dinge getan und – hatte begonnen ihr Leben in vollen Zügen zu genießen! Alex war offener für die Stimme ihres Herzens geworden. Und je offener und lebendiger sie selbst wurde, umso verschlossener und verständnisloser wurden ihre Eltern.

Der Vater hatte gesagt, Alex wisse nicht, was sie tue und solle sofort nach Hause kommen und ein ordentliches Leben führen. Dann hatte er noch ein paar scharfe Bemerkungen Sam betreffend ins Telefon geschmettert und einfach aufgehängt. Alex war in Tränen ausgebrochen und Sam, der kurz darauf von der Arbeit nach Hause gekommen war, hatte alle Hände voll zu tun gehabt, sie zu beruhigen und sich erklären zu lassen, was vorgefallen war.

Seither war Sam nicht gut auf Habichts zu sprechen. Er war kein Schuljunge, sondern ein gestandener Mann von Anfang Dreißig, der schon seit vielen Jahren das Erwachsenenleben meisterte. Und das gar nicht mal schlecht. Das Benehmen von Alexandras Eltern gefiel ihm nicht und ging entschieden gegen sein ruhiges Gemüt. Er hatte erklärt, dass Alex die vernünftigste und bemerkenswerteste junge Frau war, die er jemals getroffen hatte. Und er verstand es nicht, dass ihre Eltern ihr keinerlei Anerkennung entgegen brachten. All diese Gedanken beschäftigten Alex eine lange Zeit und plötzlich bemerkte sie, dass ihr kalt geworden war. Langsam schlenderte sie in Richtung Haus zurück. Als sie um die Ecke der großen Scheune bog, sah sie, wie Sam auf den Hof fuhr. Alexandras Gesicht hellte sich auf. Sie rief seinen Namen, winkte ihm fröhlich zu und lief ihm über den Hof entgegen.

„Ich habe dich vermisst!" flüsterte Alex als sie Sam erreicht hatte und ein wohliger Schauer durchlief sie. „Lass uns bald heimfahren", fügte sie hinzu und seine Augen sagten ihr, dass er sie verstand.

Er drückte sie fest an sich und meinte dann: „Erst habe ich noch etwas zu erledigen!" Mit diesen Worten öffnete er die Beifahrertür des Pickups und machte sich an einer Schachtel zu schaffen. „Schau dir das mal an!"

Alex blickte über seine Schulter und sah in den Karton. Auf einem alten Handtuch saß zusammengekauert ein kleines Hundebaby! Mit großen braunen Kulleraugen blickte es Alex entgegen und verschaffte sich damit sofort einen Platz in ihrem Herzen.

„Oh, Sam!“ rief sie. „Wo kommt der Kleine nur her?“ Wieder blickte sie verzückt auf das hellbraune Bündel mit Schlappohren.

Sam grinste. Frauen waren alle gleich. Alles, was klein, knuddelig und hilflos war, wurde bereitwillig aufgenommen! Darauf hatte er gesetzt und hoffte, dass Maggie sich genauso verhalten würde. Als Sam dieses jammervolle, kleine Wesen am Straßenrand gefunden hatte, zusammengekauert zwischen seinen bereits toten Geschwistern, hatte er sofort an *Pine Tree* denken müssen und vor allem an Tim, der im letzten Herbst so unter dem Verlust seines treuen Hundes, Bill, gelitten hatte. Kurzentschlossen hatte er den Hund eingeladen und sich auf den Weg gemacht.

Maggie kam aus dem Haus und trat zu den beiden. Alex und Sam konnten an ihrem Gesichtsabdruck ablesen, dass auch sie das Hundebaby sofort ins Herz geschlossen hatte.

Sie griff nach der Box. „Kommt mit hinein. Die Jungen müssen jede Minute aus der Schule zurück sein. Die werden Augen machen!“ Und schon war sie in der Haustür verschwunden.

Sam zwinkerte Alex verschmitzt zu und grinste vielsagend. Dann folgten sie Maggie ins Haus. Die Freude war riesig, als wenig später die Jungen heimkamen. Tim allerdings tat sich schwer: „Er wird nie ein Ersatz für Bill sein“, murmelte er leise.

Sam hatte seine Bemerkung gehört und erwiderte bedacht: „Er ist eine sie. Und sie ist nicht als Ersatz für Bill gedacht. Ich konnte sie einfach nicht am Straßenrand liegen lassen. Und ihr habt so viel Platz hier auf *Pine Tree* und versteht so viel von Hunden. Mir ist kein anderer Platz eingefallen, wohin ich sie hätte bringen können.“

Damit war der Bann gebrochen und Tim reihte sich in die Schar der Bewunderer der kleinen Hundedame ein und auf seinem Gesicht stand ein Lächeln. Alex warf Sam einen anerkennenden, liebevollen Blick zu. Er verstand sich so gut mit den

Kindern. Maggie erhob sich, durch ihren mittlerweile großen, runden Bauch etwas beeinträchtigt, langsam vom Tisch: „Ich werde mal sehen, dass ich die Fütterung der kleinen Hundedame organisiert bekomme. Und dann braucht sie noch einen Platz zum Schlafen.“ Sie wandte sich an Sam: „Was meinst du wie alt sie wohl ist?“

Sam überlegte.

„Keine sechs Wochen, denke ich“, fiel Alex ein. „Eigentlich braucht sie noch ihre Mutter.“ Sam nickte: „Fünf oder sechs Wochen, das denke ich auch.“

„Ich auch“, stimmte Maggie zu. „Ich werde ihr etwas warme Milch mit Grieß geben und morgen bei Dr. Bennet anrufen und sehen, ob er ein paar Tipps für mich hat.“ Damit machte sie sich am Küchenschrank zu schaffen und wandte sich nur noch kurz an Alex: „Im Keller ist ein alter Hundekorb und im Wandschrank die karierte Wolldecke. Wenn du die beiden Dinge holen könntest, dann wollen wir der kleinen Madam ein schönes, warmes Bett bereiten.“

Alex nickte und verschwand in der Kellertür, gefolgt von Miranda, die rief: „Ich helfe beim Bettchen!“ In diesem Augenblick öffnete sich die Tür und Dick trat ein. „Was ist denn hier los?“

Wenig später saßen alle um den kleinen Hund herum, der satt und zufrieden in seinem neuen Bett eingeschlafen war.

„Wie wollt ihr sie nennen?“ fragte Alex und blickte in die Runde.

Während die Erwachsenen erst überlegten, schossen die Kinder sofort mit ihren Vorschlägen los.

„Daisy“, meinte Miranda, weil der Hund in ihrem Bilderbuch so hieß.

„Das ist doch kein Name für einen Hund!“ empörte sich Eric.

„Genau, vielleicht für eine Kuh, aber doch nicht für einen Hund“, rief Lee.

„Lassie ist toll!” meinte Eric.

„Jeder zweite Hund heißt so", fiel Tim ein.

„Wie wäre es mit Lady?" fragte Maggie.

„So heißt jeder andere zweite Hund", meinte Eric abwertend.

„Lucky", sagte Dick schließlich. Die Runde sah ihn fragend an.

„Na ja, immerhin hat sie ja Glück gehabt. Sie hat als einzige überlebt ..." „Gefällt mir", sagte Sam.

Und so einigte man sich auf Lucky, weil nichts wirklich dagegen sprach.

Als für die Kinder die Bettgehzeit kam, verabschiedeten sich auch Alexandra und Sam. Sie waren schon an der Tür, als sie Tim beiläufig sagen hörten: „Ich nehme Lucky besser mit auf mein Zimmer – falls sie aufwacht und Angst bekommt ..." Dann zog er auch schon mit dem Körbchen in Richtung Kinderzimmer ab.

Die Erwachsenen warfen sich vielsagende Blicke zu.

„Es ist schön zu sehen, wie ein kleines Wesen wie Lucky die Kinder so glücklich machen kann", meinte Alex als sie im Pickup saßen.

„Sie brauchen sich gegenseitig", erwiderte Sam zustimmend.

Alexandra freute sich, endlich mit Sam allein zu sein. So gern sie Maggie, Dick und die Kinder hatte, die Zeit, die sie mit Sam verbringen konnte, war ihr heilig. Gerade malte sie sich den restlichen Abend in den schönsten Farben aus, als Sam den Wagen plötzlich stoppte.

„Was ist los?" wollte Alex wissen.

„Nur eine Sekunde", meinte Sam. „Ich dachte, ich hätte eben einen weißen Pickup im Gebüsch gesehen."

Er schaltete den Rückwärtsgang ein und fuhr ein Stück zurück. „Tatsächlich!" rief er aus.

Als er Alexandras verwirrtes Gesicht sah, erklärte er schnell: „Die Wilderei-Sache von der ich dir erzählt habe ... die Beschreibung des Fahrzeugs, das der Junge nahe am Tatort gesehen hat, passt genau auf diesen Truck." Sam stellte den

Motor ab und stieg aus dem Wagen. „Ich bin gleich zurück", meinte er leise. „Verriegle die Türen und rühr dich nicht von der Stelle bis ich zurück bin." Damit drückte er die Tür ins Schloss.

Bevor Alex protestieren konnte, war Sam schon zwischen den Bäumen verschwunden! Sie blickte im Zwielicht umher, konnte aber nichts erspähen. Dunkelheit legte sich über die Landschaft und damit auch über Sams Pickup Truck und Alex, die darin unruhig auf Sams Rückkehr wartete.

Von Minute zu Minute wurde Alex nervöser. Es gefiel ihr nicht, dass Sam sich allein auf die Suche nach den Wilderern gemacht hatte und es gefiel ihr noch weniger, dass sie hier alleine im Wagen saß.

Sie hatte nach Sams Anweisungen die Türen verriegelt und beobachtete, wie der Zeiger ihrer Uhr gleich einem geisterhaften grünschimmernden Punkt langsam, zu langsam, vorwärts rückte. Sie wollte kein Licht im Pickup anschalten, aber sie fühlte sich unwohl im Dunkeln. Also beschloss sie, sich auf die schmale Rückbank zu legen. Die Fensterscheiben im hinteren Teil des Trucks waren wenigstens abgedunkelt und sie würde sich nicht so beobachtet fühlen. Alex wusste nicht, was es war, aber etwas machte sie unruhig. Für einen Moment schloss sie die Augen um nicht die Nerven zu verlieren. Was machte sie nur so nervös? Sam war erst wenige Minuten unterwegs. Er würde bestimmt bald zurück kommen und alles würde in Ordnung sein. Alex atmete tief. Sie fühlte sich besser. Doch als sie im Begriff war, ihre Augen wieder zu öffnen, glaubte sie den Schatten eines großen, schwarzen Vogels vorbeifliegen zu sehen. Alex öffnete die Augen und blickte sich um. Um sie herum war es Dunkel. Wie hätte sie einen Schatten sehen können? Es war keine Lichtquelle vorhanden. Eine Gänsehaut lief ihr über den Rücken. Sie wusste, was dies bedeutete. Alex hoffte inständig, dass Sam bald zurück kommen würde. Doch die Minuten verstrichen ohne ein Zeichen von ihm.

Plötzlich war Alex, als nähme sie einen schwachen Lichtschein zu ihrer Rechten wahr. Dort lag der Wald. Es schoss ihr durch den Kopf, dass Sam keine Taschenlampe dabei hatte. Ihr Herz blieb für einen Moment stehen. Was, wenn dies die Wilderer waren, die zurück zu ihrem Wagen kamen? Sam hatten seinen Pickup Truck etwas entfernt von der Stelle geparkt, wo das fremde Fahrzeug abgestellt war. Aber für Alexandras Geschmack immer noch viel zu nah. Sie war dankbar, jetzt wenigstens nicht auf der Vorderbank zu sitzen. Insgeheim begann sie zu fluchen und belegte Sam mit allerlei unschönen Worten. Wehe, wenn Sam sich einen Streich mit ihr erlaubte. Das war nicht lustig!

Kurz darauf stellte sie zu ihrem Entsetzen fest, das sich der Schein der Taschenlampe geradewegs auf sie zu bewegte! Das letzte bisschen Gelassenheit verließ Alex in dieser Sekunde. Kurzentschlossen und von Panik erfasst, griff Alex nach der Decke, die sich auf der Rücksitzbank für Notfälle befand und zog diese über sich. Sie lag flach ausgestreckt in dem schmalen Fußraum zwischen Vorder- und Rücksitz und drückte ihr Gesicht in die Decke.

Gleich bekomme ich eine Herzattacke! dachte sie verzweifelt. Oder ich werde ohnmächtig. Von draußen nahm sie Stimmen wahr und hörte, wie jemand sich dem Wagen, und somit ihrem Versteck näherte. Wieder fluchte Alex leise. In Hamburg wäre ihr so etwas sicher nicht passiert! Wie konnte Sam ihr das antun? Sie wünschte sich nichts sehnlicher, als bei Maggie, Dick und den Kindern auf *Pine Tree* zu sein! Oh, warum nur kam kein Auto vorbei und lenkte diese Menschen von ihr ab?

„Ist Reeds Auto. Keiner drin“, hörte Alex eine Männerstimme vor dem Pickup Truck sagen. Sie hielt immer noch den Atem an. Eine andere Stimme ertönte von weiter weg und der Mann entfernte sich von Sams Truck. Alex hörte, wie er über den gebrochenen Asphalt lief, und dann wurde ein Motor gestartet. Erleichtert atmete sie auf. Gerade schon wollte sie sich aufrichten, da fiel sie auch schon von der Idee ab. Woher wollte sie wissen, ob wirklich alle Männer abgefahren waren? Vielleicht schlich noch jemand draußen herum. Besser wäre es, wenn sie noch eine Weile in ihrem Versteck ausharren würde.

Erneut hörte sie Schritte, die sich dem Wagen näherten. Alex hoffte inständig, dass es Sam war. Seit seinem Verschwinden waren immerhin schon zwanzig Minuten verstrichen – die längsten zwanzig Minuten ihres Lebens! Alex hörte Schlüssel rasseln und die Innenbeleuchtung des Wagens ging an.

Noch bevor sie sich rühren konnte, sprang ein Mann aus dem Dunkel hervor und fiel Sam in den Rücken. Alex konnte nichts sehen, aber sie konnte die Männer kämpfen hören.

Dann hörte Alex, wie sich ein anderes Auto näherte und der Angreifer verschwand in der Nacht. Sam lief ihm einige Meter nach, kehrte dann aber zum Pickup zurück, weil er den Mann im Dunkel nicht mehr ausfindig machen konnte.

„Alex?“

„Ich bin in Ordnung“, erwiderte diese und kletterte zurück auf den Beifahrersitz. Ihr Körper zitterte. „Hey, alles ist okay! Ich bringe dich nach Hause.“ Sam legte seine Hand beruhigend auf ihren Arm.

„Oh, Sam”, schluchzte Alex nun. „Ich bleibe nie wieder im Wagen, während du im Wald umherwanderst! Diese schrecklichen Männer …“

„Hast du mehrere Männer gesehen?“ wollte Sam wissen und Alex berichtete, was vorgefallen war, während er im Wald gewesen war.

Sam nickte nur stumm. „Hast dich toll gehalten!“ meinte er dann. „War gut von dir, deinem Gefühl zu folgen und dich zu verstecken.“ Nach einer kurzen Pause fügte er hinzu: „Es war dumm von mir, dich allein in Wagen zu lassen. Tut mir leid, Alex. Ich muss mich erst daran gewöhnen, dass ich mich anders verhalten muss, jetzt, da ich dich habe!“ Alex grübelte.

„Bist du mir böse?“ wollte Sam wissen.

„Was? – Nein. Ich denke nur gerade, dass etwas merkwürdig

war vorhin – ich hab's! Die Stimme des Mannes, der zum Wagen kam … Ich habe sie schon mal gehört!" Sie blickte Sam triumphierend an.

„Wer war es?"

Alex seufzte: „Ich weiß es nicht. Aber", setzte sie eifrig hinzu, „ich weiß, dass ich die Person schon einmal getroffen habe. Ich würde die Stimme auf jeden Fall wiedererkennen!" „Dann hattest du mehr Erfolg als ich. Als ich die Stelle im Wald ausfindig gemacht hatte, wo sie die Tiere erlegt haben, waren die Männer schon verschwunden. Und zwar so lautlos, dass ich sie nicht aufspüren konnte. Dabei hätte ich wetten können, dass ich unterwegs auf sie stoßen würde …" „Wie hast du gewusst, an welcher Stelle du suchen musst?" wollte Alex nun wissen.

„Hier in der Gegend kam nur eine Stelle wirklich in Frage. Es ist ein kleiner Bachlauf, der immer reichlich von Wild besucht wird. Man braucht nur zu warten. Wäre auch in Ordnung, wenn gerade Jagdsaison wäre und sie eine Genehmigung hätten. Aber diese Kerle schießen auf alles, was ihnen vor die Flinte läuft. Und anschließend nehmen sie nur Teile ihrer Beute mit. Die Gallenblase der Bären zum Beispiel oder, wie heute, nur die Geweihe. Den Rest lassen sie einfach liegen. Und darüber hinaus passiert das alles auf Reservatsgebiet." Alex hatte aufmerksam zugehört. „Wozu brauchen sie denn die Teile der toten Tiere?"

„Schnelles, einfaches Geld. Und die Nachfrage ist groß. Die Gallenblase der Bären gilt in einigen Teilen von Asien zum Beispiel als Potenzmittel und die Abnehmer zahlen tausende von Dollar dafür." Alex schwieg. Nach einer Weile meinte sie: „Die Autonummer wird dir doch sicherlich helfen, die Täter zu finden, oder?" „Wenn ich sie hätte!" murmelte Sam.

„Du hast sie dir nicht gemerkt?"

„Ich bin nicht zu ihrem Truck gegangen, sondern bin ihnen gleich in den Wald gefolgt", erwiderte Sam.

Damit war das Thema Wilderer erst einmal erledigt.

20. Kapitel

Alex und Maggi saßen gemeinsam in der Küche. „Ich glaube, ich werde krank," meinte Alex nachdenklich.

„Was ist los?" wollte Maggie wissen. Bisher war Alex noch nie krank gewesen.

„Ich habe Kopfschmerzen und Rückenschmerzen und übel ist mir auch etwas. Im Ganzen fühle ich mich irgendwie schlapp. Wahrscheinlich bekomme ich eine Grippe. Wer weiß ..." „Hast du mit Sam darüber gesprochen?" „Ja, er meinte, wenn es morgen nicht besser ist, bringt er mich zu Großmutter."

„Zu Großmutter? Wie lange laborierst du denn mit deinem Unwohlsein schon herum ohne darüber etwas verlauten zu lassen?"

Alex überlegte einen Moment: „Ungefähr zwei Wochen. Mal ist es besser, mal ist es schlimmer. Aber nie so richtig schlimm. Deshalb wollte ich erst mal abwarten." Maggie nickte: „Willst du Eier zum Frühstück? Dann müssen wir erst welche sammeln." Alex verzog das Gesicht: „Bloß keine Eier. Auf die bin ich im Moment überhaupt nicht gut zu sprechen ..."

Maggie stutzte. Sie wartete bis Miranda aus dem Zimmer war und fragte dann: „Sag mal, bist du sicher, dass du krank bist?"

„Was meinst du?" „Vielleicht ist es etwas anderes", stocherte Maggie weiter.

„Etwas anderes ..." wunderte Alex sich.

Maggie grinste: „Mensch, Alex, manchmal verstehst du nur sehr langsam! Ich meine, wann hattest du deine letzte Monatsblutung?" „Meine ..." Alex wusste nicht, was sie sagen sollte. „Du meinst, ich sei womöglich ... Daran habe ich gar nicht gedacht! Meine Monatsblutung ist immer sehr unregelmäßig … Wie soll ich das nur erklären …"

Maggie lachte: „Meine Liebe! Kein Grund zur Panik!" Dann setzte sie in verschwörerischem Ton hinzu: „Erst mal müssen wir uns Gewissheit verschaffen. Am Besten, wir fahren sofort in die Stadt und besorgen einen Test … Und selbst wenn du ein Kind erwarten solltest. Es ist doch alles klar: Du liebst Sam, er liebt dich, wie verrückt, wenn ich das bemerken darf, … kein Problem!" „Das sagst du!" bemerkte Alex schwach. Bei der Bemerkung „… ein Kind erwartest", war sie unwillkürlich zusammengezuckt. War das wirklich möglich? Sie fühlte sich überhaupt nicht wie eine Mutter. Andererseits …

„Was ist los, Alex? Meinst du, Sam wäre dagegen?"

„Sam?" meinte Alex gedehnt und zuckte mit den Achseln, „immerhin ist es seine Großmutter gewesen, die mir den kleinen geflochtenen Babykorb geschenkt hat. Ist also sozusagen höhere Gewalt." Alex sprach ruhig und mit ernster Stimme und Maggie konnte nicht anders als in Gelächter auszubrechen. Als Alex sie verdutzt ansah, sagte sie nur: „Am Besten, wir fahren gleich los. Ich bin so neugierig! Ich sage nur schnell Miranda Bescheid …" Und damit lief Maggie in den Flur um nach oben zu rufen.

Alex war noch immer in Gedanken versunken, als sie plötzlich Maggie aus dem Flur rufen hörte.

„Oh, mein Gott! Ich glaube, wir verschieben die Fahrt lieber auf später!" „Was ist passiert, Maggie?" rief Alex. „Bist du in Ordnung?"

„Alles ist klar – aber meine Fruchtblase ist geplatzt!" Alex sprang auf und rannte in den Flur. Maggie war zwei ganze Wochen zu früh dran! Die Freundin zeigte jedoch nur lächelnd an ihrem Bein hinunter. Ein kleines Rinnsal lief dort herab und bildete ein Lache auf dem Linoleum.

„Ich fahre dich sofort ins Krankenhaus!" sagte Alex bestimmt. Aber Maggie winkte ab.

„Noch nicht. Wir warten hier, bis es ernst wird. Ohne regelmäßige Wehen schicken die mich sowieso wieder nach Hause. Aber", fügte sie hinzu, „du könntest ein paar Telefonanrufe für mich erledigen, während ich mich frisch mache."

Miranda kam die Treppe herunter gelaufen und fragte, was los sei. „Das Baby macht sich auf den Weg uns kennen zu lernen. Du gehst also wie verabredet zu Oma und Opa und wartest bis wir dort anrufen." Dann wandte Maggie sich an Alex: „Würdest du bitte meine Mutter, den Arzt und natürlich Dick benachrichtigen!"

Alex verschwand sofort, ohne ein weiteres Worte zu verlieren, in die Küche, während Maggie sich ins Badezimmer begab.

Zwanzig Minuten später war Maggies Mutter da und packte Miranda mitsamt ihrem Übernachtungskoffer in ihr Auto. Bevor sie abfuhr, versprach sie noch die Jungen von der Schule abzuholen. Für sie hatte Alex ebenfalls Übernachtungssachen mitgegeben. Sie winkte dem abfahrenden Auto hinterher und schloss erleichtert die Tür. Nun brauchte sie sich nur auf die werdende Mutter zu konzentrieren.

Maggie kam soeben aus dem Badezimmer und war guter Dinge. Miranda war kurz zu ihr hereingesprungen um auf Wiedersehen zu sagen, und hatte bemerkt, dass der große Bauch ja endlich verschwunden sein würde, wenn sie sich das nächste Mal sähen.

„Was jetzt?" fragte Alex betont heiter und musterte Maggie eingehend. Sie hatte keine Ahnung, was als nächstes passieren würde.

„Keine Angst, mein Schatz, du kannst ganz ruhig bleiben. Bisher spüre ich noch überhaupt nichts. Es wird also noch eine ganze Weile dauern." „Wie lange hat Mirandas Geburt gedauert?" fragte Alex vorsichtig.

„Ungefähr sieben Stunden – Übrigens, hast du Dick und den Doktor erreichen können?" „Ja," antwortete Alex. „Dr. Hanson steht abrufbereit zur Verfügung und sagte, er würde das Krankenhaus benachrichtigen. Dick habe ich auch gesprochen, aber die Verbindung war sehr schlecht. Er sagte, er würde kommen, so schnell er kann." „Das kann Stunden dauern. Er benötigt über eine Stunde bis zu der Stelle, wo er von der Hauptstrasse in den Wald abbiegen muss und von da sind es noch mal ungefähr fünfzig Minuten bis zu dem Waldstück, an dem sie arbeiten. Aber er wird allemal rechtzeitig hier sein." „Vielleicht legst du dich besser eine Weile hin, damit du später ausgeruht bist," schlug Alex vor.

Maggie zögerte erst, meinte dann aber: „Okay, schaden kann es ja nicht. Und ich bin ziemlich müde."

Alex saß auf der Couch. Eineinhalb Stunden waren vergangen seit Maggies Fruchtblase geplatzt war. Sie hob resigniert die Schultern. Sie hatte nicht die leiseste Idee, wie lange es noch dauern. Sie wünschte sich, mehr Wissen über Schwangerschaft und Geburt zu haben. Alles, was sie tun konnte, war warten. Hoffentlich würde Dick bald heimkommen … Plötzlich zuckte Alex zusammen. Maggie rief aus dem Schlafzimmer nach ihr. Sofort eilte Alex zu ihr hinauf.

„Geht es los?" wollte sie wissen.

„Das kann man wohl sagen! Es hat schon vor einer halben Stunde ein bisschen gezogen, aber nun kommen die Wehen sehr schnell und sind sehr stark." Maggie verzog das Gesicht und versuchte ruhig zu atmen. „Es geht viel schneller diesmal. Wir können nicht auf Dick warten. Du musst mich ins Krankenhaus bringen." Alex schluckte und warf einen abschätzenden Blick auf die Freundin. Maggie verzog erneut schmerzhaft das Gesicht und schloss die Augen, um sich auf die Wehe zu konzentrieren. Schweiß lag ihr auf der Stirn und hatte den Haaransatz benässt. Alex fühlte, dass Maggie jetzt jemanden bei sich haben sollte. Jemanden, der ihr die Hand halten konnte. Wie sollte sie das bewerkstelligen, wenn sie das Auto steuerte? Und überhaupt: wie sollte sie Maggie in diesem Zustand vom Obergeschoss die Treppe hinunter ins Erdgeschoss und dann hinaus zum Auto bringen?

Sie verlor keine Zeit: „Was müssen wir mitnehmen?"

„Die kleine Reisetasche dort drüben und meine Handtasche

aus der Küche," erwiderte Maggie leise. Alex lief aus dem Zimmer. Die beiden Taschen in der Hand, griff sie unten im Flur nach ihrer Jacke und dem Autoschlüssel und eilte aus dem Haus. Als sie in den Hof kam, sah sie zwei große Raben auf dem Dach von Maggies Kombi sitzen. Alex stoppte auf der Stelle. Die Vögel schienen ihr direkt ins Gesicht zu sehen und krächzten laut. Alex schauderte. Instinktiv wusste sie, was die Vögel ihr sagen wollten. Maggie und das Baby waren in Gefahr! Sie musste Maggie schnell aus dem Haus bringen und ins Krankenhaus fahren. Koste es, was es wolle!

Alex warf die Sachen, die sie in der Hand hielt ins Auto und lief zurück ins Haus. Oben im Schlafzimmer angekommen sagte sie betont heiter: „Maggie, hör zu. Ich muss dich irgendwie die Treppe hinunter bringen. Ich kann dich nicht tragen und es ist niemand anderes hier. Meinst du, du kannst die Treppe hinunter gehen, wenn ich dich stütze?"

Maggie lächelte: „Bestimmt."

Alex atmete erleichtert auf. Sie half Maggie aus dem Bett und aus dem Zimmer, aber weiter kamen sie nicht. Maggie musste sich auf den Boden setzten. Alexandra sah, dass es fast unmöglich war, Maggie in ihrem Zustand die Treppe hinunter zu bringen. Sie überlegte. Es musste einen Weg geben. Sie musste Maggie ins Krankenhaus bringen! Alex vermochte nicht sich auszumalen, was passieren würde, wenn Maggie das Kind hier zur Welt bringen musste. Die Raben hatten ihr eine klare Warnung gegeben!

Alex blickte sich suchend um. Sie brauchte Hilfe. Maggies Eltern wohnten zu weit weg und Sam war heute auf dem anderen Ende des Reservats unterwegs, er würde ebenfalls nicht rechtzeitig hier sein können. In diesem Augenblick hörte sie ein Auto in den Hof fahren.

„Dick!" dachte Alex erleichtert und lief in den Hof hinaus. Aber als sie den Pickup Truck sah, der vor der Veranda hielt, war es Sam! Alex fuchtelte wild mit den Armen und begann zu rufen. Sie sah aber ein, dass sie warten musste, bis Sam ausgestiegen war. Schnell und ohne Begrüßungsworte schilderte sie ihm die Situation. Sam rannte ins Haus und rief etwas von Decken. Alex folgte ihm dicht auf den Fersen und griff im Wohnzimmer nach der Couchdecke, die sie auf der Rücksitzbank von Sams Pickup Truck ausbreitete. Kurz darauf erschien Sam mit Maggie in den Armen in der Haustür. Alex half ihnen beim Einstiegen und kniete sich neben Maggie.

„Gut, dass du vorbeigekommen bist!“ sagte Alex zu Sam und konzentrierte sich dann ganz auf Maggie. Keiner sprach während der Fahrt und Sam brach alle Tempolimits. Alex wusste nicht, warum Sam unerwartet auf *Pine Tree* vorbeigekommen war, aber sie war dankbar dafür.

Als sie das Krankenhaus erreichten, wurden sie schon erwartet. Sam hatte den Doktor über sein Handy verständigt. Maggie war jetzt ziemlich blass und von Dick war immer noch keine Spur zu sehen. Darum ging Alex kurzentschlossen an Maggies Seite in den Kreißsaal.

*

Dick traf wenige Minuten nach der Geburt seiner kleinen Tochter ein. Alex ließ die drei allein und verließ dankbar den Kreißsaal. Was für ein aufregender Tag dies gewesen war! Im Flur entdeckte sie Sam, der ausgestreckt auf einer Holzbank lag und auf sie wartete. Als er sie kommen sah, sprang er auf und eilte ihr entgegen. Erschöpft ließ sie sich in seine Arme gleiten.

„Ich bin vollkommen fertig,” meinte sie. „Ich kann mir überhaupt nicht vorstellen, wie Maggie das fünf Mal mitgemacht hat, ohne dabei nervenkrank zu werden …“

„Junge oder Mädchen?“ wollte Sam wissen.

„Mädchen,“ berichtete Alex nun eifrig. „Sie heißt Antonia und ist unheimlich süß!“

Sam sah grinsend in Alexandras strahlende Augen. „Ich durfte sie sogar kurz halten.“

„Aha,“ meinte Sam. „Und da fragst du noch, wie Maggie das

fünfmal durchgestanden hat? Du solltest dich mal sehen ...!" Alex lächelte vielsagend. Dann fragte sie: „Warum bist du heute plötzlich auf *Pine Tree* aufgetaucht? Du solltest doch eigentlich am Crystal Creek sein –" Sam sah Alex ernst an: „Ich war am Crystal Creek. Ein Rabe flog vor meinem Pickup Truck her und ich dachte, er rief deinen Namen. Ich habe versucht, dich über Funk und übers Handy zu erreichen, aber hatte beide Male keinen Empfang. Deshalb bin ich zurück gekommen." Alex küsste ihn und drückte dankbar seine Hand.

Auf dem Nachhauseweg bat Alex Sam bei der Drogerie anzuhalten. Sie verschwieg ihm allerdings den Grund. Das wollte sie sich für zu Hause aufbewahren.

Zurück im Blockhaus drückte sie Sam die Packung mit dem Schwangerschaftstest in die Hand und meinte trocken: „Du liest die Gebrauchsanweisung und sagst mir, was ich machen muss." Sam öffnete die Papiertüte und stockte: „Alex, bist du sicher, dass du das Richtige gekauft hast?"

Alex steckte den Kopf aus der Schlafzimmertür und rief: „Absolut!" Gleich darauf stand Sam in der Tür und packte Alex an der Schulter: „Bekommen wir ein Kind?" Alex sah ihn schweigend an und meinte dann: „Es besteht die Möglichkeit."

Sie machte eine Pause, um Sams Reaktion abzuwarten.

Da sie keine von diesen romantischen Antworten bekam, die die überglücklichen Männer in den Hollywood Filmen an dieser Stelle immer gaben, fragte sie kleinlaut: „Glücklich oder nicht?"

Sams Gesicht war immer noch ausdruckslos. Plötzlich schlug er sich mit der Hand an den Kopf und meinte lächelnd: „Ich bin ein Idiot! Manchmal begreife ich die einfachsten Dinge nicht! – Natürlich würde ich mich freuen! – Aber nun lass uns sehen, was der Test sagt ..."

Zehn Minuten später saßen Alex und Sam recht sprachlos auf dem Sofa. Alex hielt das Testergebnis in der Hand. „Ich weiß nicht, was ich sagen soll ...", begann Sam. Er drückte ihre Hand und versuchte witzig zu klingen: „Zukünftige Mutter ..."

Alex erwiderte etwas verlegen. „Werdender Vater …“ Dann brachen beide plötzlich in Gelächter aus und fielen sich um den Hals.

Sam legte eine Hand auf Alexandras Bauch und überlegte eine Weile. Dann kniete er vor ihr nieder und griff nach ihrer Hand.

„Alex, willst du mich heiraten und immer bei mir bleiben?“ Alex schloss für einen Moment die Augen. Es kam ihr vor wie im Traum! Dies war der Augenblick, von dem alle Frauen schon als kleines Mädchen träumen. Und ihr Traum würde endlich Wirklichkeit werden! Natürlich wollte sie Sam heiraten! Aber sie musste ihn vorher etwas fragen: „Sam, du musst nicht denken, dass es deine Pflicht ist mich zu heiraten nur wegen des Kindes. – Möchtest du deine Frage zurückziehen?“ Sam sah sie verdutzt an: „Alex, ich wollte dich sowieso fragen, ob du mich heiraten würdest. Das hat mit dem Baby nichts zu tun. Ich habe die Schwangerschaft jetzt zum Anlass genommen meine Frage etwas früher an dich zu richten. Also, willst du mich nun haben – ich frage dich aus freien Stücken …“ „Oh, Sam, so gern und von ganzem Herzen nehme ich deinen Antrag an!“ rief Alex aus und flog ihm um den Hals.

*

Am nächsten Tag machten sich Alex und Sam auf den Weg, um Maggie und dem Baby einen Besuch abzustatten. Es war Samstag und das Wetter war für Mitte April sehr schön: die Sonne schien und wärmte einem sogar schon den Rücken, es war windstill und die ersten Frühlingsblumen begannen ihre zarten Köpfe aus der Erde zu stecken. Alex freute sich über das Erwachen der Natur um sie herum. Dies war ihr erster Frühling in Shaheylah, ihr erster Frühling mit Sam! Aber noch mehr freute sie sich über die himmlische Botschaft, die Sam und ihr gestern gegeben worden war: Sie erwartete ein Kind!

Es war zwar noch eine lange Zeit bis Alex ihr eigenes Kind

in den Armen halten würde, aber sie wollte gut aufpassen und soviel wie möglich von Maggie lernen. Dann würde die Zeit bis November bestimmt schneller vergehen ...

Maggie war am frühen Nachmittag nach *Pine Tree* zurückgekehrt und von den Kindern und Großeltern schon sehnlichst erwartet worden. Alex wusste von diesem Menschenauflauf. Daher hatte sie beschlossen, etwas später am Tag und nur für kurze Zeit bei Maggie vorbeizuschauen und ihr Geschenk zu überreichen.

Maggie lag auf dem bequem zurecht gemachten Sofa und hielt das schlafende Kind in ihrem Arm. Die anderen Kinder spielten draußen, daher genoss sie ein paar ruhige Minuten mit dem neuen Familienzuwachs. Als sie Alex und Sam kommen sah, legte sie das Baby zurück in sein Körbchen und blickte ihnen freudestrahlend entgegen.

„Schön, dass ihr gekommen seid!“ sagte sie leise.

„Alles Gute, Maggie, für dich und Antonia,“ meinte Alex und umarmte ihre Freundin. Sie reichte ihr eine kleine Topfrose und das Geschenk für das Baby. Auch Sam sprach erneut seine Glückwünsche aus und gab Maggie einen Kuss auf die Wange. Dann beugte er sich zusammen mit Alex über das Körbchen mit der schlafenden Antonia und ein zärtliches Lächeln erschien auf ihren Gesichtern.

„Okay, was ist hier los?“ wollte Maggie wissen.

Alex und Sam sahen sich vielsagend an. Dann meinte Alex. "Wir werden in November auch ein Baby bekommen!“ Maggie stieß einen leisen Freudenschrei aus und drückte beide Freunde herzlich: „Ich hab´s gewusst!“

„Ja,“ meinte Sam, „der Korb, den Großmutter Alex gegeben hat, hat seinen Zweck erfüllt. Ich hätte vorsichtiger sein sollen, jetzt sitze ich in der Falle.“ Er versuchte niedergeschlagen auszusehen, was ihm jedoch nicht recht gelang.

„Du siehst auch sehr leidend und gequält aus,” lästerte Maggie und alle lachten.

„Ich wage mich sogar noch einen Schritt weiter vor, um weiteren Qualen aus dem Wege zu gehen: Ich werde diese schöne Frau, deine Freundin, liebe Maggie, zum Altar führen – zum Traualtar!“ Maggie war nun außer sich vor Freude und musste sich ernsthaft zurückhalten, um das schlafende Baby nicht zu wecken.

„Wann? Wann?“ fragte sie aufgeregt.

Sam zuckte mit den Schultern: „Ein wenig wirst du dich noch gedulden müssen, Maggie. Es muss erst etwas wärmer draußen werden, denn wir möchten, dass die Trauung auf meinem – ich meine natürlich auf unserem ...“ er blickte Alex liebevoll an, „... Grundstück im Freien abgehalten wird.” Maggie fielen tausend Fragen ein, aber die Tür flog auf und Maggies Eltern kamen zurück ins Haus.

„Kein Wort“, flüsterte Sam, „ist alles noch ein Geheimnis!“

„Aber Dick ...“ „Dick darfst du es natürlich sagen!“

21. Kapitel

Der Hochzeitstermin war auf den 26. Mai festgesetzt worden. Alex und Sam waren bei Großmutter Reed gewesen und hatten ihr die guten Neuigkeiten mitgeteilt. Bei dieser Gelegenheit hatten sie dann auch um Rat wegen des Hochzeitstermins gefragt. Rosemary Reed war sehr erfreut gewesen. Sie hatte Sam und Alex umarmt und ihren Segen für das Baby und die Hochzeit gegeben. Für das junge Paar hatte dies sehr viel bedeutet und Alex fühlte sich besonders geehrt, als Großmutter Reed von ihr nun immer als von ihrer „Enkelin", sprach.

Es war jetzt Mitte Mai. Dr. Hanson hatte den Gerburtstermin für das Baby auf Grund der Ultraschalluntersuchung auf Mitte bis Ende November festgesetzt. Sie sollte sich demnach nun in der dreizehnten Schwangerschaftswoche befinden. Aber Alex hatte noch immer mit starker Übelkeit und Abneigung gegen viele Speisen zu kämpfen. Sie hoffte sehr, dass dieser Zustand sich bis zur Hochzeit geben würde und befolgte eisern Maggies Rat vor dem Aufstehen ein Glas Wasser zu Trinken. Dies verschaffte ihr wenigstens etwas Besserung.

Alex hatte ihren Eltern schon vor einiger Zeit von ihrer Heiratsabsicht und der Schwangerschaft berichtet. Die negative Haltung ihrer Eltern hatte Alex nichts ausgemacht, da sie sich in Hochstimmung befunden und aus ihrem nächsten Umkreis nur freudige Anteilnahme empfangen hatte. Besonders Sams Eltern hatten sich sehr gefreut und Alex herzlich in die Familie aufgenommen. Sie hatten darauf bestanden, die Hochzeit auszurichten und zeigten sich sichtlich betrübt, dass von Seiten der Brauteltern keinerlei Reaktion kam.

Als Alex den Eltern den endgültigen Hochzeitstermin mitgeteilt hatte, hatte ihr Vater nur etwas von „unglaublich" gemurmelt und aufgehängt. Diese Haltung der Eltern lag Alex nun doch etwas auf dem Herzen und es kränkte sie. Sie hatte Sam gebeten in den nächsten Tagen gemeinsam zu Großmutter zu fahren, damit sie sich aussprechen konnte.

Alex trat aus dem Supermarkt und ging mit ihren Tüten in Richtung Pickup. Heute Abend würden sie endlich zu Großmutter gehen. Alex freute sich sehr auf den Besuch und war in Gedanken versunken. Als sie aufsah, bemerkte sie Grant Ryder, der auf der gegenüber liegenden Straßenseite an seinem parkenden Pickup Truck lehnte und zu ihr hinüber blickte. Alex fühlte sich unbehaglich. Wie konnte dieser Mensch noch offen in Shaheylah herumlaufen? Die Polizei war auf der Suche nach ihm, seit sie ihn nach der Party bei Carsons im vergangenen November angezeigt hatte. Alex hatte einen Termin bei Dr. Hanson, nahm sich jedoch vor anschließend auf der Polizeistation vorbeizufahren und zu berichten, dass sie Grant gesehen hatte.

Sie verstaute ihre Einkäufe im Pickup und beschloss den kurzen Weg vom Supermarkt zur Arztpraxis zu fahren. Mit Grant Ryder in der Gegend wollte sie kein Risiko eingehen. Sie war verärgert. Aber nachdem sie den Truck geparkt hatte, richtete sich ihr Blick auf die Praxistür des Arztes und sie rief sich ins Gedächtnis, warum sie hier war: Schwangerschaftsvorsorgeuntersuchung! Ihr Gesicht hellte sich auf. Sie musste an Sam denken. Er war genauso aufgeregt über die Schwangerschaft wie sie selbst, versuchte jedoch, sich möglichst nichts anmerken zu lassen. Dies gelang ihm aber nicht oft, denn es war mittlerweile sein liebstes Gesprächsthema. Alex schmunzelte insgeheim darüber. Sie lächelte auch jetzt, als sie den Gehsteig überquerte und auf die Praxistür zuging.

„Morgen, Alex!"

Alex drehte sich um. Sie konnte nicht gleich ausmachen, wer sie angesprochen hatte, entdeckte aber dann Elaine Carson, die geradewegs auf sie zugeschlendert kam.

„Perfekt!" dachte Alex. „Die hat mir gerade noch gefehlt."
„Wohin des Weges?" zwitscherte Elaine fröhlich.

„Ich habe einen Termin bei Dr. Hanson. Tut mir leid, aber ich bin schon spät dran …" Sie machte einen Schritt auf die Praxistür zu, aber Elaine begann erneut.

„Dr. Hanson? Oh, mein Gott, ich hoffe, dir fehlt nichts? Oder etwa dem armen Sam?" Alex stöhnte leise auf. Seit Elaine wusste, dass Sam und Alex verlobt waren, sprach sie in Alexandras Gegenwart von Sam nur noch als „der arme Sam", und hatte dabei jedes Mal einen so mitleidigen Ton, dass Alex sie hätte würgen können.

„Nein, Sam ist in Ordnung," entgegnete Alex daher gezwungen heiter, „und mir fehlt auch nichts. Danke der Nachfrage!" Damit ging sie entschlossen in die Praxis und ließ die grübelnde Elaine stehen.

*

Eine halbe Stunde später spazierte Elaine in Dr. Hansons Praxis und wandte sich zuckersüß an die freundliche Sprechstundenhilfe: „Guten Morgen, Melody. Ich habe vorhin Ms. Habicht in die Praxis kommen sehen. Ihr wird doch nichts fehlen, so kurz vor der Hochzeit?" Melody lächelte freundlich zurück. Sie mochte Elaine nicht besonders, aber es lag nicht in ihrer Natur unhöflich zu sein: „Keine Sorge Ms. Carson, alles ist in Ordnung. Alex war lediglich zu einer Vorsorgeuntersuchung hier." Und als Elaine etwas verdutzt schaute, fügte Melody hinzu: „Sie erwartet ein Baby!" Ein Baby! Elaine schnappte nach Luft und verlor beinahe ihre Fassung. Ohne ein weiteres Wort verließ sie die Arztpraxis. Schlimm genug, dass dieses zugereiste Ding ihr Sam weggeschnappt hatte und ihn in Kürze heiraten würde. Jetzt bekam sie auch noch das Baby, das ihr – Elaine – zustand! Das durfte nicht sein …

*

Am Abend saß Alex zusammen mit Sam auf dem Sofa in Großmutter Reeds Wohnzimmer. Auf dem Sofatisch brannte wie immer eine Kerze und das warme Licht verbreitete einen goldenen Schimmer im Zimmer. Alex war müde und etwas aufgebracht und schüttete Rosemary Reed ihr Herz aus. Sam hielt sich zurück. Er begrüßte es, dass Alex eine so gute Verbindung zu seiner Großmutter hatte.

Gerade endete Alex: „ … ich habe das Gefühl, dass wir an einander vorbei reden, dass wir nicht mehr auf der selben Wellenlänge liegen. Etwas ist passiert in der Zeit seit ich hier bin … Meine Eltern und ich, wir scheinen in zwei verschiedenen Welten zu leben! … Und dann noch Elaine und Grant Ryder!" Alex blickte Großmutter Reed forschend, fast bittend an. Würde sie verstehen? Alex griff nach Sams Hand. Er verstand. Er konnte in ihr lesen, wie in einem Buch. Sie schaute ihn von der Seite an. Sie sah sein markantes Gesicht, seine schönen indianischen Gesichtszüge und sein volles, dunkelbraunes Haar, das sie so liebte. Ihr wurde wieder einmal bewusst, dass Sam das perfekte Gegenstück zu ihr selbst war, sowohl im Wesen und als auch im Aussehen. Und wie sehr sie ihn liebte!

Großmutter Reed nippte an ihrem Tee und schwieg eine Weile. Dann richteten sich ihre Augen auf einen unbestimmten Punkt auf der gegenüberliegenden Wand. Ein Lächeln legte sich auf ihr Gesicht, sie begann langsam zu sprechen.

„Weißt du, ich kenne dich erst seit Kurzem, Alex, aber ich weiß, was in dir vorgeht. Du hast deine Entscheidungen getroffen. Entscheidungen, die dein Leben von Grund auf verändert haben und noch weiter verändern werden. Auch das Baby verändert dich. Deine alte Welt verschwindet langsam hinter dir und eine neue Welt taucht vor deinen Augen auf. Sie schillert in vielversprechenden Farben, und du bist glücklich und zuversichtlich. Aber auch ein wenig verunsichert, weil du die gewohnten Wege hinter dir zurücklässt und es keine Straßenkarte für die neuen Wege gibt." Sie lächelte Alex zärtlich an: „Mach dir keine Gedanken. Bald wirst du sicher fahren auf den neuen Wegen und Gelassenheit wird wieder dein Beifahrer sein. Es wird sich dir zeigen, ob die Entscheidungen, die Wege, die du einschlagen willst, richtig für dich sind. Es gibt immer ein Zeichen – du musst es nur wahrnehmen können …"

Sie blickte in Alexandras nachdenkliches Gesicht: „Keine Angst. Sam kennt sich ganz gut mit Dingen dieser Art aus. Du wirst sehen. Es erfordert nur ein wenig Aufmerksamkeit und – am Wichtigsten – ein offenes Ohr. Dann wirst du keine Probleme haben." „Die Raben …" dachte Alex laut, verstummte aber sofort. Nach einer Weile fuhr sie fort: „In Deutschland war alles gewohnt und sicher ausgelegt für mich. Aber irgendwie ging es nicht weiter. Mein Leben war weit davon entfernt, dass zu sein, was ich mir erträumt hatte. Wir haben schon darüber gesprochen. Seit ich hier bin – was soll ich sagen? Dinge passieren ohne mein Zutun, ich bin glücklich, wie nie zuvor und habe obendrein noch den Mann meiner Träume gefunden …"

Rosemary Reed nickte zustimmend: „Du hast dich aus deinen festgefahrenen Spuren befreit, bist flexibler, offener geworden, was dein Leben, deine Träume anbelangt. Jetzt hat das Leben für dich erst richtig begonnen! Du fühlst es selbst. Bleib dabei! Das Baby, Eure Hochzeit – was für phantastische Ausgangspunkte für ein erfülltes Leben! Die Möglichkeiten sind vielfältig. Es gibt so viele Wege, so viele Verästelungen, die von dem Hauptzweig ausgehen. Alles liegt in deiner Hand! Du kannst mit einer Fülle von Erfahrungen enden oder wieder nur mit einem Zweig."

Großmutter schwieg für einen Moment, bevor sie erklärend weiter sprach: „Und damit meine ich nicht, dass man alles ausprobieren muss um ein erfülltes Leben zu haben. Das Leben selbst ist das größte Abenteuer, das es zu entdecken gilt! Auch jemand, der nach außen hin ein ruhiges Leben führt, hat die Möglichkeit am Ende auf eine Fülle von goldenen Erinnerungen zurückzublicken. Es kommt nur auf das hier an", sie tippte mit dem Zeigefinger auf Alexandras Herz. „Dass du alles mit Liebe und von ganzem Herzen tust. Kannst du etwas nicht mit ganzem Herzen tun, dann tue es lieber gar nicht. – Das ist alles."

Sie machte erneut eine Pause „ … du bist auf dem besten Weg in dieses große Abenteuer, das Leben heißt. Du hast die Möglichkeit ein gutes, glückliches Leben zu leben. Du hast Sam, ihr heiratet, ein Baby wächst in deinem Leib, ihr habt ein schönes, harmonisches Heim. Egal, was der Zeitgeist dazu sagt: was sich bei Euch im Aufbau befindet, will jeder Mensch haben. Jeder. Viele haben leider noch immer nicht verstanden, dass man diese Dinge nicht mit Geld kaufen kann. Das gilt auch für Elaine und Grant Ryder. Kenne sie lange genug."

Sie kicherte: „Ich weiß, ich weiß. Lass dir nicht Sand in die Augen reiben, mein Kind. Die meisten Leute schieben so eine Aussage nur vor, um ihre Ängste zu verbergen. Sie versuchen Sicherheit und Liebe mit Geld zu kaufen oder zu erhalten. Aber das ist nur eine Fassade. Ich denke, wenn du dein Leben mit Liebe angehst und den Zeichen folgst, die Great Spirit dir gibt, dann wird das Geld immer folgen. Vielleicht nicht Millionen, aber ausreichend …" Wenig später umarmte Alex die alte Frau zum Abschied.

„Vergiss nicht, auf die Zeichen zu achten!" meinte Großmutter als sie auf dem Weg hinaus waren.

Als Alex mit Sam dann im Auto saß, sagte sie nachdenklich: „Deine Großmutter ist eine kluge Frau …"

„Ja", erwiderte Sam lächelnd, „und sie mag dich sehr."

22. Kapitel

Am nächsten Morgen klopfte es schon sehr früh an der Haustür. Alex rekelte sich verschlafen im Bett. Sie war noch müde. Der gestrige Tag hatte sie völlig ausgelaugt, obwohl kein wirklicher Grund dafür vorhanden war. Sie hatte wie ein Stein in Sams Armen geschlafen und wäre gern noch länger dort liegen geblieben. Statt dessen war Sams Seite vom Bett nun leer. Er war aufgesprungen, hatte sich die Haare glattgestrichen, T-Shirt und Jeans angezogen und war nun auf dem Weg zur Haustür. Seine Laune war nicht gerade die Beste. Wer klopfte schon um kurz nach sieben Uhr morgens am Wochenende an anderer Leute Tür?

Alex hörte Sam mit jemanden mürrisch an der Tür sprechen. Kurze Zeit später kehrte er ins Schlafzimmer zurück und schloss die Zimmertür hinter sich. Alex sah ihn fragend an: „Was ist los? Musst du arbeiten?" Sam schüttelte den Kopf: „Du machst dich besser auf eine Überraschung gefasst," meinte er langsam, „dein Vater sitzt im Wohnzimmer. Er will mit dir sprechen."

Alex war für eine Sekunde sprachlos. Dann stieg sie aus dem Bett und warf sich Sams alten Bademantel über. Morgens war es noch immer recht kalt und sie ließen das Feuer über Nacht ausgehen. Alex fröstelte in ihrem dünnen Nachthemd und zog den Bademantel enger um sich. Dann ging sie wortlos ins Wohnzimmer.

Ihr Vater erhob sich vom Sofa als er sie kommen hörte und sah nervös aus. Alex sah ihn fragend an: „Vater, wo kommst du so früh her? Und warum heute? Die Hochzeit ist doch erst in zwei Wochen. Wo ist Mutter? Ich hätte euch ein Zimmer im Hotel reservieren können …" „Schön, dich endlich wieder zu sehen," sagte Richard Habicht und umarmte seine Tochter.

„Es ist auch schön dich zu sehen, Vater," entgegnete Alex. „Aber bitte, erklär doch …"

Herr Habicht winkte ab: „Wir sind nicht zu deiner Hochzeit gekommen – ich muss mit dir reden!" „Wo ist Mutter?" fragte Alex wieder. „Und warum seid ihr nicht zur Hochzeit gekommen?"

„Deine Mutter ist noch im Hotel. Wir sind gestern erst sehr spät am Abend angekommen. Die weite Reise hat sie sehr mitgenommen. Ich bin auch etwas geschafft, wollte aber sobald wie möglich mit dir sprechen."

„Hätte das nicht ein paar Stunden warten können? Es ist kurz nach sieben Uhr?" meinte Alex entgeistert.

Sam hielt sich diskret im Hintergrund und wirtschaftete in der Küche herum.

„Bitte, Alex." Und als diese sich auf das Sofa setzen wollte, fügte er hinzu: „Draußen? Unter vier Augen?" Alex zog eine Augenbraue hoch. Was sollte das nun? Sie wurde ärgerlich. „Nun gut," sagte sie schließlich. „Du musst dich allerdings ein paar Minuten gedulden. Ich will mich erst anziehen." Damit ging sie zurück ins Schlafzimmer und ließ die Tür zufallen.

Eine Viertelstunde später spazierte Alex neben ihrem Vater über das schöne Stückchen Land, das das Blockhaus und die Stallungen umgab. Sam versorgte die Tiere im Stall. Er wollte Alex und das ungeborene Baby sicher wissen. Vom Stall aus konnte er Vater und Tochter im Auge behalten.

Alex zog die Strickjacke enger um sich und schloss für einen Augenblick die Augen, während sie die frische, klare Morgenluft einsog. Sie steuerte auf einen Flecken Wiese zu, auf dem schon die Sonne schien. „Also, Vater, schieß los –" meinte sie schließlich, nachdem sie eine Weile schweigend nebeneinander hergegangen waren.

Richard Habicht zögerte einen Moment, dann meinte er: „Deine Mutter und ich möchten gern, dass du wieder nach Hamburg kommst. Wir verstehen, dass du dich anscheinend unter großem Druck befunden hast und ausspannen musstest. Junge Leute sind manchmal so. Jetzt hast du deinen Spaß und deine Ruhe gehabt und deine Mutter und ich sind bereit, dich mit deinem Kind zu unterstützen, wenn du mit uns zurückfliegst."

Alex war entgeistert und blieb stehen. Sie glaubte ihren Ohren nicht zu trauen. Was verlangte der Vater da von ihr? Warum sollte sie zurück nach Hamburg gehen, wenn ihre große Liebe und der Vater ihres Kindes hier war und sie glücklich zusammen lebten? Genau das sagte Alex ihrem Vater. Sie hatte ihm in der Vergangenheit selten widersprochen, aber nun schien es ihr geradezu zwingend, darzulegen, dass sie seine Meinung nicht im Geringsten teilte.

„Aber Alex! Sieh doch ein. Du gehörst nach Hamburg, bist dort aufgewachsen. Was hast du hier? Ein kleines Dorf in der Mitte von Nirgendwo! Keine Kultur, keine Menschen deiner Erziehung. Was willst du deinem Kind hier bieten?"

Alex sprach langsam, aber direkt, als sie dem Vater antwortete: „Eine Familie, ein schönes Heim, Freundschaft, Liebe und Natur."

Sie machte eine Pause und fügte dann hinzu: „Ich habe viele gute Freunde hier, Vater. Das habe ich schon einmal gesagt. Sie haben vielleicht nicht studiert, aber sie kennen das Leben. Dafür braucht man kein Studium. Sie sind aufrichtig, ehrlich und treu, und ich kann mich auf sie verlassen. In Hamburg hatte ich nie solche guten Freunde." „Vielleicht, weil du es nicht wolltest, Alexandra. Du musst zugeben, dass du manchmal etwas schwierig bist und hohe Ansprüche stellst. Und was deinen Sam anbelangt: Er scheint ja ganz nett zu sein. Aber ich bin sicher, dass du in Hamburg einen ebenso netten Mann finden könntest. Wenn Mutter und ich gewusst hätten, dass du heiraten wolltest, dann hätte ich dir ein paar nette, erfolgreiche Männer aus der Firma vorgestellt." Alex stöhnte. Der Vater wollte sie anscheinend nicht verstehen! Ihr Ärger wuchs von Minute zu Minute und es fiel ihr schwer ihn zu unterdrücken.

War ihr Vater nur gekommen, um ihr solche Dinge zu sagen? Sie schüttelte ärgerlich den Kopf.

„Vater, bitte! Du weißt, wo ich stehe! Wenn du nur gekommen bist, um mir das zu sagen ..."

„Deine Mutter und ich stimmen dieser Hochzeit nicht zu!" fuhr Richard Habicht auf.

„Es ist mir egal, ob ihr zustimmt oder nicht! Ich habe euch nicht von der Hochzeit berichtet, weil ich euch um Erlaubnis bitten wollte, sondern nur, weil ich euch über den Stand der Dinge informieren wollte! Ich bin vierundzwanzig Jahre alt. Ich brauche niemanden um Erlaubnis zu bitten!"

Alex sah das Unverständnis in den Augen ihres Vaters.

„Wie kannst du nur so undankbar sein? Was haben deine Mutter und ich nicht alles für dich geopfert in all den Jahren ..." „Ich hätte nicht gedacht, dass ihr eine Auszahlung für eure elterliche Liebe haben wollt ..."

„Das ist es doch nicht, Alexandra", meinte Habicht nun ebenfalls ärgerlich. „Stell dich doch nicht absichtlich dumm! Wir haben uns dein Leben eben anders vorgestellt. Vor allem, dass wir in der Nähe wohnen würden."

„Es tut mir leid, Vater," sagte Alex nun etwas sanfter. „Ich habe euch nicht mit Absicht verletzen oder traurig machen wollen. Ich habe mein Herz nicht aus Bosheit euch gegenüber an Sam verloren." Richard Habicht seufzte. Er wusste, dass seine Tochter im Recht war. Es war nur so, dass Marianne und er ihren gemeinsamen Fixpunkt verloren hatten, seit Alexandra in Kanada war.

„Vielleicht könntet ihr nach Hamburg ziehen?" machte er einen letzten Versuch.

„Nein, Vater", entgegnete Alex und legte dem Vater eine Hand auf den Arm. „Sam gehört hierher und ich habe hier auch Wurzeln geschlagen. Für uns ist es hier am besten." „Du bist ziemlich selbstsüchtig", meinte Richard Habicht kühl.

Alex lächelte: „Ich weiß – und in diesem Punkt möchte ich es auch sein!"

Alex verabschiedete ihren Vater und sah ihm nach, als er in seinem Mietwagen davon fuhr. Sie hatte ihn nicht überreden können, zur Hochzeit zu bleiben. Sie war nachdenklich und ein wenig traurig. Beinahe hatte sie Mitleid mit den Eltern. Vor allem mit dem Vater. Sie wusste, wie sehr dieser an ihr hing. Und auch sie vermisste die Eltern. Aber ihr Leben war nun hier. Ein kurzes, kostbares Leben, das sie nicht verschenken durfte!

Trotzdem konnte sie nicht anders, als sich Gedanken zu machen. Wie gerne hätte sie das Einverständnis der Eltern zu ihrer Hochzeit. Wie gerne hätte sie sie bei diesem besonderen Tag dabei gehabt!

So kam es, dass Falten auf ihrer Stirn standen, als sie sich Sam näherte, der ihr aus Richtung Stall entgegen kam. Die Sonne lachte vom strahlendblauen Himmel und die Vögel zwitscherten. Frühling lag in der Luft! Sam streckte die Hand aus und strich Alex über die Stirn.

„Der Tag ist zu schön, um sich Sorgen zu machen," meinte er lächelnd.

„Du hast Recht," entgegnete Alex. Aber Sam sah in ihren Augen, dass nicht all ihre Sorgen mit diesem Satz verschwunden waren. Er legte den Arm um sie und gemeinsam gingen sie zurück ins Haus. Das Telefon klingelte, als sie durch die Tür traten. Es war Alexandras Mutter, die aus dem Hotel anrief. Alex übernahm den Hörer von Sam.

„Mutter … Vater ist schon wieder abgefahren. Wie geht es dir? … Was? … Nein, ich bleibe! … Bitte warte eine Weile, Mutter. Später, okay? … Ja, bis dann …" Alex legte den Hörer auf und drehte sich seufzend zu Sam um: „Meine Eltern kommen später noch einmal vorbei …" dann hielt sie sich den Kopf und stützte sich mit der Hand an der Kommode ab. „Sam!" rief sie ängstlich.

„Was ist los?" „Sam, mir ist so komisch …" und dann sackte Alex auch schon zusammen.

Sam machte einen Sprung vorwärts und konnte gerade noch

verhindern, dass Alex zu Boden fiel. Er nahm sie auf seine Arme und trug sie hinüber zur Couch. Dort kniete er neben ihr und streichelte ihr sanft die Stirn. Dabei sprach er leise auf sie ein.

Es dauerte nur kurze Zeit, bis Alex das Bewusstsein wieder erlangte, aber Sam kam es vor wie eine Ewigkeit. Fast wäre er in Panik geraten, aber dann öffnete sie endlich die Augen.

Alex hatte Mühe, die Augen offen zu halten. Es wollte ihr nicht recht gelingen. Ihre Augenlider schienen schwer wie Blei. Sams Stimme drang von sehr weit her an ihr Ohr, wie durch einen langen Tunnel. Und nur langsam wurde seine Stimme klarer. Endlich nahm Alex Sams Gesicht verschwommen war.

„Sam," flüsterte sie und klammerte sich an ihn. Sie hatte Angst wieder in dem schier endlosen schwarzen Loch zu versinken.

Sam sagte betont heiter: „Du kannst mir doch nicht einen solchen Schrecken einjagen! Heute ist ein ereignisreicher Tag wie mir scheint."

Alex lächelte matt. „Alles dreht sich in meinem Kopf. Ich brauche ihn nur das kleinste Bisschen zu bewegen. Ich habe Angst, Sam!" „Okay", meinte Sam nun fachmännisch, „du bleibst ganz ruhig liegen. Versuche ruhig und tief zu atmen und dich zu entspannen. Du wirst sehen, gleich wird es dir besser gehen."

Das Telefon klingelte erneut. „Eine Sekunde," meinte er. „Bin sofort wieder da!" Er sprang auf und griff nach dem Hörer. „Hallo? – Großmutter, jetzt nicht. Alex ist mir gerade umgekippt. Es geht ihr nicht gut. – Ja, ihr Vater war schon ganz früh hier … Hallo?" Sam blickte den Hörer verdutzt an. Die Großmutter hatte einfach aufgelegt! Kopfschüttelnd begab er sich zurück an Alexandras Seite und ermahnte sie die Augen offen zu halten. Er stopfte ihr ein weiteres Kissen in den Rücken, so dass sie bequemer liegen konnte. Dann setzte Sam sich neben die Couch und sprach leise auf Alex ein. Diese fühlte sich noch immer benommen.

Seit dem Anruf von Großmutter Reed waren nur wenige Minuten vergangen, als es plötzlich an der Haustür klopfte. Sam war überrascht beim Öffnen seine Großmutter vorzufinden. Sie würdigte ihn keines Blickes, schob sich energisch an ihm vorbei und marschierte geradewegs ins Wohnzimmer, wo Alex lag.

„Großmutter!“ stieß Sam verwundert aus und folgte ihr.

Rosemary Reed setzte sich auf die Sofakante und streichelte Alex fürsorglich über die Stirn. Alex lächelte schwach.

„Die Situation ist ernster, als ihr beiden annehmt,“ erklärte Großmutter Reed nun bestimmt und sah abwechselnd von einem zum anderen. Sie holte einen Beutel aus der Jackentasche hervor und reichte ihn an Sam weiter.

„Bereite aus diesen Blättern einen Tee, so wie ich es dir gezeigt habe. Das wird Alexandras Kreislauf wieder aufbauen.“

Dann wandte sie sich wieder an Alex.

„Das Wichtigste ist jetzt, dass du mir zuhörst, Alex.“ Großmutter sah sie unverwandt an. Irgendetwas in der Stimme der alten Dame ließ Alex hellhörig werden. Mrs. Reed sprach bestimmt und langsam, aber ihre gewöhnlichen Pausen entfielen. Dies deutete auf die Wichtigkeit ihrer Worte hin. Auch Sam wurde aufmerksam und arbeitete in der Küche besonders leise, so dass auch er die Worte seiner Großmutter verstehen konnte.

„Weißt du, warum es dir nicht gut geht?“ wollte Großmutter Reed nun von Alex wissen. Diese schwieg einen Moment und erwiderte dann: „Ich habe mich hin und hergerissen gefühlt nach dem Gespräch mit meinem Vater. Aber das kann doch nicht ...“

Sie wurde unterbrochen.

„Es gibt ein paar Dinge, die du nicht wissen kannst. Darum bin ich gekommen.“

Großmutter schien nach den richtigen Worten zu suchen.

„Für uns existiert neben dieser Welt, die du kennst, noch eine andere Welt: die Geisterwelt. Wir messen dieser anderen

Welt eine große Bedeutung zu, weil die Wesen, die in ihr wohnen, einen Einfluss haben auf uns in unserer Welt." Sie sah Alex an, um zu sehen, ob diese ihr folgen konnte. Alex nickte stumm. Sie hatte viel darüber gelesen, als sie noch in Deutschland gelebt hatte.

„Du lebst mit uns auf dem Reservat, einem Ort, wo unser Volk schon seit Tausenden von Jahren lebt, und an dem die Geisterwelt unserer alltäglichen Welt sehr nahe ist. Sie ist ein Teil von uns. Dazu trägst du ein Kind in dir, das direkter Abstammung einer alten Familie unseres Volkes ist. Diese beiden Dinge erhöhen deinen Zugang zur Geisterwelt ungemein." Wieder blickte sie Alex an und wieder nickte diese stumm.

„Gut – Es ist wichtig, dass du dir darüber bewusst wirst, welche Dinge auf welcher Ebene Einfluss auf dich, deinen Körper und dein Handeln haben können, sonst kann dir durch Unwissenheit viel Schaden zugefügt werden. Und nicht nur dir, auch deinem ungeborenen Kind."

Alex schluckte und blickte Großmutter Reed bittend an. Sie hatte keine Angst, aber sie wollte wissen, was hier vor sich ging. Sie wollte alles wissen, und sie wollte es verstehen.

„Warum, glaubst du, bist du gerade hier in Shaheylah gelandet?" wollte Großmutter jetzt wissen.

Alex zog eine Augenbraue hoch.

Mrs. Reed lächelte: „Zufall, meinst du?" Jetzt lächelte Alex auch.

„Zufällig weiß ich, dass du nicht *zufällig* hier bist," fuhr Mrs. Reed fort.

Alex zog die Stirn in Falten und musterte Großmutter Reed eindringlich.

„Weißt du", meinte Mrs. Reed nun, „mein Enkelsohn hier", sie deutete auf Sam, der den Tee brachte, „hat mir viele Sorgen bereitet. Er ist ein guter Mann und seine Aufgaben im Leben stehen für ihn bereit. Wichtige Aufgaben. Wichtig nicht nur für ihn selbst, sondern auch für sein Volk. Aber es gab eine

Sache, die ihn immer wieder von seinem Weg abgelenkt hat. Nennen wir es eine Schwäche. Und das waren seine Frauengeschichten." Sam lächelte schief als seine Großmutter ihn tadelnd ansah.

„Also", fuhr sie fort, „habe ich mich entschlossen, der Sache etwas auf die Sprünge zu helfen. Tag und Nacht habe ich gebetet, dass die richtige Frau für Sam auftauchen würde. Ich habe meine Gebete in alle vier Himmelsrichtungen geschickt – in alle Welt!"

Alex starrte sie ungläubig an: „Und deswegen bin ich hierher gekommen?" „Gebete sind sehr mächtig, mein Kind. Du musstest einfach nach Shaheylah kommen. Es war, als hätte dich jemand an einem unsichtbaren Band gezogen, nicht wahr?"

Alex schwieg. Sie dachte zurück an die Zeit in Hamburg, bevor sie nach Kanada aufgebrochen war. An ihre Sehnsucht, ihre Rastlosigkeit, ihre Unruhe, die sie sich nicht zu erklären vermocht hatte. Jetzt dämmerte es ihr.

„Hast du Amors Pfeil in unsere beiden Herzen gelenkt?" wollte sie nun wissen.

Großmutter lachte auf: „Nein, mein Kind! Das brauchte ich nicht, denn ihr seid von Anfang an für einander bestimmt gewesen! Ich habe nur … die Sache beschleunigt, wenn ihr so wollt."

Alex war überwältigt.

Sie blickte zu Sam hinüber: „Ich bin so froh über die Beschleunigung", meinte sie dann glücklich.

„Und ich erst!" stimmte Sam zu und küsste Alex zärtlich auf die Stirn. „Obwohl ich nie gedacht hätte, dass du so etwas machen würdest, Großmutter!" meinte er dann gespielt betroffen und umarmte die alte Frau.

Für einen Moment saßen sie alle schweigend da und ließen sich die eben gehörten Worte noch einmal durch den Kopf gehen. Dann ergriff Mrs. Reed erneut das Wort. „Ich hoffe sehr, dass Sam bald wieder so ausgeglichen ist, dass er seiner inneren Stimme wieder ganz zu folgen vermag. Doch nun zu dir, Alex. Obwohl in deiner Heimat nicht mehr viel auf die Geisterwelt gegeben wird, sie existiert dennoch. Und im Moment kämpfen Geister zweier verschiedener Welten um dich und dein Unterbewusstsein spürt das. Dein Vater hat den Geist deiner Heimat, deiner Vergangenheit hierher gebracht und dieser Geist versucht wieder von dir Besitz zu ergreifen. Dein Vater und deine Mutter sind sich dieser Dinge nicht bewusst. So unterstützen sie diesen Geist in seinem Vorhaben, ohne es zu wissen, durch ihre eigenen Wünsche, dich betreffend, die sie im Moment als wichtig und richtig empfinden."

Rosemary Reed machte eine Pause und schaute Alex an. Alex' Gesicht verriet Konzentration, wirkte aber gleichzeitig entspannt. Sie fuhr daher fort.

„Der Geist unserer Vorfahren, unseres Landes, weiß, warum du hier bist und was für eine wichtige Aufgabe du hier übernehmen sollst. Er versucht daher dich hier zu behalten."

Alexandras Gedanken kreisten. Großmutter sprach deutlich und in verständlichen Worten. Alex begriff, was sie ausdrücken wollte. Aber es war schwer diesen Worten gleichzeitig wirklich Glauben zu schenken. Denn würde sie ihnen glauben, so würde ihre gesamte bisherige Weltanschauung zusammenbrechen. Würde sie diesen Worten folgen, so würde sie sich ändern, eine neue Balance finden müssen. War dies möglich?

„Dieser Kampf, dieses Ziehen von zwei Seiten macht mich krank, nicht wahr?" wollte Alex wissen.

„So ist es. Aber nur solange es dir nicht bewusst ist. Sobald du verstehst, was vor sich geht, kannst du klar wählen. Du kannst das eine annehmen, das andere abweisen. Der Kampf wird vorüber sein und es wird dir besser gehen."

Alex schlürfte an ihrer Tasse Tee.

Sam mischte sich nicht in die Unterhaltung. Er wusste, was für eine besondere Person seine Großmutter war. Und er wusste auch, wie besonders Alex war. Es war gut, wenn sie diese Dinge gemeinsam besprachen.

„Du gehörst hierher, Alex", meinte Großmutter Reed jetzt.

„Denk darüber nach, was wir gesprochen haben und triff deine Entscheidung. Dann wird es dir bald besser gehen."

Alex nickte: „Mir geht es schon jetzt besser. Ich werde mir deine Worte zu Herzen nehmen. Mir ist dies alles noch fremd, aber deine Worte scheinen tief in mir etwas anzusprechen, das ich mir nicht erklären kann. Nicht zu vergessen sind auch die Geister der Tierwelt, die mir schon begegnet sind und denen ich viel zu verdanken habe ... Ich bin sehr froh, dass ich diese Dinge erfahren darf!" Dann fügte sie noch hinzu: „Danke!" Mrs. Reed lächelte zustimmend und nickte fast unmerklich mit dem Kopf. Alex wahres Potential würde sich langsam, aber sicher in der nahen Zukunft entfalten.

„Zum Schluss noch eine Geschichte zu einem anderen Thema. Ich weiß nicht genau warum, aber es ist wichtig, dass ich sie erzähle. Deshalb hört beide gut zu und behaltet sie in den nächsten Tagen im Kopf."

Mrs. Reed räusperte sich und strich sich den Rock glatt. Sie schaute von einem zum anderen und vergewisserte sich von Sams und Alex' Aufmerksamkeit. Dann begann sie:

„Vor langer Zeit lebte eine junge Indianerin weiter südlich von hier. Sie war eine Prinzessin, weil sie so schön war. Ihr Name war Rose. Rose Prince. Eines Tages ging Rose vom Fluss zurück zum Dorf. Drei junge Männer sahen sie und kamen auf den Gedanken ihr aufzulauern und ihr Gewalt anzutun. So traten sie ihr, etwas abseits vom Dorf, in den Weg. Rose zeigte keine Angst, sondern forderte die Männer lediglich auf, sie in Ruhe zu lassen. Diese lachten nur. Aber als sie den Weg nicht frei gaben, da erschienen hinter Rose auf dem Weg sechs schwarz gekleidete Männer zu ihrem Schutz. Die Jungen gerieten in Panik und rannten zurück zum Dorf, während Rose Prince gelassen ihres Weges ging.

Auf ihrem Weg ins Dorf trafen die Jungen auf einen alten Mann und warnten ihn, dass die sechs schwarzen Ritter sie bedroht hätten und jetzt zusammen mit Rose Prince hinter ihnen her seien. Der alte Mann blickte sich verwundert um. Er sah Rose auf dem Weg entlang kommen – aber sie war allein. Deshalb sagte er: „Es sind keine Männer bei Rose!" „Siehst du sie denn nicht? Sie kommen immer näher!" schrieen die Jungen.

Der alte Mann wurde ärgerlich: „Was habt ihr mit Rose vorgehabt? Antwortet!"

„Nichts!" erwiderten die Jungen. „Wir wollten sie nur etwas fragen!"

„Taugenichtse! Verschwindet! Geschieht euch recht, wenn ihr versucht Rose Prince durch den Schmutz zu ziehen!"

Mrs. Reed endete ihre Erzählung und blickte sich um. Sie war wie immer ganz in ihre Geschichte vertieft gewesen. Nun lächelte sie und meinte: „Rose Prince war eine junge Frau mit besonderen Kräften. Sie war gut und hatte keine Angst. Nur ihren Glauben. Deshalb haben die Geister sie beschützt. Nur die bösen Männer konnten die schwarzen Ritter sehen, denn sie waren die einzigen, die sich wegen ihrer schlimmen Absichten fürchten sollten."

Alex atmete tief aus: „Was für eine schöne Geschichte! Wenn nur alle Frauen solche Beschützer haben könnten!"

„Alle guten Frauen haben sie," meinte Mrs. Reed. „aber nicht alle sind sich dessen bewusst."

Nachdem Großmutter sich verabschiedet hatte, schlief Alex eine Weile auf dem Sofa. Der Vormittag war einfach zu anstrengend und ereignisreich gewesen. Als sie am frühen Nachmittag erwachte, fühlte sie sich besser und wieder voller Elan. Die Anstrengungen des Vormittags waren vergessen, aber Alex dachte noch immer an Großmutters Worte. Sie hatten so viel neue Informationen enthalten und Alex hoffte, dass sie sich an alles erinnern würde. Sam kam vom Stall ins Haus zurück und blickte Alex erleichtert an, die jetzt auf dem Sofa saß und wieder eine rosige Gesichtsfarbe hatte.

„Wie geht es dir?"

„Fühle mich wieder fit", entgegnete Alex.

„Gut," meinte Sam", denn es sieht so aus, als ob deine Eltern wieder im Anmarsch wären." Er deutete aus dem Fenster und Alex sah eine Staubwolke herannahen, an deren vorderen Spitze der Mietwagen der Eltern zu sehen war. Sie seufzte. Gerne hätte sie mit Sam über Großmutters Worte gesprochen. Gerne wäre sie jetzt mit ihm allein geblieben. Aber dafür war keine Zeit. Sie lief ins Schlafzimmer und griff nach ein paar frischen Kleidungsstücken. Anschließend verschwand sie im Bad, entschlossen, Sam den Empfang der Eltern allein zu überlassen. Er würde das schon bewerkstelligen.

Als sie wenig später aus dem Bad trat, hatten die Eltern im Wohnzimmer Platz genommen und Sam bereitete diplomatisch Tee. Alex holte tief Luft und begrüßte die Eltern. Nachdem sie beide umarmt hatte, ließ sie sich ihnen gegenüber auf dem Sofa nieder.

„Ein schönes Haus habt ihr hier", meinte die Mutter – natürlich auf deutsch. Alex musste sich bremsen um nicht auf Englisch zu antworten.

„Ja, es ist ein sehr schönes Haus. Ich fühle mich sehr wohl hier. Sam hat es selbst gebaut." Dann sah sie sich vorsichtig nach Sam um. Es war ihr unangenehm Deutsch zu sprechen, denn Sam verstand es nicht. Alex wollte nicht unhöflich sein oder Dinge vor ihm geheim halten. Im Gegenteil, es wäre ihr sogar sehr recht gewesen, wenn er mit eigenen Ohren die Worte der Eltern hätte verstehen können. Aber Alexandras Mutter sprach kein Englisch und verstand auch nur recht wenig, so dass es nicht anders ging, als Deutsch zu sprechen oder sehr umständlich zu werden.

„Es ist schade, dass ihr nicht länger bleiben könnt", sagte Alex nun in die Stille hinein und versuchte ungezwungen zu klingen.

„Die Gegend ist wirklich sehr schön und ich hätte euch gern ein paar Dinge gezeigt. Und dann ist da ja auch noch unsere Hochzeit …" Sie sah von einem zum anderen. Der Vater begann sich zu räuspern, aber die Mutter wandte sich sofort direkt an Alex und es hörte sich an, als habe sie die Worte einstudiert.

„Es tut uns auch sehr leid, Alex, aber es ließ sich nicht anders einrichten. Dein Vater hat später im Monat alle möglichen Geschäftstermine, die sich nicht verschieben lassen."

Alex nickte stumm. Bisher hatten ihre Eltern immer für alle wichtigen Termine andere verschieben können. Aber nicht für die Hochzeit ihrer eigenen Tochter ...

„Na ja, vielleicht klappt es ja zu der Geburt eures Enkelkindes", meinte Alex betont fröhlich. Aber es fiel ihr schwer. Die Unterhaltung wurde von Minute zu Minute anstrengender für sie.

„Ich glaube nicht, Alexandra", meinte die Mutter knapp. „November ist so eine schwierige Zeit zum Reisen – besonders in einer Gegend wie dieser."

Alex starrte auf den Fußboden. Warum verhielten sich die Eltern nur so? Warum waren sie überhaupt gekommen?

„Vielleicht wollt ihr heute Abend mit uns zum Essen gehen?" fragte der Vater jetzt.

Alex blickte auf: „Nein danke. Ich habe im Moment nie großen Hunger und einiges an Kochgerüchen bekommt mir gar nicht. Ich esse lieber zu Hause."

Bei dem Wort *zu Hause* fuhr Frau Habicht zusammen: „Alexandra, dein zu Hause ist in Hamburg. Warum kommst du nicht mit uns zurück? Wir haben einen Flugschein für dich."

Alex legte die Stirn in Falten und versuchte erneut abzuschätzen, für was für eine Person die Eltern sie wohl halten mussten.

Dann sah sie ihre Mutter direkt an und ihre Augen funkelten wütend: „Mutter, ich habe es Vater schon erklärt! Und mir hat es vollkommen gereicht ein einziges Mal etwas zu erklären, was völlig offensichtlich ist! Ich lebe hier mit Sam. Er ist ein guter Mensch und sorgt liebevoll für mich. Wir werden heiraten. Wir bekommen ein Kind. Wir haben hier ein Heim.

Nenne mir einen Grund, warum ich all das aufgeben und wieder zu euch ziehen soll!"

Sie blickte die Mutter herausfordernd an.

„Du müsstest ja gar nicht zu uns ziehen. Und Sam könntest du doch mitbringen. Kanada ist so weit weg ..."

„Mutter, mal ehrlich: was sollte Sam wohl in Hamburg machen? Es spricht kein Deutsch. Wir müssen von irgendetwas leben. Soll er Hilfsarbeiter werden? Hier hat er einen Job, den er liebt. Hier ist er jemand."

„Und du?"

„Ich bin hier auch endlich so, wie ich immer sein wollte. Ich lebe hier mein wahres Ich. Ich möchte nicht zurück nach Deutschland. Ich vermisse es noch nicht einmal." „Das ist schwer zu glauben", meinte der Vater jetzt. „Du bist verliebt, das ändert alles. Aber warte, wenn der Alltag einsetzt, dann wirst du es hier nicht mehr so toll finden!" „Ich glaube, du hast Unrecht", erwiderte Alex entschlossen. „Aber wir werden sehen. Ich kann nur sagen, dass ich hierher gehöre. Ich fühle es ... Ich möchte euch nicht verletzen. Und es tut mir leid, dass wir nicht näher beieinander wohnen können. Aber ich kann nicht euer Leben über mein eigenes stellen." „Was immer du meinst, Alexandra", meinte der Vater kühl. „Wir gehen nun besser. Wir haben noch einiges zu erledigen." Und Alexandras Mutter fügte hinzu: „Ich kann nicht glauben, dass du es wirklich ernst meinst, mein liebes Kind. Du hast dich so verändert. Allein die Kleidung, die du trägst ... Überleg es dir gut."

Alex sah ihre Mutter verwundert an und blickte dann an sich herunter. Zugegeben, ihre Kleidung hatte sich tatsächlich verändert. In Shaheylah lief niemand in feinen Klamotten herum. Das passte nicht zu der Umgebung und auch nicht zu dem Lebensstil, den die Leute hier pflegten. Man war viel draußen, hatte Tiere zu versorgen, auf Kinder aufzupassen und Gemüsegärten zu bestellen. Selbst wenn man abends einmal ausging, so kam die Garderobe doch nie auf mehr als eine frische Jeans und ein fleckenloses Hemd. Aber was machte das schon aus?

Alex verstand nicht, warum dieses Thema der Mutter so wichtig erschien. Daher zog sie es vor zu schweigen.

Alex war fast erleichtert, als sie die Eltern verabschiedet hatte. Sie hätte traurig sein sollen, aber sie war es nicht. Nicht in diesem Moment. Jetzt war sie nur erschöpft und wütend, weil die Eltern sie nicht verstehen wollten. Sie schloss die Haustür und drückte sich an Sam, der ruhig und schützend hinter ihr stand und ebenfalls die Abfahrt der Habichts beobachtet hatte.

Er streichelte ihr beruhigend den Rücken und fragte dann: „Möchtest du zur Abwechslung jetzt etwas Erfreuliches tun?"

Alex sah ihn fragend an. „Wir könnten nach *Pine Tree* fahren und Maggie, Dick und die Kinder besuchen oder einen Spaziergang machen."

Auf Alex Gesicht erschien in Lächeln: „Beides!" erklärte sie und umarmte Sam fest. Er wusste wie immer genau, was in ihr vorging.

*

Einige Zeit später wurden sie auf *Pine Tree* mit großem Hallo empfangen. Die kleine Antonia war jetzt schon mehr als vier Wochen alt. Leider bekam Maggie noch immer nicht viel Ruhe in der Nacht und war tagsüber oft recht müde. Daher war sie froh, dass die Großmütter und Alex regelmäßig vorbeischauten und ihr mit dem Haushalt und den Kindern halfen. Jetzt saß Maggie am Küchentisch, während die großen Kinder draußen spielten und Sam und Dick das Abendessen vorbereiteten. Alex wiegte Antonia sanft in ihren Armen und versuchte sich vorzustellen, wie es wohl sei, ihr eigenes Kind zu halten. Sie lächelte verträumt.

„Und sie wollen wirklich nicht zur Hochzeit bleiben?" wollte Maggie wissen. Eben hatte Sam seinen Bericht über Habichts überraschenden Besuch beendet.

„Nein", antwortete Alex und verstummte.

Maggie sah, dass der Besuch Alex zu schaffen gemacht hatte, und wechselte das Thema. „Wo wir gerade von Hochzeit sprechen: Ist dein Kleid schon fertig?"

„Im Großen und Ganzen ja", meinte Alex. „Aber die endgültige Anprobe ist erst wenige Tage vor der Hochzeit – wegen des wachsenden Bauches", fügte sie hinzu.

Maggie nickte.

„Mutter kommt morgen noch einmal vorbei um die Einzelheiten mit Alex durchzugehen. Sie ist ziemlich aufgeregt, obwohl sie es nicht zugibt." Sam grinste. „Ich werde mich da auf jeden Fall heraushalten. Mutters Gästeliste ist so lang, dass Vater daran bestimmt bankrott gehen wird!" „Ich dachte, ihr wolltet nur eine kleine Feier", fragte Dick verwundert.

„So war es ursprünglich geplant ..." sagte Alex gedehnt.

Alle lachten.

Alex blickte liebevoll in die Runde der Menschen, die ihr am nächsten standen. Ihre Gedanken schweiften zu den Vorbereitungen ihrer Hochzeit. Der große Tag war nur noch zwei Wochen entfernt. Aufregung und Vorfreude begannen Alex zu erfassen. Alle kümmerten sich darum, dass die Hochzeit ein Erfolg und ein unvergesslicher Tag für sie werden würde. Es war ursprünglich geplant gewesen, die Feierlichkeiten auf *Pine Tree* stattfinden zu lassen, aber dann hatten Alex und Sam sich doch entschlossen das großzügige Angebot von Dick und Maggie abzulehnen und die Zeremonie auf ihrem eigenen Grundstück abzuhalten. Sams Mutter hatte darauf bestanden, das Büffet und die Getränke, und auch die Musik zu organisieren. Sams Vater würde der Brautführer sein und Lee und Miranda sollten Blumen streuen. Maggie wollte es auf sich nehmen den Brautstrauß und die Blumendekoration herzurichten und natürlich würden sie und Dick die Trauzeugen sein.

Alex blickte nach draußen: die Tage waren jetzt schon angenehm warm, aber das Laub der Bäume hatte noch immer seine frische, grüne Frühlingsfarbe, die sie so liebte. Solange es nicht regnete, würde es eine schöne Zeremonie werden. Alex fühlte sich behaglich und geborgen. Ihre Augen wanderten zurück zu dem großen runden Tisch und trafen Sams Blick. Er schaute tief in ihre Augen und lächelte sie sanft und stolz an. Er hatte sie die letzten Minuten beobachtet und wieder einmal festgestellt, dass seine Wahl richtig gewesen war.

23. Kapitel

Elaine war allein auf der *Triple C.* Sie saß im Salon neben dem Telefon und legte sich ihre Worte noch einmal zurecht. Ihr war etwas unwohl zumute, denn es war sogar ihr bewusst, dass es nicht recht war zu lügen. Aber was sein musste, das musste sein. Sie griff zum Telefon und wählte Sams Büronummer. Sie hatte Glück. Sam nahm sofort ab.

„Sam", flötete Elaine, „Ich bin's, Elaine. Tut mir leid dich zu belästigen."

„Was gibt's, Elaine?" fragte Sam mürrisch. Wahrscheinlich wieder so ein Fehlalarm von ihr. Das war schon öfter vorgekommen.

„Draußen treiben sich zwei Männer mit Gewehren herum. Ich dachte mir, dass du vielleicht vorbei kommen solltest. Es könnte sich immerhin um diese Wilderer handeln, hinter denen du seit geraumer Zeit her bist. Ich traue mich nicht aus dem Haus, denn es ist sonst niemand zu Hause." Sam seufzte. „Ich bin in zehn Minuten da." Es war wahrscheinlich nichts, aber er wollte sich nichts nachsagen lassen.

Elaine lächelte zufrieden. Zehn Minuten …

Wenig später beobachtete sie, wie Sams Dienstwagen vor dem Haus vorfuhr.

Sam stieg aus und sah sich zunächst in den Stallungen und anschließend in der näheren Umgebung des Haupthauses um. Er konnte nichts Ungewöhnliches entdecken, schon gar keine Männer. Daher ging er zur Haustür um Elaine zu sagen, dass alles in Ordnung war. Noch bevor er klopfen konnte, öffnete Elaine die Tür. Bei ihrem Anblick legte sich Sams Stirn in Falten. Elaine sah aus, als wolle sie irgendwo einen Staatsbesuch machen und hatte ihr süßestes Lächeln aufgelegt. Sam räusperte sich: „Ich wollte dich nicht aufhalten ...“ „Aber ich bitte dich ... War ich es doch, die dich angerufen hat“, zwitscherte Elaine. „Komm herein! Alles in Ordnung da draußen?“

„Ich konnte niemanden entdecken“, antwortete Sam. „Hast du sehen können, in welche Richtung die Männer verschwunden sind oder kannst du mir wenigstens eine Personenbeschreibung geben?“ In diesem Moment öffnete sich die Küchentür und eine unbekannte junge Frau erschien neben Elaine. Sie war ebenfalls sehr elegant gekleidet. Sie hatte eine Fotokamera in der Hand und wandte sich an Elaine: „Elaine, können wir beginnen? Oh ... ich wusste nicht, dass du Besuch hast.“ „Oh, Vanessa, Liebe, dies hier ist mein guter Freund und Nachbar, Samuel Reed. Er ist nur mal auf einen Sprung vorbeigekommen. Ich bin gleich bei dir ...“ erwiderte Elaine.

„Ein Nachbar? Elaine, das wäre so gut für die Story ... Lass mich ein Foto von dir und Sam machen, ja?“ meinte Vanessa nun aufgeregt.

Sam fühlte sich unwohl. Dieses Frauenzimmer hatte doch schon wieder irgendeinen Plan. Ihm wurde der Boden hier zu heiß. Bevor Elaines Bekannte ihre Kamera zücken konnte, war Sam schon aus dem Haus der Carsons geflüchtet und machte sich auf den Weg zurück zur Arbeit. Elaine wurde immer seltsamer, dachte Sam, und schwor sich beim nächsten verrückten Anruf von ihr einfach die Polizei zu benachrichtigen, damit die Beamten sich mit ihr herumschlagen konnten.

Weder Elaine noch Sam hatten bemerkt, dass ihre Begegnung beobachtet worden war. Ein Wagen parkte an der Straße und der Fahrer blickte mit großem Interesse durch sein Fernglas. Es war Grant Ryder.

*

Alex hatte den Tag mit Sams Mutter verbracht. Die beiden Frauen hatten viel Spaß zusammen gehabt. Sie hatten einige Erledigungen in der Stadt getätigt und in einem kleinen

Restaurant zu Mittag gegessen. Anschließend hatte Rene Alex wieder zum Blockhaus zurück gebracht.

Als Alex jetzt die Tür zum Haus öffnete, fiel ihr Blick auf einen Umschlag auf dem Boden. Sie nahm ihn auf und schloss die Tür. Vielleicht war es eine Nachricht von Sam! Ihr Herz schlug schneller. Doch als sie die Zeilen gelesen hatte, runzelte sie die Stirn. Das war unmöglich! Sie las die Worte erneut. Sam und Elaine? – Das war vollkommen absurd!

Doch von Minute zu Minute wurde sie unruhiger, begann mehr zu zweifeln. Wenn Sam nun doch … Sie selbst hatte sich in letzter Zeit nicht sehr wohl gefühlt. Erst in der vergangenen Woche hatte sich ihr Zustand endlich gebessert. Außerdem zeigten sich die ersten Veränderungen an ihrem Körper. Wenn Sam das nun nicht gefiel?

Als Sam endlich von der Arbeit nach Hause kam, war Alex richtig in Fahrt geraten. Sobald er das Wohnzimmer betrat, spürte er, dass etwas nicht in Ordnung war. Das Lächeln verschwand von seinem Gesicht, als Alex ihm schweigend den Brief zeigte und ihn wütend anblickte.

„Alex", begann Sam, „ich war nur bei ihr, weil sie anrief und meinte, es seien ein paar von diesen Wilderern auf dem Grundstück …" „Und deshalb musstest du Nachforschungen im Haus anstellen?"

„Ich war nur kurz im Haus, um …"

„Zehn Minuten!" stieß Alex wütend aus.

„Alex, wovon redest du? … Liebes, ich weiß nicht, wer dir diesen Brief geschrieben hat, aber du hast wirklich keinen Grund eifersüchtig zu sein …"

„So, tatsächlich nicht!" fiel ihm Alex ins Wort und lief an ihm vorbei zur Tür hinaus.

„Alex!" rief Sam ihr nach. „Sei doch nicht albern!" Aber Alex war schon auf Sams Fahrrad gestiegen und um die Straßenecke verschwunden.

Als Alex nach einer Stunde immer noch nicht zurück war, beschloss Sam nach *Pine Tree* zu fahren. Es war mehr als wahrscheinlich, dass Alex dorthin unterwegs war um mit Maggie zu sprechen. Entschlossen stieg er in seinen Wagen und machte sich auf den Weg.

Alex war jedoch nicht nach *Pine Tree* gefahren. Sie wollte niemanden sehen. Sie wollte allein sein und nachdenken. Sie fuhr zu dem kleinen Tümpel im Wald in der Nähe von *Pine Tree,* den Sam ihr bei ihrem ersten gemeinsamen Spaziergang gezeigt hatte. Sie ließ das Fahrrad am Ende des Sandweges stehen, der von der Hauptstraße abzweigte und ging das letzte Stück zu Fuß.

Nachdem sie eine Weile auf dem großen Felsbrocken am Rande des Tümpels gesessen hatte, wich ihre Wut. Vielleicht hatte Sam die Wahrheit gesagt. Vielleicht hatte sie überreagiert und benahm sich furchtbar albern. Immerhin wusste jeder hier, was für eine Person Elaine Carson war. Wahrscheinlich hatte sie den Brief selbst geschrieben um Unfrieden zu stiften. Vielleicht hatte ihr die Niederlage mehr zugesetzt, als Alex angenommen hatte. Sie schnaubte verächtlich: der Unfrieden war ganz groß eingetreten!

Alex wurde ruhiger. In ihrem Herzen kehrte Frieden ein. Sie sehnte sich nach Sam und beschloss zum Blockhaus zurück zu fahren und sich beim ihm zu entschuldigen. Hoffentlich war er nicht zu sehr verärgert über ihr dummes Benehmen. Sie blickte auf die Uhr. Sie war jetzt schon eine Stunde unterwegs. Alex schaute sich um. Es wurde bereits dunkel.

Obwohl sie den Weg zurück zu ihrem Fahrrad gut kannte, wurde ihr jetzt doch unheimlich zu mute. Hier im Wald lebten alle möglichen wilden Tiere und Alex war für diese eine leichte Beute. Sie hatte keine Waffe bei sich. Lediglich das kleine Taschenmesser, das Sam ihr für Notfallsituationen gegeben hatte.

„Besser als keine Waffe", hatte Sam gesagt, als er es ihr gegeben hatte. Alex seufzte. Wie sehr wünschte sie sich, dass Sam jetzt hier wäre!

Sie stand entschlossen auf und machte sich auf den Weg zurück zu ihrem Rad. Die zehn Minuten, die sie durch den Wald zu gehen hatte, kamen ihr vor wie eine Ewigkeit. Erleichtert betrat sie den Sandweg und stutzte. Suchend sah sie sich um. Wo war das Fahrrad? Sie konnte es nirgendwo entdecken!

Alex runzelte die Stirn. Sie war sich über ihren Standort sicher. Sie war genau an der richtigen Stelle! Jemand musste das Rad geklaut haben ... Wieder ergriff sie das Gefühl von Unruhe. War ihr jemand den ganzen Weg hier heraus gefolgt wegen eines Fahrrads? Noch unwahrscheinlicher war es, dass jemand zufällig hier vorbeigekommen war und das Rad einfach mitgenommen hatte. Alex wusste von Sam, dass dieser Sandweg zum Reservat gehörte und kaum genutzt wurde. Aber was noch schlimmer war – dieser jemand, der ihr Fahrrad mitgenommen hatte, war vielleicht noch irgendwo hier in der Nähe. Und warum?

Alex atmete langsam aus und schob die Schultern zurück. Ihre rechte Hand griff nach dem Messer in ihrer Jackentasche. Dann ging sie mit festen Schritten weiter, während sie versuchte gelassen auszusehen und dabei auch noch das Gebüsch rechts und links vom Weg im Auge zu behalten.

Sie schätzte, dass es ungefähr eintausend Meter bis zur Hauptstraße waren. Mit dem Fahrrad hatte sie nur wenige Minuten gebraucht, um die Strecke zurückzulegen. Zu Fuß kam ihr der Weg unendlich lang vor. Vorsichtig machte sie sich auf den Weg.

*

Elaine kam gerade von den Stallungen zurück, als sie Alex vorbeiradeln sah. Sie war sich sicher, dass Alex Maggie besuchen wollte, obwohl es ungewöhnlich war, dass Alex diesen weiten Weg mit dem Rad zurücklegte. Doch dann beobachtete sie, wie Alex in den schmalen Waldweg einbog, der auf der anderen Seite der Straße in das Reservatsgebiet hineinführte. Elaine stutzte. Der Weg war eine Sackgasse. Was wollte Alex wohl dort? Und ganz allein? Elaine interessierte sich wirklich nicht für Alex. Im Gegenteil, sie war ihr ein wahrer Dorn im Auge. Doch fast wie von selbst setzten sich Elaines Füße in Bewegung. Schneller und schneller lief sie und ein hämisches Grinsen stand ihr auf dem Gesicht.

*

Grant Ryder wollte gerade seinen Wagen beschleunigen, um Alex, die in einen Seitenweg eingebogen war, nicht aus den Augen zu verlieren, als er Elaine die Auffahrt der *Triple C* entlang kommen sah. Ihr Blick war geradeaus gerichtet. Zielstrebig überquerte sie die Straße und bog ebenfalls in den Waldweg ein. Grant stoppte den Wagen und rieb sich das Kinn. Sein Plan hatte so wunderbar geklappt: Alex hatte den Brief mit den Informationen über Sam und Elaine erhalten und offenbar Sam zur Rede gestellt. Grant hatte in einigem Abstand vom Blockhaus gewartet. Als Alex dann mit dem Rad davongefahren war, war er ihr gefolgt. Er hätte direkt hinter ihr fahren können, sie hätte es nicht bemerkt. Sie war zu sehr mit ihren Gedanken beschäftigt! Sie hatte sich nicht ein einziges Mal umgeschaut.

Doch nun hatte sich die Lage verändert. Elaine war aufgetaucht, gerade als Grant innerlich gejubelt hatte, weil Alex unbefangen in den wenig benutzten Waldweg eingebogen war. Er runzelte die Stirn. Was hatte Elaine vor? Grant parkte seinen Wagen etwas abseits von der Straße im Gebüsch und folgte den beiden Frauen zu Fuß. So viel Verkehr an einem Tag hatte der kleine Weg schon lange nicht mehr erlebt!

*

Elaine hatte Alexandras Rad entdeckt, konnte Alex selbst

aber nirgendwo sehen. Sie schaute auf die Uhr. Bald würde es dunkel werden. Alex würde sicher vorher zu ihrem Fahrrad zurück kehren. Sie überlegte, dann griff sie entschlossen nach dem Rad und schob es in Richtung Straße. Dieses Stadtmädchen! Ihr würde sie es zeigen! Sie gehörte nicht hierher und schon gar nicht zu Sam. Sie würde ihr eine solche Angst einjagen, dass sie sich wünschen würde, sie hätte Deutschland nie verlassen! Dies hier war ihr – Elaines – Revier. Niemand würde sie von hier vertreiben oder sie von ihrem Thron stoßen! Und schon gar nicht würde man sich über sie lustig machen …

Nach ungefähr hundert Metern stoppte Elaine und schob das Rad ins Gebüsch. Dann setzte sie sich daneben. Hier würde sie auf Alex warten. Nach so einer Strecke allein auf dem halbdunklen Waldweg, würde Alex sicher schon fast verrückt sein vor Angst. Und dann würde Elaine ihr noch einen Stoß dazu versetzen. Was für ein Spaß das werden würde! Sie lächelte zufrieden. Der Plan, den sie sich für Sam zurecht gelegt hatte, war fehlgeschlagen, weil Sam aus dem Haus der *Triple C* geflüchtet war, bevor Vanessa die Fotos hatte machen können. Aber dies hier war fast noch besser …

*

Alex verlangsamte ihren Schritt. Irgendetwas hatte im Gebüsch, nicht weit von ihr, geraschelt. Oder hatte sie sich getäuscht? Nein, da war es wieder! Alex fluchte stumm. Weit war sie nicht gekommen. Sie hatte vielleicht gerade einmal hundert Meter zurückgelegt. Sie konnte die Hauptstraße noch nicht sehen. Der Weg machte etwas weiter vorn eine Biegung. Alex versuchte sich zusammen zu reißen. Warum geriet sie nur immer wieder in solche verheerenden Situationen? Sie hatte nicht die Nerven dafür!

Sie versuchte ruhig zu atmen. Nicht rennen, dachte sie. Auf keinen Fall rennen! Und keine hastigen Bewegungen machen.

Der Rest von Sams Ermahnungen fiel ihr nicht mehr ein. "Wahrscheinlich ist es nur ein Vogel," dachte Alex, "und ich mache mich hier lächerlich! Gut, dass mich niemand sieht!" Ein Rabe krächzte in einem Baum und Alex lächelte dankbar. Sie ging mit festeren Schritten weiter. Doch sofort raschelte es erneut in dem Gebüsch zu ihrer Linken. Und diesmal hörte es nicht auf! Alex blieb wie angewurzelt stehen und hatte mit allem gerechnet, aber nicht mit der braunhaarigen jungen Frau in Reitkleidung, die ihr jetzt in den Weg trat.

„Elaine!" rief Alex erstaunt aus. „Was machst du hier?"

„Was ich hier mache?" äffte Elaine. „Ich helfe etwas nach, damit in dieser Stadt wieder Ruhe einkehrt!"

„Wie meinst du das?" fragte Alex langsam.

„Wie ich das meine?" zischte Elaine. „Ich will, dass du aus Shaheylah verschwindest! Du gehörst nicht hier her! Seit du hier bist, ist nichts mehr wie früher. Und dann die Sache mit Sam ..." „Die Sache mit Sam", wiederholte Alex gedehnt. „Wir heiraten in wenigen Tagen. Was du redest ist vollkommen absurd!"

Sie versuchte sich an Elaine vorbei zu schieben, aber diese verstellte ihr den Weg. „Lass mich vorbei, Elaine!" „Ich will, dass du von hier verschwindest!" wiederholte Elaine zornig. „Ansonsten wird dich der Wald verschlucken!" „Elaine, ich glaube, bei dir ist was nicht richtig!" meinte Alex nun ärgerlich.

„Aber meine Damen! Ich bitte Sie – so redet man doch nicht unter guten Freunden!" Elaine fuhr herum und schaute Grant Ryder wütend an: „Und wer hat dich eingeladen?" Grant lachte und meinte: „Habe dich beobachtet, Elaine, und bin dir gefolgt. Wie ich mit Vergnügen feststelle, hatten wir das gleiche Ziel ..."

Alex schnappte nach Luft. Da standen plötzlich die beiden Menschen vor ihr, die sie am allerwenigsten auf der Welt ausstehen konnte, und bedrohten sie!

„Meine Redezeit ist beendet", schleuderte Elaine Grant entgegen. „Ich überlasse Alex dir!" Mit diesen Worten stürmte sie auch schon an Grant vorbei. Wut stand auf ihrem Gesicht.

„Ich habe nichts mit dir zu besprechen“, meinte Alex nun kühl zu Grant Ryder und versuchte sich ebenfalls an ihm vorbei zu schieben. Vergeblich.

„An Reden hatte ich eigentlich auch gar nicht gedacht …“ entgegnete Grant hämisch. Und als Alex erneut versuchte an Grant vorbei in Richtung Straße zu eilen, zog dieser plötzlich einen Revolver aus der Jackentasche.

Alex wich einen Schritt zurück: „Grant, du bist wahnsinnig! Du weißt, was mit dir passiert, wenn Sam dich in die Finger bekommt, sollte mir etwas zustoßen!“ Aber alles, was sie erntete, war Gelächter.

„Sam ist für mich ein Kinderspiel. Zerbrich dir nicht meinen Kopf! Und was dich anbelangt: du hättest schon auf Elaines Party dran glauben sollen, als ich dir die Pillen ins Glas gegeben habe …“ Alex glaubte nicht recht zu hören. Maggies Theorie war also richtig gewesen! Fassungslos starrte sie Grant an. Was für ein Mensch! Wie konnte er nur so grausam sein?

„Grant“, begann Alex, „ich weiß wirklich nicht …“ dann hielt sie mit einem Male inne.

Ein großer Schatten tauchte aus dem Halbdunkel des Waldes auf und erschien auf dem Weg, genau hinter Grant. Der Schatten bewegte sich langsam und geschmeidig und in geduckter Haltung auf Grant und Alex zu.

Alex hielt den Atem an und ihre Augen weiteten sich vor Schreck: es war ein Berglöwe. Ein riesiger, schokoladenbrauner Berglöwe!

„Versuch nicht, mich herein zu legen“, meinte Grant, noch immer sehr lässig. „Der Trick ist so alt …“

In diesem Moment ließ der Berglöwe ein kurzes, lautes Fauchen ertönen. Für eine Sekunde war Alex, als würde ihr das Blut in den Adern gefrieren! Sie schauderte.

Auch Grant bewegte sich jetzt nicht mehr. Obwohl er den Verursacher des Fauchens nicht sehen konnte, wusste er doch mit hundertprozentiger Sicherheit, was hinter diesen Lauten steckte. Er hatte sie schon oft gehört – allerdings noch nie aus unmittelbarer Nähe.

Die Raubkatze war so nahe, dass Grant zögerte sich umzudrehen und seine Waffe zu benutzen. Während er noch Zeit damit verlor zu überlegen, was zu tun war, erwachte Alex plötzlich aus ihrer Starre. Sie bückte sich langsam und hob vorsichtig Steine vom Waldweg auf. Dabei ließ sie den Puma, der mittlerweile mehrmals seine Stimme hatte ertönen lassen, nicht aus den Augen.

Noch bevor sie sich wieder aufgerichtet hatte, spürte Alex, dass sie die Steine nicht gegen den Puma benutzen durfte. Der Puma hatte den Kopf geneigt und die Ohren angelegt und sein Schwanz glitt wie eine Peitsche über den Boden. Aber das Tier war vollkommen auf Grant fixiert und schien sich nicht um sie zu kümmern. In diesem Augenblick wurde Alex bewusst, dass der Berglöwe aufgetaucht war um sie vor Grant zu schützen! Er würde ihr nichts anhaben.

Der Puma bewegte sich nun langsam in einer Art Halbkreis auf dem Waldweg und fauchte erneut – ganz so als wolle er Grant seinen Stellungswechsel mitteilen. Plötzlich schien Leben in Grant zu kommen. Er drehte sich blitzschnell um die eigene Achse und feuerte sein gesamtes Magazin in die Richtung, in der er den Puma vermutete.

In dem Moment, in dem Grant sich umdrehte, griff das Tier an! Mit einem Satz war es bei Grant und riss ihn zu Boden. Sein Revolver flog in hohem Bogen ins Gebüsch am Wegrand. Grant rang mit dem Tier und versuchte mit aller Kraft dem Biss des Pumas auszuweichen.

Alex zögerte keine Sekunde. Sie bewegte sich fast mechanisch um Grant und den Berglöwen herum und auf die Biegung im Waldweg zu. Sie ging rückwärts, denn sie wollte die Gefahr nicht im Rücken haben. Der Anblick, der sich ihr bot, wäre im Normalfall zu viel für sie gewesen. Aber ihre Gefühle schienen wie gelähmt. Grant war der riesigen Katze vollkommen unterlegen, hatte den Kampf aber noch nicht aufgegeben. Der Puma spielte mit Grant wie eine Katze mit einer Maus. Mühelos schleuderte er seine Beute durch die Luft. Grants Schmerzensschreie hallten durch die Abenddämmerung und drangen Alex bis ins Mark. Aber sie blieb nicht stehen. Sie bewegte sich weiterhin rückwärts und konnte nicht anders als dem Tier stumm für ihre Rettung zu danken. Sie verspürte kein Mitleid mit Grant. Wäre der Puma nicht aufgetaucht, würde sie selbst nun dem Tod ins Auge blicken.

Sobald sie die Wegbiegung erreicht hatte, drehte sie sich um und flüchtete in Richtung Straße – sie rannte geradewegs in Cookie James Arme.

„Ms Habicht!" rief Cookie erstaunt aus, als er Alex erkannte. Er war mit seinem Gewehr beschäftigt gewesen und hatte sie nicht kommen sehen.

„Mr. James!" flüsterte Alex leise. „Grant Ryder hat mir aufgelauert und ein riesiger Berglöwe ist zu meiner Rettung gekommen!" Sie zitterte am ganzen Körper.

„Keine Angst, Miss Habicht!" meinte Cookie geistesgegenwärtig. „Sie laufen jetzt nach *Pine Tree* und ich werde mich um Grant kümmern! – Laufen Sie schon los!" Alex benötigte nur einen Augenblick, um die Bedeutung seiner Worte zu erfassen. Dann rannte sie, so schnell ihre Füße sie trugen, in Richtung Straße.

Alex wusste in wenigen Minuten könnte sie bei Maggie in der Küche sitzen! Sie versuchte sich zu konzentrieren und nur ans Laufen zu denken. Aber die Ereignisse der letzten Minuten waren zu unglaublich gewesen. Tränen liefen Alex über die Wangen und verschleierten ihr die Sicht.

Allein die Verzweiflung, und die Angst gaben Alex die Kraft weiter und weiter zu rennen und die stechenden Schmerzen in ihrer Seite zu ignorieren. Dann atmete sie erleichtert auf: sie konnte die Straße sehen!

*

Als Sam auf *Pine Tree* eintraf, musste er feststellen, dass Alex nicht dorthin gefahren war. Er stand auf dem Hof neben seinen Pickup Truck und sprach mit Maggie, die mit Antonia auf dem Arm in der Haustür stand. Wohin, wenn nicht hierher, könnte Alex gefahren sein? Er ging die Möglichkeiten durch und schüttelte fast unmerklich den Kopf. Dann verabschiedete er sich von Maggie, die ihm: „Mach dir keine Sorgen!" zurief und stieg wieder in seinen Wagen.

Nachdenklich lenkte er den Wagen über die holprige Auffahrt zurück zur Straße. Dies alles sah Alex so gar nicht ähnlich. Was war ihr bloß in den Kopf gekommen? Und wo, um Himmels Willen, war sie jetzt?

Maggies Erklärung über weibliche Hormone während der Schwangerschaft hatte ihn auch nicht beruhigt. Im Gegenteil! Alex war erst am Beginn ihrer Schwangerschaft. Was würden diese Hormone in der nächsten Zeit mit seinem Mädchen noch alles anstellen? Sam seufzte, als er erkannte, wie wenig er von diesen Dingen wusste und er nahm sich vor, bei nächster Gelegenheit Großmutter danach zu befragen. Großmutter! Vielleicht war Alex zu ihr gefahren … Sam war schon auf der Straße angelangt, fuhr aber noch immer langsam und grübelte vor sich hin, als ihm ein Pickup Truck auffiel, der gegenüber der *Triple C* geparkt war. Das Auto war ihm auf dem Hinweg nicht aufgefallen, weil es nicht direkt an der Straße, sondern etwas abseits im Gebüsch stand.

Sam bremste und fuhr ein Stück zurück. Er sah sich den Wagen genauer an. Der Pick up gehörte Grant Ryder!

Jetzt hörte Sam mehrere Schüsse, die jemand in einiger Entfernung von der Straße im Wald abfeuerte.

Sam wurde unruhig. Er stellte den Motor seines Autos ab, griff nach seiner Pistole und stieg aus. Er blickte sich um, und ging dann zielstrebig, aber vorsichtig auf den kleinen Waldweg zu, von dem er wusste, dass er zu dem kleinen Tümpel führte, den er Alex vor einiger Zeit gezeigt hatte. Seine Gedanken begannen zu rasen und plötzlich begann er zu laufen: Alex!

Alex stieß vor Erleichterung einen leisen Schrei aus, als sie Sam erkannte, der geradewegs auf sie zu gelaufen kam.

„Alex! Was ist passiert? Bist du in Ordnung?“ rief Sam außer sich.

Warum hatte er nur so lange zu Hause gewartet? Warum war er ihr nicht sofort gefolgt? Er machte sich bittere Vorwürfe.

„Grant!“ keuchte Alex außer Atem. „Er hat …“ sie schnappte nach Luft und hielt sich die Seite. Sie war nie eine gute Läuferin gewesen. „… Grant hat mir aufgelauert. Und Elaine war auch da … dann ist der Puma aufgetaucht und hat mich gerettet! … Cookie James ist jetzt bei ihnen!“ „Cookie James?“ Sams Gedanken wirbelten durcheinander. Was redete sie da? Wie auch immer. Grant war noch immer in der Nähe, er würde niemals seinen Wagen zurück lassen. Sam reichte Alex die Autoschlüssel: „Du steigst in den Wagen und fährst zu Maggie. Ich warte, bis ich dich vorbeifahren sehe. Dann sehe ich nach, ob ich Grant finden kann. Ist Elaine auch noch im Wald?“

Alex schüttelte den Kopf. „Sie ist verschwunden, als Grant aufgetaucht ist.“ Sam nickte stumm.

Alex blickte zur Straße. Sie konnte das Auto sehen. Es war nur ein paar Meter entfernt. Angst stieg wieder in ihr auf, als sie daran dachte, dass Sam sie allein lassen wollte. Aber ihr war klar, dass sie ihm nur im Wege sein würde. Sie nahm die Autoschlüssel und sah Sam fest an: „Sie haben beide eine Waffe, Sam. Grant hat eine Pistole, aber ich weiß nicht, wie viel Munition er noch hat. Er hat auf den Puma geschossen!“

Sam nickte erneut und meinte dann: „Geh jetzt. Ich will dich in Sicherheit wissen!“ Alex drehte sich um und lief hinüber zum Auto. Dort angekommen, warf sie einen Blick hinein, um sicher zu gehen, dass es leer war. Dann stieg sie ein, verriegelte die Türen und startete den Motor. Sie hob die Hand zum Gruß, als sie an Sam vorbei fuhr und parkte kurz darauf vor dem Haupthaus auf *Pine Tree* .

Dick lief ihr entgegen und auch Maggie erschien sofort in der Tür. Alex ließ sich, bleich im Gesicht, mit zitternden

Händen auf der Treppe zur Veranda nieder. Es rauschte in ihren Ohren und sie fühlte sich mit einem Male sehr, sehr erschöpft.

„Was ist passiert?" wollte Dick wissen. „Wo ist Sam? Wir haben Schüsse gehört!"

Es gelang Alex nach mehreren Aufforderungen einen kurzen Bericht der Geschehnisse abzugeben. Mehr nicht. Dick sah sie eindringlich an und wusste, dass sie die Wahrheit gesprochen hatte, so unglaublich es auch klang.

Maggie fauchte: „Grant!" und ballte die Faust.

„Maggie", befahl Dick nun, „du bringst Alex ins Haus und hältst die Türen verschlossen. Koch ihr einen starken Tee. Ich werde nachsehen, was da drüben los ist!"

Maggie konnte nur den Mund öffnen und einwendend die Hand heben. „Dick!"

Doch dieser war schon in den Pickup gestiegen und vom Hof gebraust.

„Männer …", meinte Maggie nur und ließ die Hand sinken. Dann lächelte sie Alex aufmunternd an und half ihr ins Haus.

*

Sam lief lautlos den Sandweg entlang und war dankbar, dass er heute ausnahmsweise Sportschuhe angezogen hatte und keine Cowboystiefel. Vorsichtig behielt er das Gebüsch rechts und links vom Weg im Auge. Als er sich der Stelle näherte, an der Alex zu dem kleinen Tümpel abgebogen war, verlangsamte er seine Schritte. Er bog um die letzte Biegung des schmalen Weges und hatte Mühe in der Dämmerung alle Einzelheiten zu erkennen.

Sam hielt inne und lauschte. Die Geräusche der Nacht gewannen überhand über die fröhlichen Laute des Tages. Der Wind rauschte leise in den Wipfeln der Bäume. Wo waren die beiden Männer und der Puma?

Es war anzunehmen, dass Cookie sich auf dem gleichen Weg

zurückgezogen hatte, auf dem er auch gekommen war: durch den Wald. Möglicherweise war er noch in der Nähe und beobachtete Sam. Dieser Gedanke kümmerte Sam wenig. Er kannte Cookie sein Leben lang. Er sah vielleicht etwas furchterregend aus, wenn man ihm auf der Straße begegnete, aber er war ein guter Mensch. Was Sam Sorgen machte, war Grant.

Sam lauschte noch immer angestrengt und blickte sich auf dem Waldweg um. Er entdeckte Blutspuren, die sich am Wegesrand in den Wald verloren. Er zuckte mit den Schultern. In diesem Licht konnte er keine weiteren Spuren mehr ausfindig machen. Er hätte eine Taschenlampe aus dem Pickup mitnehmen sollen. Sam drehte um und machte sich auf den Rückweg. Er war noch immer grenzenlos wütend auf Grant, unterdrückte seine Gefühle jedoch, da diese seine Konzentration mindern und dadurch fatale Konsequenzen mit sich bringen konnten. Das gelang ihm problemlos, er war es von seiner Arbeit gewohnt. Auf keinen Fall würde er im Halbdunklen durch den Wald stapfen, um Grant zu suchen, solange dieser riesige Puma in der Nähe war.

Auf einmal vernahm Sam ein Rascheln im Dickicht gleich neben dem Waldweg. Er blickte genauer in die Richtung aus der er das Geräusch vernommen hatte und sah, wie sich eine Gestalt aufrichtete.

„Wer ist da?“ rief er aus.

„Cookie James!“ erwiderte eine Stimme.

Sam trat näher an den Wegrand.

„Cookie!“ meinte er erstaunt. „Bist du in Ordnung?“

„Sam, der Puma hat Grant in den Wald geschleppt! Mein Gewehr hatte sich verklemmt. Ich konnte ihm nicht helfen.“
„Brauchst du Hilfe?“ wollte Sam nun wissen. „Bist du verletzt?“

„Ich glaube nicht“, erwiderte Cookie. „Ich habe meinen Kopf an einem Stein gestoßen und muss für einen Moment das Bewusstsein verloren haben.“ „Was ist passiert?“ fragte Sam.

In diesem Augenblick vernahm Sam Schritte, die sich ihm auf dem Waldweg näherten. Er hieß Cookie still zu sein und suchte dann selbst im Gebüsch nach Deckung. „Dick!“ rief Sam halblaut, als er die Gestalt erkannte, die sich in langsamen Schritten dem Ende des Weges näherte.

„Sam!“ entgegnete dieser erleichtert. „Ich wollte nur nach dem Rechten sehen. Alex sagte, dass Grant eine Waffe bei sich hat. Ich dachte, du könntest Verstärkung brauchen!“

„Danke, mein Freund!“ meinte Sam ebenfalls sichtlich erleichtert.

„Ich wollte es zwar vermeiden, aber ich denke, nun muss ich mich doch im Wald umsehen. Cookie sagt, dass der Puma Grant in den Wald geschleppt hat ...“ „Was ist passiert?“ wollte nun auch Dick wissen.

Cookie erstattete kurz Bericht, während er noch immer seinen Kopf rieb: „Nachdem ich Ms. Habicht auf dem Weg getroffen habe, habe ich mich aufgemacht um zu sehen, was es mit dem Puma und Grant Ryder auf sich hatte. Sobald ich um die Biegung dort gekommen bin, habe ich den Puma gesehen. Der größte, dunkelbraune Puma der mir in meinem ganzen Leben begegnet ist! Grant lag auf dem Boden und hat sich nicht mehr bewegt. Sobald mich das Tier witterte, packte es Grant am Kopf und begann ihn in den Wald zu schleppen. Ich habe mein Gewehr geladen und versucht, den Puma zu erschießen, aber der Abzug hatte sich verklemmt. Ich konnte nicht feuern. Der Puma war sehr wütend und fauchte wild. Ich wollte mich vorsichtig zurück ziehen, um Hilfe zu holen, bin aber gestolpert und habe meinen Kopf an diesem Stein aufgeschlagen. Als nächstes weiß ich nur, dass ich Sam auf dem Waldweg habe stehen sehen ...“ „Okay“, meinte Dick. „Ich habe meine Taschenlampe mitgebracht. Aber meinst du wirklich, dass Grant diese Gefahr wert ist, Sam?“

Sam zuckte mit den Schultern.

„Nicht für mich“, meinte Cookie James nun. „Aber wenn ihr geht, dann helfe ich euch natürlich ...“ „Wir sollten wenigstens nachsehen, ob wir eine Spur von Grant finden können“, erwiderte Sam.

Dick schaltete seine Taschenlampe ein und gemeinsam suchten sie nach der Stelle, an der der Puma Grant in den Wald geschleppt hatte.

Dick und Cookie folgten Sam, der die Führung übernommen hatte, lautlos und in angemessenem Abstand in das Waldstück, um ihm nicht im Wege zu sein. Es bedurfte keinerlei erklärender Worte zwischen den Männern. Sam und Dick kannten sich seit einer halben Ewigkeit und waren gemeinsame Pirschgänge von ihren Jagdausflügen gewöhnt.

Es vergingen nur wenige Minuten, bis Sam ihnen zu verstehen gab, dass sie anhalten sollten. Sie waren im Schein der Taschenlampe den Spuren des Pumas gefolgt, die sich deutlich auf dem Waldboden abzeichneten. Es war unverkennbar, dass das Tier etwas Schweres mit sich schleppte. Eine tiefe Schleifspur befand sich neben den Pfotenabdrücken der Katze.

Vor ihnen lag eine kleine Lichtung, auf deren Boden sie den Körper eines Menschen erblickten. Und über den Körper gebeugt stand der riesige Puma, der nun langsam seinen Kopf hob und in die Richtung der drei Männer blickte. Er legte seine Ohren an und fauchte grimmig. Dick und Cookie erstarrten durch den ohrenbetäubenden Laut, den der Berglöwe von sich gab. Und auch Sam lief eine Gänsehaut über den Rücken. Was ihn aber weitaus mehr erschaudern ließ war das Funkeln in den Augen des Tieres, das direkt in seine Seele vorzudringen schien. Der Blick des Pumas zog nun auch die Aufmerksamkeit von Dick und Cookie auf sich, die leise miteinander flüsterten.

Sam schüttelte den Kopf, um sich wieder voll konzentrieren zu können. Er hatte die Pistole bereits im Anschlag, um dem Tier den Todesschuss zu versetzen, als er plötzlich die Stimme seiner Großmutter zu vernehmen schien, die seinen Namen rief. Sam hielt inne und blinzelte mit den Augen. Irgend etwas stimmte nicht. Die Umrisse des Pumas, die er gerade eben noch deutlich vor sich auf der Lichtung hatte erkennen können, schienen nun mit den Ästen und Blättern des Unterholzes zu verschwimmen. Alles, was Sam jetzt mit Sicherheit sah, waren die beiden funkelnden Augen der großen Wildkatze! Er fluchte leise. Dicht neben sich vernahm er die verwunderten Kommentare von Dick und Cookie und ließ im nächsten Augenblick die Waffe sinken. „*Great Spirit* hat den Puma geschickt um Alexandras Leben zu retten“, ging es ihm durch den Kopf. „Er muss leben!“ Der Berglöwe machte eine kurze Bewegung mit dem Kopf und schlenderte dann geruhsam zurück in das Dunkel des Waldes aus dem er gekommen war.

Sam, Dick und Cookie sahen sich erstaunt an. Langsam gingen sie auf Grant Ryders Körper zu, der bewegungslos vor ihnen auf der Lichtung lag. Der Anblick, der sich ihnen bot, war erschreckend. Der Puma hatte Grant offensichtlich den gesamten Weg am Kopf mit sich geschleift. Grants Gesicht war über und über mit Blut verschmiert und zeigte tiefe Bisswunden. Sein Hals war aufgerissen. Dick leuchtete mit der Taschenlampe Ryders Körper entlang und blieb an seinen Oberschenkeln hängen. Dort hatte das Tier bereits begonnen zu speisen und sich anscheinend nur ungern von den Männern unterbrechen lassen. Große Stücke waren aus Grants Beinen gerissen und Blutlachen umgaben seinen Körper.

Sam beugte sich über den Mann und fühlte nach einem Puls. Obwohl nur wenige Minuten vergangen waren, seit der Puma Grant auf dem Waldweg angefallen hatte, kam bereits jede Hilfe für ihn zu spät. Grant Ryder war tot.

„Wir können nichts mehr für ihn tun“, meinte Sam nun an die anderen gewandt.

Dick und Cookie schwiegen bedrückt. Nicht, dass ihnen Grants Tod sehr nahe ging. Es war die Art, wie er gestorben war. Die Natur ließ sich durch Menschenhand nicht bändigen. Und da war noch etwas: ein Schicksal wie dieses, konnte jedem widerfahren, der sein Leben im Busch verbrachte. Die Tatsache, dass der Tod überall lauerte und einen zu jedem beliebigen Zeitpunkt abrufen konnte, ohne dass ihm auszuweichen war, das war es, was die drei Männer in diesem Augenblick deutlich spürten.

„Lasst uns ein Gebet zu *Great Spirit* sprechen", meinte Sam schließlich. „Lasst uns danken, dass Alex verschont worden ist und dass auch uns heute nichts passiert ist. Und lasst uns dem Puma danken, dass er gekommen ist um Alex zu schützen ... Was Grant Ryder angeht, so hoffe ich, dass *Great Spirit* gerecht über seine schlechten Taten und grausamen Absichten urteilen wird." Nach einer Minute des Schweigens meinte Dick in die Stille hinein: „Wir sollten die Polizei verständigen. Wenn ihr wollt, erledige ich das."

Sam und Cookie nickten zustimmend und Dick verschwand im Zwielicht der Abenddämmerung.

Es vergingen nur zwanzig Minuten bis Dick mit den Polizisten und den Leuten vom Rettungsdienst zurückkehrte. Und Sam war froh das Feld räumen zu können. Sowohl er als auch Dick und Cookie würden der Polizei einige Fragen beantworten müssen. Plötzlich fühlte Sam sich sehr müde. Die Anspannungen der letzten Stunden fielen von ihm ab und alles, was er sich wünschte, war, wieder bei Alex zu sein. Aber dieser Wunsch würde noch eine Weile auf sich warten lassen.

Es war schon spät, als Sam und Dick endlich wieder auf *Pine Tree* eintrafen. Maggie war längst mit dem Baby Schlafen gegangen und Alex war, trotz guter Vorsätze, auf dem Sofa eingenickt. Die Geräusche, die die Männer beim Hereinkommen im Flur machten, ließen sie jedoch aus ihrem leichten Schlaf aufschrecken und sie brauchte nur Sekunden, bis ihr wieder einfiel wo sie sich befand und warum. Alex sprang auf und lief Sam entgegen, der leise im Flur mit Dick sprach.

„Sam!" rief Alex und versuchte ihre Stimme leise zu halten. „Sam, es tut mir so leid ..." damit flog sie in seine Arme. „Ich war so dumm und ihr müsst dafür bezahlen!" Tränen der Erleichterung und der Scham strömten lautlos über ihr Gesicht. Sam dachte, dass er in den letzten Monaten mehr Frauentränen gesehen hatte, als in seinem gesamten Leben zuvor, drückte Alex jedoch dankbar und ebenfalls sehr erleichtert an sich.

Dick klopfte Sam freundschaftlich auf die Schulter und meinte, bevor er nach oben ins Schlafzimmer ging: „Ihr bleibt heute Nacht besser im Gästezimmer."

Sam nickte stumm.

Als Dick gegangen war, nahm Sam Alexandras Gesicht in beide Hände und sah sie fest an: „*Great Spirit* hat seine schützenden Hände über dich gehalten. Dafür bin ich sehr dankbar." Dann fügte er hinzu: „Nun muss ich aber eines wissen: Wann meinst du, wird es wohl wieder so etwas wie Normalität in unserem Leben geben? Oder gedenkst du, mich schon vor der Hochzeit ins Grab zu schicken?" „Oh, Sam ..." flüsterte Alex ehrlich verzweifelt und reumütig.

Aber in diesem Moment erschien das für Sam so typische spitzbubenhafte Grinsen auf seinen Gesicht. Er drückte Alex noch fester an sich und küsste sie zärtlich.

„Lass uns schlafen gehen", meinte Sam. „Ich fühle mich, als könnte ich zwei Tage lang schlafen."

Alex lächelte ihn liebevoll an und Arm in Arm gingen sie ins Gästezimmer.

Sam schlief in der Sekunde ein, in der sein Kopf das Kissen berührte. Alex aber lag noch lange wach und dachte über den vergangenen Tag nach.

„Wie sehr doch unsere Gefühle unser Handeln beeinflussen", dachte sie. Und ihre Gedanken schweiften zurück zu all den schönen und all den außergewöhnlichen Ereignissen, die ihr beschert worden waren, seit sie in Shaheylah war. Dann dachte sie an Deutschland und ihren Alltag, den sie in liebevoller Erinnerung hatte, der ihr aber oft so entfernt vorkam, als sei sie in einem anderen Leben dort gewesen. Sie dachte an die Zeit, als sie sich entschlossen hatte nach Kanada zu gehen. Sie hatte ihre Angst überwinden und wahre Erfüllung in ihrem Leben finden wollen. Sie hatte ihre Seele befreien wollen.

Was hatte sie davon heute erreicht?

Sie lächelte, als sie feststellte, dass sie sich nicht am Ziel ihrer Suche befand, aber auf dem besten Weg dorthin war. Sie wandte den Kopf und blickte Sam, der neben ihr schlief, liebevoll an.

Dann flüsterte sie: „… Du gibst mir die Möglichkeit alles zu sein. Alles und Nichts. Das ist die beste Vorraussetzung, die ein Mensch haben kann, um glücklich zu sein.“ Alex schmiegte sich eng an Sam und dachte an ihre Liebe für ihn und das Baby, das in ihrem Bauch wuchs. Und alles, was sie fühlen konnte war Dankbarkeit.

24. Kapitel

Die Tage waren nun angenehm warm und sonnig und angefüllt mit emsigen Vorbereitungen für die Hochzeit. Für alle Helfer vergingen die Tage viel zu schnell, Alex hingegen hatte das Gefühl, als zögen sie sich endlos hin. Ihr Hochzeitstag schien ihr noch in so weiter Ferne zu liegen.

Alex war auf dem Weg nach *Pine Tree.* Maggie hatte angerufen und sie gebeten, am Nachmittag vorbeizukommen. Sam war mit Dick in dessen Auto unterwegs und hatte ihr seinen Pickup Truck überlassen.

Alex genoss die Fahrt. Die Landschaft war jetzt, im Frühling, so wunderschön. Die Sonne schien und es wehte ein leichter Wind. Der Wald zu beiden Seiten der Straße schien mit dem Wind zu singen und zu tanzen und am Straßenrand blühten die ersten Wildblumen. Für einen Augenblick schien auch Alexandras Herz zu tanzen. Dann dachte sie an die ereignisreichen letzten Tage zurück und für eine Sekunde verschwand das Lächeln aus ihrem Gesicht.

Grant Ryder war tot. Alex fühlte keinerlei Traurigkeit darüber. Aber das schreckliche Erlebnis begleitete sie noch oft in ihren Träumen.

Seit dem Vorfall mit Grant Ryder hatte sich Elaine nirgendwo mehr blicken lassen, und aus verlässlichen Quellen war zu hören, dass sie noch vor der Hochzeit von Alex und Sam endgültig nach Vancouver zurückzukehren plante. Auch diese Nachricht bestürzte Alex nicht. Elaine gehörte eindeutig zu der Gruppe von Menschen, mit denen sie keinen Kontakt wünschte.

Alex schüttelte den Kopf und atmete tief durch. Jetzt wollte sie an erfreulichere Dinge denken. Noch drei Tage bis zur

Hochzeit! Sie lächelte verträumt. Doch in diesem Moment bog sie in die Auffahrt von *Pine Tree* ein und erneut legte sich ein Schatten über ihr Gesicht. Der Hof war voller Autos! Alex war entsetzt. Es war doch hoffentlich nichts mit Maggie oder den Kindern! Schnell stellte sie den Wagen ab und lief die Treppen zur Vordertür hinauf. Noch bevor sie nach der Klinke greifen konnte, wurde die Tür aufgerissen und Maggie rief ihr ein freudiges: „Überraschung!“ entgegen.

Hinter Maggie erkannte Alex nun die Gesichter vieler befreundeter Frauen: Großmutter Reed, Sarah Burdell, Maggies Mutter, Sams Mutter René und einige Nachbarn.

„Ich ... verstehe nicht ....“ stammelte Alex leise und die Freude auf Maggies Gesicht wurde noch größer.

„Es ist eine Überraschungsparty für dich, Alex!“ rief sie entzückt aus. „Jede Braut wird hier so gefeiert. Wir nennen es *Bridal Shower.* Die mit der Braut befreundeten und verwandten Frauen kommen zusammen um der Braut ihre Glückwünsche und Geschenke zu überbringen. So auch für dich!“ Maggies Augen strahlten.

Alex war für einen Augenblick sprachlos. Von solch einem Brauch hatte sie noch nie etwas gehört. Die Party kam für Alex vollkommen überraschend, aber sie musste zugeben, dass ihr die Idee gefiel.

„Ich bin sprachlos und vollkommen überwältigt!“ meinte sie nun an Maggie gewandt. Dann umarmte sie die Freundin herzlich und sagte: „Ich freue mich sehr! Ich freue mich, dass ich so großzügig von euch allen aufgenommen worden bin!“ Es hatte Maggie viel Überwindungskraft gekostet, um Alex nichts von der geplanten Party zu erzählen. Sie war keine große Geheimniskrämerin und war so gespannt gewesen zu sehen, was Alex von der Party halten würde, dass sie ihr am Liebsten sofort davon erzählt hätte, als die Idee geboren worden war. Jetzt jedoch war sie froh, es für sich behalten zu haben.

„Komm herein, und dann lass uns etwas essen“, forderte sie Alex schließlich auf.

Es dauerte einige Zeit, bis Alex sich von der Überraschung erholt hatte. So viele Dinge strömten im Augenblick auf sie ein und außerdem hatte sie immer noch mit den inneren Wandlungen zu kämpfen, die die Schwangerschaft mit sich brachte. Aber – diese lieben Freunde!

Sie schaute in die Runde, während alle Kaffee und Tee tranken, Kekse und Kuchen vertilgten. Es wurde ihr warm ums Herz. Ihre Freunde wollten, dass sie sich heimisch fühlte, dass sie eine Hochzeit feierte, an die sie sich in späteren Jahren gern erinnern würde. Die Blicke, die sie von den anwesenden Frauen auffing, waren freundschaftlich, herzlich und fröhlich. Und so fühlte auch Alex sich sehr bald leicht und froh und konnte den Nachmittag in vollen Zügen genießen.

Nach dem Essen setzten sich alle in einem Kreis auf den Boden und drehten eine Flasche um entscheiden zu lassen, in welcher Reihenfolge die Glückwünsche und Geschenke an Alex überreicht werden sollten. Alex war gerührt. Es waren alles kleine Geschenke, aber alle waren wohlüberlegt und sorgfältig ausgesucht worden, und die Glückwunschkarten, die beilagen, waren voller selbstgereimter Verse und kleiner Anekdoten. Alex las jede einzelne Karte laut vor.

Es war eine fröhliche Runde an diesem Nachmittag auf *Pine Tree.* Die älteren Frauen gaben Alex gute Ratschläge, erzählten kleine Geschichten aus ihren eigenen jungen Ehejahren, scherzten und lachten.

Alex hatte soeben zwei silberne Serviettenhalter und eine Zitruspresse ausgepackt und öffnete gerade Sarah Burdells Geschenk, als diese zu kichern anfing.

„Ich hätte nie gedacht, dass ich noch einmal an einer Reed'schen Hochzeit teilnehmen würde, nachdem mich Sams Onkel bei der Hochzeit von Paul und Rene über und über mit Himbeersoße bekleckert hat. Erinnerst du dich Rene?" Sarah wandte sich an René Reed. Diese stimmte sofort in das Gekicher ein.

„Du hättest eigentlich empört sein müssen, Sarah", meinte

sie, „aber zum Entsetzen meiner feinen Verwandtschaft hast du nur gelacht und mit einem alten Lappen auf deinem schönen Kleid herumgewischt und alles noch schlimmer gemacht. Und dann hast du das Kleid den restlichen Abend anbehalten und so getan, als sei es unversehrt." René schnappte nach Luft. „Ich hätte eigentlich böse auf dich sein sollen, weil du eine Zeitlang versucht hast, mir den Paul auszuspannen, aber ich hatte nur Mitleid für dich in deinem ruinierten neuen Kleid ..."

Alex blickte schnell von einer zur anderen, stellte dann aber erleichtert fest, dass kein Groll in den Stimmen und auf den Gesichtern der Frauen lag, sie schwelgten einfach in Erinnerungen an lang vergangene Tage. Wie gut sich hier alle verstanden!

Etwas später nahm Sams Mutter Alex bei Seite und sagte ihr, dass es sie sehr froh machte zu sehen, dass ihr Sohn klug genug gewesen sei Alex einen Heiratsantrag zu machen, bevor einer der anderen Junggesellen Gelegenheit gehabt hatte zu entdecken, was für ein Juwel sie doch sei. Alex wusste nicht, was sie antworten sollte. Daher nahm sie René einfach in die Arme und dankte ihr.

Am Ende der Auspackerei hatte Alex einen ganz ansehnlichen Berg von Karten und Geschenken angesammelt, von denen sogar einige gar nicht ins Haus passten: Maggie hatte Alex nämlich die kleine Eselstute gekauft, die diese bei der letzten Auktion so bewundert hatte. Eselin Gerda musste draußen im Hof warten!

Aber das für Alex schönste Geschenk erhielt sie von Großmutter Reed. Die alte Dame schenkte Alex einen wunderschönen handgearbeiteten Babykorb! Großmutter sagte bei der Übergabe, dass sie glücklich sei, eine weitere starke und außergewöhnliche Frau in die Familie aufnehmen zu dürfen.

Alex schaute auf den kunstvollen Babykorb, den Großmutter Reed aus Baumrinde eigens für ihr zukünftiges Urenkelkind in traditioneller Weise angefertigt hatte. Er glich im Aussehen dem kleinen Korb, den Großmutter ihr bei ihrem ersten Treffen überreicht hatte. Alex dachte an die vielen Stunden, die Großmutter mit der Herstellung des Korbes verbracht haben musste und war zutiefst gerührt.

Es war schon spät am Abend, als Sam und Dick mit den Kindern nach *Pine Tree* zurück kehrten. Sam hatte natürlich von der Party gewusst und kam nun, nach angemessener Zeit, um Alex abzuholen.

Als die beiden Männer in das Wohnzimmer des gemütlichen Haupthauses traten, konnten sie die fröhlichen Stunden, die dort stattgefunden hatten, geradezu spüren. Jetzt sahen sie eine ruhige, etwas müde Gruppe von Frauen, die vor dem Kaminfeuer saß und in einvernehmlichem Schweigen in die Flammen schaute.

Sam fand, dass dieses Bild etwas ganz Besonderes an sich hatte: drei Generationen von Frauen saßen hier harmonisch zusammen und schienen sich auszutauschen, ohne zu sprechen. Die Luft war geladen mit Energie, wie sie kein Mann auszusenden vermochte. Sam beschloss diesen besonderen Abend für immer in seinem Herzen zu bewahren!

Nachdem sich alle von einander verabschiedet hatten und nur noch die jungen Leute übrig waren, bedankte Alex sich noch einmal von ganzem Herzen bei Maggie für die liebevolle Geste.

Dann machte auch sie sich mit Sam auf den Heimweg – sichtlich erschöpft von der ungeplanten Aufregung. Doch dieser Abend sollte ihnen Allen noch wegen eines weiteren Zwischenfalles lange in Erinnerung bleiben.

Als Alex und Sam im Dämmerlicht in Richtung Highway fuhren, fiel Sam abermals der weiße Pickup Truck auf, dessen Insassen er schon einmal versucht hatte beim Wildern auf frischer Tat zu ertappen. Diesmal war das Auto tiefer im Gebüsch und an anderer Stelle geparkt, aber auch Alex erkannte das Auto sofort.

Als Sam entschlossen auf die Bremse trat, stöhnte Alex innerlich auf und schüttelte fast unmerklich den Kopf. Das ging doch jetzt nicht schon wieder los! dachte sie verzweifelt, während Sam mit einem knappen: „Bin gleich wieder da!" aus dem Wagen sprang. Diesmal nahm er sogar aus Gewohnheit den Zündschlüssel mit.

Alex glaubte ihren Augen nicht zu trauen. Die Sache kam ihr vor wie die Wiederholung eines schlechten Films!

„Verdammter Idiot!" rief sie. Dann ließ sie sich resigniert im Sitz zurückfallen. So hatte sie sich den Abschluss dieses schönen Nachmittags nicht vorgestellt!

Alex erinnerte sich an Sams letzten Versuch die Wilderer zu stellen. Und auch heute war Sam erneut an dem Pickup vorbeigesprungen ohne zumindest die Zulassungsnummer aufzuschreiben. Sie ärgerte sich. So würde er die Wilderer nie stellen. Und wer konnte wissen, wie viele Abende sie selbst in Zukunft deswegen noch angsterfüllt und wartend im Pickup Truck verbringen würde.

Kurzerhand fasste Alex den Entschluss, die Sache selbst in die Hand zu nehmen. Sie kletterte aus dem Auto, das glücklicherweise zu alt war, um eine automatische Innenbeleuchtung zu haben, und ließ die Tür so leise es ging hinter sich ins Schloss fallen. Dann sprang sie flink wie eine Katze in das Gebüsch vor dem der fremde Pickup geparkt war und notierte die Nummer auf ihrer Hand.

Gerade wollte sie sich mit einem Lächeln der Genugtuung und Befriedigung wieder in den eigenen Wagen zurück ziehen, als ein Knacken und Rascheln in ihrem Rücken sie erstarren ließ. Was hatte sie sich jetzt wieder eingebrockt? Sie schloss die Augen und schüttelte ratlos den Kopf. Wäre sie doch nur im Auto geblieben!

Plötzlich erinnerte sich Alex an eine Filmszene, die sie vor langer Zeit einmal gesehen hatte. Sie ließ sich zu Boden gleiten und zog ihre Jacke über die leuchtend blonden Haare. Ihr Herz schlug wild und kalter Schweiß stand ihr auf der Stirn.

Alex konnte nun ausmachen, dass es sich bei den Geräuschen, die sie hörte, um Schritte handelte. Die Personen kamen genau an ihrem Versteck vorbei und ein Mann rief. „Niemand sonst hier!“

Alex hob den Kopf ein wenig und was sie im Schein des Taschenlampenlichtes sah, ließ ihr das Blut in den Adern gefrieren: sie konnte drei Männer erkennen, die sich leise unterhielten und sich an Sams Pickup Truck zu schaffen machten. Und einer der Männer hatte ein Gewehr auf Sam gerichtet!

Als Alex die Tragweite der Situation bewusst wurde, lähmte Panik ihre Handlungsfähigkeit. Die Männer würden Sam erschießen! Sie würde ohne Mann sein und ihr Kind ohne Vater!

Die Männer machten sich erneut auf den Weg in den Wald und nahmen Sam mit sich. Sie redeten noch immer leise miteinander und es schien Alex, als seien sie sich untereinander über irgendetwas nicht einig.

Die Stimmen und Schritte verhallten. Alexandras Kopf schwirrte mit unklaren, angstvollen und nicht greifbaren Gedanken, die alle in derselben Frage endeten: Was sollte sie nun tun?

Dick war auf *Pine Tree*, aber bis sie zu Fuß dort war, könnte es für Sam schon zu spät sein. Im Auto befand sich Sams Pistole, aber Alex konnte damit nicht umgehen. Sie korrigierte sich: sie wusste theoretisch, wie die Waffe zu handhaben war, aber sie hatte keinerlei praktische Erfahrung damit.

Alex schlug sich mit der Hand an den Kopf. Woran dachte sie jetzt? Sie konnte unmöglich hinter drei bewaffneten Männern her durch den dunklen Wald schleichen und hoffen, dass sie irgendetwas gegen sie ausrichten konnte. Sie war nicht Calamity Jane! Es war sehr wahrscheinlich, dass Sam, das ungeborene Baby und sie selbst bei einer solchen Aktion den, wie Sarah Burdell es gern ausdrückte, „Jordan überqueren“ würden. Sie war ein Großstadtkind und hatte lediglich Erfahrung im Papierkrieg.

Alex verwarf die Idee. Sie würde niemals …

Noch bevor sie weiter nachdenken, und noch mehr wertvolle Sekunden mit Grübeln vertun konnte, hörte sie in sich eine Stimme hell und klar sagen: „Reiß dich zusammen, Alex! Du musst Sam helfen. Es ist niemand sonst hier!“ Alex fühlte sich auf einmal sonderbar distanziert von ihrem eigenen Körper und der gesamten Situation. Ohne zu Zögern folgte sie der Stimme, die ihr jetzt befahl: „Steh auf, nimm Sams Pistole und folge den Männern. Sei auf der Hut. Halte die Waffe schussbereit.“ Wenig später betrat sie den Wald.

Alex hörte das Blut in ihren Ohren rauschen. Sie fühlte sich wie taub, konnte aber gleichzeitig jedes kleinste Geräusch im Wald wahrnehmen. Sie kam nur langsam voran, weil sie kaum etwas sehen konnte. Vom Mond war nur eine Sichel zu sehen und diese schenkte ihr nicht viel Licht. Und immer wieder musste Alex Anflüge von Panik unterdrücken. Diese Beruhigungsmomente kosteten sie äußerste Kraft und sie konnte sich nicht erinnern, dass ihre Nerven jemals zuvor so zum Zerreißen gespannt gewesen waren. Außer den bewaffneten Männern waren ja auch noch alle möglichen Tiere im Wald. Was, wenn sie nun über einen schlafenden Bären stolperte? Was, wenn …?

Vor sich erspähte sie den matten Schein einer Taschenlampe. Der Strahl erhellte nur wenig Fläche. Das Dunkel des Waldes schien das Licht einfach zu schlucken. Aber das, was sich im direkten Strahl der Lampe befand, konnte Alex deutlich erkennen.

Sie wollte ein besseres Bild von der Situation bekommen und näherte sich der Lichtung, auf der die Männer standen. Die Pistole hielt sie dabei einsatzbereit.

Alex sah einen der Männer auf dem Boden knien und dort etwas untersuchen oder an etwas arbeiten. Sie konnte nicht genau sehen, was er tat, denn ein Gebüsch versperrte ihr die Sicht auf den Boden. Der zweite Mann hielt die Taschenlampe und schien den anderen Befehle zu geben. An einem Baumstumpf lehnten zwei Gewehre und ein großer Rucksack. Der dritte Mann schließlich stand etwas abseits und hielt Sam mit einem Gewehr in Schach. Sam hatte die Arme hinter dem Kopf verschränkt.

Alex zog die Stirn in Falten. Wenn sie doch nur hören könnte, was die Männer sprachen! Es sollte ihr aus dieser Entfernung möglich sein, die gesprochenen Worte auf der Lichtung zu verstehen. Sie war nahe genug herangeschlichen. Die Stimme in ihrem Kopf schaltete sich wieder ein: „Konzentriere dich, Alex!" Alex versuchte sich zu sammeln ... und plötzlich schienen die Worte der Männer geradezu zu ihr herüber zu fliegen! Sie konnte jedes einzelne leise auf der Lichtung gesprochene Wort deutlich verstehen!

Einen Moment lang war Alex über dieses Phänomen entzückt, rief sich aber sofort wieder zur Ordnung. Sie wusste nun, was unweit vor ihr auf dem Waldboden zwischen den Männern lag: Es war ein toter Bär!

Alex war betrübt. Die Wilderer würden, wie Sam ihr erklärt hatte, nur die Teile des Bären mitnehmen, für die sie viel Geld bekommen konnten, wie zum Beispiel die Gallenblase, und den Rest des Kadavers einfach liegen lassen. Für diese Männer ging es nur um das schnelle Geld, das der Schwarzmarkt bot. Sie hatten keine Achtung vor der Jagd, vor den Tieren und vor dem Leben. Nur das Geld zählte. Angewidert verzog Alex das Gesicht. Leider waren diese Männer durch ihre Geldgier sehr gefährlich. Dazu waren sie auch noch bewaffnet. Wieder einmal wurde es Alex bewusst, dass solche Menschen immer an Waffen kommen würden, egal, was das Gesetz sagte. Aber was sollte sie nun tun?

Plötzlich sagte der Kerl mit dem Gewehr: „Was geschieht mit Reed? Er hat uns gesehen. Wir können es uns nicht leisten, dass er sich verplaudert!"

„Das wird er nicht tun", erwiderte der Mann, der die Taschenlampe hielt, „er wird sich nämlich im Wald verlaufen, der arme Kerl!" Alle drei lachten höhnisch auf. Alex war klar, wie es um Sams Schicksal bestellt war.

Der andere Mann meinte nun: „Okay, Boss. Ich hab alles. Gib mir die Plastiktüte aus dem Rucksack und dann lass uns von hier verschwinden."

Für einen Moment waren die Männer unachtsam und blickten auf den toten Bären.

„Wahrscheinlich denken sie an das viele Geld", ging es Alex durch den Kopf.

Sam nutzte diesen Augenblick der Unachtsamkeit. Er drehte sich zur Seite, griff mit der Hand nach dem Gewehrlauf, der auf ihn gerichtet war und riss diesen nach oben. Ein Schuss löste sich aus der Waffe. Gleichzeitig trat Sam seinem Wächter mit voller Kraft ins Knie. Alex konnte die Knochen brechen hören. Der Mann begann schmerzerfüllt zu schreien, aber noch bevor er zu Boden sinken konnte, versetzte Sam ihm einen Schlag auf den Kehlkopf. Der Wilderer sackte zusammen und krümmte sich am Boden. Blitzschnell richtete Sam das Gewehr, das er dem Mann abgenommen hatte auf die übrigen Wilderer und rief: „Auf den Boden! Gesichter nach unten!" Langsam richteten sich die anderen Männer auf und hoben die Hände.

„Bleib ruhig, mein Freund!" meinte der Rädelsführer. „Wir wollten dir doch nur einen kleinen Schrecken einjagen!"

„Runter auf den Boden!" befahl Sam unbeirrt.

Der Anführer der Gruppe machte jetzt einen Schritt auf Sam zu. Doch ehe dieser reagieren konnte, hallten zwei Schüsse durch die Stille des Waldes und die Kugeln schlugen genau vor den Wilderen in den Boden.

Alex trat einen Schritt aus dem Unterholz hervor, die Waffe fest auf die Gruppe von Männern gerichtet und sagte mit lauter, fester Stimme: „Keiner bewegt sich!" Sam hatte keine Zeit, sich darüber zu wundern. Er war nur froh, dass sie jetzt hier war!

„Bleib, wo du bist, Alex! Und halte die Männer in Schach!" rief er ihr zu, während er die Seile vom Boden aufnahm, die die Wilderer mitgebracht hatten, um den toten Bären zu bewegen.

Dann legte er dem Anführer und dem anderen Mann Fesseln an. Der Dritte Mann lag noch immer mit großen Schmerzen am Boden.

Alex hielt die Pistole auf die Wilderer gerichtet. Sie hatte alles Zeitgefühl verloren. Sie hätte schon eine Ewigkeit an der Lichtung stehen können oder erst Sekunden.

„Zeit ist nicht bestimmt“, ging es ihr durch den Kopf. „Zeit ist endlos.“ Für einen Moment begannen ihre Hände zu zittern und ein Schauer lief durch ihren Körper. Ein Rabe krächzte von einem der Baumwipfel. Er holte Alex in die Gegenwart zurück.

Sam hatte die Männer fest verschnürt. Jetzt wandte er sich erneut an Alex. Auf seinem Gesicht war die Anspannung der vergangenen Minuten zu sehen.

„Alex, meinst du, du kannst alleine zum Pickup Truck zurück finden und von *Pine Tree* aus meinen Boss benachrichtigen? Ich muss wohl eine Weile hier ausharren, obwohl mir die Gesellschaft nicht sehr zusagt!“ Er hörte sich schon wieder ganz nach Sam an.

Alex stimmte zu und war auch schon im Dunkel des Waldes in Richtung Straße verschwunden.

*

Alex und Sam hatten die Nacht wieder einmal im Gästezimmer von *Pine Tree* verbracht, da es durch die Ereignisse am vergangenen Abend sehr spät geworden war. Sie hatten darauf verzichtet, Maggie und Dick in der Nacht lange Erklärungen abzugeben und alles auf den nächsten Morgen verschoben. Maggie hatte sowieso anstrengende Nächte mit dem Baby und daher zu wenig Schlaf. Und Alex hatte, wie Sam besorgt und mit schlechtem Gewissen feststellte, sehr blass und erschöpft ausgesehen und entgegen ihrer gewöhnlichen Natur nicht ein Wort gesagt.

Maggie, Dick und Sam saßen bereits am Frühstückstisch

und Sam legte soeben den Telefonhörer auf die Gabel. Sein Boss hatte angerufen um die letzten Einzelheiten über die Wilderer mitzuteilen.

„Sieht so aus, als habe eine ganze Gruppe von Männern, nicht nur aus dieser Gegend, sondern auch aus dem Vancouver Kreis, in der Geschichte drin gesteckt", teilte Sam mit, nachdem er aufgelegt hatte. „Grant Ryder war offensichtlich der Kopf der Gruppe, allerdings hat er sich nie selbst die Finger schmutzig gemacht. Wäre auch zu offensichtlich gewesen."

„Wie konnte die Verbindung zu Ryder hergestellt werden?" wollte Dick wissen.

„Wahrscheinlich hat einer geplaudert", stellte Maggie kurzerhand fest.

„So ähnlich", meinte Sam. „Der weiße Pickup Truck mit dem sie unterwegs waren, war auf Ryders Namen zugelassen. Da er selbst den Wagen nie gefahren hat, hat ihn niemand in der Gegend mit der Sache in Verbindung gebracht. Als der Zusammenhang deutlich wurde, haben alle drei Männer unabhängig voneinander eine Erklärung abgegeben, die Ryder belastet. Aber ich glaube, jetzt, wo Grant tot ist, wäre der Wildererverein auch ohne unser Zutun bald verschwunden. Es scheint, als sei Ryder derjenige gewesen, der die ganzen Verbindungen hergestellt hat."

In diesem Moment erklang aus dem Badezimmer, das neben dem Gästezimmer lag, die aufgeregte Stimme von Alex: „Maggie, kannst du mal einen Moment kommen?" Maggie stellte ihre Tasse langsam zurück auf den Tisch. Sie konnte aus Alex' Stimme erkennen, dass etwas nicht in Ordnung war. Im nächsten Augenblick war sie auch schon bei ihr im Badezimmer. Die beiden Männer hörten die Frauen leise miteinander sprechen. Dick und Sam waren in die Wilderer Geschichte vertieft, aber etwas an der Art, wie Alex sprach, ließ jetzt auch Sam aufhorchen. Er ging hinüber zum Badezimmer und klopfte an die Tür: „Maggie! Alex! Alles in Ordnung?"

„Sekunde!" erwiderte Maggie und an Alex gewandt fuhr sie

fort: „Wir gehen besser gleich …" „Maggie, öffne sofort die Tür!" rief Sam nun. Etwas war nicht in Ordnung mit Alex!

Die Badezimmertür öffnete sich und Maggie erschien im Rahmen: „Reg dich ab, Sam", sagte sie ruhig. „Alex hat Blutungen. Nicht sehr schlimm, aber immerhin Blutungen. Wir bringen sie besser sofort zu Dr. Hanson."

Es dauerte einen Augenblick, bevor Sam die Reichweite ihrer Worte begriff: „Das Baby!" stieß er dann hervor.

Jetzt erschien Alex in der Tür. Tränen standen ihr in den Augen. Sams Gesicht wurde bleich. In der nächsten Sekunde hatte er Alex auf den Armen und war unterwegs zum Auto. Maggie und Dick folgten ihnen, Miranda und Antonia im Schlepptau. Sie nahmen zwei Wagen, damit Alex auf der Rücksitzbank von Sams Pickup Truck liegen konnte.

Sam und Alex sprachen während der Fahrt kein Wort. Sam sah verbissen auf die Straße und machte sich innerlich Vorwürfe. Alex betete. Sie fühlte sich hoffnungslos verzweifelt, war jedoch gleichzeitig fest entschlossen, das Kind, das in ihr wuchs, nicht zu verlieren.

Alex war sich plötzlich dieser Macht bewusst, die nahm und gab, die sein ließ und der sich niemand entziehen konnte. Es war nur ein vages Gefühl für den Bruchteil einer Sekunde. Sie fühlte die Wahrheit und Stärke, die Unabwendbarkeit und Universalität dieser Macht. Alles was ihr zu tun übrig blieb, war dankbar anzunehmen, was ihr offenbart worden war. Ihr war, als fiele ein weiterer Schatten von ihr und erneut wurde eine Seite im Buch ihres Lebens umgeschlagen. Sie war, obwohl das Kind noch nicht geboren war, schon jetzt eine Mutter. Mit all ihren Sorgen und Freuden, Hoffnungen und Ängsten. In diesem Moment wusste sie, dass sie ihr Baby behalten würde.

Ein paar Minuten später im Krankenhaus sah die Sache dann gleich wieder ganz anders aus. Der Arzt sah besorgt auf den Ultraschallmonitor und es dauerte eine ganze Weile, bis er sich zu der Situation äußerte: "Bis jetzt sieht es so aus, als ob mit dem Baby alles in Ordnung ist. Aber wir dürfen nichts überstürzen. Absolute Ruhe ist jetzt unabdingbar. Hören die Blutungen nicht bis heute nachmittag auf, dann ruft mich sofort an. Ansonsten sehen wir uns morgen zu einem erneuten Ultraschall wieder.“ Damit ließ er Alex und Sam allein.

Alex wusste nicht, wie sie sich fühlen sollte. Sie hatte gehofft, Klarheit zu bekommen, aber nun hing noch immer alles in der Schwebe. Bis zum Nachmittag war es noch eine lange Zeit, und das bedeutete viele Stunden der Ungewissheit. Sie versuchte ruhig zu bleiben, aber es gelang ihr nicht und wieder einmal liefen Tränen über ihr Gesicht. Es waren stumme Tränen. Diese Tatsache versetzte Sam einen noch größeren Stich.

„Alex, ich …“ begann er, aber Alex fuhr ihm ins Wort ohne ihn eines Blickes zu würdigen. Und in ihrer Stimme lag Bestimmtheit und versteckte Anklage.

„Wenn du nicht immer solche Eskapaden machen würdest wie gestern Abend, dann ginge es mir jetzt bestimmt besser. Bitte lass mich allein, damit ich mit anziehen kann.“

Dieses etwas in ihrer Stimme ließ Sam verstummen. Warum musste sie ihn jetzt anklagen? Er fühlte sich ohnehin schon schlimm genug. Seine Augen verengten sich und sein Gesichtsausdruck wurde hart. Dann machte er auf dem Absatz kehrt und verließ den Untersuchungsraum.

Auf dem Flur fing Maggie ihn ab und Sam gab kurz wieder, was der Arzt und Alex gesagt hatten. Daraufhin ging Maggie in den Untersuchungsraum und Sam in Richtung Parkplatz.

„Darf ich herein kommen?“ fragte Maggie an der Tür.

„Natürlich!“ erwiderte Alex. Sie war schon bereit für die Heimfahrt und hielt Jacke und Handtasche in der Hand. „Ich bin fertig. Wir können zurück fahren.“

„Du wirst mit uns fahren müssen“, meinte Maggie und fügte hinzu: „Sam ist schon abgefahren …“ Alex Miene verdunkelte sich.

„Meinst du nicht, du bist ein bisschen hart mit Sam umgegangen?“ fragte Maggie ziemlich direkt. Es waren nur noch zwei Tage bis zur Hochzeit und all die Aufregungen wurden selbst ihr langsam zu viel. Für einen Streit der zukünftigen Eheleute war jetzt genauso wenig Zeit wie für eine Fehlgeburt. Maggie liebte Hochzeiten und sie war fest entschlossen, dass diese besondere Hochzeit unvergesslich schön werden sollte.

„Wieso?" fragte Alex barsch. Aber im gleichen Moment bereute sie die Heftigkeit ihrer Worte. Maggie war ihre Freundin. Sie wollte nur helfen. Alex sah an Maggies Blick, dass diese sich verletzt fühlte. Sie ließ sich auf den Stuhl zurücksinken und machte eine hilflose Geste: „Es tut mir leid, Maggie", sagte sie leise und sah ihre Freundin direkt an. „Ich weiß nicht, was mit mir los ist." Maggie beugte sich zu Alex hinunter und umarmte sie: „Meine Liebe", meinte sie in einem Tonfall, der verriet, dass alles vergeben und vergessen war, „bei all den Eskapaden, dann noch die Hochzeit und das Baby! Ist schon gut, brauchst nichts mehr zu sagen."

Nach einer Weile legte sie eine Hand auf Alexandras Arm und meinte: „Du sprichst besser mit Sam. Er hat die ganze Sache ziemlich persönlich genommen. Er schien sehr besorgt, als er eben mit mir sprach. – Du weißt, wie viel auch ihm dieses Kind bedeutet. Und er liebt dich mehr als alles auf der Welt."

Alex konnte nur da sitzen, mit Tränen im Gesicht und stumm mit dem Kopf nicken. Maggie hatte recht. Sie würde mit Sam sprechen. Sofort. Maggie las in ihren Augen und sagte: „Ich fahre dich im Auto umher, bis wir ihn finden. Dick kann solange auf Miranda aufpassen. Antonia nehmen wir besser mit."

So waren sie schon bald auf dem Weg zum Blockhaus. Alex lag auf der Rückbank von Maggies Kombi, obwohl sie versucht hatte, Einwände zu erheben.

Sie mussten jedoch feststellen, dass Sam nicht nach Hause gefahren war. Maggie drehte das Auto und fragte: „Wo könnte er sonst sein?" Alex zuckte mit den Schultern. Dann rief sie plötzlich: „Fahr zu Großmutter Reed! Er ist bestimmt zu ihr gefahren!"

Sobald sie in die Straße zu Großmutter Reeds Haus einbogen, konnten sie Sams Pickup sehen. Wenig später konnten sie dann auch zwei Gestalten ausmachen, die in dem kleinen Garten auf einer Bank unter einem großen Baum saßen. Es waren Sam und Großmutter. Beide waren in ein Gespräch vertieft.

Alex stieg aus dem Auto. Sie konnte nicht hören, worum es in der Unterhaltung ging, denn sowohl Sam als auch Großmutter Reed sprachen, wie es in ihrer Kultur Sitte war, mit leiser Stimme.

Alex wartete etwas abseits bis sie den Blick von Großmutter Reed auffing und von dieser aufgefordert wurde, näher zu treten. Alex begrüßte die alte Dame herzlich und setzte sich ebenfalls auf die Bank. Etwas unsicher blickte sie zu Sam hinüber.

Rosemary Reed verfolgte ihren Blick und meinte beiläufig, während sie sich den Rock glatt strich: „Ich werde mir ein Glas Wasser aus dem Haus holen. Meine Kehle ist so trocken!"

Sobald sie außer Hörweite war, zischte Sam Alex an: „Warum spionierst du mir nach?"

Diese Frage traf Alex völlig unvorbereitet. Sie sah ihn eine Minute lang erstaunt an. Gerade wollte sie zu einer Erklärung ansetzen, als es ihr entfuhr: „Ich habe dich nur aufgesucht, um mit dir zu sprechen … Aber", fügte sie hinzu, „ich sehe, es tut gar nicht nötig. Du bist ein noch größerer Dickkopf als ich und obendrein beleidigt wie ein kleines Kind!" Alex biss sich auf die Unterlippe. Sie hatte keinen neuen Streit anfangen wollen.

Doch Sams Gesicht leuchtete plötzlich auf und sein Lachen durchbrach die Stille. Eine freudige Welle durchlief Alex. Wieder einmal war ihr Leben innerhalb von Sekunden von tiefer Trübsal in unsagbares Glück umgeschlagen – und das nur dadurch, dass sie in die lachenden Augen von Samuel sah! Solange er bei ihr war und sie so anschaute, wie er es jetzt tat, war ihre kleine Welt in Ordnung. Sie stieß ein erlösendes Lachen aus und schlang ihre Arme um Sams Hals.

Dieser drückte sie ebenfalls fest an sich und meinte dann versöhnlich: „Es tut mir leid, Alex. Ich könnte es mir nie verzeihen, sollte dir oder unserem Baby etwas zustoßen."

„Ich weiß", erwiderte Alex.

„Lass uns die restlichen Stunden bis zur Hochzeit in Ruhe verbringen, okay?" bat Sam.

Alex strahlte ihn an: „Das ist genau, was ich mir auch gedacht hatte!" Sam hielt Alexandras Hände fest in den seinen und wurde wieder ernst: „Ich bin hierher gekommen, um Großmutter wegen deiner Blutung um Rat zu fragen. Ich mache mir ziemliche Vorwürfe. Du weißt, ich möchte dieses Baby genauso gern haben wie du. Und noch viel mehr wünsche ich mir, dass es dir gut geht."

„Alles wird gut gehen", meinte Alex und strich Sam zärtlich über das Gesicht.

In diesem Moment gesellte sich Großmutter wieder zu ihnen. Alex blickte zu ihr auf und sah, wie Rosemary Reed grüßend die Hand hob. Sie folgte dem Blick der alten Dame und sah Maggie in ihrem Kombi davon fahren. Alex lächelte. Maggie und deren Verpflichtungen hatte sie vollkommen vergessen! Sie musste wirklich daran arbeiten, mehr an ihre Mitmenschen zu denken …

Jetzt wandte Großmutter sich an Alex und sah sie liebevoll an: „Sam hat mir von den Blutungen erzählt." Alex nickte bestätigend.

„Du erinnerst dich, worüber wir das letzte Mal gesprochen haben? Über deine Bestimmung, eure Zukunft?" „Ja", antwortete Alex.

„Gut. Du wirst dein Baby nicht verlieren. Die Blutung ist nur ein kleiner Anstoß, um darüber nachzudenken, welche Dinge euch wirklich wichtig sind. Übermorgen ist eure Hochzeit. Unterschätzt die Bedeutung dieses Ereignisses nicht." Sie legte Alex eine Hand auf den Bauch und fuhr fort: „Dieses Baby ist ein besonderes Baby – wie jedes Kind. Es ist entstanden aus tiefer Liebe. Auch das Baby hat in seinem

Leben eine Bestimmung, eine Begabung, mit der es in unserer Welt gebraucht wird. Eurer Kind wird keinen Schaden nehmen." Damit nahm sie ihre Hand von Alexandras Bauch und suchte in der Tasche ihres Rockes nach etwas. Endlich zog sie einen kleinen Beutel hervor und reichte ihn an Alex weiter.

„Diese Baumrindenstücke werden die Blutung zum Stoppen bringen. Trink eine Tasse Tee zubereitet aus dieser Rinde, sobald du zu Hause bist und eine weitere Tasse eine Stunde später. Sam weiß, wie der Tee zubereitet werden muss. Und noch etwas: Stelle sicher, dass der Dream Catcher, den du für Sam gemacht hast, an seinem Platz hängt. Er bewacht nicht nur unsere Träume, sondern schützt auch ungeborenes Leben und Jungvermählte."

Alex bedankte sich mit einem Kuss und einer Umarmung bei Großmutter Reed und dann machten sich beide auf den Weg nach Hause.

25. Kapitel

Die verbleibende Zeit bis zur Hochzeit verlief ruhig. Alexandras Blutung verebbte nachdem sie den Tee von Großmutter getrunken hatte, genau wie diese es vorhergesagt hatte. Sam bestand darauf, dass Alex sich viel hinlegte. Er war noch immer beunruhigt.

Gestört wurde die Ruhephase lediglich für eine kurze Zeit am Tage vor der Hochzeit, denn die Helfer kamen um Stühle für die Zeremonie aufzubauen. Nachdem sie wieder gegangen waren, streifte Alex durch Sams Junggesellengarten. Sie hatte dem Garten diesen Namen gegeben, weil Sam lediglich hier und da einen vereinzelten Strauch eingebuddelt hatte und die Auffassung vertrat, dass dies genug war um die Wiese ganz von selbst in eine parkähnliche Landschaft zu verwandeln.

Sam war gerade unterwegs um das Hochzeitskleid von der Schneiderin abzuholen, und so hatte Alex ein wenig Zeit für sich selbst. Alle möglichen Dinge gingen ihr durch den Kopf, angefangen mit ihrer Ankunft in Shaheylah, den Eltern, ihrer Kindheit, ihrer Zukunft. Und, was wohl aus ihrem Leben geworden wäre, wäre sie Sam nicht begegnet. Es war, als liefe ihr gesamtes bisheriges Leben im Schnelldurchgang noch einmal vor ihrem inneren Auge ab.

Alex fragte sich, wie sich wohl andere Frauen an dem Tage vor ihrer Hochzeit fühlten. Sie selbst hatte als Mädchen so oft von dem Tag ihrer Hochzeit geträumt und morgen würde es tatsächlich soweit sein.

Keine ihrer Phantasien aus vergangenen Tagen reichte auch nur im Geringsten an die Realität heran, die sich für den morgigen Tag ankündigte. Und Alex maß dies nicht an Nebensächlichkeiten wie Ausstattung und Hochzeitskleid, sondern daran, wie keine ihrer Phantasien je von dem Glück und der Dankbarkeit gesprochen hatte, die sie in diesem Augenblick empfand, wenn sie an den Tag ihrer Hochzeit und ihr zukünftiges Leben dachte.

Einzig und allein der Gedanke an die Eltern machte Alex zu schaffen. Warum konnten sie nicht akzeptieren, dass sie einen anderen Weg eingeschlagen hatte, als sie es geplant hatten? Warum konnten sie sie nicht als Erwachsene anerkennen?

Alter gibt einem einen gewissen Erfahrungsschatz und somit waren die Eltern ihr darin natürlich voraus. Aber Erfahrungen allein machten niemanden weise und allwissend. Warum trauten die Eltern ihr nicht mehr zu? Sie hatte sie nie mit unüberlegten, impulsiven Handlungen überrascht, hatte immer versucht es ihnen recht zu machen.

Vielleicht war es gerade dieser Punkt. Um es recht machen zu wollen bedarf es nicht viel und sie hatten als Familie nie wirklich miteinander gesprochen. Das war nicht ihre Stärke. Vielleicht wussten die Eltern nicht, was wirklich in ihr vorging? Aber Alex hatte versucht zu vermitteln und oberflächlich war es meist auch gelungen. Der letzte Besuch hatte jedoch gezeigt, wie wenig davon wirklich zu den Eltern vorgedrungen war. Hätten sie verstanden, dann hätten sie sich bestimmt anders verhalten …

Ein Motorengeräusch ließ Alex aufblicken. Sam war aus der Stadt zurück.

*

Der Abend vor der Hochzeit war so schön und warm, es war schon fast ungewöhnlich für diese Jahreszeit. Weder Alex noch Sam verspürten Lust ins Haus zu gehen, und so saßen sie auf den Stufen der Veranda und jeder hing seinen eigenen Gedanken nach.

Sam hatte den Arm um Alexandras Schulter gelegt und blickte auf die Kulisse der Berge, die in einiger Entfernung stumm und majestätisch in den Abendhimmel ragten.

„Morgen ...“ dachte er und war überrascht von dem Glück und der Harmonie, die er bei diesem Gedanken empfand. Er wandte seinen Blick bewusst auf die Berge und Baumwipfel und auf die Erde, mit der er sich durch seine Vorfahren so verbunden fühlte. Die Vision, die für einen kurzen Moment vor seinen Augen auftauchte, war so verheißungsvoll und erfüllend, dass er dankbar sein Haupt senkte. Er wusste plötzlich, alles würde besser kommen, als er es sich je in seinen Träumen auszumalen gewagt hatte.

Auch Alex war in den Anblick der bergig-grünen Welt um sie herum versunken. Sie spürte Sams Arm auf ihrer Schulter und je tiefer sie sich in die Situation hineingleiten ließ, desto unwirklicher und distanzierter kam ihr alles vor. Es war, als sei ihre Seele losgelöst von ihrem Körper und sie konnte sich selbst aus der Entfernung sehen, wie sie mit Sam auf der Verandastufe saß, als sei sie eine andere Person.

Es war eines dieser vagen Gefühle, die sie jetzt oft hatte. Es kam in Wellen und war nicht greifbar. Fast ließ es sie aus ihrer Ruhe aufschrecken.

Doch auch die anderen Dinge um sie herum schienen, so stellte Alex – halb verwundert, halb beruhigt – fest, etwas Unwirkliches an sich zu haben. Der Himmel leuchtete so geheimnisvoll und intensiv in dem wunderbarsten Azurblau, obgleich die Sonne längst untergegangen war. Kein Sonnenstrahl war mehr zu sehen und bald brach die Nacht herein.

Die Berge schienen mit dunkler, erdiger Energie zu pulsieren und der Schnee auf ihren Spitzen strahlte in eisig blauweißem Glanz. Das Weiß des Schnees war so intensiv, dass es einem den Atem verschlug. Und über den Bergen hingen träge rauchgraue Wolkenfetzen.

Alex nahm all dies tief in sich auf und wusste, dass sie diesen Abend nie vergessen würde. Obwohl sie mit Sam kaum ein Wort gewechselt hatte, fühlte sie sich ihm näher, als je zuvor.

Alexandras Gedanken schweiften zu ihrer bevorstehenden

Hochzeit und ihre Seele begann zu kreisen, immer höher und höher auf den optimistischen, unzerbrechlichen Schwingen der Liebe und der Hoffnung.

*

Alex blickte sich nervös um. Gestern noch hatte sie Maggie über die Zeremonie ausgefragt und hatte zur Antwort bekommen, dass sie am Ende einfach nur „Ja" sagen müsste. Jetzt redete der Friedensrichter schon eine Ewigkeit und Sam, der gelassen und ernst neben ihr stand, sprach ihm ruhig alle Worte nach.

Dies war zu Alexandras Entsetzen keine kurze Zeremonie, sondern glich mehr dem Hochzeitsritual des englischen Königshauses.

Noch dazu verstand Alex die Hälfte der Worte nicht, weil die Zeremonie in Amts-Englisch abgehalten wurde! Alles klang sehr würdig und offiziell, aber mit einem Seitenblick auf die vielen Gäste, wäre es Alex doch lieber gewesen, wenn die Hochzeit im Las Vegas – Stil über die Bühne gegangen wäre.

Und dabei hatte alles so schön begonnen: Der Tag war warm und wolkenlos heraufgezogen und sie war mit Maggie in aller Frühe beim Friseur gewesen. Er hatte ihre blonden, langen Haare kunstvoll gelockt und aufgesteckt. Anschließend hatte ihr die Freundin beim Make-up geholfen. Das Hochzeitskleid hatte Alex erst im letzten Augenblick angezogen, weil sie es nicht zerknittern wollte. Alex hatte den Schnitt für das Kleid in einer Zeitschrift entdeckt, und die Schneiderin am Ort hatte es für sie genäht. Es war aus salbeifarbener Seide gefertigt und fiel bis auf den Boden herab. Es hatte einen barockartigen Schnitt, mit kurzen Puffärmeln, einem enganliegenden Oberteil und einem Rock, der A-förmig in weichen Wellen zu Boden fiel. Der rückwärtige Teil des Kleides hatte eine schleppenartige Verlängerung, die graziös hinter Alex über den Boden glitt. Auf einen Schleier hatte Alex verzichtet und dafür Blumen in ihr

Haar gesteckt. Die Blumen passten zu ihrem Brautstrauß aus hellgelben Lilien und altrosafarbenen Rosen.

Erstaunt hatte Alex ihr Spiegelbild betrachtet. Sie war sich schöner vorgekommen, als je zuvor in ihrem Leben. Ein Raunen der Bewunderung war durch die Reihen der Gäste gegangen, als sie an der Seite von Sams Vater aus dem Haus getreten war.

Maggie und Dick waren die Trauzeugen und hatten zusammen mit Sam am Altar auf sie gewartet. Blumengirlanden schmückten den Weg vom Haus bis zum Altar, sowie die Reihen der Stühle für die Gäste. Es waren ungefähr dreißig Gäste anwesend und natürlich die Kinder. Miranda war vor Alex und Sams Vater hergegangen und hatte Blumen gestreut. Die Kleine war sehr aufgeregt gewesen, hatte es jedoch geschafft ohne Panne beim Altar anzukommen. Dick hatte die Ringe in der Hand gehalten und sehr angespannt ausgesehen. So angespannt, dass Alex hatte Lächeln müssen. Die meisten Gäste hatte Alex nicht erkannt. Aber sie hatte Großmutter Reed in der vordersten Reihe erblickt!

Sam hatte sie vor dem Altar empfangen und Alex hatte sich wieder einmal eingestehen müssen, wie gut er aussah. Sam konnte natürlich nicht im Anzug heiraten. Er trug nie diese Art Kleidung und fühlte sich nicht wohl in ihr. Folglich sah er in Anzügen auch nicht sehr vorteilhaft aus. So trug er denn ein dunkelgrünes Hemd, ein dunkelbraunes Jackett aus Wildleder und schwarze Jeans mit Cowboystiefeln. Die Kleidung war ein Spiegelbild seiner selbst und man konnte sehen, dass Sam mit sich im Einklang war.

Jetzt wandte sich der Friedensrichter an Alex und sie musste schlucken. Ihr Blick traf Maggies, die ihr aufmunternd zulächelte. Alex schloss die Augen. Dies war ihr großer Tag; keine Generalprobe und keine Wiederholung waren möglich. Sie hob den Blick, sah fest in die leuchtenden Augen des Mannes mit dem sie ihr weiteres Leben teilen wollte und sprach die Worte des Friedensrichters nach.

Als Alex wenig später Maggies Glückwünsche entgegen nahm, raunte sie ihr vorwurfsvoll ins Ohr, dass sie ihr doch mehr über die Zeremonie hätte erzählen sollen!

Maggie schaute sie fragend an und zuckte dann schuldbewusst die Schultern: „Ich hatte ganz vergessen, wie die Angelegenheit bei Dick und mir abgelaufen ist …" Alex setzte eine gespielt verdrießliche Miene auf und stieß die Freundin leicht in die Seite. Doch dann lächelte sie, als Maggie sie freundschaftlich auf die Wange küsste und meinte, ihre Unsicherheit sei überhaupt nicht aufgefallen.

Sam meinte später scherzhaft, dass es wahrscheinlich gut gewesen sei, dass Alex nicht alle ihre Verpflichtungen verstanden hatte, ansonsten hätte sie ihre Entscheidung zu heiraten wohlmöglich noch vor dem Altar geändert.

Alex genoss den weiteren Verlauf des Tages. Nach der Zeremonie wurde die Hochzeitstorte angeschnitten und ein Toast auf das Brautpaar ausgesprochen. Dann wurde das Büffet eröffnet und die ganze Gesellschaft plauderte munter durcheinander. Bei den Gästen handelte es sich zumeist um Verwandte und Freunde vom Reservat, aber natürlich war auch Sarah Burdell anwesend und die gesamte Preston-Familie, einschließlich Maggies Eltern.

Als die Sonne ihren Abstieg am Himmel begann, wurde es noch einmal still im Garten der Reeds. Die besondere Stunde zwischen Tag und Nacht gehörte Großmutter. Sie hatte den Wunsch geäußert, diesen Zeitpunkt für ein Gebet und eine Segnung des Brautpaares zu nutzen.

So versammelten sich noch einmal alle Gäste um die Brautleute – an der gleichen Stelle, an der sie sich schon zur Hochzeitszeremonie zusammengefunden hatten: in der kleinen Senke unter den großen Pinienbäumen gleich neben dem gurgelnden Bachlauf, der das Grundstück durchzog.

Die Luft trug schon den Duft der Nacht mit sich und dieser Duft mischte sich mit dem herben Aroma der Pinien und des Waldbodens und der zarten Blüten in Alexandras Haar.

Alex blickte sich um und sah in die lieben Gesichter der Menschen, die diesen Tag so besonders für sie gemacht und die letzten Stunden mit Sam und ihr geteilt hatten. Sie ergriff Sams ausgestreckte Hand und wandte ihren Blick auf Großmutter Reeds runzliges Gesicht, das ihr liebevoll zulächelte.

Als alle Anwesenden still geworden waren, begann Rosemary Reed zu sprechen: „Es ist gut, dass ihr diesen großen Schritt gewagt und euch zur Heirat entschlossen habt. Alle Aufregung ist nun vorüber. Ihr seid Mann und Frau, wie es euch bestimmt ist. Es ist nicht immer leicht, das zu tun, was einem bestimmt ist. Es erfordert viel Mut um die Stimme des Herzens zu vernehmen und noch mehr, ihr zu folgen. Viele Menschen hören diesen Ruf, unternehmen aber nicht den Schritt ihr zu folgen. Die meisten aber lassen nicht einmal den Ruf an ihr Ohr dringen, sondern verlieren sich in Dingen, die ihre Scheinwelt aufrecht erhalten können. Ihr zwei seid mutig gewesen. Ihr habt zugehört und seid euren Herzen gefolgt. Ihr befindet euch auf dem richtigen Weg. Nur wenn wir den Mut aufbringen unserer inneren Stimme zu folgen, können wir ein Vorbild für unsere Kinder und Kindes-Kinder sein. Und diese Aufgabe darf nicht unterschätzt werden. Denn unsere Kinder formen unsere Zukunft – und die Zukunft unserer Erde."

Großmutter Reed legte Alex und Sam je eine Hand auf den Kopf und sprach weiter: „Mögen sich eure Augen nie auf die Dinge anderer richten. Mögen über eure Lippen nur gute Worte kommen. Mögen eure Füße immer liebevoll über unsere Mutter Erde schreiten. Und wo immer ihr euch auch befindet, möge Schönheit euer Begleiter sein. Ich bitte *Great Spirit* seine Hände schützend über euch zu halten.

Die Zukunft breitet sich vielversprechend vor euch aus. Möget ihr sie mit goldenen Erinnerungen füllen."

Epilog

Es war ein warmer, sonniger Herbsttag Ende Oktober. Der Himmel war tiefblau und die Herbstsonne tauchte die Berge und Bäume in geheimnisvolles, sanftes Licht wie es nur zu dieser Jahreszeit möglich war. Die Luft roch aromatisch nach Kiefern- und Fichtennadeln und schien geladen zu sein mit den Essenzen des zu ende gegangenen Sommers.

Alex saß auf den Verandastufen des Blockhauses in dem sie nun schon fast ein Jahr mit Sam wohnte. Sie musste sich ein paar Mal umsetzen, bis sie schließlich eine Sitzstellung fand, die es ihr erlaubte, mit ihrem runden, hochschwangeren Bauch Bequemlichkeit zu finden. Sie ließ die Wärme und den Geruch dieses wunderschönen Nachmittags für eine Weile auf sich einwirken. Dann stand sie kurzentschlossen auf, hinterließ eine Nachricht für Sam und machte sich mit ihrem kleinen Jeep, den Sam nach ihrer Hochzeit angeschafft hatte, auf den Weg zu Großmutter Reed. Großmutter würde ein Spaziergang gefallen und man konnte nie wissen, wie viele schöne Tage dieser Herbst noch bescheren würde. Tagsüber war es noch warm, aber die Nächte waren schon kalt, und es dauerte am Morgen eine lange Zeit, bis die Sonne die Kälte der Nacht verdrängen konnte. Der Winter rückte bedenklich näher.

Dieses Jahr war es Alex jedoch egal, dass es draußen bald wieder stürmen und schneien würde. Ihre Gedanken kreisten um das Baby, das sie in drei Wochen erwartete. Nichts konnte ihre Freude beeinträchtigen. Nicht der kommende Winter, nicht die Tatsache, dass sie sich mit ihren Eltern noch immer nicht ausgesöhnt hatte. Seit dem letzten Gespräch im Frühling kurz vor der Hochzeit, hatte sie nicht wieder mit ihnen gesprochen. Aber vor zwei Tagen war zu Alexandras Erleichterung ein

Brief von ihrer Mutter angekommen, in dem sie schrieb, dass es ihr leid täte, was zwischen ihnen vorgefallen war, dass sie und der Vater ihre Einstellung überdacht hätten und gerne wieder Kontakt zu Alex und auch zu Sam haben würden. Alex hatte nichts überstürzen wollen indem sie annahm, dass sich alle Probleme mit den Eltern in Luft aufgelöst hatten, aber die Worte hatten sie hoffen lassen. Sie wollte ihnen in den nächsten Tagen antworten.

Alex brachte das Auto vor Großmutter Reeds Haus zum Stehen und hatte Glück: die alte Dame war allein und überaus erfreut, dass jemand daran dachte sie an einem so schönen Tag zu einem Spaziergang abzuholen.

Kurz darauf lenkte Alex ihren Jeep mitsamt Großmutter in Richtung des kleinen Waldsees, der etwa zwanzig Minuten vom Reservat entfernt lag. Alex und Großmutter Reed liebten diesen Ort beide sehr. Im Sommer waren sie dorthin gefahren um Wildblumen und Kräuter zu sammeln, die Großmutter für medizinische Zwecke verwendete. Sie hatte Alex auch in dieser Hinsicht unter ihre Fittiche genommen und Alex erwies sich als begabte Schülerin. Nun aber waren die hektischen Sommermonate vorbei und beide Frauen freuten sich, den See und die umliegende Landschaft beim heutigen Spaziergang einfach nur genießen zu können. Hinter ihnen im Jeep saß Arrow, der junge Hund, den Sam vor einer Weile mit nach Hause gebracht hatte, weil der vorherige Besitzer in ein Apartment umziehen musste, in dem keine Tiere erlaubt waren. Alex mochte Arrow gern. Er war ein aufgeweckter, intelligenter Hund mit wuschelig-goldbraunem Fell und treuen braunen Augen. Mit Arrow fühlte Alex sich nie einsam, wenn Sam auf der Arbeit war. Er war ein guter Gefährte.

Nicht lange nachdem sie das Auto geparkt und in Richtung See losmarschiert waren, Arrow dicht an ihrer Seite, sahen die Frauen einen Hirsch. Der Wind war günstig und das Tier witterte sie nicht. So hatten sie einen Augenblick, um sich an dem majestätischen Anblick des Hirsches zu erfreuen.

Nach einer Weile verschwand der Hirsch im Dickicht und Alex und Großmutter spazierten weiter. Großmutter erzählte Alex bei dieser Gelegenheit wieder einmal die Geschichte von dem Mann, der von einem Hirsch im Wald gerettet und zurück nach Hause gebracht worden war. Alex liebte es, wenn Großmutter ihre Geschichten erzählte und es störte sie nicht im Geringsten, wenn sie sie schon kannte. Am Ende jeder Geschichte dankte sie Großmutter für die Erzählung. Es war so einfach auf diese Weise zu lernen. Großmutter kannte Geschichten zu beinahe allen Pflanzen, die die beiden Frauen im Sommer gesammelt hatten. Und Alex fand, dass es so viel leichter war, sich die Pflanzen und deren Gebrauch zu merken. Man musste sich nur an die Geschichte erinnern!

Großmutter sah Alex von der Seite her lächelnd an. Die junge Frau war ihr, in der kurzen Zeit, in der sie sich kannten, ans Herz gewachsen. Alex war nachdenklicher geworden und erwachsener, aber sie war noch immer interessiert an allem, was es zu lernen gab und steckte voller Lebensfreude. Und sie war eine gute Frau für Sam. Die beiden passten so gut zueinander, dass keiner von beiden sich großartig verändern musste, um den anderen glücklich zu machen. Sie ergänzten sich einfach. Großmutter war sehr zufrieden mit Alex und der gesamten Situation. Sie nickte schweigend voller Zustimmung.

„Großmutter", sagte Alex in die Stille, „letzte Nacht habe ich von einem Tiger geträumt."

Großmutter blickte sie interessiert an: „Willst du mir mehr erzählen?" Alex nickte. Sie überlegte eine Weile bevor sie begann: „Ich war in einem Supermarkt und kaufte ein. Eine Frau kam herein, gefolgt von zwei Tigern. Die Tiger streiften durch die Gänge und die anderen Käufer gerieten in Panik. Ich war nicht ängstlich. Ich wusste, die Tiger konnten mir nichts anhaben. Die Frau lächelte mich zynisch an, aber als mir die Tiger zu nahe kamen, konnte ich sie ohne Mühe ausschalten. Ich war nicht aufgeregt. Es schien keine große Sache für mich zu sein. Die Tiger waren eine Gefahr für mich, aber ich wusste, dass sie nicht stärker waren als ich." Alex blickte Großmutter erwartungsvoll an.

„Ein positiver Traum", meinte diese. „Du brauchst dir keine Gedanken zu machen. Tiger sind sehr mächtige Symbole, aber du bist gut mit ihnen zurecht gekommen." Sie machte eine Pause und fragte dann fast ein bisschen zu sehr nebenbei: „Hast du Sam von dem Traum erzählt? Weiß er, wo wir sind?" Alex war erstaunt über diese Fragen, antwortete aber sofort aufrichtig: „Ja, heute morgen bevor er zur Arbeit gefahren ist. Ja, er weiß, wo wir sind. Ich habe ihm eine Nachricht hinterlassen." Sie blickte Rosemary Reed forschend an. Dann sah sie sich suchend um. Fast zu sich selbst sagte sie: „Wo ist Arrow?"

Es war in diesem Augenblick, dass beide Frauen aufblickten,und den Wolf sahen.

*

Sam packte die Reste seines Mittagessens beiseite und machte sich wieder an die Stapel von Papieren auf seinem Bürotisch. Heute war Bürotag und er mochte es nicht besonders. Sam legte seinen Kugelschreiber zur Seite und ließ seinen Blick aus dem Fenster schweifen. Was für ein schöner Herbsttag. Er dachte an Alex. Sie liebte diese letzten warmen Herbsttage so sehr. Und die Tage liebten Alex. Das Herbstlicht ließ sie besonders schön aussehen und tauchte ihre Konturen in ein sanftes, goldenes Licht. Sam lächelte bei der Erinnerung an Alex die mit ihrem großen, runden Bauch im Garten in der Sonne gestanden und ihm fröhlich zugewinkt hatte, als er gestern von der Arbeit nach Hause gekommen war.

Etwas ließ ihn jedoch nachdenklich werden. Er wusste nicht warum, aber er griff nach dem Telefonhörer und wählte die Nummer seines Hauses. Niemand antwortete. Er hörte lediglich seine eigene Stimme auf dem Anrufbeantworter. Sam hinterließ eine Nachricht und legte auf. Alex war wahrscheinlich im Garten oder unter der Dusche oder ... Sie hätte ihn benachrichtigt, wenn etwas mit dem Baby nicht in Ordnung wäre. Der Geburtstermin war ja auch erst in drei Wochen. Sam fiel ein, dass Alex ihm am Morgen von einem Traum erzählt hatte. Ein Traum von einem Tiger. Er versuchte sich genauer zu erinnern. Er war so früh am morgen nicht sehr aufnahmefähig gewesen.

Sam wusste, dass es wahrscheinlich lächerlich war, aber er wollte trotzdem lieber zu Hause vorbeischauen um nach Alex zu sehen. Etwas drängte ihn dazu. Er griff nach den Schlüsseln zu seinem Dienstwagen und machte sich auf den Weg.

Sam fand das Blockhaus verlassen. Er sah sich um und entdeckte die Nachricht von Alex auf dem Küchentresen. Er lächelte: Das war typisch Alex. Immer bemüht jeden Tag voll auszuschöpfen! Sein Herz wurde leichter. Alex war mit Großmutter zusammen. Alles war in Ordnung. Bei Großmutter war Alex gut aufgehoben.

Dann hielt Sam inne. Etwas ließ ihn noch immer nicht zur Ruhe kommen und er wagte es nicht dieses Gefühl einfach beiseite zu schieben. Zu oft hatte sich in der Vergangenheit ein Beiseiteschieben als Fehler herausgestellt. Besonders, wenn es mit Alex zu tun gehabt hatte.

Mit diesem Gedanken verließ Sam das Blockhaus und machte sich auf den Weg zu dem kleinen Waldsee östlich vom Reservat, wo Alex mit Großmutter spazieren ging. Er wollte kein Risiko eingehen.

Als er den Wagen endlich neben Alexandras Jeep auf dem Parkplatz in der Nähe des Waldsees abstellte, war er mehr als beunruhigt. Er machte sich ernstlich Sorgen. Etwas war nicht in Ordnung, das spürte er.

*

Alex blieb wie angewurzelt stehen, als sie den Wolf sah. Es war ein magerer, struppiger, wild aussehender Wolf und er blickte die beiden Frauen geradewegs an.

Nun fragte auch Großmutter: „Wo ist Arrow?“ In der gleichen Sekunde kam Arrow unter einem Busch hervor und richtete sich auf. Er hatte den Wolf bemerkt und der Wolf witterte Arrow.

Vielleicht wäre alles anders verlaufen, wenn Arrow älter und erfahrener gewesen wäre. Aber Arrow war noch der jugendlichen Auffassung, dass das Leben ein Spiel war und er der einzige Gewinner. Sofort machte er sich auf um den Wolf auf seinen Platz zu verweisen.

„Fuß, Arrow!“ zischte Alex.

Und Großmutter flüsterte: „Ruf ihn zurück, Alex!“

„Arrow, Fuß! - Arrow!“ rief Alex nun lauter.

Aber Arrow hatte andere Pläne. Er marschierte auf den Wolf zu – und dieser bewegte sich langsam und knurrend in Arrows Richtung. Innerhalb weniger Sekunden war ein wilder Kampf im Gange: Die Tiere verbissen sich ineinander, jaulten, knurrten und bellten und rollten in einem großen Knäuel über den Boden.

In Alexandras Kopf wirbelten die Gedanken durcheinander. Der Wolf wird Arrow töten, dachte sie panisch. Wenn Arrow tot ist, wird der Wolf als nächstes uns angreifen?

„Arrow!“ rief sie noch einmal. Und dann: „Großmutter, was sollen wir nur tun?“

Aber der Kampf war nur von kurzer Dauer. Arrow war dem Wolf klar unterlegen. Der Wolf schleuderte ihn durch die Luft und Arrow prallte an einem Felsbrocken ab. Er blieb regungslos liegen.

Fast gleichzeitig hoben Alex und Großmutter Steine vom Boden auf, ihre Blicke immer auf den Wolf gerichtet. Alex fühlte sich doppelt bedroht, trug sie doch das Kind in ihrem Leib. Sie war von ihrer Verteidigungsstrategie nicht überzeugt, warf dennoch einen Stein in Richtung Wolf, um ihn zu verscheuchen. Dabei versuchte sie entschlossen und grimmig auszusehen. Aber der Wolf hatte die Ohren angelegt und fletschte die Zähne in ihre Richtung – er wich nicht zurück.

Im nächsten Augenblick hörte Alex jemanden rufen: „Alex, Großmutter, aus der Schussbahn!“ Es war Sam! Alexandras Herz machte einen Freudensprung.

Die laute, anklagende Stimme eines Raben klang aus der Stille des Waldes zu ihnen herunter. Der Vogel zog Kreise über ihren Köpfen. Dann kam er in einer Art Sturzflug auf den Wolf zugeschossen und hackte ihm im Vorbeifliegen mit dem Schnabel auf den Kopf. Der Wolf versuchte nach dem Raben zu schnappen und drehte sich dabei zur Seite. Nun bot sich Sam die Möglichkeit für einen klaren Schuss. Er zögerte keinen Moment, sondern feuerte seine Dienstpistole mehrfach auf den Wolf ab. Er wollte kein Risiko für Alex und seine Großmutter eingehen, und es war möglich, dass das Tier tollwütig war.

Der Wolf jaulte laut auf und blickte wild in Sams Richtung. Doch bevor er noch eine weitere Bewegung machen konnte, glitt er leblos zu Boden.

In Alexandras Kopf überschlugen sich die Gedanken. Wie war Sam hierher gekommen? Er sollte auf der Arbeit sein. Und Arrow? Alex blickte entsetzt um sich. Mit ein paar Schritten war sie bei ihm. Arrow atmete noch, schien aber große Schmerzen zu haben. Alex sah Sam flehend an, aber dieser winkte traurig ab. Alex hielt Arrows Kopf in ihren Händen. Doch schon kurze Zeit später fühlte sie, wie sich das Gewicht des Tieres verlagerte. Arrow war tot.

Alexandras Magen zog sich zusammen. Sie hielt sich den Bauch und musste heftig ausatmen.

„Alex!“ wollte Sam nun wissen. „Bist du in Ordnung?“

„Ja,” entgegnete Alex, „ich glaube schon.” Dann wunderte sie sich laut: „Ich habe noch nie von Wölfen in dieser Gegend gehört …“

„Das war kein Wolf“, meinte Sam abwertend. Er hatte sich das fremde Tier näher angesehen. „Das war einer von diesen wilden Hunden. Jemand in der Gegend züchtet Tiere, die halb Wolf, halb Pitbull sind und verkauft sie dann für illegale

Hundekämpfe. Einige der Welpen sehen aus wie Pitbulls, verhalten sich aber wie Wölfe. Andere sehen aus wie Wölfe, gleichen aber im Verhalten Hunden. Sie haben keine Angst vor Menschen. Das macht sie viel gefährlicher als Wölfe. Ab und zu entlaufen einige dieser Tiere, so wie dieser hier … Früher oder später wird es uns glücken diesen verfluchten Züchter zu finden!" Sam hielt inne und blickte Alex an. Sie hatte ihm aufmerksam zugehört, aber nun atmete sie erneut heftig aus und hielt sich den Bauch. Sam schaute in aufsteigender Unruhe von Alex zu Großmutter. Auch diese sah Alex jetzt forschend an.

„Wehen!" stieß Großmutter leise hervor. „Die ganze Aufregung hat Wehen bei ihr ausgelöst …" „Wehen?" Sam wandte sich an Alex. „Du hast doch noch mindestens drei Wochen Zeit, oder?"

Alex blickte Sam tief in die Augen und konzentrierte sich erneut auf eine Schmerzwelle. „Ich glaube nicht", war alles, was sie herausbringen konnte. Die Wehen kamen schon alle drei Minuten.

Sam verlor keine Zeit, sondern machte Anstalten Alex auf die Arme zu nehmen.

Aber Großmutter Reed trat dazwischen: „Lass sie hier!" meinte die alte Dame ruhig. „Es ist eine halbe Stunde bis zum Krankenhaus und es ist für Alex in diesem Zustand nicht sehr bequem im Auto." „Und was schlägst du vor?" zischte Sam. „Sie kann das Baby nicht hier draußen zur Welt bringen!" „Besser hier als im Auto!" erwiderte Großmutter gelassen. „Du wärst mir eine große Hilfe, wenn du jetzt nicht den Kopf verlieren würdest! Sam", meinte Großmutter weiter, „deine Vorfahren haben ihre Kinder alle im Schoße von Mutter Natur zur Welt gebracht. Ich selbst wurde zu Hause geboren. Jetzt ist nicht die Zeit um nervös zu werden. Jetzt ist Zeit, fest an die Kräfte der Natur und die Güte von *Great Spirit* zu glauben und ihre Stärke an Alex weiter zu geben, damit sie die Geburt gut bewältigen kann. Bitte *Great Spirit* um Beistand und dann hilf mir!"

Sam atmete tief durch und sah ein, dass seine Großmutter recht hatte. Er bat *Great Spirit* um Stärke und Führung und fragte dann: „Was soll ich tun?"

Großmutter lächelte ihm zustimmend zu.

Alex bekam nicht viel mit von dem, was um sie herum geschah. Sie war zu sehr damit beschäftigt herauszufinden, was sie mit ihrem Körper anstellen sollte, der offensichtlich den gesamten Geburtsprozess in die eigene Regie genommen hatte und keinerlei Befehle oder Fragen mehr von ihrem Kopf annahm. Plötzlich musste Alex lächeln und ihr Körper entspannte sich vollkommen. Ihr war auf einmal bewusst, dass unzählige Frauen vor ihr durch den Geburtsprozess gegangen waren, dass ihr Körper eigens für diesen Vorgang gemacht war. Ihr Körper war dazu gedacht ein Kind zu empfangen, zu tragen, zu gebären und zu nähren. Ihr Körper wusste genau, was zu tun war. Alex fühlte, dass sie ihren Körper nur gewähren lassen musste und alles würde gut gehen. Und sie war nicht allein. Sie hatte Sam und Großmutter Reed bei sich. Sie fühlte die Kraft und Liebe von Great Spirit durch den mächtigen Stamm der Kiefer pulsieren, an dem sie sich jetzt abstützte. Sie schloss die Augen und sagte dann leise: „Ich bin bereit!"

Sam und Großmutter Reed sahen Alex an. Auf Sams Gesicht lag ein Anflug von Fassungslosigkeit über die Entwicklung, die die Situation genommen hatte. Aber dies änderte sich sofort, als er in Alexandras Augen schaute. In ihnen schienen sich die Liebe und Stärke des gesamten Universums widerzuspiegeln und sie machten Sam die Wichtigkeit dessen bewusst, was hier geschah: In kurzer Zeit würde ihr Kind geboren werden.

Unter Großmutters Anweisungen wurde Alex für die Geburt bereit gemacht. Sam versuchte sie etwas aufzuheitern und meinte spaßhaft: „Wenigstens ist hier nach der Geburt leicht aufzuräumen!" Aber Alex lächelte nur leicht. Der Geburtsvorgang verlangte ihre gesamte Aufmerksamkeit.

Nach einer Weile tastete Großmutter Alexandras Bauch ab.

Sie schien mit dem Ergebnis zufrieden zu sein und bat Sam Alex zu stützen, damit sie sich für die nun unmittelbar bevorstehende Geburt auf dem Waldboden niederknien konnte. Großmutters Handgriffe verrieten, dass dies nicht die erste Geburt war, bei der sie behilflich war, und Alex war beruhigt. Sie versuchte ruhig zu atmen und Großmutters Anweisungen zu folgen.

In weniger als einer halben Stunde gebar Alex ihr erstes Kind. Das kleine Menschlein glitt in die sicheren Hände von Großmutter Reed und wurde begrüßt von dem Duft der Kiefernnadeln und den warmen Strahlen der Herbstsonne.

„Ihr habt eine schöne, gesunde Tochter, Alex!" meinte Großmutter stolz.

Alexandra ließ sich glücklich und erschöpft zurücksinken. Obwohl die Geburt von kurzer Dauer gewesen war, war die Anstrengung doch sehr intensiv gewesen und hatte alles gefordert, was sie an Energiereserven aufzubringen vermocht hatte. Dennoch konnte Alex an nichts anderes denken als ihr wunderschönes Baby. Die Freude über das Kind ließ alle Schmerzen und Anstrengungen der letzten Minuten verschwinden.

Alex sah zu, wie Großmutter das Baby liebevoll in Sams Pullover wickelte. Dann nahm sie das kleine Bündel dankbar entgegen. Sam breitete fürsorglich seine Jacke über Mutter und Kind und konnte vor Glück kein Wort herausbringen.

Großmutter wartete bis die Nachgeburt ausgeschieden war und bat Sam dann die Nabelschnur zu durchtrennen. Anschließend suchte die alte Dame nach einem starken Ast und vergrub die Nabelschnur zusammen mit der Nachgeburt in der Nähe der großen Pinie, unter der Alex ihr Kind geboren hatte. Dann setzte auch sie sich auf dem Waldboden nieder. Geburtshilfe schien weniger anstrengend, als sie noch jünger gewesen war.

Das Baby gab jetzt kleine glucksende Laute von sich und alle drei Erwachsenen lachten erleichtert auf.

„Euer kleines Mädchen ist hungrig", stelle Großmutter fest.

Alex drehte sich auf die Seite und legte das Kind an ihre Brust. Entzückt stellte sie fest, dass auch das Baby genau wusste, was es zu tun hatte. Es saugte gierig.

Sam saß neben Alex und versuchte Fassung zu bewahren. Aber Tränen der Freude standen in seinen Augen, als Alex ihm seine kleine Tochter in die Arme legte und er fühlte, wie sich das kleine Bündel hilfesuchend an ihn schmiegte.

Nachdem Sam eine Decke aus dem Pickup Truck geholt hatte, nahm Großmutter Reed das Baby aus Alexandras Armen und Sam wickelte Alex in die Decke. Dann hob er sie in seine Arme und gemeinsam machten sie sich auf den Weg zurück zum Parkplatz.

Im Auto lag Alex auf der Rücksitzbank, eine weitere Decke im Rücken und ihre Tochter im Arm. Ihr Gesicht spiegelte die Anstrengung der letzten Stunde wider, aber darüber hinaus auch grenzenlose Freude und Dankbarkeit. Sie blickte auf und sah das Profil von Sams markantem Gesicht. Seine Augen lächelten, während er leise mit Großmutter sprach und das Auto in Richtung Blockhaus lenkte. Und in seinen Worten hörte sie dieselbe Freude und Dankbarkeit, die auch sie in diesem Augenblick empfand.

So viel war in den vergangenen Monaten geschehen. So viele unerwartete Dinge waren in ihr Leben getreten, aber zusammen mit Sam hatte sie alle Stürme gemeistert!

Sowohl Sam als auch Alex waren in diesem vergangenen Jahr gewachsen, hatten sich verändert und sich bemüht, die Aufgaben zu erfüllen und den Platz einzunehmen, der ihnen vom Schicksal vorbestimmt war. Als Dank hatten sie das größte Geschenk von allen erhalten: das Geschenk der Liebe.

Alex war nach Kanada gekommen, um den Schlüssel zu ihrem Glück zu finden und ihrer Seele Freiheit zu schenken. Sam hatte ihr diesen Schlüssel gegeben ohne etwas dafür zu verlangen und daneben hatte er sein Herz gelegt. Und Großmutter Reed hatte Alex geleitet und ihr durch ihre Weisheit und Liebe gezeigt, wie sie ihr Glück fest in den Händen halten konnte, ohne es wieder zu verlieren.

Der Schlüssel zu ihrem Glück, der Schlüssel zu ihrer Seele. Er war in dieser Minute ganz nahe bei ihr. Er lächelte sie durch den Rückspiegel zärtlich an und spiegelte sich in dem friedlich schlafenden Gesicht ihrer Tochter.

Alex schloss die Augen. Müdigkeit überkam sie wie ein bleierner Vorhang. In der verschleierten Welt zwischen Wachsein und Traum, begegnete Alex der Schatten eines großen, glänzend schwarzen Vogels. Sie begrüßte ihn wie einen alten Freund. Und mit einem Male wusste sie, dass es die Kraft dieses Vogels gewesen war, die sie seit Anbeginn ihrer Suche geleitet und geschützt hatte.

In ihrem Halbwachsein flüsterte Alex: „Ich danke dir für all deine Segnungen." Dann erinnerte sie sich an das, was Großmutter Reed ihr vor einiger Zeit über die Welt der Geister erklärt hatte, und fügte hinzu: „Kann ich etwas für dich tun?" Noch bevor Alex in einen tieferen Schlaf glitt, kannte ihr Herz die Antwort.

„Dein Name soll *Raven* sein, meine Tochter", flüsterte sie zufrieden.

ENDE

Sanna Seven Deers, Ehefrau des Bildhauers David Seven Deers, schrieb diesen Roman auf der Basis ihrer eigenen Erlebnisse. Längst ist sie Kanadierin geworden und lebt mit Mann und vier Kindern in einem Holzhaus ohne Elektrizität in der kanadischen Wildnis. Ihre Bücher schreibt sie beim Schein der Petroleumlampe.

Das Werk einschließlich aller Teile ist urheberrechtlich geschützt.
Jede Verwertung außerhalb der engen Grenzen des Urheberrechtsgesetzes ist ohne Zustimmung des Autors und des Verlages unzulässig und strafbar. Insbesondere gilt dies für Vervielfältigungen, Übersetzungen, Mikroverfilmungen und das Einspeichern und Verarbeiten in elektronischen Medien.

Erstauflage 2007
Copyright ©
HannaH Verlags- und Verwaltungsgesellschaft mbH, Stade
und Sanna Seven Deers
Alle Rechte vorbehalten
Satz und Einbandgestaltung: HannaH-Verlag

ISBN 978-3-931735-22-7